中國佛教思想資料選編

（全十冊，附索引）

石　峻　樓宇烈　方立天　許抗生　樂壽明 編

四

隋唐五代卷（三）

中華書局

目　錄

玄 奘

【簡介】 玄奘,俗姓陳,生於公元六〇〇年（隋文帝開皇二十年），死於公元六六四年（唐高宗麟德元年），洛州偃師（今河南偃師縣緱氏鎮附近）人。世家出身,十五歲出家,二十九歲赴印度取經,行程五萬餘里,往返十七年。回國後一直從事譯經。玄奘是世界佛教史上的著名人物,中國佛教唯識宗的開創者。

佛教流佈到中國以來,由於先後傳入各類佛經,各個學派的理解又不相同,特別是對於成佛的根據和步驟,乃至世界的本原等問題,長期以來,爭論紛紜。爲了澄清疑竇,追本溯源,進而建立統一的佛教學說,玄奘以不惜身命的決心和艱苦卓絕的精神,經中央亞細亞,遠赴印度取經。在當時國外聲譽之隆,千古一人。雖經佛教發源地印度學人一再多方懇留,毅然決然,不辭勞苦,返回祖國,真可説是一位愛國的佛教徒。

玄奘在赴印度前就在國內南北各地,跟名師遍學大小乘經論以及各家學說。路過西域和後來在印度,又熱心好學,旁搜博探,其佛學知識之廣,超過了他的老師、印度佛教最高學府那爛陀寺的首席代表戒賢法師,實際上成爲當時印度大乘唯識宗的集大成的學者。當時印度各地反佛教的流派和佛教内部小乘勢力都尚在盛行,大乘佛教内部也争吵不休,實際上没有統一的佛教。正是由於玄奘力破各種反對派,並且主張調和大乘空、有兩宗,從而戰勝了各種論敵,多少扭轉了局面,使大乘佛教瑜伽行派（有宗）得以前進不墜。這對印度佛教的發展產生了很大的影響。

玄奘在印度撰有重要的佛學論文會宗論和制惡見論，但都佚失了。玄奘回國後，除了撰述具有重要史料價值的大唐西域記，以及一些表、啟、書信外，並没有專門的佛教理論著作，而只是全力從事譯經。唐太宗、高宗父子大力支持玄奘，爲他提供宏偉的譯經場所，使唯識宗在我國的形成和流傳有了良好的客觀條件。玄奘從事翻譯工作凡十九年，共譯出佛典七十五部，一三三五卷，其中主要是翻譯以瑜伽師地論、俱舍論、大般若經爲中心的有關經典。在中國佛教史上，他是譯經最多，而且譯文也是最精的。同時他譯書的範圍廣泛，並不限於唯識宗。這是他對我國佛教翻譯事業巨大貢獻。玄奘還把譯經、講經和培養後學統一起來。他的周圍團結了一大批學有專長的佛教學者，長安(今西安)一時成爲名僧薈萃之地，甚至可以説是亞洲佛教的中心。因此，玄奘門下人才濟濟，外國如新羅(今朝鮮)的圓測、道證、勝莊和太賢等聞風而來求學，且都學有成就，此外日本等國亦有學人前來。

玄奘嚴守印度佛教的唯識説，他的思想主要見於其弟子窺基的成唯識論述記和因明入正理論疏等著作中，内容的要點是三性説、阿賴耶識説和真唯識量。

三性説是講一切事物的實相要區分爲三性，其中人們對事物的分别、認識是一種虛妄的幻想，爲遍計執自性；認識到事物是因緣而起，這是相對真實，是依他起自性；由此進而認識事物的實性，才是所謂絕對真實，稱圓成實自性，這是對一切事物的形成和本質的唯心主義觀點。

阿賴耶識也叫藏識，是收藏一切現象的種子倉庫，包攝一切現象種子的總體。玄奘認爲一切現象由阿賴耶識所變現，由阿賴耶識的種子所變現。這是説宇宙的一切現象都離不開識，"萬法唯識"，"心外無法"，正是玄奘唯識宗主觀唯心主義的基本思想。

玄奘在介绍印度邏輯——"因明"到中國來是有貢獻的。他在論證唯識學説時在方法論上就運用了因明。因明講"量","量"就是人的認識。玄奘發展印度因明,提出了一個真唯識量,就是把色(物質現象)分爲本質色和相分色,强调相分色是不離識的,以論證"一切唯識"的唯心主義命題。

玄奘是一個具有多方面品格、業蹟和特色的歷史人物。他作爲旅行家、加强中印文化交流和國際友誼的使者以及杰出的佛經翻譯家,是前無古人的;作爲愛國者,他的崇高的愛國主義品德是中華民族的驕傲;他的嚴謹的治學態度、淵博的學識也是罕見的。他在世界佛教史和文化史上勞績卓著,貢獻是不朽的。但是,作爲一個虔誠的佛教徒和我國唯識宗的開創者,他所宣揚的佛教唯心主義思想,無疑是落後的,消極的。

唯識宗由於不能適應中國社會的具體情况和思想習慣,反對人人都能成佛的學説,結果雖然震盪一時,而只不過三、四十年光景,就轉向消沉了。

一、請取梵本表

沙門玄奘言:前件經律等,並是五乘軌轍,三藏奥旨,文義既弘,學徒欽尚。玄奘往於西域徧訪遺文,所獲衆經部餘六百。前件經律尚未得來,至於大法流通有所未悉,今並在于闐國宛然具有。伏惟陛下則天御寓,光啟大猷,膺録受圖,弘揚正法,殊方異類,重譯來朝。于闐蕃王,今歸聖化。伏願降敕遣進,翻譯有期。所益既弘,輒敢聞奏。輕觸乾嚴,伏增悚慄。謹言。

(選自金陵刻經處本大慈恩寺三藏法師傳附録)

二、謝得一切經表

　　沙門玄奘言：竊尋三藏聖教，蓋是照迷真之寶鏡，出愛海之舟航，入淨慧之良因，趣菩提之妙軌。是以衆香析骨，用顯求法之誠；雪嶺投身，式表聞經之慶。伏惟皇帝陛下，金輪御寓，十善之化彌新；文恩統天，八正之風逾扇。雖復萬方事廣，檀那之行靡虧；庶務殷繁，游玄之心無捨。前降明敕，遣造一切經。欲使載金言於素疊，非止鶴林；啓玉宇於霜螺，寧爲鹿苑。香檀制軸，掩瞻蔔之芳；繡組裁帙，奪鮮霞之彩。莊嚴尊重，事事微妙。使人王君德至，復宣天恩，憫玄奘愚昧，輒入龍宮，賜留轉讀。遂使甘露勝法，謬沾蓬蓽之門；末尼神珠，曲集蝸廬之室。頂戴歡喜，不知譬喻。敬即燃香散華，受持講誦。願所生功德莊嚴陛下，齊明兩曜，均壽二儀，化洽三千，道籠無外，不任慶荷之至。謹附表謝聞。紙墨易窮，陳思難盡。謹言。

（同上）

三、謝許製大慈恩寺碑文 及得宰相助譯經表

　　沙門玄奘言：今月廿四日，内給事王君德奉宣口敕，許爲寺塔建碑製文，及遣左僕射于志寧、中書令來濟、禮部尚書許敬宗、黃門侍郎薛元超、杜正倫、中書侍郎李義府、國子博士范頵等諸學士，監共譯經。叡澤潛流，玄風載扇。祇奉慈誥，喜懼交懷。凡在緇徒，不

勝慶蹈。玄奘聞聖德無方,神功不測。既闡無爲之化,必開衆妙之門。自大師厭俗,能仁不宰,鷲山留影,像化空傳,鶴樹韜音,微言允被。非夫皇明出震,叡哲乘圖,道濟四生,智周三有,何以能凝思於玄津之境,馳情於大覺之路,誘疲商於化城,拯游童於險宅。伏惟皇帝陛下,持衡纂慶,握契乘時,孕育三靈,陶甄萬品。遠安邇至,海晏河清。草木凝禎,煙雲動色。端拱多豫,屬想詞林。理駕三玄,文高七緯。而以釋迦妙典,弘濟居多。情在紹隆,俯垂幽贊。將欲親紆叡藻,式撰玄猷,曲詔朝英,允宣妙法。像教東被五百餘年,雖暢敷厥旨,抑有多代,而光贊之榮,獨在兹日。天人載悦,明祇叶慶。金輪在運,玉歷方永。然則漢皇英藻,空演思於汾河,魏帝奇才,僅摛詞於吴會。未有奮兹鴻筆,贊彼玄規,洞三界以飛聲,横六幽而灑潤。因使昭昭慧日,假聖藻而增輝,蠢蠢迷生,覩天詞而悟道。玄奘幸逢休運,早蒙落飾。德慚僧會,業謝法蘭。屢荷殊私,每深驚惕,重祇恩獎,彌增悚懼。無任戴荷之至,謹詣闕奉表陳謝以聞。謹言。

(同上)

四、請御製大般若經序表

沙門玄奘言:竊尋佛法大乘,般若爲本。陶鈞妙相,罔不具該。先代帝王,福有優劣。感通正法,未盡梵文。然大般若經總廿萬偈,西域以爲鎮國重寶,多秘不傳。伏惟皇帝陛下,化洽無幽,聖教潛被,致斯奥典,絶域來臻。玄奘往恃國威,遐方問道,備歷艱險,搜求遺法。獲歸中國十有九年,翻譯梵文千三百餘卷。但玄奘年垂七十,勞疹屢嬰,恐先朝露,無酬天造,是以力此衰弊,光燭纏宵,祇奉詔恩，夙夜翻譯。以<u>顯慶</u>五年正月一日起首譯大般若經，至今<u>龍朔</u>三年十月廿三日絶筆，合成六百卷。願斯妙善，仰資國祚，上延七廟，咸登萬福。皇帝皇后重暉日月，合德乾坤，永御金輪，獨昌沙界。皇儲隆磐石之固，諸王茂本枝之榮。冥慶所覃，退休靡際。功福既大，不敢緘默。望請御製序文，皇太子敕述聖記，庶使萬方昧俗，覩天藻而悟至真；九寓生靈，觀寶乘而知帝力。玄門益峻，緇徒增躍。塵劫有涯，妙善無盡。<u>玄奘</u>奉詔<u>玉華</u>翻譯，不獲詣闕，謹遣弟子窺奉表以聞。輕黷宸嚴，伏增悚灼。謹言。

（同上）

五、啟謝高昌王表

<u>奘</u>聞江海遐深，濟之者必憑舟檝；羣生滯惑，導之者實假聖言。是以<u>如來</u>運一子之大悲生兹穢土，鏡三明之慧日朗此幽昏。慈雲蔭有頂之天，法雨潤三千之界，利安已訖，捨應歸真。遺教東流六百餘祀，騰會振輝於吳洛，<u>讖什</u>鍾美於秦涼。不墜玄風，咸匡勝業。但遠人來譯，音訓不同。去聖時遙，義類差舛。遂使雙林一味之旨分成當現二常，大乘不二之宗析爲南北兩道，紛紜爭論凡數百年，率土懷疑莫有匠決。<u>玄奘</u>宿因有慶，早預緇門，負笈從師年將二紀，名賢勝友備悉諮詢，大小乘宗略得披覽。未嘗不執卷躊躇，捧經佇傺。<u>望給園</u>而翹足，想<u>鷲嶺</u>而載懷，願一拜臨，啟伸宿惑。然知寸管不可窺天，小蠡難爲酌海，但不能棄此微誠，是以束裝取路，經塗荏苒，遂到<u>伊吾</u>。

伏惟大王稟天地之淳和，資二儀之淑氣，垂衣作王，子育蒼生，東祇大國之風，西撫百戎之俗，<u>樓蘭月氏</u>之地，<u>車師狼望</u>之鄉，並被

深仁，俱沾厚德。加以欽賢愛士好善流慈，憂矜遠來曲令引接，既而至止渥惠逾深，賜以話言闡揚法義。又蒙降結娣季之緣，敦獎友于之念。并遣書西域二十餘蕃，熙飾殷勤令遞餞送。又愍西游煢獨，雪路淒寒，爰下明敕度沙彌四人以爲侍伴。法服緜帽裘毯靴韤五十餘事，及綾絹金銀錢等令充二十年往還之資。伏對驚慚，不知啟處。決交河之水比澤非多，舉蔥嶺之山方恩豈重。懸度凌溪之險不復爲憂，天梯道樹之鄉瞻禮非晚。儻蒙允遂，則誰之力焉？王之恩也。然後展謁衆師，稟承正法，歸還翻譯，廣布未聞。剪邪見之稠林，絕異端之穿鑿，補像化之遺闕，定玄門之指南。庶此微功用答殊澤。又前塗既遠不獲久留，明日辭違預增淒斷，不任銘荷，謹啟謝聞。

（選自金陵刻經處本大慈恩寺三藏法師傳卷一）

六、陳還國表

沙門玄奘言：奘聞馬融該瞻，鄭玄就扶風之師，伏生明敏，晁錯躬濟南之學，是知儒林近術，古人猶且遠求，況諸佛利物之玄蹤，三藏解纏之妙說，敢憚塗遙而無尋慕者也。玄奘往以佛興西域遺教東傳，然則勝典雖來而圓宗尚闕。常思訪學，無顧身命。遂以貞觀三年四月冒越憲章私往天竺。踐流沙之浩浩，陟雪嶺之巍巍，鐵門嶮嶮之塗，熱海波濤之路。始自長安神邑終於王舍新城，中間所經五萬餘里。雖風俗千別艱危萬重，而憑恃天威，所至無鯁。仍蒙厚禮，身不苦辛，心願獲從。遂得觀耆闍崛山，禮菩提之樹，見不見迹，聞未聞經，窮宇宙之靈奇，盡陰陽之化育，宣皇風之德澤，發殊俗之欽思。歷覽周游一十七（疑爲六字之誤）載，今已從鉢羅耶伽國經迦畢試境越蔥嶺、渡波謎羅川歸還達於于闐。爲所將大象溺死，經本衆多未得鞍乘，以是少停，不獲奔馳早謁軒陛。無任延仰之至，謹遣高昌俗人馬玄智隨商侶奉表先聞。

（選自金陵刻經處本大慈恩寺三藏法師傳卷五）

七、進新譯經論表

　　沙門玄奘言：竊聞八正之旨實出苦海之津梁，一乘之宗誠昇湼槃之梯隥。但以物機未熟，致蘊蔥山之西，經胥庭而莫聞，歷周秦而靡至。暨乎摩騰入洛方被三川，僧會遊吳始霑荆楚。從是以來，遂得人修解脫之因，家樹菩提之業。固知傳法之益，其利博哉！次復嚴顯求經，澄什繼譯，雖則玄風日扇，而並處偏朝。唯玄奘輕生，獨逢明聖，所將經論，咸得奏聞。蒙陛下崇重聖言，賜使翻譯。比與義學諸僧等，專精夙夜，無墮寸陰。雖握管淹時未遂終訖，已絕筆者見得五部五十八卷，名曰大菩薩藏經二十卷、佛地經一卷、六門陀羅尼經一卷、顯揚聖教論二十卷、大乘阿毘達磨雜集論一十六卷，勒成八表繕寫如別，謹詣闕奉進。玄奘又竊見弘福寺尊像初成，陛下親降鑾輿開青蓮之目。今經論初譯爲聖代新文，敢緣前義亦望曲垂神翰，題製一序讚揚宗極，冀冲言奧旨與日月齊明，玉字銀鉤將乾坤等固，使百代之下誦詠不窮，千載之外，瞻仰無絕。

（選自金陵刻經處本大慈恩寺三藏法師傳卷六）

八、進大唐西域記表

　　沙門玄奘言：竊尋蟠木幽陵雲官紀軒皇之壤，流沙滄海夏載著伊堯之域。西母白環薦垂衣之主，東夷楛矢奉刑措之君。固已飛英曩代式徽前典，伏惟陛下握紀乘時，提衡範物。刳舟絃木威天下而濟群生，蠆足蘆灰堙方輿而補圓蓋。耀武經於七德，闡文教於十倫。澤徧泉源，化露蕭葦。芝房發秀，浪井開華。樂囿馴班，巢阿響律。浮紫膏於貝闕，霏白雲於玉檢。遂苑弱水而池濛汜，囿炎火而照積冰，梯赤坂而承朔，泛滄津而委驪。史曠前良事絶故府，豈如漢開張掖近接金城，秦成桂林緫通珠浦而已。玄奘幸屬天地，貞觀華夷靜謐，冥心梵境敢符好事，命均朝露力警秋螽，徒以憑假皇靈飄身進影，展轉膜拜之鄉、流離重驛之外。條支巨毅方驗前聞，罽賓孤騖還稽曩實。時移歲積，人願天從。遂得下雪岫而泛提河，窺鶴林而觀鷲嶺。祗園之路髣像猶存，王城之基坡陀尚在。尋求歷覽時序推遷，言返帝京淹逾一紀，所聞所履百有二十八國。

　　竊以章亥之所踐籍空陳廣袤，夸父之所陵屬無述土風，班超侯而未遠，張騫望而非博。今所記述有異前聞，雖未極大千之疆，頗窮蔥外之境，皆存實錄匪敢雕華。謹具編裁稱爲大唐西域記，凡一十二卷，繕寫如別。望班之右筆飾以左言，掩博物於晉臣，廣九丘於皇代，但玄奘資識淺短，遺漏寔多，兼拙於筆，語恐無足觀覽。

　　　　　　　　（選自金陵刻經處本大慈恩寺三藏法師傳卷六）

九、進經論表

　　沙門玄奘言：玄奘聞羲畫既陳，肇有書契；籀文斯闡，爰盛典謩。徒以誨義輔德紀情括性，猶纏埃累之間，未出寰區之表。豈若龍宮祕旨，鷲嶺微詞，導羣迷於沙界，庇交喪於塵劫。然則至極無象，演其源者法王，至理無言，詮其道者聖帝。伏惟陛下纂靈出震撫運登樞，勝茂九瀛掩帝庭而獨步，飛英八極軼軒昊而高視。分麾紫塞翦隨寇於幽陵，駐蹕青丘蕩妖氛於蟠木。武功既戢歸馬華山，文德載宣受圖宛岫。於是刊書延閣，創禮容臺，鳳篆龜文，既葳蕤於東觀，銀鉤玉字亦洗汗於南宮。猶故屬想真如緬懷空寂，紹宣妙法以爲大訓。由是鹿野之談應聖期而重譯，雞林之士仰神化以來儀，建香城於中洲，引玄津於神縣，像教東被斯爲盛矣。玄奘行業無紀空符曲成，謬齒緇徒有慙光哲，慨然懷憤誓以弘宣。馮（滼）恃國威，遠尋靈跡，往在西域，躬習梵言。覽毗尼之奧旨，窺如來之密藏。所獲梵本經論總一千峽，六百五十七部，佛像七軀，佛肉舍利一百五十粒，并骨舍利等一函，既而治裝金地，旋軔玉門，祇奉綸言載合飜譯。爰召開士同證慧義，研思淹時未能總畢。見絕筆者凡五十八卷，名曰大菩薩藏經二十卷、佛地經一卷、六門陀羅尼經一卷、顯揚聖教論二十卷、大乘阿毗達磨雜集論十六卷，勒成八袠，繕寫如別，及前舍利佛像，梵本經論等謹詣闕奉進。但聖鑒照明，玄言冲遠。玄奘學非沈秘，識謝詠通，何以仰稱天規，敬弘至教，亦由熒熒爝火對脩景以摛光，涓涓細流足巨壑而成大，追愗戰悸，若履冰谷。謹言。貞觀二十七年七月十三日沙門玄奘上。

（選自金陵刻經處本大慈恩寺三藏法師傳卷六附）

十、基塔之日自述誠願

玄奘自惟薄祜，生不遇佛，復乘微善，預聞像教，儻生末法、何所歸依？又慶少得出家，目覩靈相，幼知來慕法耳屬遺筌，聞説菩薩所修行思齊如不及，聞説如來所證法仰止於身心，所以歷尊師授博問先達。信夫漢夢西感正教東傳，道阻且長未能委悉，故有專門競執多滯二常之宗，黨同嫉異致乖一味之旨，遂令後學相顧靡識所歸。是以面鷲山以增哀，慕常啼而假寐，潛祈靈祐顯恃國威，決志出一生之域，投身入萬死之地。經是聖迹之處，備謁遺靈，但有弘法之人，遍尋正説。經一所悲見於所未見，遇一字慶聞於所未聞，故以身命餘資繕寫遺闕，既遂誠願言歸本朝。幸屬休明詔許翻譯，先皇道跨金輪聲震玉鼓，紹隆像季允膺付囑。又降發神衷，親裁三藏之序，今上春宮講道復爲述聖之記，可謂重光合璧，振彩聯華。渙汗垂七曜之文，鏗鏘韻九成之奏，自東都白馬西明草堂傳譯之盛，詎可同日而言者也？但以生靈溥運共失所天，唯恐三藏梵本零落忽諸，二聖天文寂寥無紀，所以敬崇此塔擬安梵本。又樹豐碑鐫斯序記，庶使巍峩永劫願千佛同觀，氤氳聖迹與二儀齊固。

（選自金陵刻經處本大慈恩寺三藏法師傳卷七）

十一、報印度智光法師書

大唐國苾蒭玄奘謹修書中印度摩揭陀國三藏智光法師座前：自一辭違俄十餘載，境域遐遠音徽莫聞，思戀之情每增延結。被芯芻法長至，蒙問，并承起居康豫，豁然目朗，若覩尊顏，踊躍之懷筆墨難述。節候漸暖，不審信後何如？又往年使還，承正法藏大法師無常，奉問摧割不能已已。鳴呼！可謂苦海舟沈，天人眼滅，遽奪之痛，何其速歟？！惟正法藏植慶曩晨樹功長劫，故得挺冲和之茂質，標懿傑之宏才，嗣德聖天繼輝龍猛，重然智炬再立法幢。撲炎水於邪山，塞洪流於倒海。策疲徒於寶所，示迷衆於大方。蕩蕩焉，巍巍焉，實法門之棟幹也！又如三乘半滿之教，異道斷常之書，莫不韞綜胸懷，貫練心腑，文盤節而克暢，理隱昧而必彰，故使內外歸依爲印度之宗袖。加以恂恂善誘曉夜不疲，衢罇自盈酌而不竭。

玄奘昔因問道得預參承并荷指誨，雖曰庸愚，頗亦蓬依麻直。及辭還本邑，囑累尤深。殷勤之言，今猶在耳。方冀保安眉壽式贊玄風。豈謂一朝奄歸萬古？追惟永往彌不可任，伏惟法師夙承雅訓、早昇堂室，攣戀之情當難可處。奈何！奈何！有爲法爾當可奈何！顧自裁抑，昔大覺潛暉，迦葉紹宣洪業，商那遷化，毱多闡其嘉猷。今法將歸真，法師次任其事。唯願淸詞妙辯，共四海而恒流，福智莊嚴與五山而永久。

玄奘所將經論已譯瑜伽師地論等大小三十餘部，其俱舍順正理見譯未周，今年必了。卽日大唐天子聖躬萬福率土安寧，以輪王之慈、敷法王之化，所出經論並蒙神筆製序，令所司抄寫國內流行，爰至鄰邦亦俱遵習。雖居像運之末，而法教光華，雍雍穆穆，亦不異室羅筏誓多林之化也。伏願照知。又前渡信渡河失經一馱，今錄名如後，有信請爲附來。并有片物供養，願垂納受。路遠不得多，莫嫌鮮薄。玄奘和南。

（選自金陵刻經處本大慈恩寺三藏法師傳卷七）

十二、報印度慧天法師書

大唐國苾芻玄奘謹致書摩訶菩提寺三藏慧天法師足下：乖別稍久，企仰惟深。音寄不通，莫慰傾渴。彼苾芻法長至，辱書敬承休豫，用增欣悦。又領細白氎兩端，讚頌一夾。來意既厚，寡德愧無以當，悚息悚息。節氣漸和，不知信後體何如也？想融心百家之論，栖慮九部之經，建正法幢引歸宗之客，擊克勝鼓挫鍱腹之賓。頡頏王侯之前，抑揚英俊之上，故多歡適也。玄奘庸弊氣力已衰，又加念德欽仁唯豐勞積。

昔因遊方在彼遇矚光儀，曲汝城會又親交論，當對諸王及百千徒衆，定其深淺，此立大乘之旨，彼豎半教之宗。往復之間詞氣不無高下，務存正理，靡護人情。以此輒生歎觸，罷席之後尋已豁然。今來使猶傳法師寄申謝悔，何懷固之甚也。法師學富詞清，志堅操遠，阿耨達水無以比其波瀾，淨末尼珠不足方其皦潔，後進儀表屬在高人，願勖良規闡揚正法。至如理周言極無越大乘，意恨法師未爲深信。所謂耽翫羊鹿棄彼白牛，賞愛水精捨彼胝寶，明明大德何此惑之滯歟？又壞器之身浮促難守，宜早發大心莊嚴正見，勿使臨終方致嗟悔。

今使還國，謹此代誠，并附片物，蓋欲示酬來意未是盡其深心也，願知。前還日渡信渡河失經一馱，今録名如別，請爲附來。餘不能委述，苾芻玄奘謹呈。

（選自金陵刻經處本大慈恩寺三藏法師傳卷七）

十三、謝述聖記啟

　　沙門玄奘啓：竊以識真者寡，每苦徂東之路；迷方者衆，共假司南之車。況夫大道玄遠，眇門虛寂，非乘叡智孰能詮序者哉？伏惟皇太子殿下，體資震極仁被春方，照佛日以重輝，紹法輪於將墜，津梁有屬傳燈斯在。玄奘志窮佛道誓捐軀命，粤自東夏顧至西方，皇靈護持得經論六百五十七部。尋蒙恩敕令玄奘翻譯．爰降慈旨爲制序文，布慈雲於塵劫，澍惠雨於沙界。殿下遊刃三藏，仰弘十善，復製述聖之記光闡大猷，明實相之門則有而不有，談虛寂之境則空應皆空，獨得神裏遠超繫表。玄奘未澄濁水忽得明珠。謹當頂受奉持，永爲心鏡。不任下情悚慄之至，謹奉啓陳謝以聞。謹啓。貞觀二十二年八月五日沙門玄奘上啓。

　　　　　　　　（選自金陵刻經處本大慈恩寺三藏法師傳卷七附）

十四、謝御製大慈恩寺碑文表

　　沙門玄奘言：被鴻臚寺符伏奉敕旨親紆聖筆爲大慈恩寺所製碑文已成，睿澤傍臨宸詞曲照，玄門益峻梵侶增榮。蹁厚地而懷慙，負層穹而寡力。玄奘聞造化之功既播物而成教，聖人之道亦因辭以見情。然則畫卦垂文空談於形器，設爻分象未踰於寰域。羲皇之德尚見稱於前古，姬后之風亦獨高於後代。豈若開物成務闡八政以摛章，詮道立言證三明而導俗？理窮天地之表，情該日月之外，較其優劣，斯爲盛矣。伏惟皇帝陛下金輪在運，玉曆乘時，化溢四洲仁覃九有，道包將聖功茂迺神。縱多能於生知，資率由於天至。始悲奩鏡卽創招提，俄樹勝幢更敷文律。若乃天華穎發睿藻波騰，吞筆海而孕龍宮，掩詞林而包鶴樹，內該八藏，外敷六經，奧而能典宏而且密。固使給園遺迹託寶思而彌高，柰苑餘芳假瓊章而不昧，豈直抑揚夢境昭晰迷塗，諒以鎔範四天牢籠三界者矣。玄奘言行無取猥預緇徒，亟叨恩顧每謂多幸，重忝曲成之造欣逢像法之盛，且慙且躍實用交懷，無任竦戴之誠，謹詣朝堂，奉表陳謝。

（選自金陵刻經處本大慈恩寺三藏法師傳卷九）

十五、謝皇帝自書大慈恩寺碑文表

沙門玄奘言：伏奉敕旨許降宸筆自勒御製大慈恩寺碑文，璽誥爰臻緘慈猥集，祇荷慙惕罔知攸措。玄奘聞强弩在彀，罷鼠不足動其機，鴻鐘匱音，纖莛無以發其響，不謂日臨月照遂迴景於空門，雨潤雲蒸乃昭感於玄寺，是所願也，豈所圖焉。伏惟陛下履翼乘樞握符纘運，追軒邁頊孕夏吞殷，演衆鈔以陶時，總多能而景俗。九域之內既沐仁風，四天之表亦霑玄化。然則津梁之法非至聖無足闡其源，幽贊之工非至人何以敷其迹？雖追遠所極自動天情，而冥祐可祈卽迴宸睠。英詞曲被已超希代之珍，秘迹行開將踰絶價之寶。凡在羣品靡弗欣戴，然彼梵徒倍增慶躍。夢鈞天之廣樂匹此非奇，得輪王之髻珠疇玆豈貴？庶當刊以貞石用樹福庭，蠢彼迷生方開耳目。盛乎法炬，傳諸未來。使夫瞻寶字而玷銀鉤，發菩提於此日，諷道文而探至賾，悟般若於斯地。劫成窮芥昭昭之美恒存，遷海還桑藹藹之風無朽。玄奘出自凡品凤慙行業，既蒙落飾思闡玄猷，往涉迦維本憑皇化，迨玆翻譯復承朝獎。而貞觀之際濫沐洪慈,永徽已來更叨殊遇。二主神筆猥賜襃揚,兩朝聖藻亟垂榮飾,顧循愚劣實懷兢懼,輸報之誠不忘昏曉。但以恩深巨壑豈滴水之能酬,施厚崧丘匪纖塵之可謝,唯當憑諸慧力運以無方,資景祚於圓寢,助隆基於七百,不任竦戴之至。謹附內給事臣王君德奉表陳謝以聞。輕犯威嚴,伏深戰慄。

(選自金陵刻經處本大慈恩寺三藏法師傳卷九)

十六、賀皇子爲佛光王表

　　沙門玄奘言:竊聞至道攸敷啟天人於載算,深期所感誕玄聖於克岐。伏惟皇帝皇后情鏡三空,化乎九有,故能闢垂旒於二諦,卻走馬於一乘。蘭殿初歆爰發俱胝之願,瑤柯在孕便結踰城之徵。俾夫十號降靈弘茲攝受,百神翼善肅此宮闈,所以災厲克清安和載誕,七華儼以承步九龍低而濯質,玄門佇迹道樹靈陰。雖昔之履帝呈祥捫天表異,寧足以方斯感睍匹此英猷。率土詠歌喜皇階之納祐,緇林勇銳欣紺馬之來遊。伏願無替前恩特令法服,靡局常戀迥構良因,且帝子之崇出處斯在,法王之任高尚彌隆,加以功德無邊津梁載遠,儻聖澤無舛弘誓不移。竊謂殫四海之資不足比斯檀行,傾十地之業無以譬此福基。當願皇帝皇后百福凝華齊輝北極,萬春表壽等固南山,罄娛樂於延齡,踐薩云於遄劫。儲君允茂綏紹帝猷,寵番惟宜翊亮王室,祅裸英胤休祉日繁,標志節於本枝嗣芳塵於草座。玄奘濫偶丕運局影禁門,貴匪得昇寵緣恩積,幸屬國慶惟始淨業開基,踊躍之懷塵粉無恨。不勝喜賀之至,謹奉表以聞。輕觸威嚴,伏增戰越。

(選自金陵刻經處本大慈恩寺三藏法師傳卷九)

十七、重爲佛光王受三皈表

　　沙門玄奘言：玄奘聞易嘉日新之義，詩美無疆子孫，所以周祚過期，漢曆遐緒者，應斯道也。又聞龍門洞激資源長而流遠，桂樹叢生藉根深而芳藹。伏惟皇運累聖相承壺規疊矩，積植仁義浸潤黎元，其來久也。由是二后光膺大寶爲子孫基，可謂根深源長矣。逮陛下受圖功業逾盛，還淳反素邁三五之蹤，製禮作樂逸殷周之軌，不特黃屋爲貴以濟兆庶爲心，未明求衣日昃忘食。一人端拱萬里廓清，雖成康之隆未至於此。是故卿雲紛郁江海無波，日域遵風龍鄉沐化，蕩蕩乎，巍巍乎，難得而備言矣。既而道格穹蒼明神降福，令月嘉辰皇子載誕，天枝廣茂瓊萼增敷，率土懷生莫不慶賴。在於玄奘特百恒情，豈直喜聖后之平安，實亦欣如來之有嗣。

　　伏願不違前敕卽聽出家，移人王之胤爲法王之子，披著法服制立法名，授以三皈列於僧數，紹隆像化闡播玄風，再秀禪林重暉覺苑。追淨眼之茂跡，踐月蓋之高縱，斷二種纏成無等覺。色身微妙譬彼山王，餝網莊嚴過於日月。然後蔭慈雲於大千之境，揚慧炬於百億之洲，振法鼓而挫天魔，麾勝幡而摧外道，接沈流於倒海，撲燎火於邪山，竭煩惱之深河，碎無名之巨轂，爲天人師，作調御士。唯願先廟先靈藉孫祉而昇彼岸，皇帝皇后因子福而享萬春。永握靈圖，常臨九域，子能如此，方名大孝，始曰榮親。所以釋迦棄國而務菩提，蓋爲此也。豈得以東平瑣瑣之善，陳思庸庸之才，並日而論優劣，同年而議深淺矣。謹卽嚴衣捧鉢以望善來之賓，拂座清塗用竚踰城之駕。不勝慶慰顒顒之至，謹奉表以聞。輕觸宸威，追深戰越。

（選自金陵刻經處本大慈恩寺三藏法師傳卷九）

十八、陳翻譯次第表

　　竊聞冕旒庸俗咸競前修，述作窮神必歸睿后。皇帝造物玄猷遠暢，掩王城於候甸，光貝葉於羽陵。傍啟譯寮降緝鴻序，騰照千古流輝萬葉。陛下纂承丕業光敷遠韻，神用日新賞鑒無怠。玄奘濫沐天造肅承明詔，每撫庸躬恒深悚息。去月日奉敕所翻經論在此無者宜先翻，舊有者在後翻。但發智毗婆沙論有二百卷，此土先唯有半但有百餘卷而文多舛雜，今更整頓翻之。去秋以來已翻得七十餘卷，尚有百三十卷未翻。此論於學者甚要，望聽翻了。餘經論有詳略不同及尤舛誤者，亦望隨翻以副聖述。

（選自金陵刻經處本大慈恩寺三藏法師傳卷九）

十九、請入少林寺翻譯表

　　沙門玄奘言：玄奘聞菩提路遠趣之者必假資糧，生死河深渡之者須憑船筏。資糧者三學三智之妙行，非宿舂之類也。船筏者八忍八觀之淨業非方舟之徒也。是以諸佛具而昇彼岸，凡夫闕而沈生死。由是茫茫三界俱漂七漏之河，浩浩四生咸溺十纏之浪，莫不波轉烟迴心迷意醉，窮劫石而靡怠盡芥城而彌固，曾不知駕三車而出火宅，乘八正而適寶坊，實可悲哉！豈直秋之為氣，良增歎矣。寧為孔父之情，所以未嘗不臨食輟飡當寐而驚者也。玄奘每惟此身衆緣假合念念無常，雖岸樹井藤不足以儔危脆，乾城水沫無以譬其不堅，所以朝夕是期無望長久，而歲月如流，六十之年颯焉已至。念兹遄速則生涯可知，加復少因求法尋訪師友，自邦他國無處不經，途路遐遥身力疲竭，傾年已來更增衰弱，顧陰視景能復幾何？既資糧未充前塗漸促，無日不以此傷嗟，筆墨陳之不能盡也。

然輕生多幸屬逢明聖，蒙先朝不次之澤，荷陛下非分之恩，沐浴隆慈歲月久矣。至於增名益價發譽騰聲，無翼而飛坐陵霄漢，受四事之供超倫輩之華，求之古人所未有也。玄奘何德何功以至於此，皆是天波廣潤日月曲臨，遂使燕石爲珍駑駘取貴，撫躬内省唯深慙悤，且害盈惡滿乃前哲之雅旨，少欲知足亦諸佛之誠言。玄奘自揆藝業空虛名行無取，天慈聖澤無宜久冒。望乞骸骨畢命山林，禮誦經行以答提獎。又蒙陛下以輪王之尊布法王之化，西域所得經本並令翻譯，玄奘猥承人乏濫當斯任，既奉天旨夙夜匪寧，今已翻出六百餘卷，皆三藏四含之宗要，大小二乘之樞軸。凡聖行位之林藪八萬法門之海澤，西域稱詠以爲鎮國方之典，所須文義無披不得。譬猶擇木鄧林隨求大小，收珍海浦任取方圓，學者之宗斯爲髣髴。玄奘用此報國恩誠不能盡，雖然，亦冀萬分之一也。

但斷伏煩惱必定慧相資，如車二輪闕一不可。至如研味經論慧學也，依林宴坐定學也。玄奘少來頗得專精教義，唯於四禪九定未暇安心。今願託慮禪門澄心定水，制情猿之逸躁，縶意馬之奔馳。若不斂迹山中不可成就。竊承此州嵩高少室，嶺嶂重叠，峰澗多奇，含孕風雲包蘊仁智，果藥豐茂蘿薜清虛，實海内之名山，域中之神嶽。其間復有少林伽藍閒居寺等，皆跨枕巌壑縈帶林泉，佛事尊嚴房宇閒邃，即後魏三藏菩提留支譯經之處也，實可歸依以修禪觀。又兩疏朝士尚解歸海辭榮，巢許俗人猶知栖真蘊素，況玄奘出家爲法翻滯闤中，清風激人念之增媿者也。伏惟陛下明踰七曜，照極九幽，伏乞亮此愚誠特垂聽許，使得絕囂塵於衆俗，卷影迹於人間,陪麋鹿之羣,隨鳧鶴之侶,棲身片石之上,庇影一樹之陰,守察心猨觀法實相,令四魔九結之賊無所穿窬,五忍十行之心相從引發.作菩提之由漸爲彼岸之良因。外不累於皇風内有增於行業,以此送終天之恩也。儻蒙矜許,則廬山慧遠雅操庶追,剡岫道林清徽望續,仍冀禪觀之餘時間翻譯,無任樂願之至。謹詣闕奉表以聞、輕觸宸威,追深戰越。

(選自金陵刻經處本大慈恩寺三藏法師傳卷九)

〔附〕 玄奘傳

釋玄奘,本名褘,姓陳氏,漢太丘仲弓之後也,子孫徙於河南,故今爲洛州緱氏人焉。

祖康,北齊國子博士。父惠,早通經術,長八尺明眉目,拜江陵令,解緌而退,即大業年,識者以爲剋終,隱淪之候故也。兄素,出家,即長捷法師也,容貌堂堂、儀局瑰秀,講釋經義聯班羣伍,住東都淨土寺。以奘少稚窮酷,攜以將之,日授精理,旁兼巧論。年十一,誦維摩法華,東都恆度便預其次,自爾卓然梗正不偶時流,口誦目緣略無閑缺。睹諸沙彌劇談掉戲,奘曰:“經不云乎,夫出家者爲無爲法,豈復恆爲兒戲?”可謂徒喪百年,且思齊之懷,尚鄙而不取,拔萃出類、故復形在言前耳。

時東都慧日盛弘法席,涅槃攝論,輪馳相係。每恆聽受昏明思擇,僧徒異其欣奉美其風素,愛敬之至師友參榮。大衆重其學功弘開役務,時年十五與兄住淨土寺,由是專門受業,聲望逾遠。

大業餘曆,兵饑交貿,法食兩緣,投庇無所。承沙門道基化開井絡,法俗欽仰,乃與兄從之。行達長安,住莊嚴寺。又非本望,西踰劍閣,既達蜀都,即而聽受阿毗曇論,一聞不忘見稱昔人,隨言鏡理又高倫等，至於婆沙廣論，雜心玄義，莫不鑿窮嚴穴，條疏本幹。然此論東被，弘唱極繁，章鈔異同計逾數十，皆蘊結胸府，聞持自然。至於得喪筌旨，而能引用無滯，時皆訝其憶念之力終古罕類也。基每顧而歎曰："余少遊講肆多矣，未見少年神悟若斯人也。"席中聽侶僉號英雄，四方多難總歸綿益。相與稱讚逸口傳聲。

又僧景攝論道振迦延，世號難加，人推精覆（覈），皆師承宗據，隔奧明銓。昔來攝論十二住義，中表銷釋十有二家，講次誦持率多昏漠，而奘初聞記錄片無差舛，登座敘引曾不再緣，須便爲述，狀逾宿構。如斯甚衆不可禪言。

武德五年，二十有一爲諸學府，維伯沙門講揚心論，不窺文相而涌注無窮，時曰神人，不神何能此也。

晚與兄俱住益南空慧寺，私自惟曰："學貴經遠，義重疏通；鑽仰一方，未成探賾。"有沙門道深，體悟成實，學稱包富，控權敷化，振綱趙邦，憤發內心，將捐巴蜀，捷深知其遠量也。情顧勤勤，每勤勉之，而正意已行誓無返面，遂乃假緣告別，間行江硤，經途所及，荊揚等州，訪逮道鄰，莫知歸詣。便北達深，所委參勇鎧，素襲嘉問，縱洽無遺。終始十月資承略盡，時燕趙學侶相顧逡秋，後發前至，抑斯人也。

沙門慧休，道聲高逸，行解相當，夸罩古今，獨據鄴中昌言傳授，詞鋒所指，海內高尚，又往從焉。不面生來，相逢若舊，去師資禮，事等法朋。偏爲獨講雜心攝論，指摘纖隱曲示綱猷，相續八月領酬無厭。休又驚異，絕歎，撫掌而嗟曰："希世若人，爾其是也。"沙門道岳，宗師俱舍，闡弘有部，包籠領袖，吞納喉襟，揚業帝城來儀輩學，乃又從焉。創迹京都詮途義苑。沙門法常，一時之最，經論教悟，其徒如林。奘乃一擧十問皆陳幽奧，坐中杞梓拔思未聞，由是馳譽道流，擅聲日下。沙門僧辯法輪論士，機慧是長，命來連坐,吾之徒也。但爲俱舍一論昔所未聞,因爾服膺曉夕諮請。岳審其殷至,慧悟霞明,樂說不窮,任其索隱,單(覃)思研採,晬周究竟。沙門玄會,匠剖湦槃,删補舊疏更張琴瑟,承師令問,親位席端,諮質遍疑渙然袪滯。

僕射宋公蕭瑀,敬其脱穎,奏住莊嚴,然非本志,情棲物表,乃又惟曰:"余周流吳蜀,爰逮趙魏,末及周秦,預有講筵率皆登踐,已布之言令,雖蘊胸襟,未吐之詞宗,解籤無地,若不輕生殉命,誓往華胥,何能具覿成言,用通神解,一覩明法了義真文,要返東華傳揚聖化,則先賢高勝,豈決疑於彌勒,後進鋒穎,寧輟想於瑜伽耶?"時年二十九也,遂屬然獨舉,詣闕陳表。有司不爲通引,頓迹京輦,廣就諸蕃,遍學書語。行坐尋授數日便通。側席面西,思聞機候。會貞觀三年時遭霜儉,下敕道俗隨豐四出。幸因斯際,徑往姑臧,漸至燉煌。路由天塞,裹糧弔影,前望悠然,但見平沙絕無人徑,迴遑委命任業而前。展轉因循,達高昌境。

初奘在涼洲講揚經論,華夷士庶盛集歸崇,商客通傳預聞蕃城。高昌王麴文泰,特信佛經,復承奘告將遊西鄙,恆置郵馹,境次相迎。忽聞行達,通夕立候。王母妃屬,執炬殿前。見奘苦辛備言意故。合宮下淚驚異希有,延留夏坐,長請開弘。王命爲弟,母命爲子,殊禮厚供日時恆至。乃爲講仁王等經及諸機教,道俗係戀,並願長留。奘曰:"本欲通開大化,遠被國家,不辭賤命,忍死西奔,若如來語一滯此方,非唯自虧發足,亦恐都爲法障。"乃不食三日,斂見極意,無敢措言。王母曰:"今與法師一遇,並是往業因緣,脱得果心東返,願重垂誠諾。"遂與奘手傳香信,誓爲母子。麴氏流淚執足而别。仍敕殿中侍郎,賫綾帛五百疋、書二十四封,并給從騎六十人,送至突厥葉護牙所,以大雪山北六十餘國皆其部統故,重遣達奘開前路也。

初至牙所，信物倍多異於恆度，謂是親弟，具以情告，終所不信，可汗重其賄賂，遣騎前告所部諸國，但有名僧勝地，必令奘到。於是連騎數十，盛若皇華。中途經國逢次參候，供給頓具倍勝於初。

自高昌至於鐵門，凡經一十六國。人物優劣，奉信淳疏，具諸圖傳。其鐵門，也卽鐵門關，漢之西屏，入山五百，旁無異路，一道南出險絕人物，左右石壁竦立千仞，色相如鐵，故因號焉。見漢門扉一豎一臥，外鐵裹木加懸諸鈴，必掩此關，實惟（爲）天固。

南出斯門，土田溫沃花果榮茂，地名都貨羅也。縱千餘里廣三千餘，東拒蔥嶺西接波斯，南大雪山北據鐵門，縛芻大河中境西流，卽經所謂博叉河也。其境自分爲二十七國，各有君長，信重佛教，僧以十二月十六日，安居坐其春分，以斯時淫熱雨多故也。

又前經國，凡度十三，至縛喝國，土地華博，時俗號爲小王舍城，國近葉護南牙也。突厥常法，夏居北野，花草繁茂放牧爲勝。冬處山中用遮寒厲。故有兩牙王都。城外西南寺中，有佛澡罐可容斗許，及佛掃帚并以佛牙，守護莊嚴殆難瞻覩。奘爲國使，躬事頂戴。西北不遠，有提謂波利兩城，建塔凌虛，卽爰初道成。獻麨長者之本邑，髮爪塔也。

又東南行大雪山中七百餘里，至梵衍國。僧有數千學出世部，王城北山有立石像，高百五十尺。城東臥佛長千餘尺，並精舍重接，金寶莊校晃曜人目，見者稱歎。又有佛齒舍利，劫初緣覺齒長五寸許，金輪王齒長三寸許，并商那和修鉢，及九條衣絳色猶存。

又東山行至迦畢試國，奉信彌勝，僧有六千，多大乘學。其王歲造銀像高丈八，延請遑邇廣樹名壇，國有如來爲菩薩時齒長可寸餘，又有其髮，引長尺餘，放還螺旋。自斯地北民雜胡戎，制服威儀不參大夏，名爲邊國蜜利車類，唐言譯之，垢濁種也。

又東七百至濫波國，卽印度之北境矣。言印度者，卽天竺之正名，猶身毒、賢豆之訛號耳。論其境也，北背雪山，三陲大海，地形南狹如月上弦，川平廣衍周九萬里，七十餘國依止其中。時或乖分略地爲國，今則盡三海際同一王命。又東雪山那伽羅曷國，卽布髮掩泥之故地。詳諸經相意有疑焉，何則？討尋本事，乃在賢劫已前，蓮華定光名殊，三佛既非同劫，頻被火災，何得故處，今猶泥涇。若以爲虛，佛非妄語。如彼諸師，各陳異解。有論者言，此實本地，佛非妄也。雖經劫壞，本空之處，願力莊嚴如因事也。並是如來流化，斯迹常存，不足怪矣。故其勝地，左則標樹諸窣覩波，卽靈塔之正名，猶偸婆斗藪婆之訛號耳。阿育王者，此號無憂，恨不覩佛，興諸感戀，緣是聖迹皆起銘記，故於此處爲建石塔，高三十餘丈，又名石壁佛影，蹈迹衆相，皆豎（樹）標記，並如前也。

城南不遠，醯羅城中，有佛頂骨，周尺二寸，其相仰平，形如天蓋。佛髑髏蓋如荷葉盤，佛眼圓睛，狀如柰許，澄淨皎然。有佛大衣其色黃赤，佛之錫杖以鐵爲環，紫檀爲笴，此五聖迹同在一城。固守之務，如傳國寶。此近突厥，昔經侵奪，雖至所在還潛本處，斯則赴緣隱顯，未在兵威。奘奉覩靈相，悲淚橫流，手撥末香，親看體狀，倍增欣悅。卽以和香抑其頂骨，覩有嘉瑞，又增悲慶。

近有北狄大月支王，欲知來報，以香取相，乃示馬形，甚非所望。加諸布施，積功懺悔。又以香取現師子形，雖位狩（獸）王，終爲畜類，情倍歸依，又加施戒。乃現人天，方還本國。故其俗法，見五相者相一金錢，取其相者酬金七錢。俗利其寶用充福物，既非僧掌，固守彌崇，無論道俗必先酬價。奘被王命觀視具周，旁國諸僧承斯榮望，同來禮謁。

又東山行至建馱邏國，佛寺千餘，民皆雜信。城中素有鉢廟，衆事莊嚴。昔如來鉢經於此廟，乃數百年，今移波斯王宮供養。城東有迦膩王大塔基周里半，佛骨舍利一斛在中，舉高五百餘尺，相輪上下二十五重。天火之災，今正營構。即世中所謂雀離浮圖是也。元魏靈太后胡氏，奉信情深，遣沙門道生等，齎大幡長七百餘尺，往彼掛之，脚纔及地，即斯塔是。亦不測雀離名生所由，左側諸迹，其相極多，近則世親如意造論之地，遠則捨於千眼睒奉二親，檀特名山達拏本迹，仙爲女亂，佛化鬼母，並在其境，皆無憂王爲建石塔，高者數百餘尺，立標記焉。

　　自北山行達烏長那國，即世中所謂北天竺烏長國也。其境周圍五千餘里，果實充備，爲諸國所重。傳云，即昔輪王之苑囿也。僧有萬餘兼大乘學，王都四周多諸古迹，忍仙佛蹤半偈避讎，析骨書經割肉代鴿，蛇藥護命血飲夜叉，如斯等相，備列其境。各具瞻奉，情倍欣欣。城之東北，減三百里，大山龍泉，名阿波邏，即信度河之本源。西南而流，經中所謂辛頭河也。王都東南越山逆河，鐵橋棧道，路極懸險。千有餘里，至極大川，即古烏仗之王都也。中有木慈氏像，高百餘尺，即末田地羅漢，將諸工人三返上天方得成者，身相端嚴特難陳説。還返烏仗，南至呾又始羅國，具見伊羅鉢龍所住之池，月光抉目之地，育王標塔舉高十丈，北有石門，殊極高大，崇竦重山，道由中過，斯又薩埵捨身處也。

　　自此東南，山行險阻，經一小國，度數鐵橋，減兩千里，至迦溼彌羅國，即此俗常傳罽賓是也。莫委罽賓由何而生，觀其圖域同罽賓耳。本是龍海羅漢取之引衆而住通三藏也。故其國境四面負山，周七千餘里，門逕狹迮，僧徒五千，多學小乘，國有大德名僧勝，奘就學俱舍順正理因明聲明及大毗婆沙。王愍遠至，給書手十人供給寫之。有佛牙長可寸餘，光如白雪，自濫波至此，繞山諸國，形體鄙薄，俗習胡藩，雖預五方，非印度之正境也，以住居山谷風雜諸邊。

自此南下，通望無山，將及千里至磔迦國，土據平川周萬餘里，兩河分注卉木繁榮。於時徒伴二十餘人，行大林中，遇賊劫掠纔獲命全，入村告乞乃達東境。大林有婆羅門，年七百歲，貌如三十，明中、百論及外道書，云是龍猛弟子，乃停一月學之。又東至那僕底國，就調伏光法師學對法顯宗理門等論。又東詣那伽羅寺，就月冑論師學衆事分婆沙。又東至祿勒那國，就闍那𪘓多大德學經部婆沙，又就蜜多犀那論師，學薩婆多部辯真論。

漸次東南，路經六國，多有遺迹。育王標塔高二十丈者，其數不少。中有秣菟羅國，最饒蹤緒，城東六里有一山寺，昔烏波毱多，唐言近護，即五師之一也，是其本住所建。北嚴石室高二十餘丈，廣三十步，其側不遠，復有獼猴蜜坑處，四佛經行處，賢聖依住處，靈相衆矣。

又東南行經於七國，至劫比他國，俗事大自在天，其精舍者高百餘尺，中有天皃，形極偉大，謂諸有趣由之而生，王民同敬不爲鄙恥。諸國天祠率置此形，大都異道乃有百數，中所高者自在爲多。有一大寺，五百僧徒，淨人僕隸乃有數萬，皆宅其寺側。中有三道階，南北而列，即佛爲母忉利安居夏竟下天，帝釋之所作也。寶階本基、淪没並盡。後王傲之在其故地，猶高七十餘尺，育王爲建石柱，高七十餘丈，光淨明照，隨人罪福影現其中，旁有賢劫四佛經行石基，長五十許步，高於七尺，足蹈所及，皆有蓮華文生焉。

國西北不遠二百許里，至羯若鞠闍國，唐言曲女城也。王都臨殑伽河，即恆河之正名矣，源從北來出大雪山，其土邪正雜敬，僧徒盈萬，多諸聖跡，四佛行坐處，七日說法處，佛牙髮爪等塔，精舍千餘，名寺異相多臨河北。奘於此國學佛使日冑二毗婆沙於毗耶犀那三藏所，經於三月。王號戒日，正法治世將五十載，言戒日者，謚法之名，此方薨後量德以贈，彼土初登即先薦號，以滅後美之徒虛名

耳。今猶御世統五印度，初治邊陲爲小國也。先有室商佉王，威行
海內，酷虐無道，劉殘釋種，拔菩提樹，絕其根苗，選簡名德三百餘
人坑之，餘者並充奴隸。戒日深知樹於禍始也，與諸官屬至菩提坑
立大誓曰："若我有福，統臨海內，必能崇建佛法，願菩提樹從地而
生。"言己尋視，見菩提萌坑中上踊，遂迴兵馬往商佉所，威福力故
當卽除滅。所以抱信誠篤倍發由來，還統五方，象兵八萬，軍威所
及並藉其力，素不血食，化境有羊，皆贖施僧，用供乳酪，五年一施，
傾其帑藏，藏盡還蓄時至復行，用此爲常，有犯王法乃至叛逆罪應
死者，遠斥邊裔餘者懲罰，蓋不足言。故諸國中多行盜竊，非假伴
援不可妄進。又東南行二千餘里，經於四國，順殑伽河側，忽被秋
賊須人祭天，同舟八十許人悉被執縛，唯選奘公堪充天食，因結壇
河上置奘壇中，初便生饗將加鼎鑊，當斯時也，取救無援，注想慈尊
彌勒如來及東夏住持三寶，私發誓曰："餘運未絕會蒙放免，必其無
遇，命也如何？"同舟一時悲啼哭號，忽惡風四起，賊船而覆没，飛沙
折木，咸懷恐怖，諸人又告賊曰："此人可愍，不辭危難，專心爲法，
利益邊陲，君若殺之，罪莫大也。寧殺我等，不得損他。"衆賊聞之，
投刃禮愧，受戒悔失，放隨所往。

　達憍償彌，外道殷盛。王都城中有佛精舍，高六十尺，中有檀
像，卽昔優田大王造之，做在天之影也，其側龍窟聖迹多矣。

　又東北千餘里至室羅伐悉底國，卽舍衞舍婆提之正名也。周
睇荒毀纔有故基，斯匿治宮須達故宅，址庶存焉。城南五里，有逝
多林，卽祇陀園也，勝軍王臣善施所造。全寺頽滅尚有石柱，舉高
七丈，育王標樹邊有塼室一區，中安如來爲母説法像，自餘院宇湮
没蕩盡。但有佛洗病比丘處，目連舉身子洗衣處，佛僧常汲故井
處，外道陰謗殺婬女處，佛異論處，身子捔處，瑠璃没處，得眼林處，
迦葉波佛本生地，諸如上處皆建石塔，並無憂王之所造也。寺東不

遠，三大深坑，卽謂達暹波戰遮女人所没之處，坑極深邃，臨望無底。自古及今，大雨洪注，終無溢滿。

又東將七百里，至劫毗羅伐窣堵國，卽迦毗羅衞淨飯王所治之都也。空城十餘無人棲住，故宮甎城周十五里，荒寺千餘，惟宮中一所存焉。王寢殿基上有銘塔，卽如來降神之處也。彼有説云，五月八日神來降者。上座部云，十五日者，與此方述微復不同，豈有異耶？至如東夏所尚素王爲聖，將定年算，前達尚迷，況復歷有三代，述時紀號猶自差舛，顧惟理越情求赴機應感，皆乘權道適變爲先，豈以常人之耳目用通於至極也？城之南北有過去二佛生地諸塔，育王石柱銘記甚多。都城西北數百千塔，並是瑠璃所誅諸釋，既是聖者，後人爲造。當斯時也有四釋子，忿其見逼不思犯戒，外出拒軍，瑠璃遂退，後還本國，城中不受，告曰："吾爲法種誓不行師，汝退彼軍非吾族也。"既被放斥遠投諸國，本是聖胤，競宗樹之，今烏仗梵衍等王，並其後也。城東百里，卽是如來生地之林，今尚存焉。或有説者，三月八日；上座部云，十五日也。此土諸經咸云，四月八日。斯非感見之機，異計多耳。又東七百里方至拘尸，中途諸異略不復紀，創達此城，不覺五情失守，崩踊辟地，頃之顧眄，但見荒城頹褫純陀宅基有標誌耳。西北四里，河之西岸，卽婆羅大林，周币輪徑三十餘里，中央高竦，卽湟槃地，有一甎室，卧像北首，旁施塔柱具書銘記，而諸説混淆通列其上，有云，二月十五日入湟槃者，或云，九月八日入湟槃者，或云，自彼至今過千五百年者，或云，過九百年者。城北渡河，卽焚身地，方二里餘，深三丈許，土尚黄黑狀同焦炭，諸國有病，服其土者無不除愈，故其焚處致有坑耳。其側復有現足分身雉鹿諸塔，並具瞻已。

又西南行大深林中七百餘里，達婆羅疤廝國，卽常所謂波羅奈也。城臨殑伽，外道殷盛，乃出萬計，天寺百餘多遵自在，僧徒三千，並小乘正量部也。王都東北波羅奈河之西，塔柱雙建，育王所立，影現佛像，覩者興敬。度河十里即鹿野寺也，周閭重閣望若仙宫，僧減兩千，皆同前部，佛事高勝諸國最矣。中有轉法輪像，狀如言説，旁樹石柱高七十餘尺，内形外現衆相備矣。斯即如來初轉法處，其側復有五百獨覺塔、三佛行座處。寺中銘塔聖迹極多，乃有數百，又有佛所浴池、浣衣、洗器之水，皆有龍護。曝衣方石，鹿王迎佛之地，並建石塔，動高三百餘尺，相甚弘偉，故略陳耳。

順河東下減於千里達吠舍釐，即毗舍離也。露形異術偏所豐足，國城舊基周七十里，人物寡鮮但爲名地，其中説淨名經處、寶積淨名諸故宅處、身子證果處、姨母滅度處、七百結集處、阿難分身處，此之五處各建勝塔標示後代。

自斯東北二千餘里，入大雪山至尼波羅國，純信於佛，僧有二千，大小兼學，城東有池，中有天金光浮水上，古老傳云彌勒下生，用爲首飾，或有利其寶者，夜往盜之，但見火聚騰燄，都不可近，今則沈深叵窮其底，水又極熱難得措足。唐國使者，試火投之燄便涌起，因用煮米便得成飯，其境北界，即東女國與吐蕃接境，比來國命往還，率由此地，約指爲語。唐梵相去一萬餘里，自古迴遼致途遠阻。

又從梵吠舍南濟殑伽河達摩揭陀國，即摩竭提之正號也。其國所居是爲中印度矣。今王祖胤繼接無憂，無憂即頻毗娑羅之曾孫也，王即戒日之女壻矣。今所治城，非古所築，殑伽南岸有波吒釐城，周七十里，即經所謂華氏城也。王宮多花，故因名焉。昔阿育王自離王舍遷都於此，左側聖所，其量彌繁，城之西南四百餘里，度尼連禪河至伽耶城，人物希少可千餘家。又行六里有伽耶山，自古諸王所登封也。故此一山世稱名地，如來應俗就斯成道，頂有石塔高百餘尺，即寶雲等經所説之處。周迴四十里内，聖迹充滿，山之西南卽道成處，有金剛座周百餘步，其地則今所謂菩提寺是也。
寺南有菩提樹，高五丈許，遶樹周垣壘甎爲之，輪迴五百許步，東門
對河，北門通寺，院中靈塔相狀多矣。如來得道之日，互說不同，或
云，三月八日，及十五日者。垣北門外大菩提寺，六院三層，牆高四
丈，皆甎爲之。師子國王，買取此處興造斯寺，僧徒僅千，大乘上座
部所住持也。有骨舍利狀人指節，肉舍利者大如真珠。彼土十二
月三十日，當此方正月十五日，世稱大神變月，若至其夕必放光瑞，
天雨香花充滿樹院。奘初到此，不覺悶絕，良久穌（蘇）醒，歷睹靈
相。昔聞經說，今宛目前，恨居邊鄙，生在末世，不見真容，倍復悶
絕。旁有梵僧，就地接撫相與悲慰，雖備禮謁，恨無光瑞，停止安居
迄於解坐。彼土常法，至於此時，道俗千萬，七日七夜競伸供養，凡
有兩意，謂睹光相及希樹葉。每年樹葉，恰至夏末一時飛下，通夕新
抽與故齊等，時有大乘居士，爲奘開釋瑜伽師地，爾夜對講忽失燈
明，又觀所佩珠璫瓔珞，不見光彩，但有通明晃朗內外洞然，而不測
其由也。怪斯所以，共出章廬望菩提樹，乃見有僧，手擎舍利大如
人指，在樹基上遍示大衆，所放光明照燭天地。於時衆闇但得遙
禮，雖目睹瑞心疑其火，合掌虔跪乃至明晨，心漸萎頓光亦歇滅。
居士問曰："既睹靈瑞，心無疑耶?"奘具陳意。居士曰："余之昔疑，
還同此也，其瑞既現，疑自通耳。余見菩提樹葉如此白楊。具以問
之。"奘曰："相狀略同，而扶踈茂盛少有異也。"於此寺東望屈屈吒播
陀山，卽經所謂雞足山也。直上三峯狀如雞足，因取號焉。去菩提
寺一百餘里，頂樹大塔夜放神炬，光明通照，卽大迦葉波寂定所也。
路極梗澀，多諸林竹，師子虎象縱橫騰倚，每思登踐取進無由，奘乃
告王，請諸防援，蒙給兵三百餘人，各備鋒刃斬竹通道，日行十里。
爾時彼國聞奘往山，士女大小數盈十萬，奔隨繼至共往雞足，既達
山阿壁立無路，乃縛竹爲梯相連而上，達山頂者三千餘人。四睇欣

然轉增喜踊，具覩石礴散花供養。

自山東北百有餘里，至佛陀伐那山，有大石室，佛曾遊此，天帝就石塗香以供，行至其處今猶郁烈。不遠山室可受千人，如來三月於中坐夏，壘石爲道，廣二十步，長五里許，即頻毗娑羅修覲上山之所由也。

又東六十〔里〕便至矩奢揭羅補羅古城，唐言茅城，多出香茅故因名也。其城即摩揭陀之正中，經本所謂王舍城者是矣。崇山四周爲其外郭，如上坤垠皆甎爲之，西通小徑，北闢山門，廣長從狹周輪百五十里，其中宮城周三十餘里，內諸古迹其量復多。宮之東北可十五里，有姞栗陀羅矩吒山，即經所謂耆闍崛山者是也，唐言鷲峰之臺，於諸山中最高顯映奪，接山之陽佛多居住，從下至頂編石爲階，廣十餘步長六里許，佛常往來於斯道也。歷觀崖岫，備諸古迹不可勝紀，廣如圖傳。

山城北門强一里許，即迦蘭陀竹園精舍石基，東户甎室今仍現在，自園西南六里許，南山之陰大竹林中有石室焉，即大迦葉波與千無學，結集經教所託之地。

又西二十餘里，即大衆部結集處也。山城之北可五里許，至曷羅闍姞利呬城，唐言新王舍也，餘傳所稱者是矣。

又北三十餘里至那爛陀寺，唐言施無厭也，贍部洲中寺之最者，勿高此矣。五王共造，供給倍隆，故因名焉。其寺都有五院，同一大門，周閻四重高八丈許，並用甎壘，其最上壁猶厚六尺，外郭三重，牆亦甎壘，高五丈許，中間水遶極深池墍，備有花畜，嚴麗可觀。自置已來防衞清肅，女人非濫未曾容隱。常住僧衆四千餘人，外容道俗通及邪正乃出萬數，皆周給衣食無有窮竭，故復號寺爲施無厭也。中有佛院，備諸聖迹。精舍高者二十餘丈，佛昔於中四月說法。又有精舍高三十餘丈，中諸變態不可名悉。置立銅像高八丈餘,六層閣盛莊嚴綺飾,即戒日之兄滿胄王造也。又有鍮石精舍高可八丈,戒日親造,雕裝未備日役千功,彼國常法欽敬德望,有諸論師知識清遠,王給封戶乃至十城,漸降量賞不減三城,其寺現在受封大德三百餘人,通經已上不掌僧役,重愛學問諮訪異法,故烏耆已西被於海內,諸出家者皆多義學,任國往返都無隔礙。王雖守國不敢遮障,故彼學徒博聞該贍。奘歷諸國風聲久達,將造其寺,衆差大德四十人,至莊迎宿,莊即目連之本村也。明日食後,僧二百餘、俗人千餘,擎輿幢蓋香花來迎,引入都會,與衆相慰問訖,唱令住寺,一切共同。又差二十人,引至正法藏所,即戒賢論師也,年百六歲,衆所重故號正法藏,博聞强識,內外大小一切經書無不通達,即昔室商佉王所坑之者,爲賊擎出潛淪草莽,後興法顯道俗所推,戒日增邑十城,科稅以入。賢以稅物成立寺廟,奘禮讚訖,並命令坐。問從何來,答:“從支那國來,欲學瑜伽等論。”聞已啼泣,召弟子覺賢說以舊事,賢曰:“和上三年前,患困如刀刺,欲不食而死,夢金色人曰:汝勿厭身,往作國王多害物命,當自悔責,何得自盡?有支那僧來此學問,已在道中,三年應至。以法惠彼,彼復流通,汝罪自滅。吾是曼殊室利,故來相勸,和上今損。”正法藏問:“在路幾時?”奘曰:“出三年矣。”既與夢同,悲喜交集。禮謝訖。寺素立法,通三藏者員置十人,由來闕一,以奘風問便處其位。日給上饌二十盤,大人米一升,檳榔、豆蔻、龍腦、香乳、蘇(酥)蜜等,淨人四、婆羅一、行乘象輿三十人從。大人米者,秔米也,大如烏豆,飯香百步,惟此國有,王及知法者預焉。故此寺通三藏者給二十盤,即二十日。漸減通一經者,猶給五盤,五日。過此以後便依僧位。便請戒賢講瑜伽論,聽者數千人,十有五月方得一遍,重爲再講,九月方了。自餘順理顯揚對法等並得諮稟。然於瑜伽偏所鑽仰,經於五年晨夕無輟,將事博義未忍東旋。賢誠曰:“吾老矣,見子殉命求法，經途十年方至，今日不辭朽老，力爲申明，法貴流通豈期獨善，更參他部恐失時緣，智無涯也惟佛乃窮，人命如露非旦則夕，卽可還也。"便爲裝行調，付給經論。奘曰："敢聞命矣。"

意欲遍巡諸國，還途北指，以高昌昔言不得違也。便爾東行大山林中，至伊爛拏國，見佛坐迹入石寸許，長五尺二寸，廣二尺一寸，旁有瓶迹没石寸許，八出花文都似新置，有佛立迹長尺八寸闊強六寸。又東南行，路經五國，將四千里至三摩呾吒國，濱斥大海，四佛曾遊，見青玉像舉高八尺。自斯東北山海之中，凡有六國，卽達林邑，道阻且長，兼多瘴癘，故不遊踐。又從西行將至二千里，達揭羅拏國，邪正兼事，別有三寺不食乳酪，調達部也。又西南行七百餘里至烏茶國，東境臨海，有發行城，多有商侶停於海次。南大海中有僧伽羅國，謂執師子也。相去約指二萬餘里，每夜南望，見彼國中佛牙塔上寶珠光明，騰燄暉赫，見於天際。又西南行具經諸國，並有異迹。

可五千里至憍薩國卽南印度之正境也。崇信佛法，僧徒萬許，其土寬廣林野相次。王都西南三百餘里有黑峰山，昔古大王爲龍猛菩薩造立斯寺，卽龍樹也。其寺上下五重，鑿石爲之，引水旋注，多諸變異，沿波方達，今淨人固守罕有登者，龕中石像形極偉大。寺成之日，龍猛就山以藥塗之變成紫金，世無等者。又有經藏，夾縛無數，古老相傳，盡初結集並現存在，雖外佛法屢遭誅殄，而此一山住持無改。近有僧來於彼夏坐，但得讀誦，不許持出，具陳此事。但路幽阻難可尋問。又復南行七千餘里，路經五國並有靈迹。至秣羅矩吒國，卽贍部最南濱海境也，山出龍腦香焉。旁有嚴頂清流，繞旋二十許帀，南注大海，中有天宮，觀自在菩薩常所住處，卽觀世音之正名也。臨海有城，古師子國。今入海中可三千餘里，非結大伴則不可至，故不行也。

　　自此西北四千餘里，中途經國具諸神異，達摩訶刺他國，其王
果勇威英自在，未賓戒日，寺有百餘，僧徒五千，大小兼學，東境山
寺羅漢所造，有大精舍，高百餘尺，中安石像，長八尺許，上施石蓋
凡有七重，虛懸空中相去各三尺許，禮謁者無不歡訝斯神也。自此
因循廣求聖迹，至鉢伐多國，有數名德，學業可遵，又停二年。學正
量部根本論攝正法論成實論等，便東南還那爛陀，參戒賢已，往杖
林山勝軍論師居士所，其人刹利種，學通内外五明數術，依林養徒
講佛經義，道俗歸者日數百人。諸國王等亦來觀禮洗足供養，封賞
城邑。奘從學唯識決擇論意義論成無畏論等，首尾二年。夜夢寺内
及林外邑火燒成灰，見一金人告曰："卻後十年，戒日王崩，印度便
亂，當如火蕩。"覺已向勝軍説之，奘意方決嚴具東還。及永徽之
末，戒日果崩，今並饑荒，如所夢矣。

　　初那爛陀寺大德師子光等，立中百論宗，破瑜伽等義，奘曰：
"聖人作論終不相違，但學者有向背耳。"因造會宗論三千頌，以呈
戒賢諸師，咸稱善。先有南印度王灌頂師，名般若毱多，明正量部，
造破大乘論七百頌。時戒日王討伐至烏茶國，諸小乘師保重此論
以用上王，請與大乘師決勝。王作書與那爛陀寺，可差四僧善大小
内外者詣行宮在所，擬有論義。戒賢乃差海慧智光師子光及奘爲
四應命。將往未發問，有順世外道來求論難，書四十條義懸於寺
門，若有屈者斬首相謝。彼計四大爲人物因，旨理沈密最難徵覈，
如此陰陽誰窮其數，此道執計必求捔決。彼土常法，論有負者先令
乘驢，屎瓶澆頂，公於衆中，形心折伏，然後依投永爲皂隸。諸僧同
疑，恐有殿負，默不陳對。奘停既久究達論道，告衆請對，何得同
恥。各立旁證，往復數番通解無路，神理俱喪，溘然潛伏，預是釋門
一時騰踊，彼既屈已請依先約。奘曰："我法弘恕，不在刑科，禀受
我法，如奴事主"。因將向房遵正法要。彼烏茶論又別訪得尋擇其

中便有謬濫，謂所伏外道曰："汝聞烏茶所立義不？"曰："彼義曾聞，特解其趣。"即令説之，備通其要。便指纖芥，申大乘義破之，名制惡見論千百六十頌，以呈戒賢等師，咸曰："斯論窮天下之勍寇也，何敵當之？"

奘意欲流通教本，乃放任開正法，遂住東印度境迦摩縷多國，以彼風俗並信異道，其部衆乃有數萬。佛法雖弘，未至其土。王事天神愛重教義。但聞智人，不問邪正，皆一奉敬其人。創染佛法，將事弘闡，故往開化。既達於彼，王歎奘勝度神思清遠，童子王聞欣得面歎，遣使來請，再三乃往。既至相見，宛若舊遊。言議接對又經晦朔，於時異術雲聚，請王決論。言辯縱交，邪徒草靡，王加崇重初開信門，請問諸佛何所功德？奘讚如來三身利物，因造三身論三百頌以贈之。王曰："未曾有也。"頂戴歸依，此國東境接蜀西蠻，聞其途路，兩月應達。於時戒日王臣告曰："東蕃童子王所有支那大乘天者，道德弘被，彼王所重，請往致之。"其大乘天者，即印度諸僧美奘之目也。王曰："我已頻請，辭而不來，何因在彼？"即使語拘摩羅王，可送支那法師來共會祇羅國。童子王命象軍二萬，船三萬，與奘泝殑伽河以赴戒日，戒日與諸官屬百餘萬衆，順河東下，同集羯朱祇羅國。初見頂禮，鳴足盡敬，散花設頌，無量供已，曰："弟子先請，何爲不來？"答："以聽法未了，故此延命。"又曰："彼支那國有秦王破陣樂歌舞曲，秦王何人，致此歌詠？"奘曰："即今正國之天子也。是大聖人，撥亂反政（正），恩霑六合，故有斯詠。"王曰："故天縱之爲物主也。"乃延入行宮陳諸供養。乃述制惡見論，顧謂門師曰："日光既出，熒燭奪明，師所寶者他皆破訖，試救取看，小乘諸僧無敢言者。"王曰："此論雖好，然未廣聞，欲於曲女城大會，命五印度能言之士，對衆顯之，使邪從正，捨小就大，不亦可乎？"是日發敕普告天下，總集沙門、婆羅門一切異道，會曲女城。自冬初泝流，臘

月方到，爾時四方翕集，乃有數萬，能論義者數千人，各擅雄辯咸稱
克敵。先立行殿各容千人，安像陳供香花音樂，請奘昇座，即標舉
論宗命衆徵覈，竟十八日無敢問者。王大嗟賞，施銀錢三萬，金錢
一萬，上氈一百具。仍令大臣執奘袈裟巡衆唱言，<u>支那</u>法師論勝，
十八日來無敢問者，並宜知之。於時僧衆大悅曰："佛法重興。"乃
令邊人權智若此，便辭東歸。王重請住觀七十五日，大施場相，事
訖辭還。王敕所部，遞送出境，並施青象金銀錢各數萬。戒日拘<u>摩
羅</u>等十八大國王，流涕執別，奘便辭而不受，以象形大，日常料草四
十餘圍，餅食所須又三斛許。戒日又敕令諸屬國隨到供給，諸僧勸
受象施，皆曰："斯勝相也，佛滅度來，王雖崇敬種種布施，未聞以象
用及釋門。象爲國寶，今既見惠，信之極矣。"因即納象反錢寶。然
其象也其形圓大，高可丈三，長二丈許，上容八人，並諸什物經象等
具，並在其上，狀如重堵相似空行，雖逢奔逸而安隱（穩）不墜，瓶水
不側。緣國北旋出<u>印度</u>境，戒日威被咸蒙供侍。

　　入<u>卓利國</u>，山川相半，沃壤豐熟，僧徒數萬，並學大乘。東北山
行，過諸城邑上<u>大雪山</u>，及至其頂諸山並下，又上三日達最高嶺。
南北通望，但見橫山各有九重，過斯以往皆是平地。雖有小山孤斷
不續，唯斯一嶺蔓延高遠。約略爲言，<u>贍部</u>一洲山叢斯地，何以知
耶？至如西境<u>波斯</u>平川眇漫，東尋<u>崑崿</u>莫有窮蹤，北則橫野蕭條，
南則<u>印度</u>皐衍，即經所謂<u>香山</u>者也。達池幽邃未可尋源，四河所從
皆由斯出。<u>爾雅</u>所謂<u>崑崙</u>之墟，豈非斯耶？案諸<u>禹貢</u>，河出磧石，
蓋局談其潛出處耳。<u>張騫</u>尋之，乃遊<u>大夏</u>，固是<u>超步</u>所經，猶不言
其發源之始，斯可知矣。

　　奘引從前後，自勒行衆沿嶺而下，三日至地，達<u>覩貨羅</u>諸故都
邑，山行八百路極艱險，寒風切骨到於<u>活國</u>。中途所經皆屬<u>北狄</u>，
而此王者<u>突厥</u>之胤，統管諸<u>胡</u>，總御<u>鐵門</u>以南諸小國也。自此境東

方入葱嶺，嶺據贍部洲中，南接雪山，北至熱海，東漸烏鎩，西極波斯，縱廣結固各數千里。冬夏積雪，冰嚴崖險，過半已下多出山葱，故因名焉。昔人云：葱嶺停雪，即雪山也。今親目驗，則知其非。雪山乃居葱嶺以南，東西亙海，南望平野，北達叢山，方名葱嶺。

又東山行，經於十國二千餘里，至達摩悉鐵帝國，境在山間，東西千六百里，南北極廣，不踰四五里許，臨縛芻河，從南而來不測其本。僧寺十餘，有一石像，上施金銅圓蓋，人有旋遶蓋亦隨轉，豈由機巧莫測其然。

又東山行，近有千里達商彌國，東至大川廣千餘里，南北百餘里，絕無人住。川有龍池，東西三百，南北五十，其池正在大葱嶺內，贍部洲中最高地也。何以明之？池出二河，其西流者至達摩悉鐵國，與縛芻河合，自此以西皆西流，其東流者至佉沙西界，與徙多河合，自此以東，水皆東流，故分二河，各注兩海，故知高也。池出大鳥卵如缾許，案條支國大卵如甕，豈非斯耶？

又東五百至揭盤陀國，北背徙多河，即經所謂悉陀河也，東入鹽澤，潛於地中，涌於積石，爲東夏河矣。其國崇信佛法，城之東南三百餘里，大崖兩室，各一羅漢現入滅定，七百餘年，鬚髮漸長，左近諸僧年別爲剃。

又東千餘里方出葱嶺，至烏鎩國，城臨徙多，西有大山崖自崩墜，中有僧焉，瞑目而坐，形甚奇偉，鬚髮下垂至於肩面。問其委曲乃迦葉佛時人矣，近重崩崖没於山內。奘至斯國，與象別行先渡雪河，象晚方至。水漸汎漲，不悉山道，尋嶺直下，牙衝岸樹，象性凶獷反拔却頓，因即致死。悵恨所經，已越山險，將達平壤，不果祈願。

東過疎勒乃至沮渠，可千餘里。同伴五百，皆共推奘爲大商主,處位中營四面防守。且自沮渠一國,素來常鎮十部大經,各十萬偈,如前所傳,國寶護之不許分散。今屬突厥,南有大山,現三羅漢入滅盡定。

東行八百達于遁國,地惟沙壤,寺有百餘,僧徒五千並大乘學。城西山寺,佛曾遊踐,有大石室,羅漢入定,石門封掩。

初奘既度蔥嶺,先遣侍人,齎表陳露達國化也。下敕流問令早相見。行達于遁,以象致死,所齎經像交無運致。又上表請,尋下別敕,令于遁王給其鞍乘,既奉嚴敕,駝馬相運,至於沙洲。又蒙別敕,計其行程酬僱價直,自爾乘傳二十許乘,以貞觀十九年正月二十四日,屆於京郊之西。道俗相趁,屯赴闐闠,數十萬眾如值下生。將欲入都,人物誼擁,取進不前,遂停別館。通夕禁衛,候備遮斷,停駐道旁。從故城之西南,至京師朱雀街之都亭驛二十餘里,列眾禮謁,動不得旋。於時駕幸洛陽,奘乃留諸經像送弘福寺,京邑僧眾競列幢帳,助運莊嚴,四部誼譁又倍初至,當斯時也。復感瑞雲現於日北,團圓如蓋,紅白相映,當於像上顯發輪光,既非遠日,同共嗟仰。從午至晡,豫入弘福方始歇滅。致使京都五日四民廢業,七眾歸承。當此一期,傾仰之高,終古罕類也。奘雖逢榮問,獨守舘宇,坐鎮清閑,恐陷物議,故不臨對,及至洛濱特蒙慰問、并獻諸國異物,以馬馱之。別敕引入深宮之內殿,面奉天顏,談敍真俗,無爽帝旨,從卯至酉不覺時延,迄於閉鼓。上即事戎斾,問罪遼左,明旦將發,下敕同行,固辭疾苦,兼陳翻譯,不違其請,乃敕京師留守梁國公房玄齡,專知監護,資備所須,一從天府。

初奘在印度,聲暢五天,稱述支那人物為盛。戒日大王并菩提寺僧,思聞此國,為日久矣。但無信使未可依憑。彼土常傳,瞻部一洲,四王所治,東謂脂那,主人王也;西謂波斯,主寶王也;南謂印度,主象王也;北謂獫狁,主馬王也。皆謂四國藉斯以治,卽因為窅。奘既安達,恰述符同。戒日及僧各遣中使賫諸經寶遠獻東夏,是則天竺信命自奘而通,宣述皇猷之所致也。使既西返,又敕王玄策等二十餘人,隨往大夏,並贈綾帛千有餘段,王及僧等數各有差。並就菩提寺僧召石蜜匠,乃遣匠二人僧八人,俱到東夏,尋敕往越州,就甘蔗造之皆得成就。先是菩提寺僧三人送經初至,下敕普請京城設齋,仍於弘福譯大嚴等經。不久之間,奘信又至,乃敕且停,待到方譯。主上虛心企仰,頻下明敕,令奘速至,但爲事故留連,不早程達。既見洛宮深沃虛想,卽陳翻譯,搜擢賢明。上曰:"法師唐梵具瞻,詞理通敏,將恐徒揚仄陋,終虧聖典。"奘曰:"昔者二秦之譯,門徒三千,雖復翻傳,猶恐後代無聞,懷疑乖信,若不搜舉同奉玄規,豈以褊能妄參朝委?"頻又固請,乃蒙降許。帝曰:"自法師行後,造弘福寺,其處雖小,禪院虛靜,可爲翻譯。所須人物吏力,並與玄齡商量,務令優給。"既承明命,返迹京師,遂召沙門慧明、靈潤等,以爲證義,沙門行友、玄賾等,以爲綴緝,沙門智證、辯機等,以爲錄文,沙門玄模,以證梵語,沙門玄應,以定字僞。其年五月,創開翻譯,大菩薩藏經二十卷,余爲執筆,并删綴詞理,其經廣解六度四攝十力四畏三十七品諸菩薩行,合十二品,將四百紙。又復旁翻顯揚聖教論二十卷,智證等更迭錄文,沙門行友詳理文句,奘公於論重加陶練。次又翻大乘對法論一十五卷,沙門玄賾筆受,微有餘隙。又出西域傳一十二卷。沙門辯機親受時事,連紕前後,兼出佛地六門神呪等經,都合八十許卷。自前代已來所譯經教,初從梵語倒寫本文,次乃迴之順同此俗,然後筆人亂理文句,中間增損,多墜全言。今所翻傳都由奘旨,意思獨斷,出語成章,詞人隨寫卽可披翫。尚寶吳魏所譯諸文,但爲西梵所重,貴於文句鉤鎖,聯類重沓,佈在唐文,頗居繁複,故使綴工專司此位,所以貫通詞義,加度節之,銓木勒成,祕書繕寫。於時駕返西京,奘乃表上,并請序題。尋降手敕曰："法師鳳標高行，早出塵表，泛寶舟而登彼岸，搜妙道而闢法門，弘闡大猷，蕩滌衆累，是以慈雲欲卷，舒之廕四空，慧日將昏，朗之照八極，舒朗之者，其惟法師乎？朕學淺心拙，在物猶迷，況佛教幽微，豈敢仰測？請爲經題，非己所聞，其新撰西域傳者，當自披覽。"及西使再返，又敕二十餘人隨往印度，前來國命通議中書，敕以異域方言，務取符會，若非伊人，將論聲教，故諸信命並資於奘，乃爲轉唐言依彼西梵，文詞輕重，令彼讀者尊崇東夏。尋又下敕，令翻老子五千言爲梵言，以遺西域，奘乃召諸黄巾，述其玄奧，領疊詞旨，方爲翻述。道士蔡晃、成英等，競引釋論中百玄意，用通道經。奘曰："佛道兩教，其致天殊，安用佛言用通道義？窮覈言迹，本出無從。"晃歸情曰："自昔相傳祖憑佛教，至於三論，晃所師遵，准義幽通不無同會，故引解也。如僧肇著論，盛引老莊，猶自申明，不相爲怪。佛言似道，何爽綸言？"奘曰："佛教初開，深文尚擁，老談玄理，微附佛言，肇論所傳引爲聯類，豈以喻詞而成通極，今經論繁富各有司南，老但五千論無文解，自餘千卷多是醫方，至如此土賢明何晏、王弼、周顒、蕭繹、顧歡之徒，動數十家，注解老子何不引用？乃復旁通釋氏，不乃推步逸蹤乎？"既依翻了，將欲封勒。道士成英曰："老經幽邃，非夫序引何以相通？請爲翻之。"奘曰："觀老治身治國之文，文詞具矣，叩齒咽液之序，其言鄙陋，將恐西聞異國有媿鄉邦。"英等以事聞諸宰輔，奘又陳露其情，中書馬周曰："西域有道如老莊不？"奘曰："九十六道並欲超生，師承有滯，致淪諸有，至如順世四大之術，冥初六諦之宗，東夏所未言也。若翻老序，則恐彼以爲笑林。"遂不譯之。

　　奘以弘讚之極，勿尚帝王，開化流布自古爲重。又重表曰："伏奉墨敕，猥垂獎喻，祇奉綸言，精守振越。玄奘業尚空踈，謬參法侶，幸屬九瀛有截，四表無虞，憑皇靈以遠征，恃國威而訪道，窮遐冒險雖勵愚誠,纂異懷荒實資朝化,所獲經論奉敕翻譯,見成卷軸,未有詮序。伏惟陛下睿思雲敷,天華景爛,理包繫象,調逸咸英,跨千古以飛聲,掩百王而騰實。竊以神力無方,非神思不足詮其理;聖教玄遠,非聖藻何以序其源?故乃冒犯威嚴,敢希題目,宸睠沖邈,不垂(垂)矜許,撫躬累息,相顧失圖。玄奘聞,日月麗天,既分暉於戶牖,江河紀地,亦流潤於巖涯。雲和廣樂,不秘響於聾昧;金璧奇珍,豈韜彩於愚瞽?敢緣斯理,重以干祈,伏乞雷雨曲垂(垂),天文俯照,配兩儀而同久,與二曜而俱懸。然則鷲嶺微言,假神筆而弘遠,雞園奧義,託英詞而宣暢,豈止區區梵衆獨荷恩榮,亦使蠢蠢迷生方超塵累而已。"表奏之日,敕遂許焉。謂駕馬高履行曰:"汝前請朕爲汝父作碑,今氣力不如昔,願作功德爲法師作序。不能作碑,汝知之。"貞觀二十五年幸玉華宮,追奘至,問:"翻何經論?"答:"正翻瑜珈。"上問:"何聖所作?明何等義?"具答已。令取論自披閱,遂下敕,新翻經論寫九本,頒與雍洛相兗荆揚等九大州。奘又請經題,上乃出之,名大唐三藏聖教序,於明月殿,命弘文舘學士上官儀,對羣僚讀之。其詞曰:"蓋聞二儀有象,顯覆載以含生,四時無形,潛寒暑以化物。是以窺天鑒地,庸愚皆識其端,明陰洞陽,賢哲罕窮其數。然而天地包乎陰陽而易識者,以其有象也,陰陽處乎天地而難窮者,以其無形也。故知象顯可徵,雖愚不惑,形潛莫覩,在智猶迷,況乎佛道崇虛,乘幽控寂,弘濟萬品,典御十方?舉威靈而無上,抑神力而無下,大之則彌於宇宙,細之則攝於毫釐。無滅無生,歷千劫而不古,若隱若顯,運百福而長今。妙道凝玄,遵之莫知其際,法流湛寂,挹之莫測其源。故知蠢蠢凡愚,區區庸鄙,投其旨趣能無疑惑者哉?然則大教之興,基乎西土,騰漢庭而皎夢,照東域而流慈。昔者分形分迹之時,言未馳而成化,當常現常之世,民仰德而知遵。及乎晦影歸真,遷儀越世,金容掩色,不鏡三千之光，麗象開圖，空端四八之相。於是微言廣被，拯含類於三塗，遺訓遐宣，導羣生於十地。然而真教難仰，莫能一其指歸，曲學易遵，邪正於焉紛糺。所以空有之論，或習俗而是非，大小之乘，乍沿時而隆替。有**玄奘法師**者，法門之領袖也。幼懷貞敏，早悟三空之心。長契神情，先包四忍之行。松風水月，未足比其清華。仙露明珠，詎能方其朗潤。故以智通無累，神測未形。超六塵而迥出，隻千古而無對。凝心內境，悲正法之陵遲，棲慮玄門，慨深文之訛謬。思欲分條析理，廣彼前聞，截偽續真，開茲後學，是以翹心淨土，往遊西域，乘危遠邁，杖策孤征。積雪晨飛途間失地，驚砂夕起空外迷天。萬里山川，撥煙霞而進影，百重寒暑，躡霜雨而前蹤。誠重勞輕求深願達，周遊西宇十有七年，窮歷道邦詢求正教，**雙林**八水味道餐風，**鹿苑鷲峯**瞻奇仰異。承至言於先聖，受真教於上賢。探賾妙門，精窮奧業。一乘五律之道，馳驟於心田，八藏三篋之文，波濤於口海。爰自所歷之國，總將三藏要文，凡六百五十七部。譯布中夏，宣揚勝業。引慈雲於西極，注法雨於東垂。聖教缺而復全，蒼生罪而還福。濕火宅之乾燄，共拔迷塗，朗愛水之昏波，同臻彼岸。是知惡因業墜善以緣昇，昇墜之端惟人所託。譬夫桂生高嶺，雲露方得泫其華，蓮出淥波，飛塵不能污其葉。非蓮性自潔而桂質本貞，良由所附者高，則微物不能累，所憑者淨，則濁類不能沾。夫以卉木無知，猶資善而成善，況乎人倫有識，不緣慶而求慶？方冀茲經流施，將日月而無窮，斯福遐敷，與乾坤而永大。"百僚稱慶。**奘**表謝曰："竊聞六爻深賾，局於生滅之場，百物正名，未涉真如之境。猶且遠徵羲册，覩奧不測其神，遐想軒圖，歷選並歸其美。伏惟皇帝陛下，玉毫降質金輪御天，廓先王之九州，掩百千之日月，斥（疑爲廣）例代之區域，納恒沙之法界，遂使**給園**精舍並入堤（提）封，貝葉靈文咸歸删（疑爲册）府。**玄奘**往因振錫，聊謁崛山，經途萬里,怙天威如咫步,匪乘千葉,詣雙林如食頃。搜揚三藏,盡龍宮之所儲,研究一乘,窮鷲嶺之遺旨。並已載於白馬,還獻紫宸。尋蒙下詔賜使翻譯,玄奘識乖龍樹,謬忝傳燈之榮,才異馬鳴,深愧瀉瓶之敏。所譯經論紕舛尤多。遂荷天恩留神構序,文超象繫之表,若聚日之放千光,理括衆妙之門,同慧雲之濡百草。一音演説,億劫罕逢。忽以微生親承梵響,踊躍歡喜如聞授記。”表奏之日,尋下敕曰:“朕才謝珪璋,言慚博達,至於内典,尤所未聞。昨製序文,深爲鄙拙。惟恐穢翰墨於金簡,標瓦礫於珠林。忽得來書謬承褒讚,循躬省慮彌益厚顏。善不足稱,空勞致謝。”又重表謝,敕云:“朕性不讀經,兼無才智,忽製論序,翻污經文。具覽來言,枉見褒飾,愧逢虛美,唯益真慚。”自爾朝宰英達,咸申擊讚,釋宗弘盛,氣接成陰。

　皇太子述上所作三藏聖教序曰:“夫顯揚正教,非智無以廣其文,崇闡微言,非賢莫能定其旨。蓋真如聖教者,諸法之玄宗,衆經之軌躅也。綜括宏遠,奥旨遐深。極空有之精微,體生滅之機要。詞茂道曠,尋之者不究其源;文顯義幽,履之者莫測其際。故知聖慈所被,業無善而不臻,妙化所敷,緣無惡而不翦。開法網之綱紀,弘六度之正教,拯羣有之塗炭,啓三藏之秘局。是以名無翼而長飛,道無根而永固。道名流慶,歷遂古而鎮常,赴感應身,經塵劫而不朽。晨鐘夕梵,交二音於鷲峯,慧日法流,轉雙輪於鹿苑。排空寶蓋,接翔雲而共飛,莊野春林,與天花而合彩。伏惟皇帝陛下,上玄資福,垂拱而治八荒;德被黔黎,歛衽而朝萬國。恩加朽骨,石室歸於貝葉之文;澤及昆蟲,金匱流乎梵説之偈。遂使阿耨達水通神甸之八川,耆闍崛山接嵩華之翠嶺。竊以法性凝寂,靡歸心而不通,智地玄奥,感懇誠而遂顯。豈謂重昏之夜,燭慧炬之光,火宅之朝,降法雨之澤?於是百川異流,同會於海,萬區分義,總成平實,豈與湯武校其優劣，堯舜比其聖德者哉？玄奘法師者，夙懷聰令，立志夷簡，神清骼齔之年，體拔浮華之世，凝情定室匿迹幽巖，棲息三禪巡遊十地。超六塵之境，獨步迦維，會一乘之旨，隨機化物。以中華之無質，尋印度之真文。遠涉恒河終期滿字，頻登雪嶺更獲半珠。問道往還十有七載，備通釋典利物爲心。以貞觀十九年二月六日，奉敕於弘福寺翻譯聖教，要文凡六百五十七部。引大海之法流，洗塵勞而不竭；傳智燈之長燄，皎幽闇而恒明。自非久植勝緣，何以顯揚斯旨？所謂法相常住，齊三光之明，我皇福臻，同二儀之固。伏見御製衆經論序，照古騰今，理含金石之聲，文抱風雲之潤。治輒以輕塵足岳，墜露添流，略舉大綱以爲斯記。”自此常參內禁，扣問沈隱，翻譯相續不爽法機。敕賜雲衲一領，妙絕古今。又敕天下，寺度五人維持聖種，皆其力也。

　　冬十月隨駕入京，於北闕造弘法院，鎮恒在彼。初於曲池爲文德皇后造慈恩寺，追奘令住，度三百人。有令寺西北造翻經院，給新度弟子一十五人。弘福舊處仍給十人。今上嗣籙素所珍敬，追入優問，禮殊恒秩。永徽二年，請造梵本經臺，蒙敕賜物，尋得成就。又追入內，於修文殿翻發智等論，降手詔飛白書，慰問優洽。顯慶元年正月爲皇太子於慈恩設大齋，朝宰總至，黃門郎薛元超、中書郎李義府曰：“譯經佛法之大，未知何德以光揚耶？”奘曰：“公此之問，常所懷矣。譯經雖位在僧，光價終憑朝貴。至如姚秦鳩摩羅什，則安成侯姚嵩筆受，元魏菩提流支，則侍中崔光錄文，貞觀初波頗初譯，則僕射蕭瑀太府蕭璟庶子杜正倫等，監閱詳定。今並無之不足光遠。又大慈恩寺，聖上切風樹之哀，追造壯麗，騰實之美勿過碑頌，若蒙二公爲致言，則不朽之迹，自形於今古矣。”便許之。明旦遣給事宣敕云：“所須官人、助翻者已處分訖，其碑朕自作。”尋敕：“慈恩翻譯文義須精，宜令左僕射于志寧、中書令來濟、禮部許敬宗、黃門侍郎薛元超、中書郎李義府等，有不妥穩隨事潤色。若須學士，任追三兩人。"及碑成，請神翰自書，蒙特許，剋日送寺。京寺咸造幢蓋，又敕王公已下太常九部及兩縣伎樂，車徒千餘乘，駐弘福寺。上居安福門，俯臨將送，京邑士女列於道側，自北之南二十餘里，充仞衢街，光俗與法無與儔焉。又賜山水納，妙勝前者，并以服玩百有餘件。

顯慶二年，駕幸洛陽，預從安置東都積翠宮，召入大內麗日殿，翻觀所緣等論。又於明德宮，翻大毗婆沙等論。奘少離桑梓，白首言歸，訪問親故，零落殆盡。惟有一姊，迎與相見。訪以墳壟，旋殯未遷，便卜勝地，施塋改葬。其少室山西北，緱氏故縣東北，遊仙鄉控鶴里鳳凰谷，即奘之生地也。不遠有少林寺，即魏孝文所立，是翻十地之所，意願棲託為國翻譯。蒙手敕云："省表，知欲晦跡巖泉，追林遠而架往，託慮禪寂，軌澄什以標今。仰挹風徽，實所欽尚。朕業空學寡，靡究高深。然以淺識薄聞，未見其可。法師津梁三界，汲引四生，智皎心燈，定凝意水。非情塵之所瞹，豈識浪而能驚？然以道德可居，何必太華疊嶺？空寂可舍，豈獨少室重巒？幸戢來言勿復陳請。即市朝大隱，不獨貴於昔賢，見聞弘益，更可珍於即代。"遂因寢言。

顯慶三年下敕，為皇太子造西明寺成。令給上房僧十人以充侍者。有大般若者，二十萬偈，此土八部咸在其中。不久下敕令住玉華，翻經供給一準京寺，遂得託靜不爽譯功。以顯慶五年正月元日，創翻大本。至龍朔三年十月末了，凡四處十六會說，總六百卷，般若空宗此焉周盡。於間又翻成唯識論辯中邊論唯識二十論品類足論等，至十一月表上此經，請製經序，於蓬萊宮通事舍人馮義宣敕許之。

奘生常以來願生彌勒，及遊西域，又聞無著兄弟皆生彼天，又頻祈請咸有顯證，懷此專至益增翹勵。後至玉華，但有隙次，無不發願生覩史多天見彌勒佛。

自般若翻了，惟自策勤行道禮懺。麟德元年告翻經僧及門人曰："有爲之法必歸磨滅，泡幻形質何得久停？行年六十五矣，必卒玉華。於經論有疑者今可速問。"聞者驚曰："年未耆耄，何出此言？"報曰："此事自知。"遂往辭佛，先造俱胝十億像所，禮懺辭別。有門人外行者，皆報好去。今與汝別亦不須來，來亦不見。至正月九日告寺僧曰："奘必當死。經云：此身可惡，猶如死狗。奘既死已，勿近宮寺，山靜處埋之。"因既臥疾，開目閉目，見大蓮花鮮白而至。又見偉相，知生佛前，命僧讀所翻經論名目已，總有七十三部一千三百三十卷。自懷欣悅，總召門人，有緣並集云："無常將及，急來相見"。於嘉壽殿，以香木樹菩提像骨，對寺僧門人辭訣，並遺表訖，便默念彌勒，令傍人稱曰：南謨彌勒如來應正等覺，願與含識速奉慈顏，南謨彌勒如來所居內衆，願捨命已必生其中。至二月四日，右脇累足，右手支頭，左手胠上鏗然不動。有問何相？報曰："勿問，妨吾正念。"至五日中夜，弟子問曰："和尚定生彌勒前不？"答曰："決定得生。"言已氣絕。迄今兩月色貌如常。又有冥應略故不述。又下敕：葬日聽京城僧尼幢蓋往送。於是素蓋素幢浮空雲合，哀笳哀梵氣遏人神。四俗以之悲涼，七衆惜其沈没。乃葬於白鹿原四十里中，皂素彌滿。其塋與兄捷公相近，苕然白塔近燭帝城。尋下別敕，令改葬於樊川，與州縣相知供給吏力乃又出之。衆咸歎異。經久埋瘞，色相如初，自非願力所持，焉能致此？

余以闇昧，濫霑斯席，與之對晤，屢展炎涼。聽言觀行，名實相守。精厲晨昏，計時分業。虔虔不懈，專思法務。言無名利，行絕虛浮。曲識機緣，善通物性。不倨不諂，行藏適時。吐味幽深，辯開疑議。寔季代之英賢，乃佛宗之法將矣。且其發蒙入法，特異常倫，聽覽經論，用爲恒任。既周行東夏，挹酌諸師，披露肝膽，盡其精義，莫不傾倒，林藪更新學府，遂能不遠數萬，諮求勝法，誓捨形命，必會爲期。發趾張掖，途次龍沙，中途艱險，身心僅絶。既達高昌倍光來價，傳國祖送備閱靈儀。路出鐵門石門，躬乘沙嶺雪嶺，歷天險而志逾慷慨，遭凶賊而神彌厲勇。兼以歸稟正教，師承戒賢，理逐言揚，義非再授，廣開異論，包藏胸臆，致使梵侶傾心，不遺其法。又以起信一論，文出馬鳴，彼土諸僧思承其本，奘乃譯唐爲梵，通布五天，斯則法化之緣東西互舉。又西華餘論深尚聲明，奘乃卑心請訣，隨授隨曉，致有七變其勢動發異蹤，三循廣論，恢張懷抱，故得施無厭寺三千學僧皆號智囊，護持城塹。及覩其脣吻，聽其詞義，皆彈指讚歎，斯何人也。隨其遊歷，塞外海東百三十國，道俗邪正，承其名者，莫不仰德歸依。更崇開信，可以家國增榮，光宅惟遠，獻奉歲至，咸奘之功。若非天挺英靈，生知聖授，何能振斯鴻緒，導達遺蹤？前後僧傳往天竺者，首自法顯、法勇，終於道邃、道生，相繼中途一十七返，取其通言華梵妙達文筌，揚導國風，開悟邪正，莫高於奘矣。恨其經部不翻猶涉過半，年未遲暮，足得出之，無常奄及，惜哉」

（選自金陵刻經處本唐道宣續高僧傳卷四——五）

窺　基

　　【簡介】　窺基，字道洪，俗姓尉遲，生於公元六三二年（唐太宗貞觀六年），死於公元六八二年（武則天開耀元年），京兆長安（今陝西西安）人。他是唐王朝開國大將尉遲敬德的侄子，他的父親尉遲敬宗也是一員武將，所以窺基原是將門之子。他十七歲時奉旨跟玄奘出家，後來參加譯經工作，因常住大慈恩寺，一般也稱他爲慈恩大師。

　　窺基和玄奘專事翻譯不同，主要是致力於著述。他才氣橫溢，著作等身。唯識宗的主要著作，基本上都出自他的手筆，後世稱之爲百部疏主（實際上不到一百部）。

　　窺基在建立唯識宗的過程中起了十分重要的作用，可以説唯識宗是他和玄奘共同創立的。據説玄奘原擬將印度唯識系的十大論師的著作，都分別譯出，並要和窺基合稱爲玄奘門下“四哲”的神昉、嘉尚、普光都參加翻譯。窺基表示反對，玄奘改變主意，改用編纂的辦法，以護法一派觀點爲主，糅譯十家，並只留窺基一人獨任筆受，編譯出成唯識論。還據説玄奘鎖門單獨給窺基講唯識學説，但被圓測買通了看門人偷聽了去，窺基極爲惱火，玄奘安慰他，並把印度因明單獨傳授給他。由於窺基得到特殊的器重和單獨的傳授，掌握和領會了全部的唯識理論，從而得以進行大量的創作，撰寫了成唯識論述記、因明入正理論疏、大乘法苑義林章等重要的佛教哲學論著，此外，還著有瑜伽論略纂、大乘阿毗達磨雜集論述記、百法論疏、金剛經論會釋、法華玄贊、彌勒上生經疏、説無垢經疏，等等。

在玄奘去世後，窺基直紹玄奘所傳，並加發揚，形成了以他爲中心的獨立一派，窺基的及門弟子是慧沼，慧沼的及門弟子是智周。但是，到智周時，唯識宗的弘傳已只偏在河洛一隅，不久也就衰落了。

一、成唯識論述記（節選）

論曰："若唯有識，云何世間及諸聖教説有我法？"

論宗所明一切唯識，若唯有識無心外境，云何諸世間説有我法此則世間相違違理失，及諸聖教中亦説有我法此卽聖教相違違教之失，非彼兔角等可説爲青等，以本性無不可説故。我法本無，云何起説？夫立義宗要無九過，既有二失唯識不成，此依因明世間聖教二種相違故爲難也。言世間者，可毀壞故，有對治故，隱真理故，名之爲世，墮世中故名爲世間。由此滅道非世間攝無對治故。言聖教者，聖者正也，與理相應於事無壅，目之爲聖，又契理通神目之爲聖。又聖者正也，心與境冥智與神會名之爲聖。此所説教名爲聖教，世間聖教皆依士釋，所餘文義下自當知。然大般若第五百卷以八囀聲釋世間等今略敍之。是世間出故名世間，造世間故，由世間故，爲世間故，因世間故，屬世間故，依世間故，名爲世間。

頌曰："由假説我法，有種種相轉，彼依識所變。"

假有二種：一者無體隨情假，多分世間外道所執，雖無如彼所執我法，隨執心緣亦名我法，故説爲假。二者有體强設假，聖教所説雖有法體而非我法，本體無名强名我法，不稱法體隨緣施設，故説爲假。

相謂相狀，轉是起義，相起非一，故名種種。二句意言，汝所問云我法若無世間及聖教云何説有者？非離識外有實我法自體性故，世間聖教説有我法但由二種假名言故説有我法種種相轉。應釋頌言，世間聖教所言我法初由無體隨情假説，後由有體强設假説，由假故有此種種諸相轉起，非實有體説爲我法。

問言有實我法可依假説，我法實無假依何立？第三句云，彼我法相依內識等所變現相而起假説，我法諸相非依離識實有我法而起假説，但依內識所變相見而假説故，此但説識，義兼心所。此中若爾，真如非變應非唯識，此約假説爲我及法故，不離識故真如名唯識，非識所變故，不説爲我法，若説爲真如亦心所變故。此中總顯由無始來橫計我法分別心故，熏習本識後後遂有相見分生，愚夫不了此唯內識依之妄計有實我法，我法實無隨彼妄情所執之相名爲我法，故知世間所説我法是假非實，故經頌言如愚所分別外境實皆無習氣擾濁心故似彼而轉，聖者依此內識所變若相若見爲起言論斷染取淨引生真見假爲立名説爲我法，法體實非若我若法，故知聖教所説我法亦假説也。是故經言爲對遣愚夫所執實我法故於識所變假説我法名，此解二種我法之名依識變立。又第二解，世間所執我法體無依識所變，妄情爲緣而起於執，妄情所執是世間我法，然體無故以無依有，依內妄情説爲我法，聖教所説我法二種依識體上有我法義，義依於體別依於總，依有體法説爲我法，即説所執能計之情及所詮之法皆識所變以爲我法。此上二解，第一解云，説爲我法而體是無隨情説假，設體雖有不稱名假我法二假乃屬於説，唯假言説以爲我法彼體都非。第二解云，以無依有世間説情以爲我法，以義依體聖教説體以爲我法，假我及法不在於言，以所説爲若我法故。此上二解皆護法釋，若安惠解，二種我法皆是別無依於總無，見相二分施設説性非有故，自證離言，非法我法故，唯佛所證，難陁復别，唯以所變相分，與護法解别，如樞要説，既言我法依識所變，識有幾種？

論曰："此能變唯三，謂異熟思量，及了别境識。"

此識所變之能變有三種，三轉相依也，一謂異熟，即第八識，名有多義，一變異而熟，要因自種，變異之時果方熟故，此義通餘種生果時皆變異故。二異時而熟，與因異時果方熟故，今者大乘約造之時非約種體，許同世故。三異類而熟，與因異性，果酬因故。然初二解無别論文，今依論文但取後解。若異屬因，即異之熟，若異屬果，異即是熟，異熟即識，熟屬現行，異熟之識，熟屬種子，故餘能變不得此名。二謂思量識即第七識，思謂思慮量謂量度，思量第八度爲我故。又恒審思量，餘識無故。餘之二識不名思量，至下當悉。思量即識、准前釋也。三了别境識即餘六識，二十論説心意識了名之差别，了是諸識之通名也。了别别境及麤顯境唯前六故，對此六塵説六識故，然濫第七，應言此六了别於境名了别境識，以了别相麤簡於七八故。了境即識，亦同前解，此依勝義勝義心言俱絶，依第二第三勝義不可言一多真故相無别，依世俗中可言八别，今以類同，故有三種。頌中唯言，顯其二義：一簡别義，遮虚妄執，顯但有識無心外境；二決定義，離增減數，略唯決定有此三故，廣決定有八種識故，一類菩薩説識唯一，諸小乘等執心意識義一文異。又復彼執識唯有六，則是減數，楞伽經説八九種種識如水中諸波，説有九識即是增數，顯依他識略有三種廣唯有八，離於增減故説唯言。楞伽經中兼説識性，或以第八染淨别開故言九識，非是依他識體有九，亦非體類别有九識，小乘根淺不知心意識三種體别，又未除所知障不了依他，故唯説六。然依根境别體相故説十二處十八界等，非唯六識。經部雖立有細意識即是第六别位起故，如樞要説。及亦二義：一合集義，六識合名了境識故，如後卷説；二相違義，即相違釋，顯三能變體各別故。卽一及字貫通上下，謂應言異熟及思量及了別境識，若不爾者，卽有濫於餘釋之過。所以者何？但言異熟思量了別境識不言及思量等者，一濫持業，恐言異熟卽是思量了別境故；二濫依士，不言及者，恐言異熟之思量了別境故；三濫有財，不言及者，恐言以彼異熟而有思量了別境故；四濫鄰近，不言及者，恐言異熟俱時思量了別境故，今顯異彼故說及言。顯三能變體各異故。既爾，何故頌中不言異熟及思量等，而頌乃言及了別境識，顯得二義故，若於異熟下方置及言唯得相違不得合集，今合六識總名了境故於思量下方置及字。下一識字通三能變，欲顯文略而義廣故。

論曰："彼相皆依識所轉變而假施設。"

彼世間聖教所說我法相雖無於眞方可假說，然依內識之所轉變，謂種子識變爲現行，現行識變爲種子及見相分，故名爲變。依此所變而假施設爲我法相。心變眞如亦名爲法，若實眞如不可說爲法與非法，非識所變故非彼依，後得變似皆名爲法，故此但說近依他依。此中卽顯示識所變者實非我法，而諸世間及諸聖教假說我法言假設也。

論曰："識謂了別。"

今舉行相顯識自體，心意識了名之差別，故以了別釋識之義。

論曰："變，謂識體轉似二分。"

護法等云：謂諸識體卽自證分，轉似相見二分而生，此說識體是依他起性，轉似相見二分非無亦依他起，依此二分執實二取聖說爲無，非依他中無此二分。論說唯二，依他性故。此除眞智緣於眞如，無相分故。不爾，如何名他心智？後得智等不外取故。此二廣釋，至下第七及第十末並二十唯識述記中說，許有相見二體性者，說相見種或同或異，若同種者，卽一識體轉似二分相用而生，如一蝸牛變生二角，此說影像相見離體更無別性，是識用故。若言相見各別種者，見是自體義用分之，故離識體更無別種，卽一識體轉似見分別用而生，識爲所依轉相分種似相而起，以作用別性各不同，故相見別種於理爲勝，故言識體轉似二分。此依他起非有似有實非二分，似計所執二分見相故立似名，相別有種何名識變，不離識故，由識變時相方生故如大造色，由分別心相境生故，非境分別心方得生，故非唯境但言唯識。此顯能變相見二分用體別有，何故說識似二分生。

論曰："相見俱依自證起故。"

若無自證二定不生，如無頭時角定非有，及無鏡時面影不起，皆於識上現相貌故。故說二分依識體生，此總顯示依他起性，此上顯示識之所變。

論曰："依斯二分施設我法，彼二離此無所依故。"

依止依他相見二分施設遍計所執我法，二實分也依起執故，若離於此依他二分彼無所依，故說依他爲執依止，染分依故。此世間我法聖教我法義依於體，亦復如是，此顯我法假說所由。上來總是護法解訖。安惠解云，變謂識體轉似二分，二分體無遍計所執、除佛以外菩薩已還，諸識自體之。自證分由不證實有法執故，似二分起卽計所執，似依他有二分體無，如自證分相貌亦有以無似有，卽三性心皆有法執八識自體皆似二分。如依手巾變似兔頭，幼生二耳，二耳體無依手巾起，彼引世親所造緣起論中末後決擇說無明支許通三性，故除如來皆有二分是計所執。問：此二體無，識體如何轉似二分？答：相見俱依自證起故，由識自體虛妄習故，不如實故有惑執故，無明俱故，轉似二分，二分卽是相及見分依識體起。由體妄故變似二分，二分說依自證而起。若無識體二分亦無，故二分起由識而有。卽有自體及此二分，依何分上假說我法？答：依斯二分施設我法，依此相見計所執上世間聖教說爲我法，此相見之中皆説爲我法彼我法二離此相見無所依故，故依所執相見二分施設我法。世尊能知識自證分及真如等法性離言非我非法，爲除愚夫所執實我法於彼識所變二分之上假説爲我法，方便誘引令知假説，非謂實有。問: 前護法解，後安惠解。何故我法但依二分，不計自體以爲我法？答: 若護法説，據實亦計，且舉所變二分爲依，非無依於自體計也。略有三義: 所以不説，一、二執遍，我執不依自證起故;二、共許遍，今古大小皆不許有自證分故;三、義已説，若計自體，即能取攝，見分中收，但言二分攝能所取，非不依於自體分計，今顯自證離見體無，故但説二見分中攝，顯能所取攝法盡故。若安惠解，凡是所執體皆是無，若執自體即執能取不異見分故更不説爲我法依，以自證分體是有故或離言故不可依説。問: 護法云，相見識所變相見名唯識，自證不言變應非是唯識。解，若立三分，種所變故名爲唯識，若説四分，三四更互變名唯識。又即識體何故非唯。問: 何故二師所説三分義各有異，今合爲文？答: 譯者欲以文同義別文少義多，所以合二師總爲一文也。又如因明宗等多言爲能立，陳那所説宗非能立，今舉其宗言不違古文詞遣同，義取所等因一喻二以爲能立理即別也。此文亦然。文不相違所以合譯，義有乖返故爲二解。問: 真如非識之所變現何成唯識，亦依真如執爲實法寧非染分之所依止。答: 雖非識變，不離識故，識實性故亦名唯識。諸心所法雖不離識非識實性故名唯。真如離言與能計識非一非異，非如色等可依起執，故非執依此中不説。又解深密經説亦爲執依，然與依他稍不相似，依他之法與所計執有少作用相狀可同隨能計心新新而起，心上所現即是依他是能計心之所親取，真如不爾，故此不説。遠望疎言亦可依執，諸末學者依起執故，解深密説亦不相違。真如既非識所轉變，應非唯識。不以變故名爲唯識，不離識故亦名唯識。此中且説依他唯識。問: 依所變相執爲我法内道外道皆可了知，依所變見執法可爾，如何依見亦執我耶？答：如外僧佉執思爲我，犢子部等我名能見，故依二分皆執我法，前敍計中已略敍說。安惠已前諸古德等皆說二分是計所執，護法已後方計三四依他分也，實有四分，今說三者隱而不說，以對他故，義准知故，順陳那故，略敍宗故，非極研尋故且不說。

論曰："或復內識轉似外境。"

相分體性雖依他有，由見變爲故名唯識。此相分體實在於內不離於識，妄情執爲似外境現，實在內也。即以依他似計所執依此似外相分之上，世間聖教執爲我法，見變似能取亦相分攝。文雖有二，義即有三。或實說一分如安惠，或二分親勝等，或三分陳那等，或四分護法等。此中護法但說三分，以證自證分別義建立，義相猶隱所以不說。製作此論知見不同，或有一師假敍異執種種研尋，方於最後申了義說，於假設中咸言有義，非多有義便謂多師，即護法等多爲此釋，如敍本有種子是也，以護月之同時故敍之。此中破斥，或復諸師各說異理故此論下多言有義，勿皆謂一師假設研究致多有義，然多釋中爲例非一，或初無有義，後方言有義，勝者在初，或於初後皆言有義，勝者多後，或初後皆言有義，理等教齊，任情取捨，此大文例非獨此論，餘新翻者皆准此知，謂前但解，後說理徵，此即一師所假說也。或前理廣後理教略，初無有義此爲勝也，或前理略後理教廣，皆言有義而後勝也，或初後有義理教皆均，取捨難知無偏勝也，今此亦爾無偏勝故。

論曰："我法分別熏習力故，諸識生時變似我法。"

初以法喻別解依他遍計所執或有或無，二說所執及與依他皆假所由遮增減執，三依二諦攝彼二假至下當知。此即初也，於中有二，初法後喻。若護法難陁等解，由無始來第六七識橫計我法種種分別熏習力故。若安惠解，七識相應諸心心所皆名分別，能熏習故，即由分別熏習種者，熏者擊發義，習者數數義，由數熏發有此種故，後諸識起變似我法。護法釋云，識自證分所變相見依他二分非我非法，無主宰故，無作用故，性離言故，聖教名我法者是强目。如世說火口不被燒，所說火言明非目火，世間凡夫依識所變相見二分依他性上執爲我法，此所變者似彼妄情名似我法，彼妄所執我法實無，非可說牛毛似彼龜毛，故不說似彼但說似情。難陁等言，於識所變依他相分，諸聖者等愍諸凡類不知自識，方便假說我法二言便於識變强名我法，令彼斷除我法實執方便解了離言法性。凡夫依此依他相分執爲我法，故說識變似我法言。安惠解云，變似我法總有二解：一者世間聖教皆是計所執，世間依此八識所變總無之上第六七識起執於我，除第七識餘之七識起執於法不許末那有法執故，如是總說執爲我法，種種別相熏習力故，八識生時變似於法六七似我，聖教愍諸有情說凡愚所計爲我爲法，亦依總無說爲別我法，由此聞熏習八識生時變似我法。又解，諸識生時變似我法者，即自證分上有似我法之相，體變爲相但依他性，依此堅執爲我法者方是二分，其似我法不名二分，以下約喻依他性有，故識所變似我似法是識自體，雖有二解，後解難知，前解爲勝。然護法等云，第六七識妄熏習故，八識生時變似我法，安惠釋云由七識熏習分別力故，八識生時變似我法，八識之中皆有執故。

　　論曰："此我法相雖在內識，而由分別似外境現。"

　　顯皆在內似外境現，此說所變似我法相雖在內識，而由六七或總八識虛妄分別之力實非在外似外境現，准前諸解，即依他起緣所生法名似我法二種相也。

　　論曰："如患夢者患夢力故，心似種種外境相現。"

　　如患熱病損壞眼力，所見靑色皆以爲黃，故覺愛論云唯識無境界以無塵妄見如人目有瞖見毛月等事，及如夢者顚倒緣力所夢諸

事皆謂真實，如大迦多衍那意願勢力令娑剌拏王夢見異事，不應見
境彼境便生，即患夢緣心似種種外境相現，體實自心。

論曰："內識所變似我似法，雖有而非實我法性。"

依他我法名假，先顯其體實非我法，內識所變似我似法雖體依
他緣起是有，而非是彼妄情所執實我法性，此緣起法無有主宰故無
作用故。

論曰："外境隨情而施設故，非有如識。"

遍計所執心外實境由隨妄情施設爲假，體實都無，非與依他內
識相似。

論曰："內識必依因緣生故，非無如境。"

由內識體是依他故，必依種子因緣所生，非體是無如遍計境，
彼實我法猶如龜毛，識依他有故非彼類，即顯內識是依他有，心外
實境體性都無，此中色等相見二分內識所變，不離識故，總名內識。
由此真如是識性故，亦非非有。

論曰："由此便遮增減二執。"

由此內識體性非無，心外我法體性非有，便遮外計離心之境實
有增執，及遮邪見惡取空者撥識亦無損減空執，即離空有說唯識
教，有心外法輪迴生死，覺知一心生死永棄。

論曰："境依內識而假立故，唯世俗有，識是假境所依事故，亦
勝義有。"

謂心外境其體都無，依內妄情假名我法，唯世俗有，勝義無故
內因緣識相見分等，假境所依依他性事，世俗非無，亦勝義有。此中
色等內識相分，因緣所生從本名識，此約內境如識有義，即下第十
三分俱實，或緣過未龜毛等法雖識內變影像虛疎，如瓶衣等唯世俗
有，非如內識體少實故亦勝義有。下第十云然相分等依識變現，非
如識性依他中實，一切相分並非實故，雖有二解，前解爲勝，後解不

依四勝義説,但殊勝義名爲勝義,此即説有三分之義。若第二師唯有二分,釋此少別,大意亦同。即是愚夫所計已下唯二師義上通三師,取宗解之,不能繁出,此第二釋至下當知。此前初解,依人二諦,已下問答,依法二諦。問:此中二諦體別如何所攝,假境如何差別?答:如別章説,言二諦者,道理難思,今於此中略示綱要,世俗諦者,世謂覆障可毀壞義,俗謂顯現隨世流義,諦者理也,或世即俗是持業釋,勝義三種,如第八卷,然則蘊處界名勝義者,勝之義故如涅槃等,唯依士釋。真俗二諦各有四重。俗諦四者,一假名無實諦,謂瓶盆等,但有假名而無實體,從能詮説故名爲諦,或體實無亦名爲諦;二隨事差別諦,謂蘊處界等,隨彼彼事立蘊等法;三方便安立諦,謂苦集等,由證得理而安立故;四假名非安立諦,謂二空理,依假空門説爲真性,由彼真性内證智境不可言説名二空如但假説故。此前三種法可擬宜,其第四諦假名施設。勝義四者,一體用顯現諦,蘊處界等,有實體性過初世俗故名勝義,隨事差別説名蘊等故名顯現;二因果差別諦,謂苦集等,知斷證修因果差別,過俗道理故名勝義;三依門顯實諦,謂二空理過俗證得故名勝義依空能證以顯於實故名依門;四廢詮談旨諦,謂一實真如,體妙離言故名勝義,過俗勝義復名勝義。俗諦中初都無實體,假名安立無所勝過,故不名真但名爲俗諦,第四勝義不可施設,不可名俗但名爲真。由斯二諦四句料簡,有俗非真,謂最初俗,有真非俗謂最後真,有亦真亦俗謂真前三俗後三諦,其第四句翻上應知。前四世俗,如瑜伽論六十四中,顯揚第六説,名字雖別,諸論亦有,其四真諦若義若名,非諸論有唯此論釋,如第九卷外境隨情唯世俗者,即是假名無實諦攝。故説唯言,決定義故,實我法名如瓶盆等唯初俗攝,體實非諦以無法故,識境所依亦勝義者,是俗隨事差別諦攝,復是體用顯現諦收。故論言亦不定義故。真俗二諦今古所明,各爲四重曾未聞有,可謂理高百代義光千載者歟！真不自真待俗故真，即前三真亦説爲俗，俗不自俗待真故俗，即後三俗亦名爲真。至理沖玄，彌驗於此，廣此二諦，如別章説。

論曰："又内諸色定非實我，如外諸色，有質礙故。"

内諸色處定非實我，有質礙故，如外諸色，根及屬色皆名内色，唯破内色我，非計外我者，以外色無作受用故。

論曰："心心所法亦非實我，不恒相續待衆緣故。"

心心所法亦非實我，不恒相續故待衆緣故，喻如燈聲等，此既二因，比量亦二，四蘊非色體類是同，合爲量破並如色蘊，別破亦得，此破於蘊計爲實我，説假我者，亦不遮之。前破心心所，即行蘊，行蘊少分中不相應行，既與心所別，故應別破之。

（以上選自卷一）

論曰："一刹那滅，謂體纔生無間必滅，有勝功力方成種子。"

顯種子義，謂有爲法有生滅故，於轉變位能取與果有勝功能方成種子。

論曰："此遮常法，常無轉變不可説有能生用故。"

此簡略也，無爲不然，無轉變故，無取與用非能生也。……若謂後時有勝功力初位無者，初亦應有，體一故，如後時，後應無，體一故，如前位，故體纔生無間即滅名爲種子。有勝功力纔生即有，非要後時。又遮外道自性神我等常法爲因，無轉變故，瑜伽第五云，唯無常法爲因非常法也。舊人云真如是諸法種子者，非也。若爾，前種應與後念現行爲種，或雖同念他身相望應爲種子。

論曰："二果俱有，謂與所生現行果法俱現和合方成種子。"

謂此種子要望所生現行果法俱時現有，現者顯現、現在、現有，三義名現。由此無性人第七識不名種子，果不顯現故。即顯現言簡彼第七，現在簡前後，現有簡假法，體是實有成種子故，顯現唯在果,現有唯在因,現在通因果,和合簡相離,卽簡前法爲後法種。有說種生現行之時必前後念非此剎那,如何解此?彼師意説如上座部心有二時,卽因在滅果在生故同在現在亦不相違,此卽勝軍假明上座非實用之。第三卷中自當廣述。若爾,種望種亦應然。何爲料簡?瑜伽云法與自性爲因非卽此剎那,此必異時,非果俱有,若因在滅果在生相仍名俱有,卽有二趣並生之妨,由此故知種生現時定必同世,種生於種世不必同,雖必同世,若與現行和合之位方成種子,簡與他身現行爲因,不和合故。

論曰:"現種異類互不相違,一身俱時有能生用。"

現行與種各異類故,互不相違。於一身俱時現在有能生用故,且如色法現行有礙,種子無礙,心緣慮等准此應知。因果體性不相似故名爲異類,不相違故得同時有。

論曰:"非如種子自類相生,前後相違,必不俱有。"

種子望種體性相似,名爲自類,以相違故,不得俱時一身和合。卽第五卷瑜伽論云,與他性爲因,卽種望現,亦與後念自性爲因,非卽此剎那,此卽是種前後相生。種相生時何故不許有同時義,難曰:見分緣於見,自體同時緣,種子生於種,自體同時有。解云:種望於種爲因果,若許同時非因緣,見分望見雖同時,因果卽非因緣攝。若爾,種望現起類亦應然,故應更解,種望於種許同時生體便無窮自類許有同時生故卽一剎那有多種生,都無因緣不許後種更生果故,現行望種名爲異類,雖亦熏種,後種未生果故非無窮,於一剎那無二現行自體並故,所生之種由此不可更生現行,種望於種,類亦應爾。問:若爾,如何本有同念得生新熏,體相違故,此不同時,如世第一法無漏緣增,本有種子牽生後念任運自類法爾之種,復能爲因生於後念一新熏種,本新二種緣力既齊,同生一現,故無同念種生種失,此亦難解。若本有種更生種子,便一念中有四法

法。謂一本有，二本有所生，三新現行所熏，四是現行，如何可説三
法展轉。今釋不然，即本有種及現行爲因緣，生一新熏種，故但三
法　又解，本有種望新熏種非其因緣，現行能熏爲因緣故，即是本
有唯望現行，現行唯望新熏，爲因緣故。由此別脱戒體不增而用增，
與道定戒相似。定道二戒既是現思，故唯念念是用增，非體，前解
即當別脱戒體用俱增義。此中雖顯與果俱有，望現行説可現在時
説爲因義，種望於種既許異時，若入過去何者因義？

論曰："依生現果立種子名，不依引生自類名種，故但應説與果
俱有。"

依生現行果之種子名爲俱有，不依引生自類名種，何故爾耶？
能熏生故，望異類故，果現起故，相易知故，種望於種非能熏生，非
異類故，非現起故，非易知也，此中不説。故攝論第二云，不生現行
名爲種類，生現行時名爲種子，勝軍如何釋非即此刹那，以彼許執
因果同世故，……。現行能熏轉識等應名種子。

論曰："此遮轉識轉易間斷，與種子法不相應故。"

遮七轉識及色等法不得爲種子，此但言心，實亦遮色，經部六
識等能持種子，亦此中破，以三受轉變緣境易脱故。"

論曰："此顯種子自類相生。"

即顯前種生後之義，此非俱有果種攝故，攝論無此。問：第七
識亦至金剛心方斷，何不名種？答：十地等中以轉變故，緣境易脱
故，未對治已即轉變故，種子不然。若爾，如何名有受盡相種子無
受盡相種子，名言無記種生果無量無盡可恆隨轉，善不善等種生果
有限如何恆轉？答曰：彼據果有分限名有受盡相，非種子體未得
對治即滅無餘，又有分熏習名有受盡相，名言熏習名恆隨轉，此等
種唯有自類生果恆隨轉，即是與果不俱有名種，此闕恆與果俱一
義，若闕一義得名種子，其第七識闕恆隨轉應名種子，此不應爾。

今於此中正以生滅恆轉二理顯種子義，餘但別遮非正顯故，其第七識爲種不成，又説種子具有六義，非顯具六卽是種子。又此自類亦非種子，不與果俱故，無性攝論説非種子，然名種類，此顯自類至對治位非得種名，生果之時可名種子，但若生果必俱時故。若論其體，自類之時亦名種子，非現行故，此但任運牽生後果，若緣具勝種子勢增，有勝與果用起之時方名種子，無性顯此二位差別，果俱名種，不爾名爲種類。今此約非現行談其體説，總名種子亦不相違。又顯種子具斯六義，非説念念皆具六義，故皆名種。然應分別，若具六義方名種子，闕一不成，無性有情第七闕與現果俱故非是種子。若爾，卽未生果時恆隨轉種應不名種，由此應釋，對治道起謂令不生現行等位，如見道中無想定等，據其體有，修道方除，據果不生，種見道斷以盡已來無與果俱義，故今言與果俱者，至對治道起已來有與現行果法俱現和合之義名爲種子，非要此念與現和合方名種子，不爾，便於一界不成三界諸種子，種子成就義便不成，故知不約刹那而説，約後能有與果俱義以顯自性，無性所言不生果時名種類者，約畢竟不生當果爲論，如見道中無想定等，若恆隨轉得名種子，應善種等生不善等。

論曰：“四性決定，謂隨因力生善惡等功能決定方成種子。”

謂隨前熏時現行因力故，生善惡等功能決定，非雜亂生。

論曰：“此遮餘部執異性，因生異性，果有因緣義。”

遮薩婆多等善法等與惡無記等爲同類因有因緣義。夫因緣者辨自體生，性相隨順，以善等不辨惡法等自體，又不相隨順，何義是因緣？又異熟因通善惡性生無記果，遍行因等是異性果，俱有因取異熟，無間士用等果，爲因亦然。若要善等種方爲善等因，種既恆有，應頓生果。

論曰：“五待衆緣，謂此要待自衆緣合功能殊勝方成種子。”

　　謂自種子要待衆緣和合,種子轉變起取現行等諸果作用,功能殊勝方成種子,故種自類非因緣合不名種子。

　　論曰:"此遮外道執自然因不待衆緣恆頓生果。"

　　謂外道執別有一法名曰自然,不待衆緣恆頓生果,此方外道爲計亦然,大梵時方等計亦爾,同此所遣,此中且舉一自然義。

　　論曰:"或遮餘部緣恆非無,顯所待緣非恆有性,故種於果非恆頓生。"

　　三世有執緣體一切時有,卽恆非無,今言待緣種方生果,故遮彼執。若緣恆有,應恆生果,種既不許恆時生果,故緣恆無。問:若設有緣,善等性定,應善色等種生善心等果。

　　論曰:"六引自果,謂於別別色心等果各各引生方成種子。"

　　謂於別色別心等果各自引方名種子,非善等色種生善等心果可名種子,不相應故。

　　論曰:"此遮外道執唯一因生一切果。"

　　卽大自在爲因生一切果等,皆是此計,果應無別,以因一故,果既有異,因亦應殊,故非一因生一切果。

　　論曰:"或遮餘部執色心等互爲因緣。"

　　薩婆多等以善色望四蘊爲因,四望色蘊亦得爲因,此卽不然,唯引自果,因果隨順功能同故名爲因緣,若增上緣等義則可爾,如何色等與心爲因不相隨順,功能異故。問:言恆隨轉名爲種子,第八識現行既恆隨轉爲名種不? 有説亦得,以名一切種子識故。若謂然者,此現行望自種既非因緣,非能熏故,如何名種? 有説不得,言一切種子識含藏一切法能生一切法名一切種,非彼現行能生自種,種雖依識現行,自體是識所緣不同於識,故識現行非名種子。此闕何義也? 與果不俱故,其無性人第七識亦具六義應名種子,此亦不然。論自解言,與現行果俱現和合方成種子,種子之法其相沉隱,所生果法其相矚顯,故與現俱方成種子。第七相顯,設所熏種果乃沉隱,不與現行果法和合不名種子、第八現識亦然,無所生果故。第八門中以上明種。

論曰:“外穀麥等識所變故,假立種名非實種子。”

雖識所變,假名種子非實種子,現行法故。攝大乘云:作不作失得,過故成相違,外種內爲緣,由依彼熏習。又引頌云:天地風虛空,陂池方大海,皆由內所作,分別不在外,故由內種外穀等熟,彼非實種。問:種亦識所變,應非實種子。答曰:不然,內種識變已復生麥等,麥等復識變,以重變故故非種子,如眼根等。故下文云:外麥等尅體非因緣生果故,因緣唯內種非外種故,此等已上並攝論有。

論曰:“此種勢力生近正果名曰生因,引遠殘果令不頓絕卽名引因。”

其內外種生近果生正果名生因,引遠果引殘果名引因。無性云:如內識種生現識等名近果是生因,望名色等是遠果是引因。外種望芽是近果是生因,望莖等是遠果是引因。天親云:如內種子生正果名生因,生殘果名引因,卽現在種生現在身名生因,生六處等皆名生因,引餘枯喪屍骸等名引因。雖生他界等,勢分力故餘骸尚有,如下自解。外種生芽莖等爲生因,是正因生,枯死時草等是引因,勢分力故。然至此位時內外種皆無,或生他界等,或種已久滅,然由前生勢分力故引彼猶有,卽義說彼生因之種名引因。然今兩說生引二因俱無別體,一體望別故說二也。若無引因勢分力者,一切死後皆應頓絕如化生死,若遍四生具二因者,無性理勝,以化生死無屍骸故,然天親論意無著大師爲成引因說枯喪等,故說頌言枯喪由能引如任運後滅,天親解云若無引因應無枯喪果如任運後滅,但是天親解略,無性釋廣,亦不相違。此雖攝論文,然對法第四卷説能引所引能生所生，瑜伽第九説能引所引俱是引因，能生名生因，瑜伽第十云：從無明乃至受是引因，愛取有是生因。此意欲顯未潤七支去果猶遠名爲引因，引遠果故，能潤二支及所潤有去果近故名曰生因，近生果故，亦卽此中近遠所攝。無性但約已潤種中果去因爲近遠，瑜伽約潤未潤位去果近遠，亦不相違。

論曰："内種必由熏習生長，親能生果，是因緣性。"

内種是因緣，必由熏習方能生果，法爾種子必由熏長方能生果，故新熏熏生方能生果，有情法故。

論曰："外種熏習或有或無，爲增上緣辦所生果。"

無性攝大乘第二卷説，如從其炭牛糞毛等，如次生巨勝青蓮根及蒲，非巨勝等與炭等俱生俱滅互相熏習而從彼生，名無熏習。如巨勝等與華等俱生俱滅由熏習故生香氣等，名有熏習。外種不定，内則定熏，故外種子既唯現行爲增上緣辦所生果。

論曰："必以内種爲彼因緣，是共相種所生果故。"

此顯外種非無因緣，從内共相種子生故。

論曰："所熏能熏各具四義，令種生長故名熏習。"

此標具義釋熏習名略答所問，熏者發也，或由致也，習者生也，近也數也，卽發致果於本識内令種子生，近令生長故。

論曰："一堅住性，若法始終一類相續能持習氣，乃是所熏。"

從無始之始至究竟之終，一類之性相續不斷，能持習氣乃是所熏。

論曰："二無記性，若法平等無所違逆能容習氣，乃是所熏。"

若法平等無所違拒善惡習氣，乃可受熏，無記不違善惡品故。

論曰："由此如來第八淨識唯帶舊種，非新受熏。"

由此無記方受熏故，如來第八無漏淨識唯在因中曾所熏習，帶此舊種，非新受熏，以唯善故，違於善等，如沉香等故，此攝論無簡與佛地同,説爲不熏。熏時何過,違拒法故,有增減故,善圓滿故,有優劣故,不可受熏,若無記性及唯堅故卽是所熏,本識同時想等五數及虛空等應是所熏。

論曰:"三可熏性,若法自在性非堅密能受習氣,乃是所熏。"

若法爲王而體自在不依他起,性非堅密體是虛疎易可受熏非如石等,是可熏習,若不堅密有虛疎故可容種子,堅密不然。

論曰:"此遮心所及無爲法,依他堅密故非所熏。"

本識俱時心所五數體非自在依他生起,故非所熏,王雖要有心所方起,不言依他得名王故,是自在義,此攝論無。受熏何妨,如下觸等亦如是中解,亦遮無爲以堅密故不受熏習,如堅石等。故虛空等,不可熏習。若爾,識上生等假法應可受熏,今依他攝自無實體,依實説假故。又此應言,若非堅密,有體,自在,乃可受熏。初簡無爲,次簡假法,後簡心所,此遮無爲假法心所依他堅密,故非所熏。不是説者,擬今説故。又此不言實有體者,假法先無,更何須簡。若爾,空等無爲如何,若言真如,卽非無記,言非擇等假,同生等假法不論,由此故應第一説善,無明熏真如由此知非也,亦遮熏於假識類等,若可熏習卽是所熏亦應異身得成熏習。

論曰:"四與能熏共和合性,若與能熏同時同處不卽不離乃是所熏。"

所能和合是相應義,若同一時,同一處所,所熏之體非卽能熏,亦非全相離,在他身上識爲能熏等,此遮他身刹那前後無和合義,故非所熏。

論曰:"唯異熟識具此四義可是所熏,非心所等。"

唯第八識具此四義可是所熏,非是同時五心所等及餘轉識,言異熟識者,正是熏位故。若言現行生種異時,如何釋此,故知卽以此義爲正,其無性人此第七識四義具足何不受熏,以染無記違善惡

品,今言無記唯無覆無記。此所熏中何故堅者乃名受熏,以諸色等
生無色界,諸轉識等入無心定等,便無法持諸種子故。若二俱持,即
成一種生二芽過,如後當破。何故善等不能受熏,不含容故,如沉香
等如文自解。何故假法心所無為不能受熏,以無體故,不自在故,
非可熏故,不能持種。問:如瓶能持物,假法何不然? 答曰:不然,總
假不能持,別色等能持,以別成總說瓶能持,瓶體即是實色等故,諸
不相應即色心等故,如色等不能持種,亦不受熏,若爾,本識上假物
生等應能受熏,實已受熏,何須假法,如礙於心假法亦得,如受於熏
假法應得,若假說者,亦得受熏,唯自體分能受餘熏,如上心所不能
受熏如下觸等亦如是中說。何故不和合不得為所熏? 若爾,便許
有熏他身,熏他身有何過,即自作罪令他受果,他身中有業等種子
自受果故,或凡夫熏阿羅漢等。

　　論曰:“一有生滅,若法非常能有作用生長習氣,乃是能熏。”

　　即前六義簡無為因,以有作用故方能熏,猶如種子有生滅用故
能生果。

　　論曰:“二有勝用,若有生滅勢力增盛能引習氣,乃是能熏。”

　　勝用有二,一能緣勢用,即簡諸色為相分熏非能緣熏,二強盛
勝用,謂不任運起,即簡別類異熟心等有緣慮用無強盛用,為相分
熏非能緣熏,由斯色等有強盛用無能緣用,異熟心等有能緣用無強
盛用,不相應法二用俱無,皆非能熏,即勝勢用可致熏習,如強健人
能致功效故,第八俱五心所等亦非能熏,若為他緣一切無過。

　　論曰:“三有增減,若有勝用可增可減,攝植習氣,乃是能熏。”

　　第七末那至無漏位亦有增減,因中無漏為例並然,可致上中下
種子故,要如利根能斷於善,得果亦疾,餘則不然,或能剛能柔乃能
致果.非餘中物及平等物。

　　論曰:“四與所熏和合而轉,若與所熏同時同處不即不離乃是

能熏。"

要同時處方是能熏，如所熏説。

論曰："唯七轉識及彼心所有勝勢用而增減者，具此四義，可是能熏。"

卽能緣中七轉識心所等爲能熏，若爲相分，何法爲障，卽第八識爲六七識之所緣，故爲相分熏，何分爲能熏，唯自體分，如自體分唯受熏故見分體故。

論曰："如是能熏與所熏識俱生俱滅熏習義成。"

要俱生滅熏習義成，非如種生芽，許異時生故，不俱時有，故知色法無俱有義。

論曰："令所熏中種子生長，如熏苣蕂，故名熏習。"

唯華熏苣蕂同生同滅，故以爲喻，攝論喻如內熏習等。

論曰："能熏生種種起現行，如俱有因得士用果。"

下明因果，能熏生種種生現時，如小乘俱有因與俱有法爲其因故，以種望現，能熏心等更互皆得，卽約同時士用果説，本種與現唯作因緣，現行望新種亦唯因緣，偏望爲因緣，非説現行與本有種爲因緣也。此以大乘俱有因與相似言如俱有因是因緣攝，非大乘中許彼現行俱有因法是因緣義，顯揚破故。然攝論第三亦説爲因緣，卽是本識，同此無妨，如彼俱有因體不成俱時爲因故，以彼俱有因義亦有現行不能熏故。

論曰："執受有二，謂諸種子及有根身。"

下解內境，與外境殊故別開説。總相而言執受義者，執是攝義持義，受是領義覺義，攝爲自體持令不壞安危共同，而領受之能生覺受，名爲執受領爲境也。如瑜伽論第五十一五十三七十六卷同此義釋，對法第五説執受者但唯五根四塵一分，不説種子及與聲處，五十六説五根全五塵一分名爲執受，二文不同。五十三説執受有二,一若識依執名有執受,謂識所託安危事同,即顯依持而領受義,領受義者謂以爲境;二以此爲依能生諸受,此義卽顯執令不壞能生覺受,若據實理生覺受者唯是身根,以餘四根色香味觸不離身根,同聚一處亦名覺受,體實非也。薩婆多等亦作此解,對法唯據現行,此義生覺受義不論其聲,聲體虛疎不可執之而生覺受故略不説,故外道中説爲無礙。五十六中唯據現行不相離大所發之聲同處不相離,不異大極微而生復親領之,故通十界處,不言種子。五十一卷及此論等通依現種二執受義,通於十界種子現行,文勢雖殊義意同也。問:無表色心心所亦依於識安危共同,雖不執令能生覺受,如種子等何非執受。答:非所緣故,如下當説無領受義。問:外器界既以爲境何非執受?答:非是相近不執爲自體故,與識相遠不爲依故,故非執受。問:既唯緣此更無餘者,何故十卷楞伽説云阿黎耶識緣名及相猶如毛輪?答:名體卽聲聲是能詮,説緣其名意説緣聲,如言緣相意在根等,不爾心等相應是彼所緣。又相者卽色蘊,有相顯故,名謂非色四蘊,第八緣初相現行及種,但緣名種不緣現行亦名緣名,又解,相者卽執受處俱名爲相,相卽相分見分所取。名者四蘊卽心心所法自證分緣,許自緣故。又相者卽器,有根身現可知故,其諸種子總名爲名,相難可知唯以名顯,故名爲名。問:何故彼復説第八識頓分別知一切境界?答:説自一切境皆頓分別知,非如餘識境漸次能了故,由是彼經復作是説,自身及資具一時頓分別,與此文同,並不違也。問:何故辯中邊云唯緣根塵生覺受故、舊論云根塵我及識本識生似彼。

論曰:"諸種子者,謂諸相名分別習氣。"

卽是一切有漏善等諸法種子,下解五法中此三唯有漏。論説非無漏,無漏種子此識既不緣,但爲彼依,故非執受。與七十六解深密同與五十一顯揚等別。彼言遍計所執自性妄執習氣有何所以者，此有二説：護法等説，唯染無記心中有法執，善無記心不能起執，因執心所執爲所遍計熏成於種，此種名妄執習氣卽見相分而熏種生。又解應分別論文，染無記心有遍計所執自性妄執，故此種子名遍計所執自性妄執習氣，善無記心但是遍計，計是分別心之異名，故此種名遍計習氣而非所執自性妄執習氣，以有漏心皆名遍計故非善等心中許有執故，或復此文但約染語，以有漏中多起執故，若不爾者，一切色法非能熏者皆非能遍計亦不起執相分之中卽無種子，又此不説本識應不緣，既爾第八應亦能熏，有力能執故，由此故知此解爲勝。下三性中更當分別，安惠等説有漏八識皆能遍計而起於執，卽以此文爲證。今此師意有漏八識種子唯自體分，復生現行似有能詮所詮相現説爲名相，名相現行遍計所執相似有故，説自證種能生名相因緣名爲名相等習氣，非離自證種外別有名相種，或名與相雖無實體而別有種，亦不相違。此中二解如下自知，然今此文與彼既別，故此文勝。通一切有漏三界三性乃至決擇分等種皆是執受，阿賴耶識性所攝故。問：爲緣種子別功能不？答：自有種子卽是功能，能生現行之功能故，然復有別功能，如心心所種子有總能生現行功能，復有厭心差別功能卽無想定。然第八識雖緣種子不緣無想定，此卽不緣差別功能。若爾，無色界識卽不緣心等廣大功能，如何乃言於無色界能緣廣大執受境等，此義應思。如善種子本識雖緣，然但緣體體卽識性唯無記攝不緣善等餘別功能，無想定等唯是善性故亦不緣，無色界中雖有善種差別功能，卽是能生廣大之心現行法故，不失無記不違本識，不如善等及無想定違本識故，故於無色界緣廣大功能，無想定等是種上假，無色廣大功能不然，故不許緣無想定等。又無色界廣大之用唯在現行，種是彼因卽是廣大之功能義，彼第八境種子從現行爲名名廣大功能非緣種上廣大別義，故無有失。又種有三品此爲一類緣，心無三

品任運緣故。心唯一界種通三界，繫性別故，如第八緣異界色法見
相別界攝以親緣故名本識故，不同意識等彼分別生故相見必同界，
但得爲境非必有用，此識任運隨因緣變境有用，卽己體故，若斷未
斷隨增減緣，如現行法相分緣故。

論曰：“有根身者，謂諸色根及根依處。”

身者諸大造等合聚名身，或依止名身，卽一形之總稱。以根微
細不言於根，但言緣身恐無根色，以別根爲首標其總身，卽顯本識
緣彼五根扶根色盡，總身之中有別根故名有根身。又成身者以根
爲主，身是通名，以主標首爲稱於身名有根身，根通五根唯目身者，
依處卽是諸扶根五處，不可以聲對法第五説非執受故，唯爲外境
緣，然實以内緣，又緣他五境等卽非執受如外境故，此中有量准作
可知。

論曰：“阿賴耶識因緣力故，自體生時内變爲種及有根身，外變
爲器。”

顯由親因種及業緣種變内外相。

論曰：“卽以所變爲自所緣，行相仗之而得起故。”

本識行相必仗境生，此唯所變非心外法，本識必緣實法生故，
若無相分見分不生，卽解本頌先境後行之所以也。仗謂仗託，此意
總顯見託相生，大乘影像卽是所變，緣有生心非緣無也，有處説諸
識必依緣有本質方生，卽以名教等爲本質故，如下當辨，此略解訖。
變有二種：一者生名變卽轉變義，如次前説變謂因果生熟差別，等
流異熟二因習氣名因能變，所生八識現種種相是果能變，故能生因
説名能變；二緣名變，卽變現義是果能變，且第八識唯變種子及有
根身等眼等轉識變色等是，此中但言緣故名變。下論言變准此分
別。若生名變種子第八識生七識等並名爲變，七識生第八亦名爲
變，緣無漏生種准此應知，若緣名變，卽唯影像心上現者，有漏諸識

等各自相分是，准此應思一切諸法或復作三，亦有執故名之爲變，卽根種等具二變義，外器唯一，七識亦一。言不變者，依此二門三門可解。大乘緣無不生識心，影像之中必定變爲依他法故故行相仗之而方得起，非緣本質法名緣有生心以或無故如過未等，若影像心不定有者卽應識起無有緣義，境無體故此如我見。

論曰："似所緣相説名相分，似能緣相説名見分。"

此説能似攝於見相。

論曰："執有離識所緣境者，彼説外境是所緣，相分名行相，見分名事是心心所自體相故。"

大衆部心得自緣，見分緣相與此等同，自緣體者則不如是，以緣自體不須別起行相，以能緣見者爲行相，所緣見爲所緣及事，此等取境者，彼執心外之境是所緣，心上有似所緣之相名行相，體卽見分攝故，以大乘相見分卽彼宗立名，非是彼定許有見相分名也。觀所緣云，帶彼相故卽是行相，謂行於相，見分能緣説名爲事，是心心所自體相故，是釋事義不言自體事言自體相者，簡大乘事謂自證分，言自體事便濫彼故。

論曰："心與心所同所依緣，行相相似。"

心心所同所依所緣，俱依一根緣一境故，行相相似，俱有似境相，隨是青等行相各別，總相似故，雖受以領納爲相想以取像爲相等，一一心心所各有青等行相，故名爲相似。

論曰："達無離識所緣境者，則説相分是所緣，見分名行相。"

是大乘義，則説相分是所緣故，由無心外法，以小乘行相而爲所緣，卽是相分，彼宗説相分非是所緣，是能緣上所緣之相故，彼之見分自體事者大乘名行相，能行於相故，所行卽相分。

論曰："相見所依自體名事，卽自證分。"

此二所依自體名事，言所依者，是依止義，謂相離見無別條然各別自體，此二若無一總所依者，相離見應有，是二法故，如心與所。然無別體，但二功能，故應別有一所依體，起二用時由有此體，故言相見自體名事卽自證分。然小乘人心外有境卽以爲所緣，大乘說無，故以彼小乘行相爲大乘相分，大乘心得自緣，別立自體分卽以爲事，故以見分名行相，卽小乘事體是見分，不立自證分，無返緣故，大小二乘所說各別。然彼難云，刀不自割，如何心能自緣別立自證分。

論曰："心與心所同所依根，所緣相似，行相各別，了別領納等作用各異故，事雖數等而相各異，識受等體有差別故。"

然心心所同所依根，其所緣相各各變別但相似，緣青相分皆變青故，事雖數等而相各異，識受等體有差別故，與小乘別。然瑜伽第一說同一所緣，不同一行相，據了別領納各各不同故，相分雖不同然極相似，如青爲境諸相俱青，相似名同，見分各異，雖俱是青，取像各異，故名不同行相。此中有行相與見分雖各非一，名據義別，境據總故，名之爲一。見據別故，名爲相似。此卷論中據實爲言，故與瑜伽說不同也。又彼約疎所緣緣，此約親所緣緣，此心心所許時依同所緣事等，亦據所緣各相似義，非是相違。

論曰："或攝爲一，體無別故，如入楞伽伽他中說，由自心執著，心似外境轉，彼所見非有，是故說唯心。"

如第十卷楞伽經說，此頌意言，外境無故唯有一心，由執著故似外境轉，定無外境許有自心，不離心故總名一識，心所與心相應，色法心之所變，真如識之實性，四分識義用分，此上四類各一別義。又皆不離識，故並名唯。無漏種子但具一義，謂不離識，故說名唯。舊頌云："虛妄取自心，是故心現在，外法無可見，是故說唯心。"

論曰："如是處處說唯一心。"

三界唯心爾，離一心外無別法故。

論曰："此一心言亦攝心所。"

此頌非唯一心如境更無異物，亦有心所，如言王者亦攝臣故。

論曰："故識行相卽是了別，了別卽是識之見分。"

故識行相卽是了別，却結頌中了一字也。此了別體卽是第八識之見分。歸本所明，然安惠立唯一分，難陀立二分，陳那立三分，護法立四分。今此論文護法菩薩依四教理説四差別，俱依他性，非安惠等諸師知見。此四分相望爲所緣各爲自證及行相者，所緣可知，遂難説者，第四名行相，第三名所緣亦名自體，能緣自體故。不可以見分爲自體，不緣第四故，如第三爲行相，第二名所緣，第四名自體，能緣第三，以能緣法爲自體故。又第三分爲行相緣第四時，第四爲所緣，所緣卽自體，如四緣第三，返覆理齊故，第三爲自體，見分爲行相，相分爲所緣，如前已辨。又難云，第二量非量，餘之二分是現量，第二染非染，餘之二分定非染，又量非量殊，苦樂捨應異。又見分解非解，餘二定皆解，餘一切法准難可知。又心若自緣，卽有因果，能所作，能所成，能所引，能所生，能所屬，能所縛，能所相，能所覺，無差別過失。亦不應言二緣生識三和合生識，識亦生識故。亦不應立有邪見心，以邪見心自知邪故。亦不應言惡心遍體皆是不善，以自知心是不善故，此爲正智非邪惡故。其四念住亦應無別，以身等念住卽法念住等故。又四諦智應無差別，以苦智等卽成道智等故。又宿住智亦應不成，知現在故，他心智亦爾，以自知故。又若知他如知自者，知他應是邪，謂他爲自故，知自如他，反難亦爾。又用二故，體應非一，如燈自照，其喻不成，喻無能緣等，心有能緣等故，卽有因法自相相違，喻所立不成過。又燈若性照，更何須照？若非明者，應非能照，體應是闇，諸如是等種種妨難，更應思擇次第解之。然佛地第三有解燈照難，餘難無解。然他界無爲無漏緣等，依見分説，非自證分。又以堅執名非量，非比非親證名非量,自證於境雖是邪見,親證自體故,不作邪正等解,故前諸難理皆不成,如五識中貪瞋等惑雖染仍現量,由他引故成染,親得故現量攝。

論曰:"諸種子者謂異熟識所持一切有漏法種,所識性攝,故是所緣。"

謂即三性有漏種子俱是所緣,此識性攝故,謂性者體也,體即本識。種子是用,如前已說。諸法體用理應爾故,用是體攝。又言性者,謂是性類,其並有漏,以類同故,不相違背,得為所緣。又性者性也,若住本識,同無記性,故能緣之。然是識之相分所攝,如前已說。若據前緣器中三說,若言緣種是相分者,第三師正義也。無色界本識唯緣內種故,不緣器等。若據前二師義,無色亦但約緣種說,以無身故,實亦緣器。今非彼義,不可用之。無色緣種,亦有解云即為自體分。見分緣器故,彼據自體分故,言唯緣種。前師問:種是識自體,即為相分緣,真如即自證,亦應相分緣。答:彼識性故,此非識性,識上功能為相分緣,不同如也。設佛見分緣於自證,作影像緣,不爾,便無四分之義,故下第八唯除見分非相所緣,許見分亦緣自證分等,但不親證,影變亦得。難此解云,有漏種子依自體分識即緣之,無漏之種亦依自體識為緣不?

論曰:"無漏法種雖依附此識,而非此性攝,故非所緣。"

對治識故,體性異故,不相順故,故非所緣。四分之中依自體分,非即是識自體分收,性相乖故,若爾,本識即不變緣,何名唯識?

論曰:"雖非所緣,而不相離,如真如性,不違唯識。"

由不離識,故言唯識。此意即是非離識外別有實物,故名唯識。如真如性識雖不變,離識外無故名唯識。唯識但遮心外法故。若爾,心所亦不離識,應名唯識。此亦不然。心所不依識之自體,別有行相,不可例同。然識相應亦不離識,故並唯識。問:有漏種

中有三界種,如在欲界上界善等種不離於識體即名無記性,體不離
於識應名欲界繫,此義應思。答:不然,繫據縛義,卽法體上差別
義,故三界繫別,然性卽是體類義,故同無記性,仍未了知,此
中三性種隨識皆無記,亦應煩惱種隨識非煩惱,如是一切皆如理
思。問:大乘所緣本是心變,隨心何繫地,境亦隨之故,如在欲
界命終生上,此潤生愛是上界繫,依欲界身緣欲界身,仍相分中所
變,相分是上界繫,隨見心說。第七緣第八相分亦然,何故不如此
中緣種,境是異界繫,心是異界繫?答曰:不例,如本識緣異地身,
異地器。異地身者,在下界起他界地天眼耳等,此豈非是緣異地
身,異地器者,如緣於彼無色諸天淚下如雨,此非菩薩生彼化作,聖
說菩薩不生彼故,乃是信有第八教生彼入滅定,此是利根,亦緣下
地,卽利根不還阿羅漢等。又下菩薩等入彼界定所變生色此並得
緣,故同種子相見地別,此同前難,何勞爲證?此若不爾,七識緣境
下文但據由分別心,不是定有實用故變,本識必有實用故變,他界
地身器見相得別繫。七識不爾,故繫隨相。若不爾者,本識亦但隨
心變境,卽天眼耳無識持故應名爛壞,應非有情。若一身中起二界
身俱是實有,第八不持,非此身攝,卽衆生界有增減過。第十卷云:
三性雜生,故相見分不必同性,如二禪以上起初禪眼耳身識緣上地
色,此亦相見別地所繫。問:第七識緣但分別有無實用者,卽五識
色等應無質礙,此中問答下緣識中自當分別。難一師云:若本識所
變皆有實用,變他根等應爲識依,有實用故,如自眼根,應設劬勞,
他之實根心外法故,所變之根便無實用,若亦爲他依,便緣心外法,
此緣他法但似彼根,非實有用,若變自法,卽實有用。問:如變他色
等似他色等言有用,變他身根等似他根等應有實用。答:此亦爲
例,變似他色等實非他有用,變似他根等亦非他有用。若爾,變似
他色等於己實有用,變似他根時於己有何用,於己有實用,應爲自

識依,有實用故,如變自根,此應思度。若爲自受用變似他根,他根於己亦名有用,此義不然,豈於他根己能受用,以無用故不變他根,故知下文第二説勝。於不緣心等由此即無妨。

論曰:"阿賴耶識爲斷爲常?"

論曰:"非斷非常,以恆轉故。"

經部師等持種色心,無色無心有時斷滅,僧佉自性雖爲法種,仍體是常,爲簡彼宗,言非常斷。

論曰:"恆,謂此識無始時來一類相續常無間斷。"

一類者常無記義,相續者未曾斷義,何義要須中無間斷。

論曰:"是界趣生施設本故。"

此意即是依此識故,施設三界五取四生,是引果故,識是界趣生之本也。下自當知。言施設者,安立果名,識若斷滅,非界趣生,故此恆言正遮於斷,即重顯上一類義也。若善染等體非一類,趣生應雜,許雜起故,由此識是一類無記,不可雜起。

論曰:"轉,謂此識無始時來念念生滅前後變異。"

此遮常一,此簡自性及我爲常爲一,以諸有情起分別心計爲我故,言有生滅等,簡彼一常故。

論曰:"因滅果生,非常一故。"

因果性故,簡一,非我也,有生滅故,簡常,非自性也,常一之法無因果故。何不是常,常有何過?

論曰:"可爲轉識熏成種故。"

顯可熏義,不能受熏,是爲過也。不爲轉識熏成種過,常阿賴耶應不受熏,以是常故,如虛空等,若不受熏,即無生死涅槃差別。

論曰:"恆言遮斷,轉表非常,猶如暴流因果法爾。"

一切因果皆非斷常,故言法爾。如暴流水非斷非常,相續長時有所漂溺,此識亦爾。從無始來生滅相續,非常非斷,漂溺有情令不出離。

論曰："因現有位後果未生，因是誰因？果現有時前因已滅，果是誰果？既無因果，誰離斷常？"

外難云，如一種子因於現在有作用時，後果未生，果法未來既體是無，不可定其所生之果，此説因者是誰之因，無果可屬因定能生彼故，問果亦爾，現爲因卽無果，現爲果卽無因，因果既無，斷常誰離？初但難斷，今亦難常。

論曰："若有因時已有後果，果既本有，何待前因？因義既無，果義寧有？無因無果，豈離斷常？"

論主變質，卽第六也。此爲彼部未來有故，其果之體未來已有，現在爲因之時，果已先有，果已先有，何待於因？若果本無，可待因有。果先已有，何待於因？量云，未來果法應不待因，體已有故，如已生果。因義本欲生果，果有不待於因，因義不成有，果義亦應無。量云，所言果法應非是果，以先有體故，由如於因，汝所言因應不是因，先有體故，猶如於果。無因無果豈離斷常？言我不離，汝豈離耶？初隨返質，唯難於常，今隨雙難，亦破於斷。

論曰："因果義成依法作用，故所詰難非預我宗。"

此卽第七外人解質，未來因果雖先有體，名因果時要依作用，不依於體，未有作用名未來，正有作用名現在，作用已息名過去。現有因用，果用未生，因義既成，果義便立，故所詰難非預我宗，預者，關也。

論曰："體既本有，用亦應然，所待因緣亦本有故。"

此第八論主難。體既本有用亦應然，以體用無別故。量云，所計作用未來應有，不難體故，猶如於體。所計體法應未來無，卽是來故，亦如作用。汝去來法應是無爲，許有法體無作用故，如無爲法。又相未相法應是無爲，許有法體非相遷故，如無爲法。設彼救

前難言,未來用體雖皆具有,緣不合故用不起者,應難彼云,既言諸
法本來皆有,所待之緣亦應本有,緣既許本有,未來應起用。量云,
未來一切法用應常起,因緣具故,如現在法。若言緣等或未來無,
卽非未來有一切法。又說未來有生相用,過去說有與果用者,過未
有用應名現在。彼救不然,今言用者, 謂取與用。難云:等無間
緣過去取果,婆沙正說,卽應過去有半作用,有取果用故。又言未
來世有三法作用,光明生相及苦法忍。婆沙正文,應名現在,彼與
果用,滅復滅失,取果之用,生復生過。若言與果但是功能非謂作
用,卽阿羅漢末後之心,應不名現在,無取果用故。又若此心初無
作用,應名已滅,如何後時更復言滅,又彼功能改名作用,而復何
異？若言非是無學末心不能取果,彼後念緣闕故果不生者,此亦非
理違汝宗故,汝說後心非無間緣故,廣如婆沙第十文說。終心後果
既定不生, 如何定知現在之法有能生用？若言後果若緣不闕定從
此生者,因既緣不闕故有作用,何不能生果？若因不能生果,卽是
無用故。

(以上選自卷三)

　　論曰:"云何應知此第八識離眼等識有別自體?"

　　小乘等計阿賴耶名我敎亦有, 如下別辨,然卽六識更無別體,
故今問言云何得知離眼等識有別自體,若言識等,舉識等取餘色等
法,今言等識,唯取餘識不取色等。又準下說一切有中破五取蘊非
愛著處,計離色等無別自體不唯在色,今者應言眼等識者等取心所
及色法等,不離識故略不言色。舉王取臣不言心所,舉實取假不言
得等,涅槃非愛境故此不論,是離共許五取蘊外無別有體,此識離
蘊不共許故。

　　論曰:"界是因義,卽種子識無始時來展轉相續親生諸法故名

爲因。"

言界者卽是因義，故成因用，種現識中是種子識，雖復現行亦名因相，能生諸法種子親故，無始時來展轉相續刹那不斷親生諸法，親生之言顯爲因義非爲助緣，親能生故，言諸法者，卽第二句一切法言，此以諸言牒下一切，此識無始時來與一切法爲因，故經言界是爲因用。

論曰："以能執受五色根故，眼等五識依之而轉。"

由此執受五色根故五識得轉，卽顯此識展轉爲依，若不執持其五根者識不得依，如死人等，故說爲緣，亦有種依，然是因緣，今約五根增上共許顯處説故，釋意識者。

論曰："又與末那爲依止故，第六意識依之而轉。"

雖第八識能與末那爲俱有依種子依根及爲所緣，今者但取俱有之依言與末那爲所依止第六意識依之得轉，又第八識能與諸法爲本依止，故末那爲依第六識轉，如眼根等增上緣根六別依七七依第八，諸宗不許故應立量。

論曰："末那意識轉識攝故，如眼等識依俱有根。"

七六二識亦依俱有依，轉識攝故，如眼等五識，第六識因言轉識攝卽以第七末那爲依，許第六識轉識攝故，末那之因亦轉識攝而爲因者，此犯隨一，今應先成第六有根卽是末那，末那成已許是轉識故得爲因，此中宗因準文取理，上來辨本識爲依訖，恐他外難第八識性應亦有依，下顯第八識亦以七爲依，七不斷故餘六斷故。

論曰："第八理應是識性故，亦以第七爲俱有依。"

量云，八應以七爲俱有依，是識性故，如第六識，此有五識爲不定過，應云許是識性五識故。此亦不爾，其第七識許非五識是識性故，應總云第八理應有俱有依，是識性故，如眼等識，此法不言以第七爲依故無不定過，如是雖言與轉識爲依而因顯八以第七爲依，或若不爾，前言末那以第八識爲俱有依有不定過，以第八無俱有依故，故説第八亦有俱依，此中不静等無間依種子之因，種子之因前句是故，但静俱有。

論曰："謂由有此第八識故，執持一切順流轉法令諸有情流轉生死。"

謂由有此第二句所説眼等所依識故，執持第一句雜染種子故，云界者因義則種子識。此染種子順流轉法能生現行令諸有情流轉生死，現行染法名爲流轉，種子染法名順流轉，或有漏法皆名流轉，對法第四云何者是流轉謂一切生死卽前順後其體順用，若爾卽應有漏苦集皆名流轉，何故頌中偏言諸趣。

論曰："謂由有此第八識故執持一切順還滅法，令修行者證得涅槃。"

身中無漏種名順還滅法，言還滅者，五十一解還卽道諦，滅卽滅諦，卽種順現行道能證滅也。或與現行道爲依持令證得涅槃，前順於後體順於用還順於滅，準前應釋。此解順下第一但説證得師解卽出世淨，若無此識皆不得成，或攝世間淨遠證涅槃故，或但涅槃是識執持亦是依執，雖言執持無漏法種而意證涅槃，但取涅槃是所依執故。攝論第四三性中言，依他起性爲徧計所執依，亦圓成實之所依也，涅槃是所求果，故此偏説，此順下第二但取涅槃解，第三雙取執持無漏種及涅槃依故。釋頌中言涅槃證得，爲取證得爲取涅槃。

論曰："此中但説能證得道，涅槃不依此識有故。"

謂此但説能證得道執無漏種非執涅槃，涅槃不親依此識故，疎則可依今説親故，此第一師。

論曰："由此本識具諸種子，故能攝藏諸雜染法。"

此初也，初句由字，次句識及一切種言，加此本具三字，故言由此本識具諸種子,然始卻取第一句中攝藏之上加故能二字,諸法二字中加雜染二字,故能攝藏諸雜染法。

論曰:"依斯建立阿賴耶名。"

依斯建立阿賴耶名,是故名阿賴耶也,即是能藏以解藏識,非唯能藏以解阿賴耶。八地等後不名藏識故,此中以對勝性等論,但舉能藏以解藏義。此正述阿賴耶名義,次簡外執。外執云,三德冥性將起轉變名爲勝性,轉爲大等二十三諦,具如前敍。彼雖計有因果而體是一是常,今阿賴耶識。

論曰:"與雜染法互相攝藏,亦爲有情執藏爲我,故説此識名阿賴耶。"

頌中但破勝性爲因,唯據能藏以解阿賴耶,非爲義具。今互攝藏攝論文同。然今有情執爲我者,頌中所無義意增説,以執爲我正名藏故,具此義故名阿賴耶。或故名阿賴耶,言別顯藏識義,即與染法爲互攝藏等是,前解結上二句,此更別顯賴耶義,故與前別,勝者我開示者。

論曰:"謂眼等識行相粗動,於所緣境起必勞慮,厭患彼故暫求止息,漸次伏除至都盡位,依此位立住滅定者,故此定中彼識皆滅。"

眼等諸識有二行相:一者粗,二者動。粗則相貌易知,動乃數加轉易。或復間斷或變其性有處無有,多緣散亂,故名爲動。既爾,起者必有勞慮,凡夫愚而莫知,聖者慧而生厭。此就彼宗,眼等諸識起必勞慮。勞謂疲倦慮謂粗動,暫求止息漸次伏除,從粗至細緣無相想至都盡位,一期分位無心,或但一日或復七日,大乘一劫餘,依此位立住滅定者。成業論問,若有第八云何名無心,彼答有二心等,應如彼論,既厭六七而入定中,故此定中轉識皆滅。

論曰:"是識聖教別名末那,恆審思量勝餘識故。"

卽指此識故言是識，於聖教中別名末那，總名識故。末那是
意，故楞伽云識有八種，識卽通名。六十三云雖諸識皆名心意識，
隨義勝説第八名心，第七名意，餘識名識。攝論第一亦言意名無有
義心體第三等，故末那名別目第七。又雖諸識皆名爲意，爲此標
意，餘識不然。雖標總稱卽別名也，是故論言是識聖教別名末那，
何故諸識不別名意，恆審思量勝餘識故。六十三卷有心地云：若末
那恆思量爲性相續而轉，佛言出世末那云何建立？答：名假施設，
不必如義。此義意言出世末那更不思量，任運知故，無慮慧故，無
散慧故，不名末那，卽唯有漏，非在無漏，此一解也。又云：遠離顚
倒，正思量故，此義意言遠離顚倒思量有正思量故，卽通無漏亦有
此名，二解如是。

　　論曰：“此名何異第六意識？”

　　問曰：如言八識此亦名識，末那名意，總別合論卽名意識。又
六十三云識有二種：一者阿賴耶識，二者轉識此復七種所謂眼識乃
至意識，卽是第七名爲意識，此名何異第六意識，一則總別合名爲
理難，二以論文爲例難。

　　論曰：“此持業釋，如藏識名，識卽意故、彼依主釋，如眼識等，
識異意故。”

　　意是自體，識卽是意，於六釋中是持業釋。業謂業用，體能持
用，卽似舊言功能受稱。此六釋名，皆二法相對辨差別釋，非一一
法究理括盡。如阿賴耶名藏識，識體卽藏，亦是此釋。此與彼同，
故指爲喻。何爲此釋，識體卽意故。其第六識體雖是識，而非是
意，非恆審故，彼依主釋。主謂第七，卽似舊言從所依得名，如眼識
等，眼是所依而體是識，依眼之識故名眼識。何爲此釋，識異意故，
能所依別，從依得名。問：今者得名既各不同，何故不並名意識，而
於第七但立意名，若名意識顯是持業得名，但名爲意竟有何理？

論曰："然諸聖教恐此濫彼故於第七但立意名。"

諸聖教中恐此第七濫彼第六，於此第七但立意名而不言識，第一義也。

論曰："又標意名爲簡心識，積集了別劣餘識故。"

唯立意名，爲簡心識，雖皆可説名心意識，據增勝義但第七名意，積集心義了別識義劣餘識故，簡後心前識但立意名，恆審思故。

論曰："或欲顯此與彼意識爲近所依故但名意。"

顯此第七與彼第六意識近所依，故但名意。近所依者，以相順故，同計度故，六緣境時七與力故，所以七無漏六無漏，七有漏時六非無漏，非七緣境第六與力，故六有識七但名意，爲簡第八亦與第六之力，故復言近，彼容可爲遠所依故。五十一云，由有第八故有末那，末那爲依意識得轉，故彼第八爲遠所依此爲近依。又有別釋，以相續思量故此但名意，第六緣境轉易間斷故加識名，又欲顯此爲六識中不共所依故但名意，無間緣意亦共依故，又由六種依七種生故名近依，如眼識等，此即第一出能變體釋其名義。

論曰："有義此意以彼識種而爲所依，非彼現識，此無間斷，不假現識爲俱有依方得生故。"

第七現識唯依第八種子識，不依彼現行，以第七恆無間不假現識爲俱有依，約依種子故名依彼。

論曰："有義此意以彼識種及彼現識俱爲所依，雖無間斷而有轉易名轉識故，必假現識爲俱有依方得生故。"

此第七識以彼種子識及現行果識俱爲所依，此識隨在因果位中雖無間斷，於入見道等而有轉易或善或染，必假現識爲俱有依方得生故。若不爾者，體有轉易，無殊勝力如何得生，賴相續識可得生故。問前師曰：今言依彼言依種子者，五十一云由有本識有末那等文如何通？應言由有本識意識得轉，第六亦依本識種故。問後師曰：初地等轉易第六引生，第八於七有何勝力，如定中聞聲，意識不共耳識同取，當時唯有現行相續七八二識，應亦得説爲耳識依，雖無引力仍説依故。前師答曰：如對法第二眼識種子依眼根種，眼根種爲所依，眼識種爲能依，要根種子導識種子生現根已其識種子方得生識，不爾，識種定無生義而現行眼識一自種依彼根種二自現依彼根現，其第六識由第七種子導生，第七望六有力勝故説六依七，非第六識不依本識之種子故，今第七依言但依彼種，非彼現識，若説依現，如何説依不與七同緣，行相殊異故，但可説言緣彼現識，不可言依。若爾，如何説六依七？所緣行相並不同故，非如眼等爲眼識依，所取等故。答曰：兩人依別，復兩處住，如王與臣等仍説相依，有爲諸法勢分力故。此識亦爾。所作行相雖復不同，而第七勢分爲第六依，非第八現爲第七依。問曰：若爾，如何知七於六有勢分，非八現於七，故知説八爲第七依。彼質答曰：如何爲境復説爲依，依緣何異？答而復質曰：如第六緣七如何爲境又復爲依，理無過故，此亦應爾。後師答曰：前師有過，我理無失，且初地轉易八於七識有何勝力者，若無第八現行彼七必無故。意識不爾，故説非七依。卽如定中聞聲，意識無時耳必不轉，彼必同取。今此七八雖不同境，勢分率故，竟有何失？第七識必有現行所依名轉識故，如前六識，或應有識爲俱有依，六七識中名轉識故，如第六意識。問曰：如設無第七非五識生七非五識依，何故無第八時七不有第八爲七依，八例七等亦爾。如下廣解，然賴耶根本説七依八與力令生故，非如七無五識不有，七非本故，不與力故，又若無七五識必無，故今説七依八現種。準此二師雖無評義，然後師勝，無過親故，前理難故。

　　論曰："彼頌意説，世尊爲成十二處故説五識種爲眼等根，五識相分爲色等境，故眼等根卽五識種。"

爲成十二處，爲破外道有實我故說五識種子名五色根，實無別根卽識種子名五根故，五識種子三釋如前，境不離識可許彼有，根離識故不別說有，五識相分，卽色等塵。

論曰："彼頌意說異熟識上能生眼等色識種子名色功能，說爲五根，無別眼等。"

彼觀所緣頌中意說第八識上有生眼等色識種子，不須分別見分相分，但總說言由現行識變似色塵等，故說此識名爲色識。卽此種子名眼等根，能生現識故，生色識故名色功能。言内色根非體是色，故說現識名爲色識，又見分識變似色故名爲色識，或相分色不離識故名爲色識，或相分名色，見分名識，此二同種故名色識種子。然前解者見相別種，如彼論說有二境色，一俱時見分識所變者，二前念識相爲後識境，引本識中生似自果功能令起不違理故，卽是前念相分所熏之種生今現行之色識，故說前相是今識境，不用前識爲今所緣。如親相分能生見分有體影生名所緣者，前相亦然。有體爲緣生今識相名爲行相，故望今識亦爲所緣。故頌中言功能與境色，境色卽前色也。

論曰："第六意識別有此依，要託末那而得起故。"

第六別有此俱有依，卽第七識，何以爾者，自體間斷，要託末那方得起故。問：何故不託第八爲依？彼不相順，第七有時相順與勢故。問：何不依五識？五識無時此亦有故，不假方生故。

（以上選自卷四）

論曰："若離心體有別自性，如何聖教說唯有識？"

下別難也，三關徵。此難第一離心有實所體，其楞迦師中百論師等或經部妙音等，亦如前第一卷解，彼雖不言一切心所並無，然有少假依心分位立差別故，總爲此難。如俱舍解觸支中敍經部計，婆沙等敍妙音等計，說唯有識，卽攝論第四所引十地經第六地，楞迦亦有，如前引訖，不説唯有心所故。

論曰："應説離心有別自性，以心勝故説唯識等。"

下第四釋有二，初俗，後真。此即俗也，應説離心有所，何故説唯識心遠獨行染淨由心六界之中唯説心者，以心勝故，説此唯識等。如何勝，能爲主，能爲依，行相總，恆決定，非如所等有時不定。五十六云説六界者唯顯色動心所三法勝所依故，色所依謂四大，動所依謂空界非無爲，有情色動必以爲依謂空界色，此在内界不取外者，由内身中有此空界故，所以有動故爲動依，心所所依謂心故，今總言以心勝故唯説於心，色心與身依空動故，又次前引乳等喻經應爲返質，此即通以前第一難中違經訖，次通莊嚴論説似貪等者。

論曰："心所依心勢力生故，説似彼現，非彼即心。"

以諸心所依心方起，依心勢力生故説心似彼貪信等現，非説彼心所體即謂是心，遂言心外無別染善法等，除此心所似貪等法無別心外實染善法，非謂所似貪等亦無。似有二義：一無別體，由心生故説之爲似，變似二分現者是也；二雖有別體，由心方生，爲依勝故説之爲似，即貪等是。今頌總言似者，通此二故，非一爲例，此則別通第一難經論訖，次總通第一難中經等。

論曰："又識心言亦攝心所，恆相應故。"

言心識者亦攝心所，前經可知。莊嚴論言許心等者亦攝心所，以恆相應故。若爾，貪信等既入能似心聚之中，所言似貪信等者是何？總心聚中貪信等法，亦別變似貪信等現，以義説之總別聚異，謂總心自能似二現，即心自證分似自見相二俱時，貪等自體分亦現似貪等各二現義，故其總許心聚之中心所亦在其中。然但説心變似二現，不説心所法似貪等現，以心勝故，不過染淨二位中故，其無記法有順染者有順善者故，此總言亦攝無記。如諸部中執無無記，其山河等既有所順，即唯善染，此亦如是。又解，心所不離心故，許心自體既似二現,如是心所自體分染者似貪等二現,自體分淨者似信等二現,離自體及所似貪等外無別染善法。

論曰:“此依世俗,若依勝義,心所與心非離非即,諸識相望應知亦然,是謂大乘真俗妙理。”

下以真釋。今此所説四世俗中第二道理世俗,若依勝義者,即四勝義中第二道理勝義,依因果道理不即不離心所爲果,心王爲因,法爾因果非即非離,又約第三勝義依詮顯旨,若約能詮二依他別二非定即,若同二無我二非定離,第四勝義既絶心言,何即何離,只是依第二俗第一真以辨二別,若偏對第二勝義,非即離亦得,又即推入第一真中亦非即離,理稍殊勝,虚幻法故。何有定離,二作用別亦非定即,或是第四勝義所攝,如八識中解不可定説,如何可言若即若離,諸識亦然,八識皆應不可定説。

論曰:“依止者,謂前六轉識以根本識爲共親依。”

七轉識中前六轉識,除第七也,以第七識緣恆無礙,又於彼文已明依彼轉緣彼,故除第七。又解,第八七識並明斷有漏分位,此六轉識但明起滅分位不言斷有漏分位,第八七一切時行顯今六識亦有斷位,影顯文也。下轉依中自當解故,此前六識以根本識爲共依,即現行本識也。識皆共故,親依者即種子識,各別種故,即一句通二頌訖。

論曰:“緣謂作意根境等緣。”

若小乘五識有三類,即以五四三緣而生。今大乘稍別。眼識依肉眼具九緣生,謂空、明、根、境、作意,五同小乘。若加根本第八,染淨第七,分別俱六,能生種子,九依而生,若天眼唯除明空,耳識依八,除明,鼻舌等三依七,復除空,以至境方取故,第六依五緣生。根即第七也。境一切法也。作意及根本第八,能生即種子,五依生第七八以四緣生,一即第八七識互爲俱有依,並無根本依即爲

俱有依故。二以隨所取爲所緣，三作意，四種子，故有四緣也。或
説第八依四，第七依三，即以所依爲所緣故，此據正義，然若取等無
間緣，即如次十九八六五四緣而生，即所託處皆名爲緣，故有此別，
故論言等。

論曰："謂五識身内依本識外隨作意五根境等衆緣和合方得現
前，由此或俱或不俱起，外緣合者有頓漸故。"

但由五識内託本識即種子也，外藉衆緣方得現前，以雖種子恆
由外緣即有頓起五或四三二一識生故，或五至一生不定故，或俱不
俱，七十三解深密説，廣惠阿陁那爲依止爲建立故，若於爾時有一
眼識生緣現前即於此時一眼識轉，乃至五緣頓現在前即於爾時五
識方轉等故，五識由緣具不具故，生有多少或俱不俱。

論曰："如何五俱唯一意識於色等境取一或多？"
外人難曰，五俱意唯一，如何取色等多境。此外人難，不許一念意
識與五識俱生者分明取五境，非彼不許一心取多境。又除大衆部
等諸識俱者不許餘諸識並生者説，五識後一念意識不得一時緣五
種明了境，獨頭者得，雖爲此難，令大乘者五俱意識緣五境意亦不
明了。

論曰："如眼等識各於自境取一或多，此亦何失，相見俱有種種
相故。"

論主喻曰，如眼等識各於色等取一或二十種等既無失者，此意
亦然，了一切法是其作用故，以諸識見相二分各有種種相故，見有
分明多用，境有爲多識所取作用相故。

論曰："非同境故，設同境者，彼此所依體數異故，如五根識互
不相應。"

謂六七八識境有寬狹境不同故，設少分同者，眼識等彼此所依
根體數異故，謂五識依四意識依二等，如前第四説。雖復相應由四

義等，今以一義便簡之盡，謂所依根體數異，此所依根有二異，一體異眼等根體各別故，二數異四二依別故，如依眼等五根之識依體各異互不相應，以共許不相應爲例。

論曰："八識自性不可言定一，行相所依緣相應異故，又一滅時餘不滅故，能所熏等相各異故。"

此三義釋不可定一，行相謂見分，所依謂根，緣者謂所緣，一所字通二處故。相應異故者，卽多少別也，如眼識見色爲行相乃至第八變色等爲行相等，廣說如前第二卷。第二，又若一識滅餘七等不必滅故。第三，又七能熏八是所熏，如楞伽第七有此言故。七是因八是果，又三性異熟生真異熟等種種相各異故。攝論世親第四敍唯有一意識菩薩，今不同彼，故不可定一，卽諸聖敎亦說有八識故。

論曰："已廣分別三能變相，爲自所變二分所依。"

自下一頌，正解識變。於中初結前問後，次擧頌答。謂第一卷中頌云，此能變唯三，謂異熟思量，及了別境識，此卽略出三種能變自體。第二卷中阿賴耶頌下，廣明三能變自體，及見相二分。見相二分，是自證分之所變故，是自體分之用故，說自體是二分所依，別成第一卷頌云此能變唯三已下三句頌訖。今此一頌，廣彼依識所變。今結前生後以發論端中，此結前也。

論曰："云何應知依識所變，假說我法，非別實有，由斯一切唯有識耶？"

此問後也。自下牒第一卷初頌上二句，由假說我法，有種種相轉，彼言依何轉變，謂依內識所變。此能變唯三，上來已別解三能變訖。今解彼依識所變義以立假我法，云何依識變假立我法，無別實有，由依識變一切諸法唯有識耶？卽明一切識變之理，故唯有識。

論曰："是諸識者，謂前所説三能變識及彼心所，皆能變似見相二分，立轉變名。"

是諸識者，解頌初句上之三字，即本識等三能變識并心所法，言王并臣，舉首及末，安惠解云：何名轉變？謂是三識自體皆能變似見相二分。識自體分名爲轉變，轉變者變現義，即識自體現似二相，實非二相。其實二相即所執故，即徧計所執，似依他有，理實無也。或轉變者是變異義，謂一識體變異爲見相二分用起也。護法菩薩解云：又轉變者是改轉義，謂一識體改轉爲二相，異於自體，即見有能取之用，相有質礙用等。由識自體轉起能取及有礙故，或變是現義，如初卷解，今取自體能轉變也。

論曰："所變見分説名分別，能取相故，所變相分名所分別，見所取故。"

護法云：前所變中，以所變見分者爲分別，是依他性，能取於所變依他相分起種種徧計所執分別，此是識體所變用能分別，故名分別。其識體所變依他性相分似所執相分者，名所分別，是前能分別見分之所取相故，非謂我識自體能緣名爲分別。起分別見者，識之用也。相見俱依自證起故。安惠云：所變見分相分皆計所執，見似能取相，相似見所取，實無二分。

論曰："由此正理，彼實我法離識所變皆定非有，離能所取無別物故，非有實物離二相故。"

護法云：故彼所計心外實我法，離識所變依他二分皆定非有，非謂識變是實我法，似我法故，其外我法離識皆無，以離識體所變能取見分所取相分外無別物故，一切有情所變皆爾。依斯二分施設我法，彼二離此無所依故。問：有別實物離能所變，有何所以不許。答：非是有一實作用物，離前能分別所分別故，無外我法，必有識也。安惠云：彼實我法，離識所變二分者無，離計所執二取無故，卽依總無立別無也，識所變者俱計所執，非有實物離二相有，故皆唯識。

論曰："是故一切有爲無爲若實若假，皆不離識。"

有爲無爲若實依他有別種生，或常住實法，不相應假法，瓶等假法，一切皆是不離識。有爲識所變，無爲識之體，皆非識外有名不離識。非一切體卽是一識，名爲唯識。

論曰："唯言爲遮離識實物，非不離識心所法等。"

遮離能變等識外實我法名爲唯識，非不離識心所及相見分色真如等，故不離識名唯識也。此護法第四句兼釋外難訖。安惠隨應解假實等，此卽第一卷解變謂轉變二師中第一護法師及安惠二師義。變通相見，仍有有無，如第一卷解。依所變見分除實能取，所變相分除實所取，隨其所應二取無也。上文安惠一說餘非佛，護法皆通，或並有漏，說分別故。

論曰："或轉變者謂諸內識轉似我法外境相現。"

言轉變者，卽前三能變內見分識能轉依他相分，似外境相現。唯有見相之內識，都無所變之外境，外境通有能取所取，此依攝論等說唯二分義，不說自證分師義前師別也。卽能徧計及所徧計其能取所取皆是心所變相分上妄執別有，設執見分爲我爲法，亦於心所變上執故，無非所緣故，以是諸識有轉似外境之功，名爲轉變。

論曰："此能轉變卽名分別，虛妄分別爲自性故，謂卽三界心及心所。"

虛妄分別，過失之名，以中邊等說能變識以虛妄分別爲自性故，此卽三界心及心所，以頌初句轉變之言，卽第二句分別之體。

論曰："此所執境名所分別，卽所妄執實我法性。"

心外人法名所分別，卽牒依他能變分別徧計所執名所分別訖，卽是徧計所執性成。

論曰:"由此分別變似外境假我法相,彼所分別實我法性,決定皆無,前引教理已廣破故。"

由能分別變似心外實我法境現，卽由分別之心變作依他相分假我法之相,故彼心外偏計所執所分別實我法性決定皆無,卽由分別心變作依他相分假我法相，其所分別實我法無。頌中所言所分別者是計所執,由分別心所分別故體實無也。有何所以,前第一二卷引理教已廣破故，由能變心變似相現，所執心外實境無義。

論曰:"是故一切皆唯有識,虛妄分別有極成故。"

有爲無爲實假等法皆唯有識,以能轉變虛妄分別,二十部等說體非無,有極成故。既爾,真如及心所等,不是心能變分別,不是心外所分別法,此爲有無。

論曰:"唯既不遮不離識法,故真空等亦是有性。"

唯言不遮不離識法,其真如及心所等,亦不離識,故體皆有。今此但遮離識所分別有,不遮不離識真如等有,如理應知,卽解第四句訖。此意既有能變分別識及所變境,依他相分所能分別心外實法等決定皆無,故唯有識。真如心所等皆不離識,亦是實有。此文但說有漏位,故立分別名。

論曰:"由斯遠離增減二邊,唯識義成契會中道。"

由此二復次文三師理故,遠離二邊,無心外法故,除增益邊,有虛妄心等故,離損減邊。離損減邊,故除撥無如空華清弁等說。離增益邊,故除心外有法諸小乘執,唯識義成,契會中道,無偏執故。言中道者正智也,理順正智,名契中道。上來三師已解識所變。

論曰:"如契經說三界唯心,又說所緣唯識所現。"

三界唯心,卽十地經第八卷第六地文,華嚴所說,世親攝論第四無解,無性第四廣解十地經名體,言唯心者心識是一,唯言爲遣所取境義,由彼無故,能取亦無,不遮心所,不相離故。如說若無心所心未曾轉,三界唯心之言,即顯三界唯識,即與欲等愛結相應,墮在三界,即屬三界貪等結。此唯識言無有三界橫計所緣,不遣真如依他所緣,謂道諦攝根本後得二智所緣,由彼不爲愛所執故,非所治故,非迷亂故,非三界攝,亦不離識,故不待說,非無漏及無爲法。若爾,欲色二界可說唯心,是即言二界唯心,何故復言無色唯心?以小乘等多計彼唯識故,有立已成過,此不然也。非但色無,亦無貪等能取之心,亦無餘虛空等識所取義,又經部執無色心等,是無色相無體無實所取境義顯現所依,恐彼執爲非心等,故說三界唯心,此即唯心義意如是。又前二師有二翻解,此舉能起執虛妄心故但言三界,不爾,無漏應非唯識,又說所緣唯識所現者,解深密經文即七十六說同此意,汝謂識外所緣,我說即是內識上所現無實外法。世親說云:諸識所緣唯識所現,無別境義,後舉識者,顯識所現定識所行,唯識所現,無別有體,乃至佛告慈氏,無有少法能取少法,無作用故,但法生時緣起力大,即一體上有二影生,更互相望,不即不離,諸心心所由緣起力,其性法爾如是而生,如質爲緣等。

論曰:"又說成就四智菩薩能隨悟入唯識無境。"

若成四智能入唯識,現在十地,隨悟入者即是地前,或隨經義而入十地,說四智處名四智經,然是阿毘達磨經,攝論但言如世尊言不出經處。

論曰:"一相違識相智,謂於一處,鬼人天等,隨業差別,所見各異,境若實有,此云何成?"

無性云:更相違返,故名相違,相違即境各有別故。相違之者名相違者,或相違即者人境俱別故,相違者識名相違識,生此識因,說名爲相,菩薩之智了知此相唯是內心,故一切法亦唯心變。第一鬼等膿河,魚等宅路,天寶嚴地,人清冷水,空定唯空,非一實物,互相違返,此雖非有,徧計所執,然業類如是各變不同。舊云一境四心，今言境非定一故，應言一處解成差，證知唯有識。

論曰："二無所緣識智，謂緣過未夢境像等，非實有境，識現可得，彼境既無，餘亦應爾。"

第二緣過未等無，同經部義。如薩婆多前已破訖，故成無境。智者，卽菩薩真智，無所緣識者，無所緣之識，謂一切緣過未識，此唯有心，菩薩緣此識無境得生，故名爲智。舊云緣無得起慮，今言大乘相分必有，應言境非真慮起，證知唯有識。

論曰："三自應無倒智，謂愚夫智若得實境，彼應自然成無顛倒，不由功用應得解脱。"

若此一切凡夫已得實境，由境非妄故，卽一切凡夫應不由功用自成解脱。解脱不成，故唯有識。舊云難塵是實有，今言境實智不成故知唯有識，已下境隨三慧轉。

論曰："四隨三智轉智，一隨自在者智轉智，謂已證得心自在者隨欲轉變地等皆成，境若實有，如何可變？"

第一得心自在者，謂得心調順堪有所作，若勝者，唯第八地已去，任運變大地等得爲金寶令有情用，故境隨智轉所欲皆成，或意解思惟觀境亦成。然今取轉換本質，不取於此，前解爲是。又解得十自在，十地皆得，準此義得定自在，卽初地亦轉。或第三地得定自在，各據勝説，然一切異生能作此者，皆是境隨事慧轉。

論曰："二隨觀察者智轉智，謂得勝定修法觀者，隨觀一境衆相現前，境若是實寧隨心轉。"

第二得定者，無性云：謂諸聲聞獨覺等，所言修者謂空境相應，或四聖諦所緣相應，法觀者者謂此後得觀契經等正法妙慧，隨觀一境之上，無常等行衆相顯現，謂一極微觀爲無常苦空無我，相皆顯故。非一體上有衆多義，義豈非體？若卽體者，體應非一，若異體者，體應非無常等。由境無實故，唯心所變，故隨心觀衆相顯現，此意如是，境隨理慧轉也。

論曰：“三隨無分別智轉智，謂起證實無分別智，一切境相皆不現前，境若是實何容不現？”

第三謂起證實無分別智者，即緣真如觀，簡後得智，故言證實。非境實有，可智觀無，智應成倒，智既非倒，故境非真，境隨真慧轉。

論曰：“又伽陀説：心意識所緣，皆非離自性，故我説一切，唯有識無餘。”

心意識所緣，皆非離自性，即緣識之體，或義事性即自心法，或理體即義之所依本事，謂第八心第七意，餘六識所緣，皆自心爲境。佛言由如是理，故我一切有無爲皆唯有識，無餘實心外境也。

論曰：“極成眼等識，五隨一故，如餘，不親緣離自色等。”

極成眼等識，不親緣離自色等，因云：五隨一故。喻云：如餘，此中意説，且如五識中取一眼識，極成之眼簡不共許非極成有法故，即大乘他方佛眼識，小乘佛非無漏眼識，最後身菩薩不善眼識，各有自他不極成故。取一極成眼識，不取不極成眼識，不親緣離自眼識之色，此親緣言，簡他身中自心外色及第八等所變，爲眼識本質，彼亦疏所緣緣故，此立宗訖。因云：五識中隨一攝故，此論文略，如餘耳等四識，耳等四識五識中隨一攝，不親緣離自色，離自色是眼識境故，耳等識唯緣不離自聲等故，如是餘四識展轉相望，四量亦爾。今總爲言，眼等識如餘離自色等，不別指也。

論曰：“餘識識故　如眼識等　亦不親緣離自諸法。”

餘識亦不親緣離自諸法，是識故，如眼等識，謂極成言亦流至此。第七八識他不成故，謂第六識五識之餘，若別言第六者，即恐他以七八二識爲不定過。但總言餘，別取第六，意兼七八亦在其中，如眼等識亦不親緣離自諸法，故以爲喻，即是緣不離自識境爲境義。

論曰："此親所緣定非離此，二隨一故，如彼能緣。"

此意説言，謂前已言親所緣即是相分，恐他謂非識爲體，故今成之。前二量已成唯識訖，別有六量，此總爲一。謂此六識親所緣緣，定非離此六識，相見二分中隨一攝故，如彼能緣見分，見分不離識體即是識，故以爲喻。

論曰："所緣法故，如相應法，決定不離心及心所。"

此第二唯識量，又復一切隨自識自緣，決定不離我之能緣心及心所，以是所緣法故，如相應法，相應法體所緣性故，有法同前，故此不説。謂一切有無爲，但所緣之法定不離識，此中不言即識，以有無爲別故。此中亦有一分相符極成過，以他心智境等即是心故，此亦不然。今此所成我識之境，定不離我現在識所緣，非謂他心亦即我心，以是法故，即有體法。非是空華彼無法故，不可爲因。又解，除彼亦得，相應法者，謂心心所，非言與心相應，但總言相應，故通心也。

論曰："我法非有，空識非無，離有離無，故契中道。"

謂心外所計實我法非有，真如理空及能緣真識非無，或空即真理，識即俗事，初離有，後離無，故契中道，結前所言契會道也，以理證上所明法已。

論曰："慈尊依此説二頌言，虛妄分別有，於此二都無，此中唯有空，於彼亦有此，故説一切法，非空非不空，有無及有故，是則契中道。"

此以教證成，辨中邊論初卷所説彌勒本頌，虛妄分別有，即有三界虛妄心也。舊譯同此。名分別者即能分別，分別境故，能起執故。於此二都無者，謂無能取所取二，或我法二，於此妄心之上都無。舊云彼處無有二，處言與於，大義相似，以處於字皆第七轉，有

所依故。今言於此，舊言彼處。凡言此者，謂此近法，上來始明妄
有，今既妄心上無二，如何言彼對誰此耶？既於近上有，但可言此，
此中唯有空者，謂此妄心中唯有真如，真如是空性，依空所顯故，前
長行言空識是有，亦準此知。梵音但言瞬若，卽是空。又言多者，
是性義。今言瞬若多，故是空性。依空門所顯故，梵音有性字，順
此方言，頌中略故。遂陳性言，頌言唯有空，唯與定有別者，梵音言
都，都者不唯是唯，亦是定義，於此都字之上，加阿縛馱剌那，卽是
楷定義。故今應言唯是定義，以依他中決定唯有空故，前已言無有
二言唯者更何所簡，不可已無更須簡故。唯是定義，於理爲勝。於
彼亦有此者，彼者彼空性中，亦有此者，謂有妄分別，卽虛妄分別是
俗諦，妄分別有空者，卽俗諦中有真諦。空卽真諦，空中亦有妄分
別，卽真如中亦有俗諦。二必相有無，一無時亦無二故，相形有也。
舊云於此亦有彼、但彼此爲異，義意大同。下成前義，故説一切法
者，謂有爲無爲，依此二無，名之爲空。故此二攝法盡，有爲卽妄分
別，無爲卽空性，謂般若經中説一切法，此中但明三界心心所故。
唯言妄心是俗諦，非無不妄心。舊云此頌上三句同此。非空非不
空者，謂由空性故及妄分別故言非空，以二諦體有故，非不空者，謂
所取能取二，或我法二，二皆無故，非不空也。有無及有故者，有謂
妄分別有故，無謂二取我法無故，及有者謂於妄分別中有真空故，
於真空中亦有妄分別故，此中應言三故字，謂有故卽妄分別，無故
卽能所取，及有故卽俗空互有。梵云薩埵是有故，亦云有情，義含
多故，阿薩埵非有故，或言無故，此中文略，但言一故字，是則契中
道者，謂非一向空如清弁，非一向有如小乘，故名處中道。謂二諦
有不同清弁，二取無不同小部，故處中道。舊云是名中道義，説此
會於中道，非謂詮於彼義，以上並是中邊第一卷長行自解。彼云如
是理趣妙契中道，亦善符順般若等經，説一切法非空非有。

論曰:"若唯內識似外境起，寧見世間情非情物處時身用定不定轉。"

此文第二牒外人難辭也。若唯內識無心外境，如何現見世間情非情物有處時二事決定，世間有情身及非情用二事不決定轉，此中言總，意顯處時用三是非情，身是有情，此依二十論。據理而言，四事皆通。舊真諦論云:處時悉無定，無相續不定，作事悉不成，若唯識無塵。菩提流支論云:若但心無塵，離外境妄見，處時定不定，人及所作事。新翻論云:若識無實境，則處時決定，相續不決定，作用不應成。言相續者即是身也。彼長行云:若離實有色等外法，色等識生，不緣色等，何因此識有處得生，非一切處，此即第一經部師等難處定也。謂外量云，如汝非緣終南山處，緣此識應生，執實山無此心生故，如正緣彼處。此言現識，非謂比識，若說比識者，非此處亦生。彼論第二難云:何故此處有時識起非一切時，此難第二時決定也。謂外量云，如汝非緣終南山時，緣此識應起，執實境無此心生故，如緣終南時，彼論第三難云，同一處時有多相續，何不決定隨一識生，如眩翳人見髮蠅等，非無眩翳有此識生，此難第三相續不定。謂外量云，有多相續同一時間於一處所，應定一見，餘不能見，執唯識故，如多相續，同一時間，於一空花等有見不見者，彼論第四難於中有三:第一云，復有何因，諸眩翳者所見髮等無髮等用，餘髮等物其用非無。謂外量云，汝之髮等應無彼用，執境非實，此心生故，如眩翳者所見髮等。又眩翳者所見髮等應有實用，執無實境髮等識生故，如餘髮等。第二云，復有何因，夢中所得飲食刀杖毒藥衣等，無飲等用，餘飲等物其用非無。謂外量云，汝飲食等應無實用，許體非實此心生故，猶如夢中所見飲等，又夢中飲等應有實用，執無此境此識生故，如非夢中所有飲等。第三云，復有何因尋香城等無城等用，餘城等物其用非無。謂外量云，一切城等應無城用，許無實境生此心故，如尋香城等，又尋香城等應有實用，許無實境此識生故，如非尋香所有城等。如上皆有返覆比量，恐繁略也，如是總名外人難意。

論曰："依識所變，非別實有。"

此釋外疑中有二意：一者依識所變眼等色等，故經說有十二種處，非說離識心外別有眼等色等為十二處，故不違經。二十唯識說頌答言：識從自種生，似境相而轉，為成內外處，佛說彼為十。似色現識從自種子緣合轉變差別而生，佛依彼種及所現色如次說為眼處色處，如是乃至似觸現識，從自種子緣合轉變差別而生，佛依彼種及所現觸如次說為身處觸處，依此密意，說色等十，非離識外有眼色處。釋此如前第四卷內，二者以未建立第八識故，隱五色根不說，說種為根，恐離識故。餘如前說，今此約本識等申正義，不同彼亦得，並識變故。

論曰："謂依識變妄執實法，理不可得，說為法空，非無離言正智所證，唯識性故，說為法空。"

此廣非執，謂依識所變見相分上妄執有實法，此即法我理不可得，說為法空，非無離偏計所執實無為無漏正體後得二智所證唯識性故，說為法空，無計所執名法空也。設依他言法體言亦離即是說有依他名唯識性，後得智所緣知唯識故，證其離言，其正體智自證分亦證依他，緣見分故，故今總言。

論曰："此識若無便無俗諦，俗諦無故真諦亦無，真俗相依而建立故。"

若唯識無便是無俗諦，俗諦即依他故。俗諦若無，亦無真諦，以真俗相依建立故。依識俗事有真識理，此二相依互相待故，闕一不可。四重俗諦中，前三是俗諦，俗諦中第四俗諦，是俗諦中真諦。故俗中之真俗亦是相依。四重真諦中，前三是俗諦，第四是真諦，即真中真俗亦是相依。若總四俗真相望，皆真皆俗，亦是相依。若無一俗，真對何立？無真亦爾。故二諦須有。

論曰："若諸色處亦識爲體，何緣乃似色相顯現一類堅住相續而轉。"

無性云：若諸色處亦識爲體等者，此問色識堅住相續轉之所以，似色相者有形礙故，一類者是相似義，前後一類無有變異，亦無間斷，故名堅住。天親云：多時住故即此説名相續而轉，一類堅住，即是相續而轉。是此中問意。

論曰："名言熏習勢力起故。"

妄習色相一類等故，有此相現，非真實有，無性天親皆無此解，謂由無始名言熏習住在身中，由彼勢力此色等起相續而轉。

論曰："謂此若無，應無顛倒，便無雜染，亦無淨法，是故諸識亦似色現。"

由先迷執色等境，故生顛倒等，色等若無，應無顛倒，顛倒即諸識等緣此境色而起妄執，名爲顛倒。此識等顛倒無故，便無雜染，雜染即是煩惱業生，或顛倒體即是煩惱業生，此等無故便無二障雜染，二障雜染無故，無漏淨亦無，無所斷故，何有清淨？

論曰："如有頌言亂相及亂體，應許爲色識及與非色識，若無餘亦無。"

攝論第四無著頌本，亂相者，相者因也。亂體謂心等妄倒。以色識爲因，起妄心故説色識爲亂相，亂體即是諸識。順結頌法，故文隔越。應許爲色識即亂相，及與非色識即是亂體。謂彼難云，若不許有外色，云何似色現？今答：由亂相亂體故，汝應許有色識及非色識，若無所變似色亂因，能變亂體亦不得有，境因能生心之果故。

論曰："色等外境，分明現證，現量所得，寧撥爲無。"

外人問曰：色等五外境，分明五識現證，是現量得，大小極成，寧撥爲無。唯識二十云：諸法由量刊定有無，一切量中現量爲勝，若無外境，寧有此覺，我今現證如是境耶？

論曰："現量證時不執爲外，後意分別，妄生外想。"

五識及同時意識，現量得時，不執爲外，現量得自相法體非外，故不言外法，無內外故，無計度故，順他宗解，五識緣境現量得時不執爲外，五識等後意妄生心外境相實無外境。

論曰："故現量境是自相分，識所變故，亦説爲有，意識所執外實色等，妄計有故，説彼爲無。"

現量照自體故，是五識等四分之中自相分故，識所變故，亦説爲有，亦能變識。後時意識所執外爲實色等境妄計情有故，説彼爲非有。此明內心變似色等現量，是心之相分，此但非外，妄計所執心外之法是無，説彼非有，不稱境故。五識中瞋等亦親不順本質境，但稱親所變相分，故非徧計所執。唯識二十説此頌言：現覺如夢等，已起現覺時，見及境已無，寧許有現量。正量部等各別破之。正量部師許境相續，諸識刹那。今破之言，五識後意緣現色等時，五識現量能見者已滅非有，此五識後意分別故謂爲外也，故非現證。薩婆多等色等亦念念滅，後意緣時見境亦已無，五識及所緣皆已滅故，如何現覺。此中文總，意含二種：以彼二宗六識不俱故，若大衆部等及大乘諸識雖俱，然五識俱現量，意識同於五識，此二現量不分別執，後時意識方分別執，謂爲外境，現量得時不作外解。然今此中據自多分，及就他宗説現量時不執爲外，然實五俱亦有意識妄執者也。五識相續緣色等，意與五同緣，若不執者，若聞聲等應不執實，若五識滅方起執者，後五識生何故執斷，然但堅深可説有異，非五識俱無有執也。諸處但説五識俱意識是現量，不言定爾，故不相違。由此亦無有多過失，如別抄中敍諸師説，此依道理以答外人，下依法體性非內外，遮外橫執妄言爲外。

論曰："又色等境非色似色，非外似外，如夢所緣，不可執爲是實外色。"

依他色等諸境、體非徧計色，似徧計所執色，徧計所執色雖無，似彼情計，非外似外，如似夢中所緣諸法，不可執爲是實，亦不可執爲心外之色。若爾，小乘等難，不說意識現量執爲實外色，但說五識分明現證外境有耶？今以此理答，前解五識不執爲外，意識執外，今說五識所緣，相似外而體非外，但顯正義不是破他。

論曰："若覺時色皆如夢境，不離識者，如從夢覺知彼唯心，何故覺時.於自色境，不知唯識。"

外人問曰：若一切覺時之色皆如夢中之境，不離於識者，此卽牒定他宗。自下爲難，初先舉喻，下方起難，如從夢覺知彼唯心卽舉喻也。現覺了時所取之境既如夢境，何故覺時於自色境不知唯識，如夢覺時知彼唯心也。

論曰："如夢未覺不能自知，要至覺時方能追覺，覺時境色應知亦爾。未真覺位不能自知，至真覺時亦能追覺。未得真覺恆處夢中，故佛說爲生死長夜，由斯未了色境唯識。"

先舉極成爲喻，謂如夢未覺，不能自知。要至覺時，方能追憶前夢之境，而體不實，方覺知夢。後釋先難覺時境色應知亦爾。唯識二十頌云：未覺不能知夢所見非有，謂未真覺恆不能自知，至得無漏真覺之時，亦能追憶生死之夢境，覺知是夢，境皆非有，如何生死說爲夢耶？未得真覺，恆處生死夢中，故佛說爲生死長夜，昏如夢故，由斯道理，未了色等境色唯識。

論曰："外色實無，可非內識境，他心實有，寧非自所緣？"

此外人問。此先成立色境是無，已極成訖，故爲此難。外色實無，可非內識境。他心實有，寧非自所緣。此意令自心親緣他心著,此中若緣著,卽唯識義不成,心取外境故。若不著,何故有而不緣著？何名他心智？二十唯識亦有此難。彼云：若不能知,何謂他心智,若能知者,唯識應不成。

論曰："誰説他心非自識境,但不説彼是親所緣。"

此論主答,誰説他心非自識境,許有他心等亦爲我境,所以有他心智,但不説他心是自心親所緣,故成唯識。

論曰："謂識生時無實作用,非如手等親執外物,日等舒光親照外境,但如鏡等似外境現,名了他心,非親能了,親所了者,謂自所變。"

無實作用,諸法皆爾。無有作用及作者故,心緣於境,非如手鉗親執離身之外物,亦非如日月火光,舒光親照體外之物,心等緣時,但如汝宗鏡等照物,似外境現,名了他心,他心之影於自心上現,名了他心,非心親能了他心也。親所了者,謂自所變之相分,以無作用,及實不能取外境故。

論曰："故契經言,無有少法能取餘法,但識生時似彼相現,名取彼物。"

解深密言,無有少法者,無少實法,能取餘法,言餘法者,心外實法也。非自實心能取他實心,但識生時似彼他心相現,名取他心也。

論曰："如緣他心,色等亦爾。"

緣他相分色,自身別識所變色等亦爾,無性第四云：無作用故,如是心生時,緣起法爾力故,卽一法體之上有二影生,相見更互相望,不卽不離,諸心心法由緣起力,其性法爾如是而生,如質爲緣,還見本質,以心爲緣還見自心也,無別見外心等。唯識二十頌云：他心智云何知境不如實,如知自心智,不知如佛境,廣説如彼抄。

論曰："既有異境,何名唯識？"

此下第九外人問曰：唯識之義，但心之外更無有物，既有他心異自心之境，何名唯識？許有他色等故。

論曰："奇哉固執，觸處生疑，豈唯識教但說一識？"

此論主答：卽毀多疑，豈唯識教但說唯我一人之識，更無餘法也。

論曰："不爾，如何？"

論曰："汝應諦聽，若唯一識，寧有十方凡聖尊卑因果等別，誰爲誰說？何法何求？故唯識言有深意趣。"

此論主解，且初返難，若唯有我一人之識，寧有十方凡聖尊卑因果等別，等者等取色心等別別法，無佛故，誰爲我說？無眾生故，佛爲誰說？無涅槃菩提果故，有何法？無法故，我何所求？或無行，修何法？無涅槃等，何所求？故唯識言有深意趣。意趣如何？

論曰："識言總顯一切有情各有八識，六位心所，所變相見，分位差別，及彼空理所顯真如。"

此釋深意、一切有情各各有八識、徧行等六位心所，各各自體分及此所變相見二分，及色心分位二十四不相應等，及彼二無我空理所顯真如，以空理爲門、顯真如也。空性卽是二無我理，由此理故，便顯真如。

論曰："識自相故，識相應故，二所變故，三分位故，四實性故，如是諸法，皆不離識，總立識名。"

所以許有自識體者，識自相故。許心所者，識相應法故。許見相分者，卽心及心所二體所變故。許不相應者，卽前三種分位故。許真如者，卽前四種實性故。如是五法，皆不離識，總名爲識。非無心所等，此卽識言所表。

論曰："唯言，但遮愚夫所執定離諸識實有色等。"

此顯但遮一切愚夫通二乘等執，定離諸識實有色等，爲不實故,妄顛倒故、此且舉色等取一切,其實亦遮如上所說離識五法皆是有也。即答理難訖。

論曰:"若如是知唯識教意,便能無倒善備資糧,速入法空,證無上覺,救拔含識生死輪迴,非全撥無惡取空者,違背教理,能成是事,故定應信一切唯識。"

若知存遣,各備資糧。言資糧者,即福智二嚴,非清弁等惡取空者能成是事,得菩提也。

論曰:"若唯有識都無外緣,由何而生種種分別?"

此外人難,若無心外之緣,由何而生種種分別?分別者,即八識等,無外實法,此由何生?外境既成無,妄應不起。難也。

論曰:"一切種識謂本識中能生自果功能差別。"

此初句中且置由字釋一切種子識,即本識中能生一切有爲法種,各能生自果功能之差別,故名一切種。功能有二:一現行名功能,如言穀中功能能生芽等,二種子名功能,即本識中一切種子,此中但說種子功能。

論曰:"此生等流、異熟、士用、增上果,故名一切種。"

此生等流,謂有二解:一者種子前後自類相生,二者種生現行雖復同時亦名等流。現行是種之同類故,於因緣中唯除現親能熏之因緣,此明一切種故。餘因緣體皆生等流。問:前第二卷末種生現起如俱有因得士用果,何故此中但言等流果耶?答:如前第二卷初明等流異熟二因習氣攝諸種盡,彼間等流即此等流種生現行,非士用果。彼卷下但言如小乘俱有因得士用果,不言即是俱有因,然顯揚十八破俱有因是因緣故,今但是因緣生起因等攝,得等流果,此據法體,彼舉譬喻亦不相違。又互爲果名俱有因,種現即非,若與俱有法爲因,今亦通無妨。如攝論說,即義說二因,若別解者,唯前後種相望是等流望現行即士用或增上果中攝。言異熟者,即善惡

種,望諸現種異熟異熟生無記法,前生等流果種,但各自性,卽通三
性漏無漏因緣種.此異熟果因,但是善惡有漏增上緣種。然約第一
解等流,卽此二種攝一切種子盡,下士用等隨義於上別立,以俱有
爲果故。若約後解等流,謂作意種子望心等法是士用因,作動心等
生故,若約前解等流,卽等流種等生現行法已令士夫得士用果,此
種遠望士夫所作名生士用果。增上果亦有二:若前解等流卽除前
三果外皆增上果,若後解等流種生現行等亦名增上果。此果稍寬
不能繁述,且依一法説者.如名言種望第八現及自類種是同類因,
善惡業望此現種是異熟因,作意種子警覺起故望此種現是士用因,
第七識種子爲俱時依勢力引起望此現種是親增上因,第八現種望
此能生隨其所應卽是等流異熟士用增上四果,餘一切法準此應知。
然此中前二果親故先説,後二果疏故後説。前二果親故,初是因緣
稍親故先説,次方異熟。後二果中士用狹故先説,增上寬故後説。
以能生此一切有爲果故名一切種。

論曰:"除離繫者、非種生故,彼雖可證而非種果,要現起道斷
結得故。"

以是無爲,非種生故,彼無爲可證,非種子果,要現起無漏勝道
斷結方得,不由種故,若爾,增上果亦爾有疏遠非種力所得,亦應
不明。

論曰:"有展轉義非此所説,此説能生分別種故。"

此無爲法亦有展轉證得之義,非此所説,此説能生分別種故。
言分別者,有漏三界心心所法以妄分別爲自體故,隱其無漏有爲不
論,但染依他對心外法故。下文自例淨法亦爾,由此道理復亦不取
無漏有爲一切種子,於彼四果攝果不盡,並有能生彼果義故,此中
説也。又解,此文爲釋伏難非成離繫,謂有難言,何故頌説種生分
別,不説分別能生種也。今答之言,亦有展轉相生之義,然以前問

唯問分別從何而生，其現生種非此所説，此頌但説能生現行分別種故，然前解者順此論文。

論曰："此識爲體故立識名，種離本識無別性故。"

種子以識爲體故立識名，以種離本識無別性故，種子依本識自體分，亦即名種子識與識不一異，若爲相分，亦識所變，體即是識，非離識外別有體性，故立識名。

論曰："種識二言簡非種識，有識非種種非識故。"

種識二言，簡非種識，謂有識非種即現起諸識，非内種子，有種非識即外麥等非識自體分故，又有識非種小乘所説諸識，種非識者僧佉所計自性是諸法因彼體非識，以有識非種種非識故，不同此種亦種亦識，故俱簡彼立種識言。

論曰："又種識言顯識中種，非持種識，後當説故。"

此中所顯本識中種，非謂持種名爲種識第八識也，以第八識後展轉力現助緣攝，非因緣故，或復第四句當彼彼分別生中攝故，此中不説。若獨言種即濫麥等自性等，若獨言識即濫現行八識等，故雙言也。

論曰："此識中種，餘緣助故，即便如是如是轉變，謂從生位轉至熟時，顯變種多，重言如是。"

謂前所明此本識中種由餘三緣助故，即便如是如是轉變，謂先未熟名生，如在牽引因位，從此轉變至熟時，如在生起因中，爲愛水潤有轉易變熟之相，名爲轉變，以種子數衆多，皆有轉變生諸分別，故重言如是。

論曰："謂一切種攝三熏習共不共等識種盡故。"

言種多者，謂前一切種即攝三熏習等識種盡故，共不共等等取有受盡相等。

論曰："展轉力者，謂八現識及彼相應相見分等，彼皆互有相助力故。"

上二句明種爲因生分别，此句明現行爲緣生分别，通三緣，第三句中且置以故二字釋展轉力者，謂八現行識及八識相應心所，此即識等自證分及此所變相見二分并不相應及無爲法，故復言等，以彼識等皆互有相助力故，謂由真如等故，或生邪見等分别，或生隨順言論分别等也。

論曰："即現識等總名分别，虚妄分别爲自性故，分别類多，故言彼彼。"

顯所生果第四句且除生字解餘四字，即現行識相見分相應不相應皆名分别，以妄分别爲自性故，皆不離識故識爲自性，以自體相見等類衆多故言彼彼，彼彼者衆多義故。

論曰："此頌意說雖無外緣，由本識中有一切種轉變差别，及以現行八種識等展轉力故，彼彼分别而亦得生，何假外緣方起分别？"

謂答頌前問言，雖無心外之緣，由識中有一切種者牒解第一句及釋其中由字，轉變差别者牒第二句及以現行八種識等展轉力故者牒第三句并解其中以故二字，彼彼分别而亦得生者牒第四句并解生字，如此分别得生，何假外緣分别方起，然此正解頌中染分所明意訖。

論曰："諸淨法起應知亦然，淨種現行爲緣生故。"

無漏法生亦如分别，亦以無漏種及無漏識相見分等現行爲緣生故，釋本頌文意義應兼此故，染淨法者皆不離心，略解頌文訖。自下廣解頌文，初問，次答，下後解訖略作數科，與此不同，今且隨文逐便科牒學者尋之。

論曰："所說種現緣生分别，云何應知此緣生相？"

此外人問，前頌上二句說種子，第三句說現行爲緣，生於八識相應等分别之法第四句是，云何應知此緣生相，此總問緣及緣生相。

論曰:"緣且有四。"

論曰:"一因緣,謂有爲法親辦自果。"

論曰:"此體有二:一種子,二現行。"

總勒有爲因緣體者不過此二。

論曰:"種子者,謂本識中善染無記諸界地等功能差別。"

謂善染無記,顯通三性,諸界地等者,即界地等功能各別,等者等取有漏無漏,色非色,報非報等種種各別種子,有説名言種三界無別者,不然,違此文故,界繫別故,此出因緣體,望何爲緣。

論曰:"能引次後自類功能,及起同時自類現果,此唯望彼是因緣性。"

謂能引次後自類功能,顯自種相生義,簡善惡種爲異熟種之因緣,彼非自類故,此非間越,間越即間斷不次,便非因緣,如現行因及異熟果,現行業法望種及果非因緣故,及起同時自類現果者,亦簡現受,現行報,異熟之同種,彼非自類故,此中但自類爲因緣,異性便非故,即種子所望二種爲因緣性。

論曰:"現行者,謂七轉識及彼相應所變相見性界地等,除佛果善極劣無記,餘熏本識生自類種,此唯望彼是因緣性。"

謂七轉識及彼心所,即是各自體分,及此各各所變相見分,三性,三界,九地,漏無漏,報非報等各別現行,但能爲能熏者即是。然此七識等中除佛果一切善法,餘因位中及二乘無學等所有無漏皆能熏故,有漏中除極劣無記,此即四無記中除異熟生,異熟生中有餘三不攝無記,名異熟生無記,如法執等類此皆能熏,唯除六識中業所招者。望餘無記是極劣故,亦除第八識但業所招,並非能熏,有漏無漏各除一已,餘一切有漏無漏現行見相等熏本識,生自類性界地漏無漏各各之種,此現唯望彼種爲因緣。

（以上選自卷七）

論曰：“爲所緣緣於能緣者。”

謂要能緣種心心所法，種子方爲彼所緣緣，除一切相分，不能緣故。及除自體分，不緣種故。然見分中除五七識，不緣種故，但與第八一切時見分，第六有時緣者，彼與爲緣。今簡爾所不爲緣，故言爲所緣於能緣者，是簡略言，故雖影像種是親緣，非此所説斥其説言識中種故，又辨所緣通親疎故，望餘識亦作所緣。

論曰：“或依見分説不相緣，依相分説有相緣義，謂諸相分互爲質起，如識中種爲觸等相質。”

此第二釋亦許相緣，或依見分同聚心心所説不相緣，無緣俱時他見分故，此依因位，佛則不然。若依相分有相緣義，謂諸相分互爲本質方得起故，如本識中諸法種子爲同時五所觸等相分本質，此顯其事。

論曰：“不爾，無色彼應無境故。”

若不爾者，無色界中五種心所應無境故，既彼有境，故必以本識所變爲質也，諸心心所理例並然，然前師意各各緣自所變種子，然唯以心王所變種子能生現行，非五所變，如眼根等無能生識用也。此師難曰，何故同一所緣分爲二義，第八五數無本質也。前師解云，若必有本質，如第六識緣虚空時，以何爲質，第八心王不託五數境生，如何同本質，有説一切心必託本質方生，如緣虚空託名爲本質，第八心王以五數所變相假力故爲本質起，名同所緣。

論曰：“設許變色亦定緣種，勿見分境不同質故。”

此依因位，果亦可然，至下當知。今此後師，設許無色界第八亦變下界之色，五所如本識亦定緣種，勿第八俱六箇見分境不同質故，自證分境許不同緣，緣自見故，今依可爾，説有本質非要爾也，此義

應思。同一所緣相似名同，各各變故，何要同質方名同也。又唯識
之境取心內境，若待外質方生，良恐理乖唯識，是故前師甚可厭矣。

論曰："唯除見分非相所緣，相分理無能緣用故。"

若通佛說，非見分等爲相分所緣緣，一切相分是親所變名爲相
分，相分必無能緣用故，如化心等亦爾，化心不緣故，故此第三四分
亦非相所緣，見分攝故。文中唯有見分非相分境也，不除同聚心心
所相緣以得緣故，即顯自證分亦見所緣，現作相分緣故，如無分別
智唯是現量，無外境故不緣，不同後得智，後得智見分返緣自證作
影像緣，仍是相分。不爾、即與證自證無別，何須四分？由是一切
心皆具四分。今緣相應法見分，緣自證分，亦能緣證自證分，證自
證分亦能緣見分相分者，唯在佛位，餘者不能，此中但遮見分非相
所緣義，遮第三四亦非相所緣。意顯餘三分互緣一切法名徧緣
故．雖作此解，三分何別，各相似故，如前所得者親所得，餘新所得
影得，故成差別。又釋，然今但遮相爲能緣，及遮見分不緣自證，非
顯餘二得緣一切，此不及前解。

論曰："此惑業苦應知總攝十二有支，謂從無明乃至老死，如論
廣釋。"

第二別攝十二有支，此中以三總攝別，攝於別十二支故。問：
"何以知十二支是別攝總惑業苦不盡耶？"答："若除此中無明愛取
餘一切惑，除正感後世行餘別報等行辦別報體，在聖者身行及苦等
非十二支故。"就解十二支中有三：初以惑業苦總攝十二支即此文
是，二廣明十二支即論云此十二支略攝爲四，謂能引支等以下支
是，三總結前歸惑業苦釗下論云由惑業苦即十二支故此能令生死
相續也。今此惑業苦總攝十二支中指如餘論廣釋，即瑜伽第九第
十第九十三，對法第四，十地論第八，及天親所造十二因緣論等此
爲論也。然緣起經中亦甚廣明，至下論中此所無者附文解出。此

十二支且略以十門解釋：一列支名辨總別體，二明支總別名義得名，三次第所由，四總別業用，五因果差別，六支互爲緣四句料簡，七能所引生諸論對釋，八廢立增減釋諸妨難，九定世破邪，十諸門辨釋。此論文有四：一能所引生，二釋妨，三定世，四諸門。

第一辨列支名辨總別體者，列名可知，總五事中相及分別，三性之中唯依他性，取蘊處界一分爲體。別體性者，一無明支者，以行蘊中無明爲體不取餘法，何以知者？緣起經云初無明有十一殊勝非餘法故，大論第九云，以七無知等爲無明支，故唯取無明不取餘法。問：若爾，何故對法第四云無明與行得爲因緣？無明俱思種名無明支故。答曰：不爾，彼非因緣，故此論解云無明俱思假説爲無明實非此支攝，由假説彼爲行因緣實非取餘爲此支體。大論第十及此下説爲一事故不取餘法。又諸論此論皆言正發業唯是無明，餘者是助，故不取也。非如小乘約分位辨。此有十九七五六種諸無知等，如大論第九等説，此無明支別有實性，何以知者？下十二支假實之中説爲實故。大論第十乃至五十六緣起善巧中皆言實故，及五十五明諸煩惱假實之中，言五見假，此爲實故。又緣起經下卷五十六中皆廣問答，簡諸餘法故名無明，俱舍第十文勢同也。此通現行及種爲體。十地經云，無明有二：謂子時果時。緣起下卷云，無明有四：謂隨眠等，又唯發業性，通不善無記，然此發福非福不動三無明別，如對法第七。

二、行支者，以身語意三行爲體，心心所法爲體。行體是思，此身語意三在欲界名福非福，身語在色界意亦通無色名爲不動，大論第九等同此解，此支亦通現行種子。十地經説行有二種：謂如無明有子果時，行亦爾故，唯善不善性。

三、識支者唯取阿賴耶識親因緣種爲體，九十三云，於母胎中因識爲緣續生果識隨轉不絶任持所有羯賴藍等，非餘七識隨轉不絶能任持故。彼下文云，又卽此識當來復有名色等種之所隨逐，非餘七識諸種隨故。此論又云所引支者，謂本識內親生當來異熟果攝識等五種，此中識種謂本識因，故知識支不取餘七。問曰：若爾，何故大論第九卷末以六識爲識支？廣解已云此於欲界具足六種，色界唯四，無色唯一。答曰：九十三中自行會云，行爲緣故令識轉變，此識現法但是因性攝受當生諸識果故，約就一切相續爲名説六識身，既有此解，故言六識者是就二乘等一切身語，彼不立有第八識故。又一身中約一切識相續爲名説言六識，其實唯取阿賴耶也。果報主故。識與名色互爲緣故，乃至命終恒隨轉故。此唯種子不取現行，何以知者？大論第十此論等云胎藏苦故。問：若爾，何故大論第九云三行所熏發種子六識及種子所生果時六識名爲識支，處處又説有熏於識識與名色得互爲緣，識入母胎非種子時有是義故，十地論云如無明有子時果時，乃至於生老死亦爾。答：此論下云，此五種子在於因時無有前後，約當生果位中説故有前後也。或於現在是過去世，此生老死位説識支故有現行識，其實唯種，不爾，便違五十六説彼説五種胎藏苦故。此論所引支中又言識等五是種故，識卽如此，説名色入母胎乃至説受亦有二種：謂境界受爲愛緣等皆準此知，此五體皆唯種子故，約當生位及於生老死位説故言有現行，實皆無也。此唯無覆無記性攝。

四、名色支者，有二種體：一者一切有漏五蘊皆是此體通異熟非異熟，如九十三説又五色根，根依大種，根處大種所生諸色，及餘諸名，皆名色攝。大論第九云，受蘊想蘊行蘊識蘊十有色處法處色等，皆名色支、此論下云，或名色種總攝五因，於中隨勝立餘四種。通取三性以爲體也，若準此論及諸論等，通取異熟及餘性故，若約名色不相雜亂説此支者，卽除六根觸受法三種皆名色攝，謂色蘊中除根餘色除受蘊全除行蘊觸除識蘊中本識意根，餘想蘊全三蘊少分爲名色支體，此論下云此中識種謂本識因除後三因餘因皆是名色種攝故。此二體寬狹不同，前體卽是四蘊名名色蘊名色汎爾通釋卽體相濫、後解名色五種各別可有差別稍似分明，不爾如何名五種子五體卽是一名色故。此唯異熟無記性故，第八相應中除觸及受，六識俱中又除一切異熟觸受，所餘現在異熟六識及過未世所餘異熟心所法種皆是此體。又九十三云，俱生五根名之爲色無間滅意名之爲名，卽與六處無別體也。然說六識爲識支故由說與彼互爲緣故，偏說六根非實此支之體，雖爾前解爲勝此約六處與名色支無別體性，一義解釋非謂盡理，唯無覆無記性。

五、六處支者，唯內六處。此唯取彼異熟種故，卽五色根及前六識若有異熟居過去世說爲意也，此約一意二世分別卽義說別，若不爾者名中無識。此約一時俱有五種而爲論也。若約當生分位說者，卽名色支具足五蘊，初生之位在過去識名爲意者亦名中攝，未名六處故，此唯種子，有處亦說爲現行者，如名色中說，下至觸受皆準此知。

六、觸支者，除第七識，取餘第八相應觸全，六識之中若異熟觸一切皆是，此約五種同時爲論。若分位爲言，六處位後所有觸數方是此體。大論第九說六觸身名爲觸故。

七、受支，此亦同前觸應知也，作用分位義皆同故。然論說受爲愛緣者，約當來生及於現在生老位中現起受說，然卽彼體是生支攝，今此受支唯在種位，以識等五論皆名爲胎藏苦故。九十三云此五皆是唯種子故。

八、愛支，唯取愛數一法爲體。大論第十初云，愛謂三界愛，亦通現種。十地論說故。此論下文云，愛支與取得爲因緣，非現望現，體是因緣。故愛種現爲此支體。

九、取支，通取一切煩惱，瑜伽論說一切煩惱令生續故，卽通見修所有煩惱令生相續。又下文説正唯修斷，助潤通見，論文多據四取爲體在家出家二静本故，四取以三見及貪爲體。大論第十及九十三等云欲取云何？謂欲貪，見取戒禁取我語取卽三見故也。諸在家者以欲貪爲先而興静故，諸出家者依三見爲先而興静故，瑜伽上下四取體三文不同，一唯取四取是四取體，二緣四取貪爲四取體，三若能取若所取若所爲取皆四取體，今此合取所説義別故無妨難，勘別抄也。問：若爾，何故十地經等云愛增名取？答：下自會言，雖取支中攝諸煩惱，而愛潤勝説是愛增，非無餘惑，此通種現。十地經説故，如愛引證。

十、有支，卽取前行及五果種爲愛取潤已，轉名爲有，九十三等云，愛取和合，潤先引因轉名爲有，是當生起因所攝故，此有惑唯説業等者，下文自會。今上來解此唯種子，由前六法種子轉名有故。

十一、生者，卽五果現行，以異熟五蘊爲體。

十二、老死亦然，老死卽前五蘊變滅。然生老死二名，是於五蘊假立名，卽不相應行蘊，今取實體亦前五蘊，此不取種，唯引果故。種卽是前五種支故，若約分位，未潤已前名識等五種被潤已去有果起已名生老死，亦通種子無妨，緣起經説生引同時，卽雖被潤總轉名爲有，生果之識等仍名引故，唯取現行，至下當悉。薩婆多師一一皆以五蘊爲性，如俱舍第九婆沙第二十二三等解。

第二辨支總別名義得名者，初解總名，此名緣起亦名緣生。五十六云，無有主宰作者受者，無自作用不得自在，從因而生託衆緣轉本無而有，有已散滅唯法所顯能潤所潤，墮相續法名爲緣生。大論第十釋云，由煩惱繫縛往諸趣中數數生起，故名緣起。此依字釋名。又解卽依緣字起字解此名也，唯有漏十二支得此名矣。又依託衆緣速謝滅等，依刹那釋通一切法，又衆緣過去而不捨等，此依義釋名，今依此解。又乃至於過去世覺法性等，相續起等，如世尊言，我已覺悟正起宣說，展轉傳說故名緣起，此解亦得。合有五釋不能繁引。五十六說因名緣起，果名緣生，謂此無名隨眠不斷有故，彼無明纏有，此纏生故彼諸行轉，如是乃至老死亦爾。然五種果中以前後相望爲因爲緣，因時非果爲果時非因，據義別故。世親俱舍自意同此，亦得別名，緣起經云：如是諸分各由自緣和合無闕，相續而起，名緣起義釋總名已。

次辨別名，名義得名者，言無明者或持業釋，明爲擇法，所無卽明，名曰無明。故持業釋，舊云無他受稱，梵云煞三磨娑，此云六離合，爲如無明，明者擇法，無者非有，爲此無明非是無體卽明，故曰無名。能無之法爲是癡故，今言無地明故，故曰無明。故持業釋，或非六釋攝，以無別體義可爲六釋故。初離無與明別解，後合之總釋，故名離合。舊云六釋者是謂此六釋依二法簡別離合方可爲解，非如眼等雖有二字名曰斫努，而體一法無可簡別用此六釋。六釋不徧諸法釋故如別抄解。行者當體彰名，造作是行義，亦功能得稱。了別名識，觸境名觸，領納名受，耽染名愛，追欲名取，有果名有，蘊起名生義。勝鬘經及緣起等瑜伽等亦有別釋，皆同於行，不能別引。言名色者，是相違釋，名之與色體各別故，如言能立與能破言。五十六云，何故四無色蘊名名？答：順趣種種所緣境義，或依言說名分別種種境義，故說爲名。何故色蘊名色？答：於彼彼方所種殖增長義及變礙義故說爲色，變礙有二乃至廣說。既各彰別體故是相違釋，非名體卽色，非是依名之色名所有色故，六處者帶數釋，處者生長門義，體類不同有其六種義，此帶六言故帶數釋。老死者，變異義是老義，滅無義是死義，前是異相後是滅相，各有所表既如名色故相違釋，不說異相而言老者毀責名也，亦相違釋，老死別故。

第三次第所由者，大論第十有三復次解，初云諸癡者要先愚於所應知事方起邪行,起邪行故令心顛倒,心顛倒故結生相續,生相續故諸根圓滿,根圓滿故二受用境,受用境故耽著希求,耽著希求故煩惱滋長,煩惱滋長故發後有業,業滋長故五趣果生,生已變壞老死生起,故十二支如是次第。此約當生五果爲因次第,二約二緣建立十二有支,前六支內身緣立,後六支境界緣立,第三約由有三有情聚立,一樂出世有情滅緣起增白法,二樂世間有情立前六支,三樂著境界有情立後六支如彼廣解故,十二支次第如是。此二亦約當生果位説因次第,以識等五因前支熏時無次第故。緣起經云,一時而起次第宣説。問:若爾何故淨緣起中先觀老死逆觀緣起?答:依諦先後道理立故,如餘處説。此中染者依鄰次第二世因果説,隔越多身説即不定,思準可知,下亦略辨。

　　第四總別業用者,謂此能令有情生死流轉,生死體者謂生老死,前十能令生等轉故,此總業用。別業用者,對法云無明有二業:一令有情於有愚癡,謂由彼覆故於三際不如實了起過未疑等,二與行爲緣,謂由彼力令後有業得增長故,十地經云,無明有二:一緣中癡令衆生惑,即前於有所知境等不了疑也,二與行作因同前對法,餘乃至老死。對法二業云:一數令有情時分變異壞少盛故,二數令有情壽命變異壞壽命故。十地云,老有二:一令諸根熟,二與死爲因。死有二:一壞五陰身,二以不見知故而令相續不斷,然對法合作法,十地開之。又對法約老死無果終義,十地約死有果爲論,故言以不知見故相續不斷等,又以前十二支中十地上下皆同此論。文雖稍別義意大同不能繁引。問:且如行中福不動以正簡擇力而起,何故仍説以無明爲緣也?答:瑜伽第十云:由不了知世俗苦故起非福行,由不了達勝義苦故起福不動行。緣起亦云:又無知故於非對治起對治想,造諸福行或不動行,故以無明爲因生福不動。世俗勝義苦,非謂苦苦壞苦名世俗行苦名勝義。若爾,即色無色無壞苦故，若亦迷彼豈唯發非福也。但可總言世俗易了知者名世俗苦即三塗等苦，彼不了故造非福行。難了知者名勝義苦即人天善趣，勝義道理體皆是苦。世俗難了謂爲善勝，迷之故造福不動也。是亦有壞苦名勝義苦也。不可定判三苦分之，如對法第七大論第十顯揚破苦品等別抄說。問：如經說諸業以貪瞋癡爲緣何故唯說癡？答：此中通說福非福不動故，貪瞋癡緣唯生非福也。問：身語二業思所發起而行亦緣行，何故唯說無明爲緣？答：依發一切行緣而說，及依生善染思緣說故。此行如是既問答已，乃至老死問答皆爾。如大論第十，一一廣說不能繁引。此中且說鄰近無明與行爲緣，若隔越爲緣乃至老死亦爾。然後支非前支緣非爲斷，前支修後支，但爲斷後修前生故。

第五因果差別，此有五種：一等起因果，謂前前支爲因後後支爲果，十二支中無明唯因老死唯果，餘亦因果，無明無所從老死無所起故，此約十二支內分別也。故第十云初一唯因後一唯果餘通因果。

二本末因果，無明愛取三體是煩惱業苦本故，唯是因也，生老死二唯是於果，體唯是苦，惑業之果五種之果故，餘亦因亦果，是煩惱之果生老之因故。第十云三唯是因二唯是果餘通因果。又生老死唯果末故，前六及愛取有三是因本故，受通因果通本末等第十云前六愛取有三是因分後二爲果分，受通二種，此有二等廣如彼說。

三異熟非異熟因果，即識等五及生老死七法是果，識等五種望生老死雖是苦因，於現亦說五爲現行，即在生老死位中而說故七是果，異熟法故亦正果體，餘五是因非異熟故，五十六云又現世果所攝五支及未來果所攝二支總名果所攝緣起，當知餘支因所攝緣起故，中邊上卷云有因雜染果雜染，因雜染者謂煩惱業分，果雜染者謂所餘分。

四已熟未熟因果。前七支是因猶未熟故，後五支是果名已熟故，謂由無明成熟於愛取，愛取是前無明增長故，有是行等六法熟故，生老死二正是熟時，熟謂熟變故也。對法云於因時有能引所引於果時有能生所生，有作是釋愛取有三鄰近果故名之爲果，若爾正生果故卽識等五應亦名果。前解爲勝。

五正熟非正熟因果。卽前十支是因二支是果，生老二支是正熟故。大論第九第十等皆云能引所引皆是引因引生老死二種果故，能生是生因近生生等故，生老死二是二因果故，正熟果體，卽此論下文等云此十二支十因二果者也。若約五果當生位說雖亦是果，然今明時分定體不取也。此中因果十二支相望更無增減，其無明望自，種雖成因果非此所明自支攝故略。此五門攝諸經論爲因果義更無增減。

第六支互爲緣問答料簡。問：若法無明緣彼是行耶，設是行無明爲緣耶？應作四句，初句謂無漏無覆無記行，第二句謂除行所餘支，第三句卽行支，第四句謂無漏識等。如是乃至受望愛爲四句。第一句者，謂希求解脫依於善愛而捨餘愛，第二句者謂無明觸所生受爲緣生除愛所餘有支，第三句者卽愛支，第四句可知。愛望取作順後句答，謂取皆愛爲緣，有愛爲緣非取謂除取餘支，如是乃至生望老死皆順後句答。或生爲緣非老死者，謂疾病怨憎會苦等，餘可知。如是一一皆如大論第十廣解。以上六門，此論雖有初體性門，然以能引等四義攝故，文勢長遠義理散廣恐學者難曉，故今此中別束出體，論所明處名能引等，至彼料簡，七能所引生料簡諸論對釋者。

（以上選自卷八）

論曰："若唯有識，何故世尊處處經中說有三性？"

雖有七頌，釋外難中而分爲二，初二頌答唯有識便違理難，後五頌答唯有識便違經難。後中有二：初三頌釋無境三自性不成難，後二頌釋唯有識三無性不成難，於此初中有四，初總問，二略答，三徵，四釋。此即初也，今難意云：若離內識外法無者，但有一性，不應說三，經說三，故非唯識。

論曰："應知三性亦不離識。"

此略答也，非說性有三，便非唯有識，即不離識而說三故。

頌曰："由彼彼遍計，遍計種種物，此遍計所執，自性無所有。依他起自性，分別緣所生。圓成實於彼，常遠離前性。故此與依他，非異非不異。如無常等性，非不見此彼。"

頌中有三：初二頌辨三性，後一頌中初三句明二性不一異，第四句明內證時，圓成依他，先後證見。初二頌中，初一頌解初性，次半頌解依他，次半頌解圓成，餘文可解。下釋之中文分爲二：初釋頌文，後諸門解釋。解本頌中文復分爲二：初別解頌文，後此中意說以下總釋頌意，結答所問。別釋頌中文又分三：初辨三性，次辨不異一義，後辨證見先後。別釋三性文分三，或分爲二，初釋第一頌遍計所執性及解次半頌依他起性，相對明故合爲一也，後解餘半頌圓成實性，初中分二，初但解遍計所執，後合與依他對明。

論曰："論曰周遍計度，故名遍計。"

此解所執中二師說，此即是前難陀等解。釋初句頌遍計二字，周義解遍，度義解計，唯第六識能周遍計度，第七識等是此類故，亦名遍計。但可名計即非遍故，今依正義由此應作四句分別，有遍而非計，謂無漏諸識有漏善識等，能遍廣緣而不計執，有計而非遍，謂第七有漏識，有亦遍亦計，謂有漏染汙我法二執第六識等，有非遍非計，謂有漏五識及第八識等。問：此遍計何名彼彼？

論曰："品類衆多，說爲彼彼，謂能遍計虛妄分別。"

以此計心品類衆多，或二三等，至下當知。説爲彼彼，此體是何，謂能遍計虚妄分別，卽是一切能起遍計依他性心，將釋第二句，卻解上句，并釋由字。

論曰：“卽由彼彼虚妄分別，遍計種種所遍計物。”

由妄分別故，遍計種種所遍計物，物者體也，卽能計心起所執也。此體是何？

論曰：“謂所妄執蘊處界等若法若我自性差別。”

此性卽是所虚妄執蘊處界等一切義理，若法若我，此二種中自之體性及差別義，此卽心外非有法也。卽是由有能計心體，計有物也。上句遍計之言，出能計心等體，以遍計行相顯其法體。第二句中遍計之言，卽能遍計心之行相，前以行相出彼法體，後已行相明起計失。問：此所計法自性非有，何故名物及名種種？答：隨能計心故説爲物，心多品故説爲種種，體非種種也。又所計無法亦可名物，有無二法皆名物故，言種種者，隨能遍計妄分別心計此無物，當情亦有種種相故。

論曰：“此所妄執自性差別，總名遍計所執自性。”

解第三句，此第二句所妄執心外法我自性差別，體性非有，如龜毛等體定無故，總名遍計所執自性。

論曰：“如是自性都無所有，理教推徵不可得故。”

次第四句，如是第三句遍計所執自性都無所有，非少可有，故名都無。依他性法少可有故，何以知無？理教二法子細推徵不可得故，如前第七卷等所引理教，此卽一番，但解初性。下第二師釋，初略，但釋初頌，後廣問答，對依他兼釋次半頌。

論曰：“或初句顯能遍計識。”

義與前師同。

論曰：“第二句示所遍計境。”

所依執處與前師異，此以理言，通彼依他圓成二性，下自當知。然攝大乘等但説依他，以是所執安足處故，稍相近故，凡夫境故，易可知故，理通成實。

論曰："後半方申遍計所執若我若法自性非有，已廣顯彼不可得故。"

後半頌即下二句，方申遍計所執性義非有，前第七卷中已廣顯非有故，然如攝論第四五卷説，能遍計即此初句，所遍計即此第二句，遍計所執自性乃成，即此中下半頌。上但重解初頌所執，自下廣解初頌及依他起，下廣解三種問答爲三段，然釋第三句與依他合解，既云初句是能遍計，故論次問。

論曰："初能遍計，自性云何？"

此問辭也，下先廣遍計，後廣彼彼。

論曰："有義八識及諸心所有漏攝者，皆能遍計。"

此安慧等義，即通三性有漏之心無非執者，即五八識唯有法執，七唯有人，六通二種。

論曰："虛妄分別爲自性故。"

若有漏心有如無漏不起執者，即不應言虛妄分別，若不執心名妄分別，即無漏心應名虛妄分別之心，既以此理明有漏心皆能遍計，楞伽中邊等文，皆言八識是妄分別。

論曰："皆似所取能取現故。"

聖教中説二取名執，有漏諸心既似能取所取相現，故皆有執，非有取心不名取故，非無執心似二取故，一切經論皆有此文，攝大乘論第四卷中，及辨中邊皆作是説。

論曰："説阿賴耶以遍計所執自性妄執種爲所緣故。"

所執自性之妄執習氣，即能執心等種，瑜伽第五十一及顯揚等説阿賴耶識以遍計所執自性妄執種爲所緣故，若有漏心有不執者，有有漏種第八不緣，何故論說第八緣妄執種，瑜伽第七十六及解深密經說第八緣相名分別習氣，五十一說緣遍計種，故遍計種通有漏一切心，卽善心等中許有法執，安慧等師義。下第二護法等師。

論曰："有義第六第七心品執我法者是能遍計。"

下文有三：一標宗，二立證，三會違。此初也，全非五八識，六七亦非一切心，執我法者方能計故，所以者何？

論曰："唯說意識能遍計故。"

下證有十，十故字是。若能計心通八識者，如何攝論第四但說意耶？問：如第七識亦能遍計，而彼論中唯說意識不言第七，豈七不能？七識既能而不說者，明五八識亦能而不說。

論曰："意及意識名意識故。"

第七名意與第六識合而言之，總名意識。卽是已說，誰言不說？如小乘中業及業道，思但是業而非是道，貪等三法是道非業，身語二法，亦業亦道。總合爲言，但名業道，第七名意，第六名意識，總合名意識，故無前難。安慧等云，何故不許唯第六識能遍計度，餘之七識雖亦能計不能遍計，攝論不說非餘不計，攝論第四本釋二論皆作此解，云第六識能周遍計度，體順彼名，餘不能故。彼論不說，又汝如業業道合說者，我亦爾，第七名意，五八名識，第六名意識，彼論總合爲言名意識，亦有何過？故知八識皆能遍計。

論曰："計度分別能遍計故。"

五八既無計度，明無分別而不起執，攝論本第四云，當知意識是能遍計，有分別故，乃至是故意識無邊行相而轉，普於一切分別計度，故名遍計。非五八識能普計故。若爾，第七不能普計，應非此收，此言不爾。三分別中計度分別，然爲七中有相分別，乃至不染，非五八識有此能故，其第七識有計度故，可是此收。五八不爾，無性云：意識有分別者，由能顯示隨念分別所雜糅故。顯示者卽計度，非是自性，餘亦有故，此爲正解。前師云計度分別計相麤高，五八卽無，自性任運有相分別，此等細者五八説有，理亦何爽？雖攝論約麤計度分別爲言，不言五八，五八二識實能遍計，又一切八識，簡無漏心，故言意識能有分別，非謂唯言第六七識。世親攝論唯言由此品類能遍計度，不簡何者，無性偏解本論，故以顯示等言簡別，此有何妨？復重難之云。

論曰："執我法者必是慧故。"

非五八識恆與慧俱，寧容有執，前師言若計度慧麤五八無，細者亦有，若爾，何故慧數非是遍行。

論曰："二執必與無明俱故。"

我法二執必無明俱，非善心中有無明故，彼無癡善根性相違故。彼前師言，此有何失，我如汝小乘尋伺俱起，尋伺性順可許俱起，善心無明性便相反。

論曰："不説無明有善性故。"

瑜伽等論皆不説故，下二障中當引彼文，如何善心內而説有無明，彼若言一切有漏皆名不善，説名爲善，行相輕故者。

論曰："癡無癡等不相應故。"

相違之法不相應故，如無慚與慚不得俱起，癡無癡等例亦應然。若言有漏皆是不善，無癡與癡非謂相應，癡相輕微名無癡者。

論曰："不見有執導空智故。"

若無漏心必二空觀隨一現起，若有漏心必有法執，卽加行智既有法執，如何能導空智現前，非由於水引火生故，非闇爲先導明生故。

論曰："執有達無，不俱起故。"

又加行心隨順聖教作我法空觀，名曰達無。既有法執，名爲執有，如何執有心與達無之智而俱起也。彼既不俱起，明加行心非有法執。

論曰："曾無有執非能熏故。"

又若有漏心皆有法執，法執之心心有勢力，應異熟生心亦是能熏，有漏之心有勢用故，如善惡等。然汝執第八亦非能熏，是異熟心無勢用故。不見有執勢用之心無能熏者，應第八識亦是能熏，不爾，便與比量相違，若爾，何故楞伽中邊上卷等言三界八識皆妄分別，顯揚十六說亦同此。

論曰："有漏心等不證實故，一切皆名虛妄分別。"

下文會違有三，此初會也。爲會彼云雖前位等作二空觀，而是假相，不如無漏證實理故，一切八識，名妄分別，非妄分別皆是執心，若有漏心有非執者，如何說有二取相現，中邊第一說，虛妄心心所似二相現，故皆有執也。

論曰："雖似所取能取相現，而非一切能遍計攝，勿無漏心亦有執故。"

此會第二違有二，一會，二難。此會及初難，諸有漏心雖似所取，能取相現，而非一切能遍計心，由依他起善無記心雖有二取現，非皆起執。非以似二，便計一切皆能遍計，有計度分別二取相現之心能遍計故，彼中邊論，唯據六七二識爲論，若似二取皆是執者，勿無漏心，亦有執故。一切菩薩二乘後得無漏之智，有二取相，應皆有執，佛地第七但說二乘無漏有執，準唯識二十釋，菩薩後得亦有法執，與佛地不同，彼但說二乘無漏有執，此但言佛無，顯餘亦有。

論曰："如來後得應有執故。"

難前師言，佛應有執，有二取相故，如諸菩薩現二相故，彼若救言，如來後得無二相者，違聖教失，且無相分，違佛地經。

論曰："雖說藏識緣遍計種，而不說唯，故非誠證。"

此會第三違，更有別釋，如第二卷，此中且據有漏强者謂遍計種,不言有漏種皆是遍計,既爾,復不言第八唯緣遍計種子,既無唯言,明第八所緣之種更有多也,次護法論師,總結上也。

論曰:"由斯理趣,唯於第六第七心品有能遍計。"

由此如上所說理趣,唯於有漏第六第七二心之品,有能遍計,五八名識,入意識攝未見文故,故非五八能遍計也。此等徵逐,佛地第七二障中徵,下二障中自當對辨,此則廣前遍計二字。自下廣前彼彼之言。

論曰:"識品雖二,而有二三四五六七八九十等遍計不同,故言彼彼。"

識品雖二者,六七二識也,總名遍計,以是一故更不須論,但言二等。攝大乘第四說遍計有二:一自性計,二差別計。世親釋云:如於眼等計自性,於此計爲常無常等之差別。七十三說一無差別,二有差別。復有二名:一名加行,二名施設。顯揚十六說:一文字,二非文字。又有二:一分別自體,二分別所依緣事。攝八分別者是。七十四說一隨覺,二隨眠。三者,謂一我,二法,三用。或自性隨念計度分別,如對法第二說。四者,攝論說一自性計,二差別計,三有覺計謂善名言者,四無覺計謂不善名言者。七十三說,一計自相,二計差別,三計所取,四計能取。五者,攝論說一依名計義,二依義計名,三依名計名,四依義計義,五依二計二。顯揚十六及七十三說一種五與此同。七十三又有五:一計義自性,此有四,謂計自相等;二計名自性,此有二,謂無差別等;三計染自性,謂有貪等;四計净自性,與染相違;五計非染净自性,謂此色是能所取等。復有五種:一貪,二瞋,三合會,四別離,五捨隨與等。顯揚十六與此文同。復有五:一無常計常,二苦計樂,三不净計净,四無我計我,五於諸相中遍計所執自性執。六者,顯揚十六說,一自性計,謂計色等實有相;二差別計,謂計色等實有色無色等;三覺悟計,謂善言者執;四隨眠計,謂不善言者執;五加行計,此有五,謂貪瞋等。六名遍計,謂此有二,謂文字非文字所起。七者卽七分別,謂有相、無相、任運、尋求、伺察、染汙、不染汙,如瑜伽第一、對法第二說。八者卽八分別生三事,顯揚十六等說,八分別者,一自性分別謂分別色等想事色等自性,二差別分別,三總執分別,四我分別,五我所分別,六愛分別,七不愛分別,八愛不愛俱相違分別。三事者,一謂戲論所依事,二見我慢事,三貪瞋癡事。此等廣解八分別生三事。如瑜伽第三十六顯揚十六說。九者,以理爲之,卽緣九品計執,九地亦然,九結俱品執亦是。十者,卽攝論第四說,對法第十四雖名分別非能遍計,一根本分別第八識,二緣相分別色等識,三顯相分別眼等識并所依,四緣相變異分別老等變異,五顯相變異分別變異所有變異,六他引分別聞不正法類,七不如理分別外道類,八如理分別聞正法類,九執著分別我見類,十散動分別卽十散動。十散動亦爲十,此能遍計分別之體。又對法第十二說,於見無見見等十,又十相十八空所除如七十七說。十一者,卽十一識,謂身身者識等,緣此十一生分別,名十一分別。如攝論說。十二者,十卷楞伽第四說,一言語分別樂言語故,二可知分別,三相分別,四義分別,五實體分別,六因分別,七見分別,八建立分別,九生分別,十不生分別,十一和合分別,十二縛不縛分別,別緣十二處生分別亦是。十三者,無也。十四者,十四不可記事分別。十五者,亦無。十六者,十六空所除或三空所除,顯揚十五云,一根縛,二有情縛等。十七者,對法第十二說,謂相見等。十八者,十八空所除,乃至二十句我我所見二十空所除,二十五句我我所見,對法第十二二十八見、六十二見等,故此論中言十等也,七十四等說,隨依他起爾所分量遍計亦爾,故無量種,此論言等,此一一皆如所引諸論各自廣分別,不別煩引,上來已廣初行第一句訖。

論曰：“次所遍計自性云何？”

若言能遍計，此已問答訖，言所遍計自性是何？

論曰：“攝大乘説是依他起，遍計心等所緣緣故。”

三性之中是依他起，言所緣緣必是有法，遍計心等以此爲緣，親相分者必依他故，不以圓成而爲境也，彼不相似，故攝論第四唯説依他性是所遍計。

論曰：“圓成實性寧非彼境。”

此外人問，七十六説，勝義無性，無如所執勝義相也，至下當知。亦以彼爲疏所緣緣，非是相分，不相似故，極疏遠故。

論曰：“真非妄執所緣境故，依展轉説亦所遍計。”

依他是妄，可計少分爲彼相分，此真不然，不相近故，遠亦不遮。

論曰：“遍計所執雖是彼境，而非所緣緣，故非所遍計。”

所執雖是遍計心境而非所緣緣，故非所遍計，所遍計者據有法故，境義用通，無法名境，所緣緣局，無法即非，故唯依他是所遍計。七十四説，由何故遍計由依他起，即是此也？何故七十四又説，遍計所執非凡聖智境，以無相故，言俱非境。以相分者非無法故，無法非所緣緣，所緣緣者必是有法，彼性可言所緣之境，故彼言境，而非是緣。以無體故，説爲非境。非不對心説爲非境。是故此性説爲應知，若非對心，云何令知？又説遍計唯凡境故，此即廣前第二句頌訖，佛知無不？若知，如何成所緣？若不知，如何言遍知？此義應思，如第七卷唯識中解。

論曰：“遍計所執，其相云何？”

問體相也。

論曰：“與依他起復有何別？”

問二差別，合二問也。

論曰："有義三界心及心所，由無始來虛妄熏習，雖各體一而似二生，謂見相分，卽能所取，如是二分，情有理無，此相說爲遍計所執。"

此師有二：初立宗，後引證。偏答初問，諸心心所雖各體是一自證分，而似依他二分而生，謂見相分，諸經論中說二取者，是此二也。如是二分雖似體有，理實無也。此之二相，中邊等說爲計所執。

論曰："二所依體實託緣生，此性非無，名依他起，虛妄分別緣生所故。"

答第二問，顯二差別，此二所依識等體事，實從緣生，此性非無，名依他起，從虛妄分別種子緣生故。此師意說，唯自證分是依他有，所取能取見相二分是計所執，如龜毛等是無法故。

論曰："云何知然？"

下引證，云何知彼二分非有。

論曰："諸聖教說虛妄分別是依他起，二取名爲遍計所執。"

辨二差別，虛妄分別是依他起，舊中邊云：虛妄總類者，三界心心所。新翻論云：三界心心所是虛妄分別。顯揚十六云：分別體性，謂三界心心所。瑜伽攝論等皆有此言，謂三界心心所，故依他起從因緣生，其二取名遍計所執。舊中邊頌云：無二有此無，長行云：無二者，謂無所取能取，有此無者，有此二取無。新翻無二有無故。攝論顯揚等，此文非一，今此第一卽安慧等多師並說此義。下護法等菩薩方更分別。

論曰："有義一切心及心所由熏習力所變二分從緣生故，亦依他起，遍計依斯妄執定實有無一異俱不俱等，此二方名遍計所執。"

第二師說文中有四：一標宗，二引證，三破斥，四結正。見相二分因緣生者，亦依他起，依此二分妄執定實爲有爲無亦有亦無非有非無,爲一爲異,爲俱不俱等，此以有無爲一偏句--異爲二偏句爲首,俱不俱通二處,此二見相,方名遍計所執,非因緣生二法名遍計所執,因會前師,次引文證。

論曰:"諸聖教説,唯量,唯二,種種,皆名依他起故。"

下引證也,攝大乘論第四卷説,唯識二種種,彼云唯識,此言唯量。彼言二者,此名唯二。彼自解言,唯量者無境故。唯二者有見相故,種種者種種行相而生起故。由有相見得成二種,故見相分是依他起。佛地經説現身土等,及前第二卷所引四至教皆有二三四分,故言種種皆名依他起故,又種種者是見分相分各有種種行相,義如攝論説。

論曰:"又相等四法,十一識等,論皆説爲依他起攝故。"

又五法中相等四法唯除真如,十一識者,一身,二身者,三受者,四彼所受,五彼能受,六世,七數,八處,九言説,十自他別,十一善惡趣死生識。眼等五根名身,五識所依意界名身者,第六意識所依意界名受者識,此等三識以六内界爲性,色等六塵名彼所受,六識界名能受,似三時影現名世,似一等算名數,似村園等現名處,似見聞等言説相現説名言説,起我我所執名自他別,似五趣等相現名善惡趣死生識,此等門義如攝論説,此中既言身識所受識處識言説識善惡趣生死合五識名依他起,故相分亦依他也。瑜伽七十二三顯揚十二十六明五法,攝論第四明十一識及相名等,彼皆説爲依他起攝,故知二分非計所執,論言等者等相識等色等處等。

論曰:"不爾,無漏後得智品二分應名遍計所執。"

下破斥中有五過難,此爲第一。若諸相分非依他者,佛等無漏後得智品所變二分應名所執,應立量云,有漏非染見相二分非計所執,是非染心現二分故,如無漏心現二分等。

論曰:"許,應聖智不緣彼生,緣彼智品應非道諦,不許,應知有漏亦爾。"

若許無漏見相二分如二乘等亦計所執，則應聖智不緣**自依他**相分等生，若緣相生便計所執，能緣依他所有智品應非道**諦**，有相分故，如有漏心，若許聖智雖有二分非計所執，應知有漏心**亦應爾**，有二分故，如無漏心。

論曰："又若二分是遍計所執，應如兔角等非所緣緣，遍計所執體非有故。"

第二難也，若有漏二分皆是計所執，應非所緣緣，彼言計所執性，二非有故，如兔角等，彼計二分非所緣緣。所緣緣者，陳那破他，就他爲論，我既唯識，何藉緣生？

論曰："又應二分不熏成種，後識等生應無二分。"

第三難也，所執二分不熏成種，以無法故，如石女兒，即後識等應無二分，然彼所計所有二分種生之時，但自證現行是依他起種生，二分便計所執，故爲此難。不爾，此文是逐他義，非謂極成。

論曰："又諸習氣是相分攝，豈非有法能作因緣？"

第四難也，有漏習氣是識相分，相分既非有體，豈非有之法能作因緣，假法如無非因緣故，汝執相分體非有故，彼執種子非真有體，自證分緣仍非相分，今説自宗言相分攝，故爲此難。

論曰："若緣所生內相見分非依他起，二所依體例亦應然，無異因故。"

第五難也，從緣所生不離於識，內之二分非依他起，二分所依依他起識體亦應爾，無異所以彼此可別，若心外二分非因緣生，可非**依他起**。然彼師計能生之種有二能生，所生現行乃計所執，**故以自證爲例**，應立量云，因緣所生二分是依他起，因緣種子**生故**，如自證分，又唯自證分，如何緣證自證，如何緣種，豈一心中亦量非量，得自緣故，許有見分即無**此失**，若更立分者，即初自證不自內緣，亦見分攝。

論曰："由斯理趣，眾緣所生心心所體及相見分有漏無漏皆依他起。"

下結正也，解二問爲二，若爲初性及依他起合爲門者，此初師結。若分三性各別明，以下解依他，由斯理趣，眾緣所生心心所體及相見分異生二乘有漏無漏皆依他起，善順聖教不違理故。解第二頌初句及遍計所執體性非有，答問其相二師異說，有體無體寬狹不同，辨二性別，答第二問。總是廣前第一頌訖，并解第二頌初句，因結上文兼生下故。

論曰："依他眾緣而得起故。"

釋頌中緣所生之三字也，釋依他義。

論曰："頌言分別緣所生者，應知且說染分依他，淨分依他亦圓成故。"

釋分別字唯屬有漏，兼顯不說淨分所由，或從此下方解第二句，以上總解第一句也。今此頌中應知且說染分依他，謂分別法，因緣所生雜染諸法名爲分別，依他因緣之所生故，或染依他爲分別緣之所生故，唯雜染故，此中依他唯說染分，淨分依他亦圓成故，顯通二性明淨依他不名分別，染依他起唯依他故，顯此頌中唯明染分。

論曰："或諸染淨心心所法皆名分別，能緣慮故，是則一切染淨依他皆是此中依他起攝。"

第二又解，或諸染淨心心所法皆名分別，能緣慮故。此中通說非由體淨便不緣慮，言能緣故。是即一切染淨依他是此頌中依他起攝，皆名分別故。若爾，染淨色不相應應非此中依他起攝，不能緣慮非分別故。答曰：不然，說心等時彼亦此攝，不離心故，唯識門故。問：若爾，何故致能緣言？答：顯能緣心遍諸染淨皆名分別，並能慮故,非緣慮言簡除色等,色等雖不能緣不離心等故亦此攝。

論曰:"二空所顯圓滿成就諸法實性,名圓成實。"

依二空門所顯真理,一圓滿,二成就,三法實性,具此三義名圓成實。如何真如具此三義?

論曰:"顯此遍常體非虛謬。"

由此真如,一者體遍,無處無故,即是圓滿義,二者體常,非生滅故,即是成就義,三者體非虛謬,諸法真理法實性故,即此體言貫通三處,論影略故,通上常遍也。且言體遍欲顯何義?

論曰:"簡自共相虛空我等。"

遍簡自相,諸法自相局法體故不通於餘,若通於餘,便非自相故,唯真如能遍諸法。常顯何義,常簡共相。諸法無常空無我等,雖遍諸法,體非實有。謂諸法上無體無用名空無我,非有實體貫通諸法,唯有觀心,無共相體。如前已說,既爾,不應說彼體性是常法故,言真如常簡彼共相。又非虛謬言意顯何等義,非虛謬簡虛空我等。小乘外道執虛空我,亦體是常,能遍諸法,說彼虛謬非法實性,故非虛言簡異虛空,非謬之言即我等,我等妄執故。又言等者,等衛世師大有和合僧佉自性,雖彼計遍又體是常。今言彼體是虛謬性,非定有體,故復言等。即唯真如具此三義,圓成實言,如次配屬。問曰:若爾,淨分依他體非常遍,如何亦是圓成實攝?

論曰:"無漏有爲離倒究竟勝用周遍,亦得此名。"

淨分有爲亦具三義:一者離倒,體非染故,是實義;二者究竟,諸有漏法加行善等不能斷惑非究竟故,諸無漏法體是無漏能斷諸染是究竟故,是成義,或無對盡,是究竟義;三者勝用周遍,謂能普斷一切染法,普緣諸境,緣遍真如,故言第三勝用周遍是圓成義。由具三義與真如同,故淨依他亦得稱爲圓成實性。舊中邊上亦說,無爲無變無倒成就入真實性,一切有爲法道所攝,無顛倒成就故,境界品類中無顛倒故，得入真實性。無變者常義，無顛倒非虛謬義，成就者遍義，由上三義真如名成實。淨分依他但有體遍及無顛倒。但是此中第一第三，無究竟義。新翻中邊第二卷云：真如涅槃無變異故名圓成實，有爲總攝一切聖道，於境無倒故，亦名圓成實。合此二種但有此中初二之義。攝論第四説，何緣名圓成實？由無變易故，即此常義，清淨所緣，即此遍義。一切善法最勝性故，即此體非虛謬諸法實性。今彼論中但當真如圓成實性，非淨依他亦圓成攝，義不具故，此中通攝，義皆同也。

論曰："然今頌中説初非後。"

雖有無爲諸淨分法皆圓成實，然今頌中説初真如名圓成實，非後淨分，不能簡別自共相等三義勝故，淨分依他一非所證，二非法性，故今頌中説初非後。此解第三句圓成實三字。

論曰："此即於彼依他起上常遠離前遍計所執二空所顯真如爲性。"

此總解也，此圓成實於前所説彼依他起上於一切時常無第一遍計所執，常是恆義一切時義，遠離無義離過失義，三性之中所執爲初故名前也。此圓成實依他起上無計所執，二我既空依此空門所顯真如爲其自性，梵云瞬若此説爲空，云瞬若多此名空性，如名空性不名爲空，故依空門而顯此性，即圓成實是空所顯，此即約表詮顯圓成實。問：空爲門者，爲智是空，空爲異智？答：空是智境，空體非智，智緣彼空之時顯此真如故。

論曰："説於彼言，顯圓成實與依他起不即不離。"

下重釋第三句於彼二字，即約遮詮顯圓成實。頌第三句言於彼者，顯此與依他不即不離，依他是所於，真如是能於，非即一法有所能於，顯如與依他體非即故。若是即者，真如應有滅，依他應不生。言不離者，即於彼依他上有真如故，非不於彼，不可言離。若全離者,如應非彼依他之性,應離依他別有如性,云何言於彼,故於彼言顯不卽離,此中唯有空,於彼亦有此也。

論曰:"常遠離言,顯妄所執能所取性理恆非有。"

釋第四句常遠離字　謂遍計所執是妄所執　此非暫無　恆時無故名常　此體非有故名遠離　既遠離言無計所執　更致前言此何所用

論曰:"前言義顯不空依他。"

遍計所執依他前說,令空於所執,不空於依他,前言顯此頌中但言常遠離前遍計所執,已空計所執,更言性者此復何用。

論曰:"性顯二空非圓成實,真如離有離性故。"

意言真如是空之性,非卽是空,空爲所由,如方顯故,如體空者何所妨也? 真如離有及離無相,若言於空雖離有相非離空相,故此空言非真如體。故致性言深爲有用,真如離空名空性,真如離有名有性。病多起有但說空門,若空病生亦立有性,此意總顯圓成實性於依他上無前所執所顯之性,故遮表門皆有所以,此解第二頌下二句訖,雖二頌不同,明三性體訖。

論曰:"由前理故,此圓成實與彼依他起非異非不異,異應真如非彼實性,不異此性應是無常。"

下解第三頌中初二句,此與依他起非異不異者,攝論等皆對三性明異不異,此中但對依他起者,以此二性有法相對,非計所執,以無體故。彼約性對,故三皆對,此約體對,彼一無體,故但對二。此中論言由前不卽離理故不一異,若依他起與彼定異,真如應非彼之實性,既與彼異故非彼性,若全不異,此真如性應是無常,依他非常此彼同故。

論曰:"彼此俱應淨非淨境,則本後智用應無別。"

又釋一義,依他彼真如此,既體一, 俱應是淨非淨境,以體一故。中邊第一云：無二有無故，非有亦非無，非異亦非一，是説爲空相。正與此同。七十四説，唯此真如聖智境，依他起性凡聖智境，又依他境體淨不淨，真如境體唯是淨。二性既一，彼依他境體應亦淨，真如境體應亦不淨。又依他既通凡聖境，真如應亦然。既爾，即根本無分別智與後得智應無別體，本智緣如亦緣依他故，彼得緣依他亦緣真如故，此約見分以爲妨難，故二無別。攝論云：由依他種生成依他，由遍計所緣相故遍計所遍計故成遍計所執，即由此自性成圓成實，如所遍計不如是有故。故三性非異非不異。世親云：謂意識是遍計，此依他起爲所取所緣境性能生遍計，是故亦名遍計所執。即依他起爲境生遍計心義名計所執性，即釋遍計所緣相故，是所遍計故者，即彼意識名遍計，緣彼相貌爲所取境爲所遍計，由此依他亦名計所執性。謂依他起爲遍計心之所緣故亦名計所執，前即爲境能生計心名計所執，後爲計心之所緣故名計所執，總解本論是一義也。無性云：非異者，依他起有，計所執無，有望於有可得言異，有望非有非可異故。彼既是無，望何爲異？非不異者，有與非有不成一故。依他不淨圓成淨故，故彼三性非異非不異。此爲一解。又由依他是我色等遍計所執所依止故，依他起名計所執，遍計所緣相故，即是依他爲計所執之所依，名計所執也。此與前世親別。又依他起是我色等意識遍計所遍計故，即依他起爲能遍計之所計執，名計所執，彼云由此意趣假説依他爲計所執，此解第三頌上二句故此與依他非異非不異訖。

論曰："如彼無常無我等性。"

頌言如無常等性，等取無我及空等，故無我亦復言等。

論曰："無常等性與行等法異，應彼法非無常等，不異，此應非彼共相。"

若定異者應彼行法非無常等，如青非黃以是異故。不全異者無常等此應非彼行等之共相，如色非色共相與色不異故。

論曰："由斯喻顯此圓成實與彼依他非一非異，法與法性理必應然，勝義世俗相待有故。"

結上文也。即是合喻。由此道理二性不一異，諸法與法性理必應然，依他是法，如是法性，道理應爾。所以者何？勝義世俗相待立故，謂若有俗，理必有真，若無真時，待何爲俗？非龜毛望兔角可說異一，以體無故。若有真時，理必有俗，若無俗者，待何爲真？由斯道理故前三真亦名爲俗，真家俗故，故後三俗亦名爲真，俗家真故。如斯勝理故彼二性非異非一。

論曰："非不證見此圓成實而能見彼依他起性。"

今言見者非謂眼見意識比見，但是無漏親證見也，見者聖慧親所得義，非不見此，此即圓成。而能見彼，彼依他起，即一見言義通二性，密合巧言，故頌但說非不見此彼，要達真理方了依他，寧說依他是凡夫境，以心上現雖不了達但親所取。若論了達唯聖非凡，若親爲境凡夫亦得，故彼此說亦不相違。如世有人親見一物，然不能識。凡境亦爾。

論曰："未達遍計所執性空，不如實知依他有故。"

地前等位未達遍計所執之性體是空無，終不如實知依他有。妄所執力翳彼依他，除彼翳時依他自現，知妄所執無，依此無門證圓成實，便了依他。今從所無門說，故言了所執空，知依他有，此卻解也。又無分別智若不先達所執性空真如妙理，其後得智終不實知依他爲有，顯無分別智證二性也。問：既要知真，方了事俗，爲俱爲後。

論曰："無分別智證真如已，後得智中方能了達依他起性，如幻事等。"

此敍入地先證真如已，後得智中方能了達依他起性如幻事陽餘八喩等也，非初見位一時雙見，第五地後及佛能爾。

論曰："雖無始來心心所法已能緣自相見分等，而我法執恆俱行故，不如實知衆緣所引自心心所，虛妄變現。"

一切異生心心所法已能緣自相見分等，雖親得依他，由我法執恆俱起故。不知自心心所虛妄顯現，由此不能了依他也，乃至八喩，謂無始來見分緣自相分，自證緣自見分亦緣自身證自證分、證自證分亦緣自自證故，故言緣自相見分等。由我法執第七識等三性之心恆俱行故，不如實知自心虛妄如幻事等。

論曰："猶如幻事陽餡夢境鏡像光影谷響水月變化所成，非有似有。"

此顯依他非真實有，舉喩以成，如大般若廣說其相。攝大乘說，云何無義而成所行境界？爲除此疑，說幻事喩。云何無義心心所轉？爲此說陽餡。云何無義有愛非愛受用差別？爲此說夢境。云何無義淨不淨業愛非愛果差別而生？爲此說鏡像，彼言影像。云何無義種種識轉？爲此說光影。云何無義種種言說戲論相轉？爲此說谷響。云何無義而有實取諸三摩地所行境轉？爲此說水月。云何無義有諸菩薩無顛倒心爲辦有情諸利樂事故思受生？爲此說變化。彼世親無性第五皆廣解不能煩引，中邊論中亦有八喩喩計所執，如彼抄會。顯依他性喩如此八體非實有，是虛妄有，似彼真有，故說依他非有似有。

論曰："依如是義故有頌言，非不見真如，而能了諸行，皆如幻事等，雖有而非真。"

此是厚嚴經頌，雖依他有而非真有，要見真已後見依他。

論曰："謂心心所及所變現衆緣生故，如幻事等非有似有，誑惑愚夫，一切皆名依他起性。"

謂心心所卽自證分，及所變現卽相見分衆緣生故，如幻事等非有似有誑惑愚夫，愚夫不了，謂爲實有，故名誑惑，一切三分皆名依他性。

論曰："愚夫於此橫執我法有無一異俱不俱等，如空華等性相都無，一切皆名遍計所執。"

於此依他橫執我法或是有或是無或俱或不俱，或是一或是異或俱或不俱，或是實或是不實或俱或不俱，如是等。今此有無一異爲首，俱不俱通二處，等者等一切執，但執所執如空華等，若性若相無少是有，一切都無者，名遍計所執，此遍計所執亦依圓成而起。此中但言依依他者，以心相分影像是依他性，依此執爲圓成實故，從實爲言但說依他。又依他起是安足處，稍可言說及擬宜故，但執依他。圓成不爾，故不說也。實亦依執，如二乘無常無我無樂淨等。

論曰："依他起上彼所妄執我法俱空，此空所顯識等真性名圓成實。"

於依他起彼所妄執我法俱空，此空所顯識及心所一切相分等真性名圓成實。

論曰："心等變似虛空等相，隨心生故依他起攝，愚夫於中妄執實有，此卽遍計所執性攝，若於真如假施設有虛空等義，圓成實攝。"

卽顯諸論言無漏者無漏心變，言苦諦等攝者有漏心變，亦不相違。既言苦等心所變者，依他起攝，此唯定也。不多執空而感生死，略不說集，理亦集攝，不善心執如勝論等，此說多分故苦諦收。爲顯此義因述上來所說依他義亦不定。

論曰："有漏心等定屬依他，無漏心等容二性攝，衆緣生故攝屬依他，無顛倒故圓成實攝。"

有漏心等及所變空等定屬依他，以相與見必同有漏無漏性故。

唯依他起,無漏心等及所變空等容二性攝,以有緣起無倒理故,即由二重三性體異,故攝不同。若説空等爲無漏者,容二性攝,體不定故,苦諦等收,唯依他起,體即定故,此但分別有體假空等,非計所執,彼無體故。

論曰:"二實相真如,謂二無我所顯實性。"

因二空門所顯如性,七十七説即我法性,我法性言我法之性,非即我法,我法無故。顯揚中邊亦同於此,以下同處更不引之,下準當知,舊中邊名相真實。

論曰:"三唯識真如,謂染淨法唯識實性。"

顯揚云心染衆生染,心淨衆生淨,見識真如便能知此,染淨心等約詮即依他,據理即真如,七十七名了別真如,識了別也。

論曰:"滅諦三者,一、自性滅,自性不生故;二、二取滅,謂擇滅二取不生故;三、本性滅,謂真如故。"

一、自性滅,滅者不生義,故性實,假名爲滅,實非諦攝;二、二取滅,能所取無故,護法安慧各有別解,從所無得滅依他假名滅諦,滅諦實非依他,故性假。中邊云:二取不生;三、本性滅,中邊云:謂擇滅及真如,與此相違,如彼抄會,如此配三性。

論曰:"道諦三者,一、遍知道,能知遍計所執故;二、永斷道,能斷依他起故;三、作證道,能證圓成實故。"

一、遍知道,從所知爲名名計所執,諦實而性假;二、永斷道,但説所斷染分名曰依他能斷,圓成實攝從所斷名依他性,諦實而性假,或能斷體即是依他,性諦俱實;三、作證道,或假或實,如依他説,如次配三性。

論曰:"此性即是唯識實性,謂唯識性略有二種:一者虛妄,謂遍計所執;二者真實,謂圓成實性。爲簡虛妄,説實性言。"

初解二性謂依依他起故,此初解以真如實性簡計所執性,顯其頌意。

論曰:"復有二性:一者世俗,謂依他起;二者勝義,謂圓成實。爲簡世俗,故說實性。"

謂相及性,性者實體,即唯真如。相亦名體,依他體故。有法相對,不名初性,以無體故。

(以上選自卷九)

論曰:"此轉有漏八七六五識相應品如次而得,智雖非識而依識轉,識爲主故說轉識得,又有漏位智劣識强,無漏位中智强識劣,爲勸有情依智捨識,故說轉八識而得此四智。"

第四轉何識得何智門,八七六五等,如次而得,<u>無性</u>菩薩及<u>莊嚴論</u>説,迴觀智轉五識等,此中唯轉第六識得,佛地論中有二師説,彼非次故,説法斷疑非五用故,廣如佛地,不能繁引。與此無違。轉識得智所以,此中因解捨識得智因更重成所轉以識爲主,例所轉得以智爲主。有二復次,初釋可解。第二釋中識是分別,有漏位强,智爲決斷,無漏位勝,轉强得强,故言得智,此中因解捨識得智因更重成名智所由。

論曰:"内境與識既並非虛,如何但言唯識非境?"

論外人難,内境與識既並非虛,如何可言唯識非境?

論曰:"識唯内有,境亦通外,恐濫外故但言唯識。"

論答有二:初云識唯内有,境亦通外,即境相分。内是依他,外是遍計所執,以非心所變法,説之爲外,非體實有名外。恐心内之境,濫心外之境,故但言唯識。又疏所緣緣亦是外,若言唯境,恐取心外之法,以此不論,所執之心亦是境故。設不慮濫,言唯境亦得,爲簡外故,但言唯識。

論曰:"或諸愚夫迷執於境,起煩惱業,生死沈淪,不解觀心勤求出離，哀愍彼故説唯識言，令自觀心解脱生死，非謂内境如外都無。”

論云或諸愚夫迷執於境等者，一謂所執爲實，二謂親取心外境，依此故言迷執於境，此意可解。此第二師解唯識，佛地所無，爲破執故，雖爲愚夫，非心之理，豈佛非有？即前二師許有相見分義。

論曰：“或相分等皆識爲性，由熏習力似多分生，真如亦是識之實性，故除識性無別有法，此中識言亦説心所，心與心所定相應故。”

或相分等皆識爲性由熏習力似多分等生者，此師不許別有相見義，唯一識性，由前妄熏習力，似多分生，似有相見，即佛後得智無有相見，有漏善心因後得智有相見者，有法執故。佛似見相淨穢土等，不作二解，故非所執，餘作二解，故是所執。又佛自在了妄執故，設變見相皆非所執，由往因中熏習力故，今果亦爾。佛證諸法不可言故，餘則不爾。見相皆執，不證不可言境故，今此依餘不依佛説，故言無別有，或佛不現，餘人自見。若爾，真如非妄習生，應非唯識，識之實性故言唯識，故除識性無別有法。

　　　　　　　（以上選自卷十普慧大藏經會校本）

二、因明入正理論疏（節選）

因明論者，源唯佛説。文廣義散，備在衆經。故地持云：“菩薩求法，當於何求？當於一切五明處求。”求因明者，爲破邪論，安立正道。劫初足目，創標真似，爰暨世親，咸陳軌式。雖綱紀已列，而幽致未分。故使賓主對揚，猶疑立破之則。有陳那菩薩者，是稱命世，賢劫千佛之一佛也。匿跡嚴藪，棲慮等持，觀述作之利害，審文

義之繁約。……於是覃思研精，作因明正理門論。……商羯羅主，
卽其門人也，……善窮三量，妙盡二因，啓以八門，通以兩益，考覈
前哲，規模後穎，總括綱紀，以爲此論。

　　梵云醯都、費陀、那耶、鉢羅吠奢、奢薩怛羅。醯都，言因。費
陀，云明。那耶，稱正理。鉢羅吠奢，翻入。奢薩怛羅，論也。唐云
因明正理入論。今順此方言，稱因明入正理論。依此標名，合爲
五釋。

　　一云，明者，五明之通名。因者，一明之別稱。入正理者，此論
之別目。因體有二：所謂生了，二各有三，廣如下釋，今明此因義，
故曰因明。……入者，達解，正理者，諸法本眞。……由明此二因，
入解諸法之眞性，卽正理之入，亦入正理之因明，並依主釋也。

　　二云，因明者，一明之都名。入正理者，此軸之別目。因謂立
論者言，建本宗之鴻緒，明謂敵證者智，照義言之嘉由，非言無以顯
宗，含智義而標因稱。非智無以洞妙．苞言義而舉明名，立破幽致，
稱爲正理。智解融貫，名之爲入。由立論者，立因等言。敵證智
起，解立破義。明家因故，名曰因明。依主釋也。

　　三云，因者言生因，明者智了因。由言生故，未生之智得生。由
智了故，未曉之義今曉。所曉宗稱正理，所生智名爲入。因與明
異，俱是因名。正理入殊，咸爲果稱。由言生因故，敵者入解所宗，
由智了明故，立者正理方顯。應云正理之入，亦入正理之因明。並
依主釋也。

　　四云，因明者，本佛經之名。正理者，陳那論之稱。……入論
者，天主教之號。因謂智了，照解所宗。……明謂明顯，因卽是明，
持業釋也。……正理簡邪，卽諸法本眞，自性差別。陳那以外道等
妄說浮翳，遂申趣解之由，名爲門論。天主以旨微詞奧，恐後學難
窮，乃綜括紀綱，以爲此論，作因明之階漸，爲正理之源由，窮趣二

教。稱之爲入，故依梵語曰因明正理入論，依主釋也。

五云，因明正理，俱陳那本論之名。入論者，方是此論之稱，由達此論，故能入因明正理也。或因明者，卽入論名，正理者，陳那教稱，由此因明論，能入彼正理故。

論者，量也，議也，量定真似，議詳立破，決擇性相，教誡學徒，名之爲論。……欲令隨論，因生之明，而入正理，故説此論。……或此辨説因明正理之能入，立此論名，如十地經。或依能入正理因明，而説此論，如水陸華，故以爲號。

商羯羅主菩薩造者，梵云商羯羅，塞縛彌，菩提薩埵，訖栗底。商羯羅者，此云骨璅。塞縛彌者，此云主。菩提薩埵，義如常釋。訖栗底者，造。唐音應云骨璅主菩薩造。外道有言，成劫之始，大自在天，人間化導，二十四相，匡利旣畢，自在歸天。事者傾戀，遂立其像。像其苦行，焠疲飢羸，骨節相連，形狀如璅，故標此像，名骨璅天。……菩薩之親，少無子息，因從像乞，便誕異靈。用天爲尊，因自立號。以天爲主，名骨璅主。

頌："能立與能破，及似、唯悟他，現量與比量，及似、唯自悟。"

一部之中，大文有二：初一頌及長行，標宗隨釋分，末後一頌，顯略指廣分。

初分有二：前之一頌，舉類標宗，後諸長行，隨標別釋。

初頌之中，談頌有一，彰悟有二；論句有四，明義有八，一頌四句，文矚可知。悟他、自悟，論各別顯。四真、四似，卽爲八義：一者能立，因喻具正，宗義圓成，顯以悟他，故名能立。（陳那能立，唯取因喻。古兼宗等，因喻二義：一者具而無闕，離七等故；二者正而無邪，離十四等故。宗亦二義：一者支配，能依所依，皆滿足故；二者成就，能依所依，俱無過故。由此論顯真而無妄，義亦兼彰具而無闕，發此誠言，生他正解。宗由言顯，故名能立。由此似立，決定相違。雖無闕過，非正能立。不能令他正智生故也。）

二者能破，敵申過量，善斥其非，或妙徵宗，故名能破。（此有二義：一顯他過，他立不成；二立量非他，他宗不立。諸論唯彰顯他過破，理亦兼有立量徵詰。發言申義，證敵俱明，敗彼由言，故名能破也。）

三者似能立，三支互闕，多言有過，虛功自陷，故名似立。（此有二義：一者闕支，宗因喻三，隨應闕減；二者有過，設立具足，諸過隨生。偏立妄陳，邪宗繆顯，與真自陷，故名似立。）

四者似能破，敵者量圓，妄生彈詰，所申過起，故名似破。

文說與字，表多體相違。致及似言，顯過通能立破。（表前能立，有似能立，并顯能破，有似能破，舉真等似，故稱及也。）宗義各定，邪正難知。由況既彰，是非遂著，功成勝負，彼此俱明。故從多分，皆悟他也。理門論云：“隨其所應，爲開悟他，説此能立及似能立。能立，悟敵及證義者，由自發言，生他解故。似立，悟證及立論主，由他顯己，證自解生，故言隨應。能破似破，準知亦爾。”此論下文，能立能破，皆能悟他。似立似破，不能悟他。正與彼同，故此頌中，據其多分，皆悟證者，言唯悟他，不言自悟。又真立破，唯悟於他。似雖亦自，從真名唯。

五者現量，行離動搖，明證衆境，親冥自體，故名現量。（能緣行相，不動不搖，自唯照境，不籌不度，離分別心，照符前境，明局自體，故名現量。然有二類：一定位，二散心。定心澂湛，境皆明證，隨緣何法，皆名現量。一切散心，若覩於境冥得自體，亦皆現量。）

六者比量，用已極成，證非先許。共相智決，故名比量。（因喻已成，宗非先許。用已許法，成未許宗。如縷貫華，因義通被，共相智起，印決先宗。分別解生，故名比量。雖將已許，成未許宗，智生不決，非比量攝。）

七者似現量，行有籌度，非明證境，妄謂得體，名似現量。（散心有二：一有分別，二無分別。諸似現量，徧在二心。有分別心，妄謂分明得境自體，無分別心，不能分明冥證境故。名似現量，論據決定，唯説分別，非無分別心，皆唯現量故。）

八者似比量，妄興由況，謬成邪宗，相違智起，名似比量。（妄起因喻，謬建邪宗，順智不生，違解便起。所立設成，此彼乖角，異生分別，名似比量。）

及似等言，皆準前釋。

法有幽顯。（幽微顯著也。若現量境，理幽事顯，若比量境，所立爲幽，能立爲顯。）**行分明昧。**（行，謂能緣心等行相，真現比於境，幽顯俱明。似現比於境，幽顯俱昧。）

故此二刊定，唯悟自非他。雖自不曉，無以悟他，理應頌中，後他先自。但以權衡之制，本以利人。故先悟他，後方自悟。

論："如是總攝諸論要義。"

自下，第二隨標別釋，於中有三：初總綰羣機，次依標隨釋，後且止斯事，方隅略示，顯息繁文，此卽初也。

如是者，指頌所説。總攝者，以略貫多。諸論者，今古所製一切因明。要義者，立破正邪，紀綱道理。

論："此中宗等多言，名爲能立。"

自下，……依標隨釋，於中分六：一明能立，二明似立，三明二真量，四明二似量，五明能破，六明似能破。

問：何故長行，牒前頌文，不依次釋，又與前頌，開合不同？

答：略有三釋：一云，前頌標宗，二悟類別，立破真似，相對次明。所以八義，次第如是。長行廣釋，逐便卽牒。性相求之，何須次牒？頌以真似各別，開成八義。長行，以體類有同，合成六段，亦不相違。

二云：頌中以因明之旨，本欲立正破邪，故先能立。次陳能破，……所申無過，立破義成。所述過生，何成立破？故立破後，次陳二似。……刊定法體，要須二量。現量則得境親明，比量亦度義無謬。故先現量，比量後陳。刊定之則雖成，謬妄還難楷準。故當對二真，次明二似。故頌八義，次第如是。長行，同於理門所説。以因明法，先立後破。免脱他論，摧伏他論，爲勝利故。立義之法，一者真立，正成義故；二者立具，立所依故。真因喻等，名爲真立。現比二量，名爲立具。故先諸師，正稱能立。陳那以後，非真能立，但爲立具，能立所須。故能破前，先明二量。親疏能立，皆有眞似。以自相明，故眞立後，即明似立。二眞量後，明二似量。……立義成已，次方破他。故後方明，能破似破。

三云，眞立似立，眞量似量，各有別體。……若眞能立，若能立具，皆能立故，先首明之。……能破之境，體即似立。似破之境，即眞能立。須識立境，方可申破。立已方破，故後明之。開合別明，體類同故，長行與頌，由此不同。

初解能立中，大文有三：初舉體釋義，次示相廣陳，後總結成前，簡擇同異。初中復二：初舉體，後釋義。此舉體也。

總舉多法，方成能立。梵能立義，多言中說。故理門論陳那指彼天親論云：“故此多言，於論式等，說名能立。”言此中者，……凡發論端，汎詞標舉，故稱此中。

宗是何義？所尊、所崇、所主、所立之義。

等者，等取因之與喻。

世親以前，宗爲能立。陳那但以因之三相，因同異喻，而爲能立。以能立者必多言故。今言宗等名能立者，略有二釋：一云，宗是所立，因等能立，若不舉宗以顯能立，不知因喻誰之能立，恐謂同古自性差別二之能立。

今標其宗，顯是所立，能立因喻，是此所立宗之能立。雖舉其宗，意取所等一因二喻爲能立體。若不爾者，即有所立，濫於古釋，能立亦濫，彼能立過。爲簡彼失，故舉宗等。

二云，陳那等意，先古皆以宗爲能立，自性差別二爲所立。陳那遂以二爲宗依，非所乖靜，說非所立。所立即宗。有許不許，所靜義故。理門論云：“以所成立性說，是名爲宗。”此論亦言，隨自樂爲所成立性，是名爲宗。因及二喻，成此宗故，而爲能立。……陳那天主，二意皆同。但稟先賢而爲後論，文不乖古，舉宗爲能等，義別先師，取所等因喻爲能立性，故能立中，舉其宗等。

　　問：何故能立？要在多言、一二之言，定非能立。答：理門論云：
"……又比量中，唯見此理，若所比處，此相定徧。"於餘同類，念此
定有。於彼無處，念此徧無。是故由此生決定解。因之三相，既宗
法性，同有異無。顯義圓具，必藉多言。故説多言，名爲能立。又
一二之言，宗由未立。多言義具，所立方成。若但説因，無同喻比，
義不明顯，何得見邊？……若但同無異，雖比附宗，能立之因，或返
成異法。無異止濫，何能建宗？設有兩喻，闕徧宗因。宗法既自不
成，宗義何由得立？果宗不立，因比徒施。空致紛紜，競何由消？故
詳今古，能立具足，要籍多言。

　　論："由宗因喻多言，開示諸有問者，未了義故。"

　　釋能立義，……理門亦云："由宗因喻多言，辨説他未了義。"諸
有問者，謂敵證等。未了義者，立論者宗。其敵論者，一由無知，二
爲疑惑，三各宗學，未了立者立何義旨，而有所問。故以宗等如是
多言，成立宗義。除彼無知、猶預、僻執，令了立者所立宗義。

　　　　　　　　　　　　　　　　　　　　（以上選自卷一）

　　論："此中宗者。"

　　自下，第二示相廣陳。於中有三：一示宗相，二示因相，三示
喻相。

　　初中復三，初牒章，次示相，後指法。此即初也。

　　論："謂極成有法，極成能別。"

　　下示相有四：一顯依，二出體，三簡濫，四結成。此顯依也。

　　一切法中，略有二種：一體，二義。且如五蘊、色等是體，此上
有漏無漏等義，名之爲義。體之與義，各有三名。

　　體三名者：一名自姓，……二有法，……三名所別。……義三

名者:一名差別，……二名爲法，……三名能別。……佛地論云:"彼因明論，諸法自相，唯局自體，不通他上，名爲自性。如縷貫華，貫通他上，諸法差別義，名爲差別。此之二種，不定屬一門。不同大乘，以一切法不可言説一切爲自性，可説爲共相。"

如可説中，五蘊等爲自，無常等爲共。色蘊之中，色處爲自，色蘊爲共。色處之中，青等爲自，色處爲共。青等之中，衣華爲自，青等爲共。衣華之中，極微爲自，衣華爲共。如是乃至離言爲自，極微爲共。離言之中，聖智内冥，得本真故，名之爲自。説爲離言，名之爲共。共相假有，假智變故。自相可真，現量親依，聖智證故。除此以外，説爲自性，皆假自性，非真自性。非離假智及於言詮故。今此因明，但局自體，名爲自性。通他之上，名爲差別。

準相違中，自性差別，復各別有自相，差別。謂言所帶，名爲自相。不通他故，言中不帶，意所許義，名爲差別。以通他故。

今憑因明，總有三重:一者局通，局體名自性，狹故。通他名差別、寬故; 二者先後，先陳名自性，前未有法可分別故。後説名差別，以前有法可分別故; 三者言許，言中所帶名自性，意中所許名差別，言中所申之別義故。

自性差別二名，如前。

第二，自性亦名有法，差別亦名法者。法有二義:一能持自體，二軌生他解。故諸論云，法謂軌持。前持自體，一切皆通。後軌生解，要有屈曲。初之所陳，前未有説。逞挺持體，未有屈曲生他異解。後之所陳，前已有説。可以後説分別前陳。方有屈曲，生他異解。其異解生，唯待後説。故初所陳，唯具一義，能持自體，義不殊勝，不得法名。後之所陳，具足兩義，能持復軌，義殊勝故，獨得法名。前之所陳，能有後法，復名有法。

第三，自性亦名所別，差別亦名爲能別者。立敵所許，不静先陳。靜先陳上有後所説。以後所説，別彼先陳。不以先陳別於後。故先自性，名爲所別。後陳差別，名爲能別。

若爾，此三名皆有失，其失者何？

難初名云，若體名自性，義名差別者，何故下云，如數論師，立我是思，我爲自性、思爲差別。彼文便以義爲自性，體爲差別。我無我等，分別思故。

難後名云，若以後陳，別彼前説。前爲所別，後爲能別。如世説言，青色蓮華。但言青色，不言蓮華，不知何青？爲衣，爲樹，爲瓶等青？唯言蓮華，不言青色，不知何華？爲赤，爲白，爲紅等華？今言青者，簡赤等華。言蓮華者，簡衣等青。先陳後説，更互爲簡。互爲所別，互爲能別。此亦應爾。後陳別前，前陳別後。應互名爲能別所別。

釋初難言，此因明宗，不同諸論。此中但以局守自體，名爲自性。不通他故，義貫於他，如縷貫華，卽名差別。先所陳者，局在自體。後所説者，義貫於他。貫於他者，義對衆多。局自體者，義對便少。以後法解前，不以前解後。故前陳名自性，後陳者名差別。

釋次難言，先陳有法，立敵無違。此上別義，兩家乖競。乖競之義，彼此相違。可生軌解，名之爲法。非所諍競，彼此無軌。逐廷自體，無別軌解，但名有法。談其實理，先陳後説，皆具二義。依其增勝，論與別名，故前陳者名有法，後陳者名法。故理門論云："觀所成故，立法有法，非德有德。法與有法，一切不定。但先陳皆有法，後説皆名法，觀所立故。非如勝論、德及有德，一切決定。"

釋第三難言，然前陳者，非所乖諍。後説於上，彼此相違。今陳兩諍，但體上義。故以前陳名爲所別，後名能別，亦約增勝，以得其名。

問：既兩共許，何故不名共成，而言極成？答：自性差別，乃是諸法至極成理。由彼不悟，能立立之。若言共成，非顯真極。又因明法，有自比量及他比量能立能破。若言共成，應無有此。又顯宗依，先須至於理極究竟，能依宗性，方是所諍。故言極成，而不言共。

問：宗依須兩許，言成簡不成。因喻必共成，言極簡不極。何因因喻不標極成，獨於宗依，致極成簡？……然理門論云：“此中宗法，唯取立論及敵論者決定同許。於同品中，有非有等，亦復如是。”故知因喻，必須極成，但此論略。

論：“差別性故。”

出宗體，差別者，謂以一切有法及法互相差別。性者體也。此取二中互相差別不相離性，以爲宗體，如言色蘊無我。色蘊者，有法也。無我者，法也。此之二種，若體若義，互相差別。謂以色蘊簡別無我，色蘊無我，非受無我，及以無我簡別色蘊，無我色蘊，非我色蘊。以此二種互相差別，合之一處，不相離性，方是其宗。

問：先陳能別，唯在法中，何故今言互相差別？答：立敵相形，法爲能別。體義相待，互通能所。對望有異，亦不相違。

論：“隨自樂爲所成立性。”

此簡濫失。隨自者，簡別於宗。樂爲所成立性者，簡別因喻。故理門論云：“隨自意，顯不顧論宗，隨自意立。樂爲所立，謂不樂爲能成立性。若異此者，説所成立似因似喻，應亦名宗。”

凡宗有四：一徧所許宗，如眼見色，彼此兩宗皆共許故。

二先業稟宗，如佛弟子，習諸法空，鵂鶹弟子，立有寔我。

三傍憑義宗，如立聲無常，傍憑顯無我。

四不顧論宗，隨立者情，所樂便立。如佛弟子立佛法義，或若善外宗，樂之便立，不須定顧。

此中前三，不可建立。初徧許宗，若許立者，便立已成。先來共許，何須建立？

次稟業者,若二外道,共稟僧佉,對靜本宗,亦空無果。立己成故,次義憑宗。非言所靜,此復何用?本靜由言,望他解起。傍顯別義,非爲本成,故亦不可立爲正論。然於因明,未見其過。既於因過,說法差別相違之因。即傍準宗,可成宗義。然非正立。

今簡前三,皆不可立。唯有第四不顧論宗,可以爲宗。是隨立者自意所樂。前三,皆是自不樂故。

樂爲所成立性,簡能成立者。能成立法者,謂即因喻。因喻成立自義,亦應名宗。但名能立,非所成立。舊已成故,不得名宗。今顯樂爲新所成立,方是其宗。雖樂因喻,非新成立。立便相符,故不名宗。既爾,似宗,似因,似喻,應得名宗。先所未成,應更成故。當時所競,方是真宗。因喻時申,故須簡別。似宗因喻,雖更可成,非是所樂。屬第二時,所可成故。非今所靜,疏故非宗。此上一解,依理門論。

問:何獨宗標所成立性,因喻不說能成立也。答:宗言所立,已顯因喻是能成立,顯法已周,更不須說。……又宗違古,言所成立,以別古今。因喻不違,不說能立言以簡別也。

論:"是名爲宗。"

此結成也。

論:"如有成立聲是無常。"

三指法也,如佛弟子,對聲論師,立聲無常。聲是有法,無常爲能別。彼此共許有聲及無常,名極成有法,極成能別,爲宗所依。彼聲論師不許聲上有此無常。今佛弟子合之一處,互相差別不相離性,云聲無常。聲論不許,故得成宗。既成隨自,亦是樂爲所成立性,故名真宗。恐義不明,指此令解。

論:"因有三相。"

上示宗相,此示因相。此相,略以四門分別,一出體,二釋名,三辯差別,四明廢立。

初出體者,因有二種:一生,二了。

如種生芽,能別起用故。名爲生因,故理門云:"非如生因,由能起用。"

如燈照物,能顯果故,名爲了因。

生因有三:一言生因,二智生因,三義生因。言生因者,謂立論者立因等言,能生敵論決定解故,名曰生因。故此前云,此中宗等多言,名爲能立。由此多言,開示諸有問者未了義故。

智生因者,謂立論者發言之智。正生他解,寔在多言。智能起言,言生因因。故名生因。

義生因者,義有二種:一道理名義,二境界名義。道理義者,謂立論者言所詮義。生因詮故,名爲生因。境界義者,爲境能生敵證者智,亦名生因。根本立義,擬生他解。他智解起,本藉言生。故言爲正生,智義兼生攝。

智了因者,謂證敵者,能解能立言,了宗之智。照解所説,名爲了因。故理門云:"但由智力,了所説義。"

言了因者,謂立論主能立之言。由此言故,敵証二徒,了解所立。了因因故,名爲了因。非但由智了能照解。亦由言故,照顯所宗,名爲了因。故理門云:"若爾,既取智爲了因,是言便失能成立義。"此亦不然。令彼憶念本極成故。因喻舊許,名本極成。由能立言,成所立義,令彼智憶本成因喻。故名了因。

義了因者,謂立論主,能立言下所詮之義,爲境,能生他之智了。了因因故,名爲了因。亦由能立義,成自所立宗,照顯宗故,亦名了因。故理門云:"如前二因,於義所立,立者之智,久已解宗。能立成宗,本生他解。故他智解,正是了因。言義兼之,亦了因攝。"

分別生了,雖成六因。正意唯取言生智了,由言生故,敵證解生。由智了故，隱義今顯。故正取二，爲因相體。兼餘無失。

次釋名者，因者所由，釋所立宗義之所由也。或所以義，由此所以，所立義成。又建立義，能建立彼所立宗故。或順益義，由立此因，順益宗義，令宗義立，是故名因。

示因相中有五：一標舉，二徵數，三列名，四別釋，五示法。此卽初也。

（以上選自卷二）

論：“何等爲三？”

二徵數也。

論：“謂徧是宗法性，同品定有性，異品徧無性。”

三列名也，徧是宗法性，此列初相。顯因之體，以成宗故。必須徧是宗之法性。……此中宗言，唯詮有法。有法之上所有別義，名之爲法。此法有二：一者不共有，宗中法是；二者共有，卽因體是。理門論云：“此中宗法，唯取立論及敵論者決定同許。”……意以因體共許法，成宗之中不共許法。故此二法，皆是有法之上別義。故今唯以有法名宗。……理門論云：“豈不總以樂所成立合說爲宗。云何此中乃言宗者唯取有法。此無有失。以其總聲，於別亦轉。如言燒衣，或有宗聲，唯詮於法。”

今因名法，宗之法性，唯依主釋。性者體也，此唯義性，非是體性。義相應故，餘二亦然。此共許因，唯得徧是有法宗性。以宗之法成，卽宗法故。不徧是法宗之性，因犯兩俱不成過故。又不欲成宗有法故。

理門頌云：“……但由法故成其法，如是成立於有法。”謂有法因法，二俱極成。宗中之法，敵先不許。但得共許因，在宗中有法之上，成不共許宗中之法，如是資益有法義成，何得因不在共許中。

許在彼中,何所成立?

又若共許之因, 依不共許法。凡所立因, 皆有他隨一所依不成過, 不說有法而爲所依, 但以其法而爲所依。法非共許。縱唯立許, 豈定無此過。又如立宗, 聲是無常。所作性故, 無常滅義。所作生義, 聲有滅者, 以有生故。一切生者, 皆有滅故。聲既因生, 明有果滅。若因所作, 不徧聲宗, 豈得徧在無常上有? 一切正因中, 皆應有兩俱不成。無常之上, 本無生故。由此故知因, 但是宗有法之法, 非法法也。

問: 稱爲宗法, 卽已是因, 何須言徧? 初既言徧, 因義已明, 何須復云是宗法性?

答: 若因不徧宗有法上, 此所不徧, 便非因成。有所不立, 顯皆因立, 是故稱徧。若但言徧, 不言宗法, 卽不能顯因是有法宗之法性, 能成於法。

又因於宗過, 名爲不成。於二喻中, 俱有俱無, 名爲不定。於二喻中, 有無相違, 名曰相違。若唯言法性, 不言徧者, 因於宗過卽是不成。或兩俱不徧, 或隨一不徧, 或猶豫不徧, 或所依不徧, 全分一分等, 隨應有之。爲簡此失, 是故言徧。

若但言遍, 不言宗法。不知此因, 誰家之因, 爲顯是宗有法之因, 成於宗法, 故言法性。

但遍有法, 若有別體, 若無別體, 幷能成宗。義相關故, 必是宗法。如薩婆多對大乘者, 立命根實, 已有業故, 如五根等, 豈以命根, 與業別體, 卽非正因。故有別體。若無別體, 義相關帶, 必是宗法。皆得說爲宗之法性, 非無體是, 非有體非。

言同品定有性者, 顯第二相。同是相似義, 品是體類義, 相似體類, 名爲同品。

故理門云:"此中若品, 與所立法, 隣近均等, 說名同品。以一

切義皆名品故。”彼言意説，雖一切義皆名爲品，今取其因正所成
法，若言所顯，法之自相，若非言顯，意之所許，但是兩宗所諍義法，
皆名所立。隨應有此所立法處，説名同品。

問：何故此因，於宗異品皆説徧字？於同品上獨説定言。答：
因本成宗，不徧成者非立。異喻止濫，不徧止者非遮。成不徧故，
不成過生。遮不盡故，不定等起。……同喻本順成宗，宗成卽名同
喻。豈由喻徧，能順所立，方成宗義？……若因於異品有，同品半有
半無，雖並不定，由因於異有故，成過，非因於同不徧爲失。卽九句
内，後三句中，初後句是。後三中句，正因所攝於異品中止濫盡故。
初後二句，不定過收，皆止異品濫不盡故。由此同品説定有性。宗
異品中，皆説徧也。其九句者，理門論云：“宗法於同品，謂有非有
俱。於異品各三，有非有及二。”言宗法者，謂宗之法，卽因是也。於
同品者，……謂能立因於同品喻，成其三種：一有，二非有，三亦有
亦非有，彼名爲俱。此三種因，於宗異品異法喻上，亦各有三：一
有，二非有，三亦有亦非有，彼名及二。且同品有異品三者，謂因
於同品有、異品亦有，於同品有、異品非有，於同品有，異品有非有。
如是因於同品非有，異品亦三。於同品有非有，異品亦三。故成
九句。

一同品有，異品有。如聲論師立聲爲常，所量性故。喻如虛
空。此中常宗，瓶爲異品。所量性因，於同異品，皆徧共有。

二同品有，異品非有。如勝論師立聲無常，所作性故，喻如瓶
等。無常之宗，空爲異品。所作性因，於同品有，於異品無。

三同品有，異品有非有。如勝論師立聲勤勇無間所發，無常性
故，喻如瓶等。勤勇之宗，以電空等而爲異喻。無常性因，於同品
亦有。於異品喻，電等上有、空等上無。

此是初三。中三句者：

一同品非有，異品有。如聲論師立聲爲常，所作性故，喻若虛空。此中常宗，瓶爲異喻。所作性因，於同品空上無，於異品瓶上有。

二同品非有，異品非有。如聲論師對佛弟子，立聲爲常。所聞性故，喻若虛空。此中常宗，瓶爲異喻。所聞性因，同異品中，二俱非有。

三同品非有，異品有非有。如聲論師立聲爲常，勤勇無間所發性故，喻若虛空。此中常宗，以電瓶等爲異品。勤勇之因，於同品空，一向非有，於其異品，瓶等上有，電等上無。

此是中三。後三句者：

一同品有非有，異品有。如聲論師立聲非勤勇無間所發，無常性故，喻若電空。此非勤宗，瓶爲異喻。無常性因，於同品電上有，空上非有。異品瓶中一向是有。

二同品有非有，異品非有。如勝論師立內聲無常，勤勇無間所發性故，喻若電瓶。此無常宗，空爲異喻，勤勇之因，於同品瓶等上有，電等上無，異品空中一向非有。

三同品有非有，異品有非有。如聲論師對勝論師立聲爲常，無質礙故。喻若極微及大虛空，此中常宗，以瓶樂等而爲異喻，無質礙因，於其同品虛空上有，極微上無，亦於異品瓶等上無，樂受等有。

是名九句，然理門論料簡此云，於同有，及二，在異無，是因。翻此名相違。所餘皆不定。於同有者，謂能立因，於同品有。言及二者，於同品中亦有非有。在異無者，此能立因，於同品有，在異品無，及同品中亦有非有，於異品無。言是因者，此之二句，皆是正因。於九句中，第二第八兩句所攝。

翻此名相違者，翻此二正因卽名相違。翻初句云，於同非有，於異品有。翻第二云，於同非有，於異品中亦有非有。卽九句中，第四第六兩句所攝，皆相違因。是法自相相違因故。攝餘不盡。所餘皆不定者，餘之五句，皆爲不定。謂九句中，第一，第三，第五，第七，第九句。第一句者，共不定攝。第三句者，異品一分轉，同品徧轉。第五句者，不共不定。第七句者，同品一分轉，異品徧轉。第九句者，俱品一分轉。此等諸句，至下當知。

異品徧無性者，顯第三相。異者別義，所立無處，卽名別異。品者聚類，非體類義。

許無體故，不同同品體類解品。

隨體有無，但與所立別異聚類，卽名異品。

古因名云，與其同品相違或異，說名異品，如立善宗。不善違害，故名相違。苦樂明闇冷熱大小常無常等一切皆爾。要別有體，違害於宗，方名異品。

或說與前所立有異，名爲異品。如立無常，除無常外，自餘一切苦、無我等，慮、礙等義，皆名異品。

陳那以後，皆不許然。如無常宗，無常無處，卽名異品，不同先古。

但言異品不言徧無，亦顯此因，成不定等，非定成宗。今顯此因，定成於宗，同品定有，於異品上決定徧無，故說異品徧無性也。

論："云何名爲同品異品？"

四別釋有二：初問後答。此問也。

論："謂所立法，均等義品，說名同品。"

下答前徵有二：初同後異，同中復二：一總出體，二別指法，此初也。所立法者，所立謂宗，法謂能別。均謂齊均，等謂相似。義謂義理，品謂品類。有無法處，此義總言。謂若一物有與所立總宗中法，齊均相似義理體類，說名同品。

論:"如立無常,瓶等無常,是名同品。"

此別指法,如立宗中,陳無常法。……瓶等之上亦有無常,故瓶等聚,名爲同品。此中但取因成法聚,名同品也。

論:"異品者,謂於是處無其所立。"

下解異品亦二:一總出體、二別指法。此初也。處謂處所,卽除宗外餘一切法。……謂若諸法處,無因之所立,卽名異品。……理門亦云,若所立無,説名異品。但無所立,卽是異品。……瑜伽説言,異類者,謂所有法,望所餘法,其相展轉少不相似,故非一切全不相似。但無隨應因所成故。

論:"若有是常,見非所作,如虛空等。"

此別指法,如立其無常宗。所作性爲因,若有處所,是常法聚。見非是所作,如虛空等,説名異品。

論:"此中所作性,或勤勇無間所發性。"

五示法也,於中有三:初舉兩因,次成三相,後顯所成。此初也。

此中者,發端義。……雙舉兩因者,略有三義:一對二師,二釋遍定,三舉二正。

對二師者,聲論師中總有二種:一聲從緣生,卽常不滅;二聲本常住,從緣所顯,今方可聞。緣響若息,還不可聞。聲生亦爾,緣息不聞,緣在故聞。此二師,皆有一分一切內外異性,一體多體,能詮別故。

若佛弟子,對聲生論,立聲無常,所作性因,便具三相。

對聲顯論,言所作性,隨一不成。若對聲顯,言勤勇因,便具三相。對聲生論,立一切聲皆是無常,勤勇爲因。宗法非徧,兩俱不成。

今顯對聲生,所作爲因。若對聲顯,勤勇爲因。又立內外聲皆無常,因言所作。若立內聲,因言勤勇。……爲對計別,故陳二因。

釋徧定者，所作性因，成無常宗。三相俱徧。

勤勇因成，同定餘徧。顯順成宗，因定亦得。不要三徧，故舉二因。

舉二正者，顯九句中，此中所作，彼第二因。此勤勇因，彼第八句。陳那説二，俱是正因。具三相故。……今雙陳之。

所作性者，因緣所作，彰其生義。

勤勇無間所發性者，勤勇謂策發，……或是作意，……擊齊輪等風，乃至展轉擊咽喉唇舌等，勇鋭無間之所顯發。

論："徧是宗法，於同品定有，於異品徧無。"

顯成三相，如上所説，生顯二因，皆具三相，故成正因。

論："是無常等因。"

顯因所成，等者，等取空無我等，此上二因，不但能成宗無常法，亦能成立空無我等。隨其所應，非取一切。

若所作因，……聲亦是苦。……以無漏法，而爲異品，所作性因，於其異品一分上轉，應爲不定言，此所成聲，爲如於瓶，所作性故，體是其苦。爲如自宗道諦等法，所作性故，體非是苦。

此既正因，無不定過。故此言等，隨其所應。

故瑜伽説同異喻云，少分相似及不相似，不説一切皆相似，一切皆不相似。不爾，一切，便無異品。

因狹，若能成立狹法，其因亦能成立寬法，同品之上雖因不徧，於異品中定徧無故。

因寬，若能成立寬法，此必不能定成狹法。於異品有，不定過等，隨此生故。是故於此，應設劬勞也。

（以上選自卷三）

論："喻有二種。"

示喻之相，文段有三：初標舉，次列名，三隨釋。此初也。

梵云達利瑟致案多，達利瑟致云見，案多云邊。由此比況，令宗成立究竟名邊。他智解起，照此宗極，名之爲見。故無著云：立喻者，謂以所見邊與未所見邊，和合正説。師子覺言：所見邊者，謂已顯了分。未所見邊者，謂未顯了分。以顯了分，顯未顯了分，令義平等，所有正説，是名立喻。今順方言，名之爲喻。喻者，譬也，況也，曉也，由此譬況，曉明所宗，故名爲喻。

前雖舉因，亦曉宗義。未舉譬況，令極明了。今由比況，宗義冽極。故離因立，獨得喻名。

論："一者同法，二者異法。"

二列名也，同者相似，法謂差別，共許自性，名爲有法。此上差別，所立名法。

今與彼所立差別相似，名同法。無彼差別，名爲異法。

論："同法者，若於是處顯因同品決定有性。"

論："謂若所作，見彼無常，譬如瓶等。"

別指法也，如立聲無常宗。所作性因，瓶爲同喻。此中指法，以相明故。合結總陳，若是所作。……其敵證等，見彼無常。如瓶等者，舉其喻依有法結也。

前宗以聲爲有法，無常所作爲法。今喻以瓶等爲有法，所作無常爲法。正以所作無常爲喻，兼舉瓶等喻依，合方具矣。等者，等取餘甓等。

理門論云：若爾，喻言應非異分，顯因義故。古因明師，因外有喻。如勝論云：聲無常宗，所作性因，同喻如瓶，異喻如空。不舉諸所作者皆無常等貫於二處，故因非喻，瓶爲同喻體，空爲異喻體。陳那以後，説因三相卽攝二喻，二喻卽因，俱顯宗故。所作性等貫二處故。

古師難意，若喻亦是因所攝者，喻言應非因外異分，顯因義故，應唯二支，何須二喻？陳那釋云：事雖實爾，然此因言，唯爲顯了是宗法性，非爲顯了同品異品有性無性，故須別説同異喻言。意答，喻體實是因爾，不應別説。然立因言，正唯爲顯宗家法性是宗之因。非正爲顯同有異無，順返成於所立宗義。故於因外，別説二喻。顯因有處，宗必隨逐。並返成故，令宗義成。

彼復難言，若唯因言所詮表義，説名爲因，斯有何失？……復問彼言，復有何德？彼古答言，別説喻分，是名爲德。陳那復難，應如世間所説方便，與其因義部不相應。……古師復云，若爾，何失？縱同外道，亦何過耶？如外道説，有五根識，佛法亦有，非爲失故。陳那難云，此説，但應類所立義，無有功能，非能立義。

又若以瓶卽爲喻體，瓶卽四塵，可燒可見，聲亦應爾。若我如説，所作性者，皆是無常。

陳那又難，又因喻別，此有所立同法異法，終不能顯因與所立不相離性，是故但有類所立義，然無功能。……古師復問，何故無能？陳那難云，以同喻中，不必宗法宗義相類，此復餘譬所成立故，應成無窮。

又難言，若唯宗法是因性者，其有不定，應亦成因。

問：因陳所作，已貫瓶中，同喻再申，豈非鄭重？答：因雖總説，宗義未明，指事明前，非爲鄭重。

古師合云，瓶有所作性，瓶是無常。聲有所作性，聲亦無常。今陳那云，諸所作者，皆是無常，顯略除繁，喻宗雙貫，何勞長議，故改前師。

古師結云，是故得知聲是無常，今陳那云，譬如瓶等，顯義已成，何勞重述？故於喻中，雙陳因宗二種，明矣。至後當知。

論："異法者，若於是處，説所立無，因遍非有。"

下解異有四：一牒名，二總顯，三別指，四釋成。此即初二。處謂處所，除宗以外，有無法處。謂若有體，若無體法，但説無前所立之宗，前能立因亦遍非有，即名異品。……理門頌云："宗無因不有，是名異法。"

論："謂若是常，見非所作，如虛空等。"

別指法也。……返顯義言，於常品中，既見非作。明所作者，定見無常。同成宗故，先因後宗。異法離前，宗先因後。若異離中，因先宗後。如言非作，定是常住。翻成本來非靜空常住，非是離前成於無常之宗本義也。

同既成立，先因後宗。異既離前，隨宗先後，意欲翻顯前成立義。今者宗無，因既不轉。明因有處，宗必定隨。異但説離，離成即得，必先宗無，後因無也。故理門云，説因宗所隨，宗無因不有。

如空等者，此舉喻依，以彰喻體。

論："此中常言，表非無常。非所作言，表無所作。"

下釋成義，顯異無體，亦成三相，正因所攝。

因明之法，以無爲宗，無能成立。

以有爲宗，有爲能成。

有無皆異。

即如論云：和合非實。許六句中，隨一攝故。如前五句，前破五句體非實有，故得爲喻。此中以無而成無故，應以有法而爲異品。無其體故。

還以無法而爲異云，諸是實者，非六句攝，無其異體。

若無爲宗，有非能成。因無所依，喻無所立。故可有爲異，異於無故。

以有爲宗，有爲能成，順成有故。無非能立，因非能成，喻無所立。

故有無竝異，皆止濫故。

無常之宗，既是有體。所作瓶等，有爲能立。

故於異品，若薩婆多立，有體空爲異。若經部等立，以無體空爲異。但止宗因諸濫盡故，不要異喻必有所依。

同喻能立，成有必有，成無必無。表詮遮詮，二種皆得。

異喻不爾，有體無體，一向皆遮。性止濫故。故常言者，遮非無常宗。非所作言，表非所作因。不要常，非作，別詮二有體，意顯異喻通無體故。

理門論云："前是遮詮，後唯止濫。由合及離，比度義故。前之同喻，亦遮亦詮。由成無以無，成有已有故。後之異喻，一向止濫。遮而不詮。由同喻合，比度義故。由異喻離，比度義故。"

彼復結云："由是雖對不立實有大虛空等，而得顯示無有宗處，無因義成

古説聲無常，異喻如虛空。理門難云："非異品中不顯無性有所簡別，能爲譬喻。謂於無常異品。應言，謂若是常，見非所作，如虛空等。正以常爲異品，兼非所作。空爲喻依，要此簡別，顯異品無。返顯有所作因，無常宗必隨逐。汝但云如空者，今返難云，非於異品不顯無宗及無因性，即有簡別故，能爲異喻。長讀文勢，義道亦遠。"

論："如有非有，説名非有。"

中道大乘，一切法性，皆離假智及言詮表。言與假智，俱不得真。一向遮詮，都無所表。唯於諸法共相而轉，因明之法，即不同彼。然共相中可有詮表義，同喻成立有無二法。有成於有，可許詮也。無成於無，即可遮也。異喻必遮。故言此遮，非有所表。異不同同。理如前説。

彼又問言，爲要具二譬喻言詞，方成能立、爲如其因，但隨説

一。此問二喻，爲要具説二，方成能立，成所立宗。爲如所作，勤勇二因，但隨説一，即成能立，成所立宗。彼自答言，若就正理，應具説二，由是具足，顯示所立不離其因，以具顯示同品定有，異品徧無。能正對治相違不定。由具顯二，故能顯示宗不相離因。亦顯宗因同品定有，異品徧無，二喻既足，故能正除相違不定。……相違之因，同無異有。不定之因，二有二無。故説二喻具，以除二過。

彼復又言，若有於此，一分已成。隨説一分，亦能成立。謂於二喻，有已解同，應但説異。有已解異，應但説同。不具説二，亦成能立。

聲謂有法，所作性因，依此聲有。若敵證等聞此宗因，如其聲上兩義同許，即解因上二喻之義。同異二喻，俱不須説。或立論者，已説一喻，義准顯二。敵證生解，但爲説一。

此上意説，二俱不説。或隨説一，或二具説。隨對時機，一切皆得。

論："已説宗等如是多言開悟他時，説名能立。"

總結成前，……於中有二，……初總結成，後別牒結。此即初也。……陳那……舉宗等，取其所等一因二喻，名爲能立。宗是能立之所立具，故於能立，總結明之。

論："如説聲無常，是立宗言。"

下別牒結能立，文勢有四，此文初也。牒前宗後指法云，如有成立聲是無常者，此是所諍立宗之言。

論："所作性故者，是宗法言。"

第二文也。牒前因後指法云，此中所作性者，是宗之法能立因言。由是宗法，故能成前聲無常宗，名爲因也。

論："若是所作，見彼無常，如瓶等者，是隨同品言。"

第三文也,牒前同喻後指法云,謂若有所作因,見有無常宗,猶如瓶等,是無常宗隨因所作同品之言,雖所作因,舉聲上有,以顯無常。無常,猶未隨所作因。……今舉瓶上所作故無常,顯聲無常,亦隨因同品,義決定故。

論:"若是其常,見非所作,如虛空者,是遠離言。"

第四文也,牒前異喻後指法云,若是其常,離所立宗。見非所作,離能立因。如虛空者,指異喻依。此指於前宗因二濫,名遠離言。

論:"唯此三分,說名能立。"

此簡同異,理門論云:"又比量中,唯見此理,若所比處,此相審定。於餘同類,念此定有。於彼無處,念此徧無。是故由此,生決定解。卽是此中唯舉三能立。"

論:"雖樂成立,由與現量等相違故,名似立宗。"

次解似立,文段有二,初別解似,後結非真。

初中有三,初解似宗,次解似因,後解似喻。

論:"現量相違,比量相違,自教相違,世間相違,自語相違。"

下隨標似列指釋結有三,初隨標列,次隨列指法,後隨指釋結。

列名有二,初隨古列,後隨今列,此隨古也。

論:"能別不極成,所別不極成,俱不極成,相符極成。"

論:"此中現量相違者,如說聲非所聞。"

自下第二隨列指法,……此中,簡持,唯且明一。現量體者,立敵親證法自相智,以相成宗,本符智境。立宗已乖正智,令智那得會真。耳爲現體,彼此極成。聲爲現得,本來共許。今隨何宗所立,但言聲非所聞,便違立敵證智,故名現量相違。

此有全分一分四句。

全分四句者,有違自現非他,如勝論師對大乘云,同異,大有,非五根得。彼宗自許現量得故。雖此亦有違教，相符。今者但彰違自現量。

有違他現非自，如佛弟子對勝論云，覺樂欲嗔，非我現境。彼宗説爲我現得故。雖此有自能別不成，今此但取違他現量。

有違共現，謂論所陳。一切皆許聲所聞故。雖此亦有違教世間，今者但取違共現量。

有俱不違。如前所説，聲是無常。

一分四句者，有違自一分現、非他。如勝論立，一切四大，非眼根境。彼説風大及三極微，非眼根得。三粗可得。今説一切，違自一分，雖此亦有違教等失，今取違現。

有違他一分現，非自。如佛弟子對勝論云，地水火三，非眼所見。彼説粗三是眼所見，極微非見，故違一分。

有俱違一分現，如勝論師對佛弟子立色、香、味，皆非眼見。唯色眼見，彼此共知。餘皆非見，名違共一分，雖此亦有一分違自教世間相符。今者但取俱違一分。

俱不違一分者，如佛弟子對數論云，自性，我體，皆轉變無常。雖違彼教，非現量故。

此二四句中，違他，及俱不違，竝非過攝。立宗本欲違害他故。違他非過，況俱不違。違自及共，皆是過收。現比量等，立義之具。今既違之，無所準憑，依何立義？

論："比量相違者，如説瓶等是常。"

比量體者，謂敵證者，籍立論主能立衆相而觀義智，宗因相順，他智順生。宗既違因，他智返起。故所立宗，名比量相違。此中意言，彼此共悉瓶所作性，決定無常。今立爲常。宗既違因，令義乖返。義乖返故，他智異生。由此宗過，名比量相違。

論："自教相違者，如勝論師立聲爲常。"

自教有二，一若立所師，對他異學，自宗業教；二若不顧，立隨所成教。

今此但舉自宗業教，對他異學。凡所競理，必有據憑。義既乖於自宗。所競何有憑據？

（以上選自卷四）

論："世間相違者，如說懷兔，非月有故。又如說言人頂骨淨，衆生分故，猶如螺貝。"

可破壞義，有遷流義名世也。墮世中故名間，大般若云："是世間出，故名世間。造世間故，由世間故，爲世間故，因世間故，屬世間故，依世間故、名爲世間。"廣如第五百卷説。此有二種：一非學世間，除諸學者，所餘世間所共許法；二學者世間，卽諸聖者所知麤法。若深妙法便非世間。

初非學世間者，卽此所言月是懷兔，人頂骨不淨。一切共知月有兔故。説此因緣，如西域記，世間共知死人頂骨爲不淨故。若諸外道對佛弟子，有法不簡擇，但總説言懷兔非月，以有體故，如日星等。雖因喻正，宗違世間，故名爲過。然論但有宗因無喻。理門論云："又若於中由不共故，無有比量，爲極成言相違義遣。如說懷兔非月有故。"彼言意顯，以不共世間所共有知故。無有道理可成比量。令餘不信者，信懷兔非月，是故爲過，正與此同。

此論又言："如迦婆離外道，此名結鬘，穿人髑髏，以爲鬘飾。人有誚者，遂立量言：人頂骨淨宗，衆生分故因，猶如螺貝喻。能立因喻雖無有過，宗違世間共爲不淨，是故爲失。"此二皆是非學世間，但有違共。無自他等，文唯説全。理亦應有一分違者，若有合説懷兔非日月，唯月一分違共世間，日不違故。

問：且如大師，周遊西域，學滿將還，時戒日王，王五印度，爲設十八日無遮大會，令大師立義，徧諸天竺，簡選賢良，皆集會所。遣外道小乘，競申論詰。大師立量，時人無敢對揚者。大師立唯識比量云：“真故極成色，不離於眼識，宗；自許初三攝，眼所不攝故，因；猶如眼識，喻。”何故不犯世間相違，世間共說色離識故？答：凡因明法，所能立中，若有簡別，便無過失。若自比量，以許言簡，顯自許之無他隨一等過。若他比量，汝執等言簡，無違宗等失。若共比量等，以勝義言簡，無違世間自教等失。隨其所應，各有標簡。此比量中，有所簡別，故無諸過。

有法言真，明依勝義，不依世俗，故無違於非學世間。又顯依大乘殊勝義立，非依小乘，亦無違於阿含等教色離識有，亦無違於小乘學者世間之失。極成之言，簡諸小乘後身菩薩染汙諸色，一切佛身有漏諸色，若立爲唯識，便有一分自所別不成，亦有一分違宗之失。十方佛色及佛無漏色，他不許有，立爲唯識。有他一分所別不成，其此二因：皆有隨一一分所依不成。說極成言爲簡於此。立二所餘共許諸色爲唯識故。

因云初三攝者，顯十八界六三之中初三所攝，不爾，便有不定，違宗。謂若不言初三所攝，但言眼所不攝故，便有不定言。極成之色，爲如眼識，眼所不攝故，定不離眼識，爲如五三，眼所不攝故。極成之色定離眼識，若許五三眼所不攝故，亦不離眼識，便違自宗，爲簡此過，言初三攝。

其眼所不攝言，亦簡不定及法自相決定相違。謂若不言眼所不攝，但言初三所攝故，作不定言。極成之色，爲如眼識，初三攝故，定不離眼識。爲如眼根，初三攝故，非定不離眼識。由大乘師說彼眼根，非定一向說離眼識。故此不定云非定不離眼識，不得說言定離眼識。作法自相相違言，真故極成色非不離眼識。初三攝故，猶如眼根。由此復有決定相違，爲簡此三過，故言眼所不攝故。

若爾，何須自許言耶？爲遮有法差別相違過，故言自許。非顯極成色，初三所攝，眼所不攝。他所不成，唯自所許。謂真故極成色，是有法自相。不離於眼識，是法自相。定離眼識色，非定離眼識色，是有法差別。立者意許是不離眼識色。外人遂作差別相違言。極成之色非是不離眼識色，初三所攝眼所不攝故，猶如眼識。爲遮此過，故言自許。與彼比量作不定言，極成之色，爲如眼識。初三所攝，眼所不攝故。非不離眼識色。爲如自許他方佛等色，初三所攝眼所不攝故。是不離眼識色。若因不言自許，卽不得以他方佛色而爲不定，此言便有隨一過故。汝立比量，既有此過，非真不定，凡顯他過，必自無過。成真能立必無似故。明前所立無有有法差別相違，故言自許。

然有新羅順憬法師者，聲振唐番，學苞大小，業崇迦葉，每稟行於杜多，心務薄俱，恆馳誠於小欲，既而蘊藝西夏，傳照東夷，名道日新，緇素欽挹。雖彼龍象不少，海外時稱獨步。於此比量作決定相違，乾封之歲，寄請師釋云：真故極成色定離於眼識，自許初三攝，眼識不攝故，猶如眼根。時爲釋言，凡因明法，若自比量，宗因喻中皆須依自，他共亦爾。立依自他共，敵對亦須然。名善因明無疏謬矣。前云唯識，依共比量，今依自立，卽一切量，皆有此違。如佛弟子對聲生論，立聲無常，所作性故。譬如瓶等，聲生論言聲是其常，所聞性故。如自許聲性，應是前量決定相違，彼既不成，故依自比。不可對共而爲比量。

又宗依共已言極成，因言自許，不相符順。又因便有隨一不成，大乘不許。彼自許眼識不攝故。因於共色轉故。又同喻亦有所立不成，大乘眼根，非定離眼識。根因識果，非定卽離故。況成事智，通緣眼根，疏所緣緣，與能緣眼識有定相離義。又立言自許，依共比量，簡他有法差別相違，敵言自許，顯依自比眼識不攝，豈相符順？又彼比量宗喻二種皆依共比，唯因依自。皆相乖角，故雖微詞通起,而未可爲指南。幸能審鏡前文,應亦足爲理極。

上因傍論廣説師宗,宗中既標真故,無違世間之失。上説名爲非學世間。

二,學者世間,衆多學人所共知故。若違深淺二義,俱得名違自教。若唯違於淺義,亦得名違世間。深義幽懸,非是世間所共知故。亦有全分一分四句,有過非過,皆如自教相違中釋。違學者世間必違自教故。論中但有違非學世間全分俱句,餘準定然。

凡若宗標勝義,如掌珍言,真性有爲空,如幻緣生故。無爲無有實,不起似空華,亦無違自教世間等過失。

論:“自語相違者,如言我母是其石女。”

宗之所依、謂法有法,有法是體,法是其義,義依彼體,不相乖角,可相順立。今言我母,明知有子,復言石女,明委無兒。我母之體與石女義,有法及法不相依順。自言既已乖反,對敵何所申立?故爲過也。石女正翻,應爲虛女。今順古譯,存石女名。理門論云:“如立一切言皆是妄,謂有外道立一切言皆是虛妄。”陳那難言,若如汝説諸言皆妄,則汝所言稱可實事,既非是妄、一分實故。便違有法一切之言,若汝所言自是虛妄,餘言不妄,汝今妄説。非妄作妄,汝語自妄。他語不妄,便違宗法言皆是妄。故名自語相違。

若有依教名爲自語,此中亦有全分一分二種四句,全四句者,有違自語非他。如順世外道對空論言,四大無實。彼説四大必非無實。彼云無實,必非四大。以違自教自語非他,有違他語非自。如佛法者對數論言,彼我非受者,彼所説我必非非受者,若非受者,必非彼我。故違他教他語非自,有俱違自他語,謂如一切言皆是妄。此依違教方有諸句,故此一分句,亦即是前一分自教相違。義準應悉,二四句中,違自及共,皆此過攝。其違共中,違他非過,違自爲失,故此但名自語相違。雖俱不違非此過攝。兩同必有相符極成，故亦過攝。唯違於他，總非過攝。本害他故，此説決定自語相違。亦有兩俱隨一全分，猶預自語相違，恐繁且止，至不成中當具顯示。

論：“能別不極成者，如佛弟子對數論師立聲滅壞。”

若作二科，上明古似，下明今似。今似有二：初三闕依，後一義順。若爲三科，上五顯乖法，明相違義；次三顯非有，明所依無。

成劫之初，有外道出，名劫比羅，此云黃赤色仙人，鬚髮面色皆黃赤故。古云迦毗羅仙人訛也。其後弟子，十八部中上首者，名筏里沙，此名爲雨，雨際生故。其雨徒黨名雨衆，梵云僧佉奢薩坦羅，此名數論。謂以智數數度諸法，從數起論，論能生數，復名數論。其學數論，及造彼者，名數論師。

彼説二十五諦，略爲三：中爲四，廣爲二十五諦。略爲三者，謂自性，變易我，知者。自性者，古云冥性，未成大等名自性，將成大等亦名勝性，勝異舊故。變易者，謂中間二十三諦，非體新生，根本自性所轉變故。我知者，謂神我，能受用境有妙用故。

中爲四者，一本而非變易，謂自性，能成他故名本，非他成故非變易。二變易而非本，此有二義：一云十六諦，謂十一根及五大。二云十一種，除五大。三亦本亦變易，亦有二義：一云七諦，謂大我執五唯量，二云十二種，謂前七加五大，能成他故名本，爲他成故名變易。四非本非變易，謂神我。不能成他，非他成故。

廣爲二十五諦：一自性，二大，三我執，四五唯，五五大，六五知根，七五作業根，八心平等根，九我知者，於此九法，開爲二十五諦。謂初自性，總名自性，別名三德，薩埵、刺奢、答摩，一一皆有三種德故。初云薩埵，此云有情及勇健義，今取勇義。刺闍云微，亦名塵坌，今取塵義。答摩云闇，闇鈍之闇，自性正名勇塵闇也。言三德者，如次古名染粗黑，今名黃赤黑，舊名喜憂捨，今名貪瞋癡。舊名樂苦癡，今名樂苦捨。由此三德是生死因，神我本性解脫，我思勝境，三德轉變，我乃受用，爲境纏縛，不得涅槃，後厭修道。我既不思，自性不變。我離境縛，便得解脫。中間二十三諦，雖是無常而是轉變，非有生滅，自性神我，用或有無，體是常住。然諸世間，無滅壞法。廣如金七十論及唯識疏解。

今佛弟子對數論師，立聲滅壞。有法之聲，彼此雖許，滅壞宗法，他所不成。世間無故，總無別依。應更須立，非真宗故。是故爲失，如是等義。皆如上說。

此有全分一分四句，全四句者，有自能別不成非他，如數論師對佛弟子云，色聲等五，藏識現變，有法色等雖此共成，藏識變現自宗非有，有他別不成非自，如論所陳。立聲滅壞，有俱能別不成，如數論師對佛弟子，說色等五，德句所收，彼此世間無德攝故。

一分四句者，有自一分能別不成非他，如薩婆多對大乘者，說所造色。大種藏識二法所生，一分藏識自宗無故。有他一分能別不成非自，如佛弟子對數論師，立耳等根，滅壞有易，有易彼宗可有，一分滅壞無故。有俱一分能別不成，如勝論師對佛弟子，立色等五，皆從同類及自性生。同類所生兩皆許有，自性所起兩皆無故。

此二四句，唯俱成是。餘皆非攝，論說於他全分不成，餘皆準悉。

論："所別不極成者，如數論師對佛弟子說我是思。"

卽前數論，立神我諦，體爲受者，由我思用五塵諸境，自性便變二十三諦。故我是思，是思宗法彼此共成。佛法有思是心所故，唯有法我，佛之弟子多分不立，除正量等，餘皆無故。理如前說，此有全分一分四句。全四句者，有自所別不成非他，如佛弟子對數論言，我是無常，是無常法，彼此許有，有法神我，自所不成。今此有法，不標汝執，故是宗過。有簡便無。有他所別不成非自，如數論者，立我是思，有俱所別不成。如薩婆多對大衆部，立神我實有，實有可有，我兩無故。一分四句者，有自一分所別不成非他，如佛弟子對數論言，我及色等皆性是空，色等許有，我自無故，宗無簡別，爲過如前。有他一分所別不成非自，如數論師對佛弟子，立我色等皆並實有，佛法不許有我體故。有俱一分所別不成，如薩婆多對化地部，説我去來皆是實有。世可俱有，我俱無故。此二四句，唯俱不遺非是過攝，餘皆是過。論説他全所別不成，餘皆準悉。

　　問：若説我是思所別不成者，如何可立我等爲有？　答：若有所簡，即便無過。謂我能詮，必有所目。如色等類，便無過故，不爾便成。

　　上二過中，初過亦名所依不成，能別有故。後過亦名能依不成，所別有故。兩俱隨一全分一分皆悉具有，由是所立不與能依所依之名，義準亦有能別所別猶預不成，偏生疑故，至因當知。

　　論：“俱不極成者，如勝論師對佛弟子立我以爲和合因緣。”

　　前已偏句，一有一無，今兩俱無，故亦是過。成劫之末，有外道出，名嗢露迦，此云鵂鶹。晝藏夜出，遊行乞利，人以爲名。舊云優婁佉，訛也。後因夜遊驚傷産婦，遂收場碾米齊食之，因此亦號爲寒羣僕，云食米齊仙人，舊云寒羣陀，訛也。亦云吠世史迦，此云勝論。古云鞞世師衞世師皆訛也。造六句論，諸論中勝，或勝人造，故名勝論。此説六句：一實，二德，三業，四有，十句論中亦名爲同，俱舍論名總同句義，五同異，十句論名俱分，六和合。

　　實有九種，謂地、水、火、風、空、時、方、我、意，德有二十四，謂色、味、香、觸、數量、別性、合、離、彼性、此性、覺、樂、苦、欲、瞋、勤、勇、重性、液性、潤性、法、非法、行、聲。業有五，謂取、捨、屈、伸、行。

　　有體是一，實德業三同一有故，同異體多，實德業三各有總別之同異故。和合唯一，能令實等不相離相屬之法故。十八部中上首名戰達羅，此云惠月，造十句論。此六加四，謂異、有能、無能、無說。廣如勝論宗十句論，并唯識疏解。彼說地水各並有十四德，火有十一，風有九德，空有六德，時方各五，我有十四德，謂數量、別性、合、離、覺、樂、苦、欲、瞋、勤、勇、法、非法、行，意有八德。

和合因緣者，十句論云：“我云何，謂是覺、樂、苦、欲、瞋、勤、勇、法、非法、行等和合因緣，起智爲相名我。”謂和合性，和合諸德與我合時，我爲和合因緣，和合始能和合，令德與我合，不爾便不能。

我之有法此已不成，和合因緣此亦非有，故法有法兩俱不成，此中不偏取和合，亦不偏取因緣，總取和合之因緣故名不成，不爾便成，自亦許有。

此中全分及一分各有五種四句。初四句者，有自能別不成他所別，如數論者對勝論云：“自性體是和合因緣，所別他非有，能別自不成，有他能別不成自所別。”如數論師對勝論云：“和合因緣體是自性，所別自非有，能別他不成，有俱能別不成自所別。”如數論師對大乘立，阿賴耶識是和合因緣，所別自不成，能別俱非有。有俱能別不成他所別。如大乘師對數論立，藏識體是和合因緣，所別他不成，能別俱非有。

第二四句者，有自能別不成俱所別，如數論師對勝論立，藏識體是和合因緣。有他能別不成俱所別。如勝論對數論立，藏識體是和合因緣。有俱能別不成俱所別，如薩婆多對大乘立，我是和合因緣，有俱能別不成俱非所別。唯此一句，是前偏句能別不成中全俱非句是，前之七句皆是此過。

如能別不成爲首有二四句，如是所別不成爲首亦有二種四句。初四句者，有自所別不成他能別，即前第二句。有他所別不成自能

別,即前第一句。有俱所別不成自能別,即前第五句。有俱所別不
成他能別,即前第六句。第二四句者,有自所別不成俱能別,即前
第三句。有他所別不成俱能別,即前第四句。有俱所別不成俱能
別,即前第七句。有俱所別不成俱非能別,非是前説能別爲首句,
但是偏句所別不成中全俱非句是。其前七句皆是此過,然即是前
七句所攝。更無有異。

復有自兩俱不成非他,如佛弟子對勝論師立我以爲和合因緣,
有他兩俱不成非自,如勝論師對佛弟子立於此義,有俱兩俱不成,
如薩婆多對大乘者立於此義,有俱非自他兩俱不成,如無過宗,初
三皆過,第四非過。

上來合説五種全句,一一離之,復爲一分成五別句,復將自能
別一分不成等句,對餘全句。復將全能別不成等句,對餘一分句,
皆理定有。

隨其所應,諸兩俱過。皆名兩俱不極成,諸自他過,皆名隨一
不極成。由此亦有兩俱隨一猶預全分一分等過,能所別中俱生疑
故。論中且説隨他一全分俱不極成,以示其法,餘應準知。

上來三過皆説自相,若三差別亦有不極成。如勝論立四大種
常,四大種中,意之所許實非實攝。有法差別,他宗不許有實攝法,
即名所別差別他不極成。如數論師眼等必爲他用,爲他用中。意
之所許積聚他不積聚他,是法差別。佛法不許有不積聚他,即名能
別差別他不極成,如大乘師對數論立識能變色等宗,此中有法識自
相中,阿賴耶識心平等根識,是有法差別。他不許有差別藏識,自
不許有心平等識。其法自相能變色等中,生起轉變,常住轉變是法
差別。生起轉變他不許有,常住轉變自不許有,即名兩俱不極成。
於彼三種差別不極成中,亦有自他兩俱全分一分等過,恐厭文繁,
故不具述。

論:"相符極成者,如説聲是所聞。

爲二科中,今似有二。上三明闕依,此一明義順,若依三科,此顯其虛功。

對敵申宗,本諍同異,依宗兩順,枉費成功。凡對所敵立聲所聞,必相符故。論不標主。

此有全分一分四句,全四句者,有符他非自,如數論師對勝論者立業滅壞。有符自非他,如勝論師立業滅壞。有俱相符,如聲是所聞。有俱不符,如數論師對佛法立業滅壞。

一分四句者,有符他一分非自,如薩婆多對數論立我意實有,鋭意爲實兩不相符,立我實有符他一分。有符自一分非他,如薩婆多對大乘立,我及極微二俱實有,我體實有兩不相符。極微有實符自一分。有俱符一分,如薩婆多對勝論立,自性及聲二俱無常,自性無常兩不相符。聲是無常兩符一分。有俱不符一分,如薩婆多對大乘立我體實有,此諸句中符他兩符全分一分皆是此過。符自全分,或是真宗。并俱不符,或是所別能別不成,俱不極成,違教等過,皆如理思。論中但依兩俱全分相符極成以示其法,餘令準悉。

問:此九過中,頗有現量相違亦比量相違耶?乃至現量相違亦相符極成耶?如是現量有八四句,如是比量有七,乃至俱不極成一箇有一,合三十六一箇四句。答:此九過中有自他共不共全分一分,由是綺互各爲四句。有是違現非比,如聲非所聞。有違比非現,如説瓶常。有違現亦比,如小乘師對大乘立觸處諸色非定心得。

有違現非自教,如違他現非違自教。有違自教非現,如勝論師立聲是常。有違現亦自教,諸違自現必違自教故。

有違現非世間,如違自現非非學世間,有違世間非現,如説懷兔非月。有違現亦世間,如説聲非所聞。

有違現非自語，如違他現，有違自語非現，如説一切言皆是妄。有違現亦自語，如違自現必違自教自語。

有違現非能別不成，如聲非所聞。有能別不成非違現，如對數論立聲滅壞，有違現亦能別不成，如唯違自現及他能別不成，若違共現能別必成故。

有違現非所別不成，如聲非所聞。有所別不成非違現，如對佛弟子説我是思，有違現亦所別不成，如違自現亦所別不成，若違共現所別必成故。

有違現非俱不成，如聲非所聞，有俱不成非違現，如對佛法説我以爲和合因緣，有違現亦俱不成，如違自現他俱不成，若違共現他俱必成故。

有違現非相符，如聲非所聞，有相符非違現，如聲所聞。有違現亦相符，如違自現有符他義，如勝論立覺樂等德，非我境界，若違共現必非相符故。

如是乃至有俱不成非相符，如對佛法説我以爲和合因緣，有相符非俱不成，如聲是所聞，有俱不成亦相符。謂自兩俱不成亦相符他故。如是合有三十六四句。

頗有現量相違亦比量自教相違，如以現量合二，有二十八四句，以比量合二，有二十一四句。自教合二，有十五四句。世間合二，有十種四句。自語合二有六四句。能別合二有三四句。所別合二有一四句。如是三合總有八十四種四句。

頗有現量相違亦比量自教世間相違耶？如以現量合三，有二十一四句。比量合三，有十五四句。自教合三或有十種四句。世間合三有六四句，自語合三有三四句，能別合三有一四句，如是四合總有五十六種四句。

頗有現量相違亦比量自教世間自語相違耶？如以現量合四，

有十五四句。比量合四,有十種四句。自教合四有六四句,世間合四有三四句。自語合四有一四句,如是五合總有三十五種四句。

．頗有現量相違亦比量自教世間自語相違能別不極成耶? 如以現量合五有十種四句,比量合五有六四句,自教合五有三四句,世間合五有一四句,如是六合總有二十種四句。

頗有現量相違亦比量自教世間自語相違所別能別不成耶? 如以現量合六有六四句,比量合六有三四句,自教合六有一四句,如是七合總有十種四句。頗有現量相違亦比量自教世間自語相違能別所別俱不成耶? 如以現量合七有三四句,比量合七有一四句,如是八合有四四句。

頗有現量相違亦餘八過耶? 如是九合有一四句。

上來二合乃至八合有二百一十種四句,并前一箇三十六種四句,總計合二百四十六種四句。前云且答現量一箇八種四句,此論所說現量相違有四過合。現量自教世間自語,比量亦四。比量自教世間自語,自教亦四。自教比量世間自語,世間二違。世間比量,或加自教,或加自語,自語亦四。自語比量自教世間,能別不成唯一能別,雖違他教,作他比量皆非失故。所別不成唯一所別,或加比量,彼我非思,許是我故。如勝論我,俱不極成唯違自一,或加比量,彼我非和合因緣,許是我故,如數論我,相符唯一,謂自相符。如是總說有二違一,能別相符,有二違二,所別及俱不極成,有四違四,現量比量自教自語,其世間相違不定,或二,或三,或四,如前總爲四類。如上所說九種過中,或少或多,如各自處。

且爲大例,一一過中皆有自他俱不俱全分一分二種四句。

以現量中初違自現,對比量中違自比爲四句云,有違自全現非違自全比量,有違自全比非違自全現,有違自全現亦違自全比,有非違自全現亦非違自全比。爲初四句。

其比量中既有八句，如以自現相對爲四句，以現量中餘七，對比量中八句各爲四句亦爾。如是比現量相違相對爲句。計有六十四種四句。

如是以現量八句乃至對相符極成八句合計，現量八句一分有八類六十四種四句，合成五百一十二種四句。以比量句對餘七種六十四種四句，合成四百四十八種四句，自教對餘六種六十四種四句，合成三百八十四種四句。世間對餘五種六十四種四句，合成三百二十種四句。自語對餘四種六十四種四句，合成二百五十六種四句。能別對餘三種六十四種四句，合成一百九十二種四句，所別對餘二種六十四種四句，合成一百二十八種四句。俱不極成對餘一種六十四種四句，總計合有二千三百四種四句。是句非句，準前八句，各如理思。恐憂文繁，所以略止。

論："如是多言，是遣諸法自相門故，不容成故，立無果故，名似立宗過。"

此第三段隨指釋結。如是多言，牒前九過，下之三故，釋過所由。名似立宗，總結成也。

是遣諸法自相門故，釋立初五相違所由。此中意説，宗之有法名爲自相，局附自體不共他故。立敵證智名之爲門，由能照顯法自相故，立法有法，擬生他順智。今標宗義，他智解返生，異智既生，正解不起。無由照解所立宗義，故名遣門。又卽自相名之爲門，以能通生敵證智故。凡立宗義，能生他智，可名爲門。前五立宗不令自相，正生敵證真智解故，名遣諸法自相之門。

不容成故者，容謂可有，宗依無過。宗可有成，依既不成，更須成立。故所立宗不容成也。故似宗內，立次三過。

立無果者，果謂果利。對敵申宗，本爭先競。返順他義，所立無果。由此相符亦爲過失。結此九過名似立宗。

然雜集論第十六云:"立宗者,謂以所應成,自所許義,宣示於他,令彼解了。"此簡五失。師子覺說:若不言以所應成者,自宗已成,而說示他,應名立宗。此言意說,若非今競所應成義。但說自宗先已成義,應名立宗。若不言自所許義者,說示他宗所應成義應名立宗。此二以簡相符極成,若不言他者,獨唱此言應名立宗。今要有敵方爲九過,彼說無敵亦爲過故。若不言宣示者,以身表示此義應名立宗。以言能立不待身故,若如提婆破外道義,動身令解亦名破他。若不言令他解了者,聽者未解此義應名立宗,卽除相符,攝餘八過,他皆未解皆非真宗。或此闕無能立亦非所競之宗,他未解故,或猶預宗,他未解故,隨其所應九過中攝,準因當知。

若如所安立無一切過量故,建立我法自性若有若無,我法差別徧不徧等,具足前相,是名立宗。若準彼文,過多於此。第三第四,或并第五少分,此中無故。

論:"已說似宗,當說似因。"

下解似因文分爲二,初結前生後,後依標正解。此初也。

論:"不成不定,及與相違,是名似因。"

下依標釋爲二,初列三名,後隨別釋,此初也。

能立之因不能成宗,或本非因不成因義,名爲不成,或成所立,或同異宗,無所楷準。故名不定,能立之因違害宗義。返成異品名相違,雖因三相應有過,俱不能成宗。應皆名不成,若後二相,俱有俱無,異全同分,同全異分,俱分,難準,不能定成一宗,令義無所決斷,與名不決定。若後二相,同無異徧,異分同無,不成所立,返成異品,與名相違。若是初相,於宗有失,不能成宗,無別勝用,與名不成。

若因自不成名不成,非不能成宗名不成者,因是誰因,言自不成。離宗獨說有因,可因自不成,因既是宗因,有過不能堪爲因。明知不能成宗名不成，又若因自不成名不成，亦應喻自不成名不成。非不能成宗因名不成，能立不成等，便徒施設。又文説不成之義，皆因於宗不成。故知不成非自不成，是故應如此中所説。

或理釋言，因之與喻並自不成，兩俱非因，隨一非因，於因生疑，因無所依，喻無能立，或無所立，或二俱無。義不明顯，體不成喻，由此因喻並自不成，理亦無爽。

（以上選自卷五）

論："不成有四：一兩俱不成，二隨一不成，三猶預不成，四所依不成。"

下隨別釋有三：初不成，次不定，後相違。初文有二：初標數列名，後隨列別釋。此初也。

凡立比量，因後宗前，將已極成，成未共許。彼此俱謂，因於有法非有。不能成宗故。名兩俱不成。

一許一不許因於有法有，非兩俱極成故。故名隨一不成。

説因依有法，決定可成宗。説因既猶豫，其宗不定成，名猶豫不成。

無因依有法，有法通有無。有因依有法，有法唯須有。因依有法無，無依因不立，各所依不成。

故初相過，立此四種。

論："如成立聲爲無常等，若言是眼所見性故，兩俱不成。"

別釋爲四，……如勝論對聲論，立聲無常宗。眼所見因。凡宗法因，必兩俱許，依宗有法。而成隨一不共許法，今眼見因，勝聲二論，皆不共許聲有法有。非但不能成宗，自亦不成因義。立敵俱不許，名爲俱不成。

此不成因，依有有法，合有四句。

一有體全分兩俱不成，如論所説。

二無體全分兩俱不成，如聲論師對佛弟子，立聲是常，實句攝故。此實攝因，兩説無體，共説於彼有法無故。

三有體一分兩俱不成，如立一切聲皆常宗，勤勇無間所發性因，立敵皆許此因於彼外聲無故。

四無體一分兩俱不成，如聲論師對佛弟子，説聲常宗，實句所攝，耳所取，因。耳所取因，立敵皆許於聲上有。實句所攝一分因言，兩俱無故，於聲不轉。

此四皆過，不成宗故。

論眼見因，不但成聲無常爲失，成聲之上無漏等義，一切爲過，故宗云等。

論："所作性故，對聲顯論隨一不成。"

能立共許，不須更成，可成所立。既非共許，應更須成，故非能立。宗與前同，故唯敍因。

若勝論師對聲顯論，立聲無常。所作性因，其聲顯論説聲緣顯。不許緣生，所作既生，由斯不許，故成隨一。非爲共因。

問：亦有傳釋，所作通顯，云何此因名爲隨一？答：依文釋義，深達聖情。理外浪加，未可依據。此之所作，對聲顯論不成。故所作言，必唯生義。

此隨一因，於有有法，略有八句。

一有體他隨一，如論所説。

二有體自隨一，如聲顯論對佛弟子，立聲爲常，所作性故。

三無體他隨一，如勝論師對諸聲論，立聲無常。德句攝故。聲論不許有德句故。

四無體自隨一，如聲論師對勝論，立聲是其常。德句攝故。

五有體他一分隨一，如大乘師對聲論者，立聲無常。佛五根取故。大乘佛等諸根互用，於自可成，於他一分，四根不取。

六有體自一分隨一，如聲論師對大乘者，立聲爲常。說次前因。

七無體他一分隨一，如勝論師對聲論者，立聲無常。德句所攝，耳根取故。耳根取因，兩皆許轉。德句攝因，他一分不成。

八無體自一分隨一，如聲論師對勝論者，立聲爲常，說次前因。

此中諸他隨一全句，自比量中說自許言。諸自隨一全句，他比量中說汝許言，一切無過。有簡別故。若諸全句無有簡別，及一分句，一切爲過。

如攝大乘論說："諸大乘經，皆是佛說。一切不違補特伽羅無我理故。如增一等，此對他宗有隨一失。他宗不許大乘不違無我理故，說有常我爲真理故。設許不違，亦有不定。六足等論，皆不違故。而爲不定。"

故有大名居士，聲德獨高。道穎五天，芳傳四主。時賢不敢斥其尊德，號曰抱蹉迦，此云食邑。學藝超羣，理當食邑。即勝軍論師也。四十餘年，立一比量云："諸大乘經，皆佛說，宗；兩俱極成非諸佛語所不攝故，因；如增一等阿笈摩，喻。"註在唯識決擇中。

兩俱極成非佛語所不攝者，立敵共許非佛語所不攝，則非外道及六足等教之所攝故。時久流行，無敢徵詰。

大師至彼而難之曰：且發智論，薩婆多師自許佛說，亦餘小乘及大乘者，兩俱極成非佛語，所不攝，豈汝大乘許佛說耶？

又誰許大乘兩俱極成非佛語所不攝，是諸小乘及諸外道兩俱極成非佛語所攝。唯大乘者許非彼攝，因犯隨一。

若以發智亦入宗中，違自教。因犯一分兩俱不成，因不在彼發智宗故。不以爲宗，故有不定。

小乘爲不定言，爲如自許發智兩俱極成非佛語所不攝故，汝大乘教非佛語耶？爲如增一等兩俱極成非佛語所不攝故，汝大乘教並佛語耶？若立宗爲如發智極成非佛語所不攝。薩婆多等，便違自宗自許是佛語故。故爲不定言，爲如自許發智極成非佛語所不攝，彼大乘經非佛語耶？以不定中，亦有自他及兩俱過，今與大乘爲自不定故。

由此大師正彼因云，自許極成非佛語所不攝故，簡彼發智等非自許故，便無茲失。唯識亦言，諸大乘經，至教量攝，樂大乘者許能顯示無顛倒理契經攝故，如增一等，以諸因中皆應簡別，並如前説。

論："於霧等性，起疑惑時，爲成大種和合火有，而有所説，猶預不成。"

西方濕熱，地多蘘草。既足蚤蝱，又豐煙霧。時有遠望，屢生疑惑。爲塵爲煙，爲蚊爲霧。由此論文，於霧等性。

火有二種：一者性火，如草木中極微火大；二者事火，炎熱騰餘，煙照飛煙。其前性火，觸處可有，立乃相符。其後事火，有處非有，故今建立。

凡諸事火，要有地大爲質，爲依。風飄動焰，水加流潤故。爲成大種和合火有，有彼火故。

如有多人，遠共望彼，或霧或塵，或煙或蚊，皆共疑惑。其間或立有事火宗云，彼所見煙等下似有事火。

而有所説者，謂立彼因。理門論云："以現煙故，喻如廚等；此因，不但立者自惑，不能成宗；亦令敵者於所成宗，疑惑不定。夫立共因，成宗不共，欲令敵証決定智生。於宗共有疑，故言於霧等性，起疑惑時，更説疑因，不成宗果。決智不起，是故爲過。"

論："虛空實有，德所依故，對無空論，所依不成。"

如勝論師對經部立，虛空實有宗。德所依因，凡法有法，必須極成，不更須成，宗方可立。況諸因者，皆是有法宗之法性。標空實有，有法已不成。更復説因，因依於何立，故對無空論，因所依不成。

問：勝論師説空有六德：數、量、別性、合、離與聲，經部不許。云何今説德所依故，他隨一因？答：示法舉略，非顯唯有所依不成，無他隨一。既具二過，體即隨一所依不成。

論："不定有六：一共，二不共，三同品一分轉，異品徧轉，四異品一分轉，同品徧轉，五俱品一分轉，六相違決定。"

釋不定有三：初標，次列，後釋。此初二也。

因三相中，後二相過，於所成宗及宗相違二品之中，不定成故，名爲不定。若立一因，於同異品皆有，名共。皆無，名不共。同分異全，是第三。同全異分是第四。同異俱分，是第五。若二別因，三相雖具。各自決定，成相違宗，令敵證智，不隨一定，名相違決定。

初五過中，唯第二過，是因三相，第二相失。於宗同品，非定有故。餘四，皆是第三相失，謂於異品非徧無故。後一並非，至下當知。

論："此中共者，如言聲常，所量性故。常無常品，皆共此因，是故不定。"

下別顯六，……如聲論者對佛法者，立聲常宗。心心所法所量度性爲因，空等常法爲同品，瓶等無常爲異品。故，釋共義。同異品中，此因皆徧，二共有故。名爲不定。

論："爲如瓶等所量性故，聲是無常。爲如空等所量性故，聲是其常。"

狹因能立，通成寬狹兩宗。故雖同品，而言定有，非遍。寬因能立，唯成寬宗。今既以寬成狹，由此因便成共。共因不得成不共法。若有簡略，則便無失。故理門云："諸有皆共，無簡別因，此唯於彼俱不相違，是疑因性。此説共不定諸有立因，於同異品皆共有性，無有簡別。如聲常宗，所量性因，二品皆有。

然宗有二：一寬，二狹。如立聲無我，名寬，聲外一切皆無我故。立聲無常，爲狹，除聲以外，有常法故。同品亦二：所量、所知、所取等名寬，無有一法非所量等故。勤勇所作性等名狹，更有餘法非勤勇發，非所作故，若立其狹，常無常宗。說前寬因，同異二品，因皆遍轉，故成不定。若望寬宗，其義可立。唯說狹因，可成狹宗，亦可成寬，異品無故，可成正因。

如聲論師對勝論，立聲常爲宗。耳心心所，所量性故，猶如聲性，有此簡略，卽便無失。

故此與不共，二不定差別，彼於一切品，皆都無故。

論："言不共者，如說聲常，所聞性故。常無常品，皆離此因。常無常外，餘非有故。是猶預因。"

第二不共，……如聲論師對除勝論，立聲常宗，耳所聞性爲因。此中常宗，空等爲同品，電等爲異品，所聞性因，二品皆離。於同異品皆非有故。離常無常，更無第三雙非二品，有所聞性，故釋不共云。離常無常二品之外，更無餘法是所聞性，故成猶預，不成所立常，亦不返成異品無常。

故其勝論師亦立有聲性，謂同異性等，並所聞性。若對彼宗，非無同喻。故除勝論，對立成過。

論："此所聞性，其猶何等。"

猶者如也。夫立論宗，因喻能立。舉因無喻，因何所成。其如何等，可舉方比。因既無方，明因不定。不能生他決定智故。問：舉因能立，立未成宗。無喻順成，其宗不立。宗既順先不立，此因應非不定。答：因闕同喻，宗義無能可成，亦不返成異宗。由此名爲不定。非是定能成一宗義故，不與其定名。

論："同品一分轉，異品遍轉者。如說聲非勤勇無間所發，無常性故。"

　　下第三釋同分異全也。……若聲生論，本無今生，是所作性，非勤勇顯。若聲顯論，本有今顯，勤勇顯發，非所作性故。今聲生對聲顯宗，聲非勤勇無間所發，無常性因。此因，雖是**兩俱全分兩俱不成**，今取不定，亦無有過。

　　論："此中非勤勇無間所發宗，以電空等，爲其同品。此無常性，於電等有，於空等無。"

　　非勤勇宗，電光等並虛空等，皆是同品。並非勤勵勇銳無間所發顯故。無常之因，電有空無，故是同品一分轉也。

　　論："非勤勇無間所發宗，以瓶等爲異品，於彼遍有。"

　　此顯異全，瓶是勤勵勇銳無間因四塵泥所顯發故，無常之因，於彼遍有。

　　論："此因以電瓶等爲同品故，亦是不定。"

　　論："爲如瓶等，無常性故，彼是勤勇無間所發，爲如電等，無常性故，彼非勤勇無間所發。"

　　第三指不定相也。彰無常因，能成前聲，或是勤勇，或非勤勇。何非不定？

　　此亦有三：如小乘等對大乘立他比量云，汝之藏識，非異熟識，執識性故。如彼第七等。

　　此非異熟識宗，以除異熟六識外，餘一切法而爲同品。執識性因，於第七等有。於色聲等無。異熟六識而爲異品。執識性因，於彼徧有。故是他同分異全。

　　如薩婆多對大乘立自比量云，我之命根，定是實有。許無緣慮故，如許色聲等。

　　此實有宗，以餘五蘊無爲等爲同品，無緣慮因，於色等有，於識等無，以瓶盆等而爲異品。無緣慮因，於彼徧有，故是自同分，異全。

如論所陳,卽是共同分,異全。

論:"異品一分轉,同品徧轉者,如立宗言,聲是勤勇無間所發,無常性故。"

下第四釋異分同全,……謂聲顯論對聲生立,是勤勇無間所發宗,無常性因。

論:"勤勇無間所發宗,以瓶等爲同品,其無常性,於此徧有。"

此顯同全,一切轉故。

論:"以電空等爲異品,於彼一分電等是有,空等是無。"

此顯異分,半有轉故。

論:"是故如前,亦爲不定。"

此結不定,是因,不但能成於聲如瓶盆等,是勤勇發。亦能成聲,如電光等,非勤勇發。是故如前,成二品故,亦爲不定。

此亦有三:如大乘師對薩婆多立他比量云,汝執命根,定非寔有,許無緣慮故,如所許瓶等。

非寔有宗,以瓶等爲同品,無緣慮因,於彼徧有,以餘五蘊無爲爲異品。無緣慮因,於彼一分色等上有,心心所無,故是他異分,同全。

大乘若云,我之藏識,是異熟識,許識性故,如異熟六識。

異熟識宗,以異熟六識而爲同品,許識性因,於此徧有。以除異熟六識,餘一切法而爲異品。許識性因,於彼一分非業果心有,於彼一分色等上無,故是自異分同全。

如前所說,勝軍論師成立大乘真是佛語,兩俱極成非佛語所不攝故,如增一等,亦是此過。

此中佛語宗,以增一等而爲同品,大小乘兩俱極成非佛語所不攝因。於此徧有,以發智六足等而爲異品,兩俱極成非佛語所不攝因。於發智有,於六足無,……亦此因過攝。

如論所陳，卽是共異分，同全。

論："俱品一分轉者，如說聲常，無質礙故。"

第五俱分，……聲勝二論，皆說聲無質礙，無質礙故，空大爲耳根，亦無質礙。今聲論對勝論立聲常宗，無質礙因。

論："此中常宗，以虛空極微等爲同品，無質礙性，於虛空等有，於極微等無。"

此顯同分。二宗俱說，地水火風，極微常住，麤者無常，劫初成，體非生。劫後壞，體非滅。二十空劫，散居處處。後劫成位，兩合生果，如是展轉，乃至大地。所生皆合一，能生皆離多。廣如二十唯識疏中解。

此空言等，等彼時等，極微言等，等取彼意等，如極微，亦有礙故。故此常宗，虛空極微爲同喻，無質礙因，於空等有，極微等無，故是同分。

論："以瓶樂等爲異品，於樂等有，於瓶等無。"

此顯異分，……彼二宗中，皆說覺樂欲瞋等爲心心所。此二非常，爲常異品。無質礙因，於樂等中有，於瓶等上無，故是異分。

論："是故此因，以樂以空爲同法故，亦名不定。"

結不定，無質礙因，空爲同品，能成聲常。樂爲同品，能成無常。由成二品，是故如前，亦爲不定。

論："相違決定者。"

第六相違決定，具三相因，各自決定，成相違之宗，名相違決定。相違之決定，決定令相違。

論："如立宗言，聲是無常。所作性故，譬如瓶等。"

此乃勝論對聲生論，義如前說。若對聲顯，隨一不成。

論："有立聲常，所聞性故，譬如聲性。"

此乃聲生對勝論立，若對餘宗，說所聞性，是前所說不共不定。

勝論聲性，謂同異性。寔德業三，各別性故。本有而常，大有共有，非各別性，不名聲性。

聲生説聲，總有三類：一者響音，雖耳所聞，不能詮表。如近坑語，別有響聲；二者聲性，一一能詮，各有性類。離能詮外，別有本常，不緣不覺，新生緣具，方始可聞。不同勝論；三者能詮，離前二有，響及此二皆新生。響不能詮。今此新生聲是常住，以本有聲性爲同品。

兩宗雖異，並有聲性可聞，且常住故，總爲同喻。不應分別何者聲性，如立無常。所作性因，瓶爲同品。豈應分別何者所作，何者無常。若繩輪所作，打破無常，聲無瓶有。若尋伺所作，緣息無常，聲有瓶無。若爾，一切皆無因喻，故知因喻之法，皆不應分別。由此聲生，立量無過，若分別者，便成過類分別相似。

論："此二皆是猶預因故，俱名不定。"

第三結成不定也。二因，皆不能令他敵証生決定一智，故如前五，俱是不定。理門論頌結四相違及不定云："觀宗法審察，若所樂違害，成躊躇顛倒，異此無似因。由觀察宗法，令審察者智成躊躇，名不定因。"

二因雖皆具足三相，令他不定，與不定名。論説此二，俱不定攝故。不應分別前後是非，凡如此二因，二皆不定故。古有斷云，如殺遲碁，後下爲勝。若爾，聲强，勝論應負。然理門論，傍斷聲勝二論義云，又於此中，現教力勝，故應依此，思求決定。彼説此因，二皆不定。然斷聲論先立聲常，所聞性因。勝論後説所作性因，云聲無常。可如殺遲碁，先下負，後勝。今此與彼前後相違，故不應爾。

又彼外難，所聞性因，若對有聲性，應爲正因。論主非之，令依現教。現謂世間，見聲間斷，有時不聞，衆緣力起。教謂佛教，説聲無常。佛於説教最爲勝故，由此二義，勝論義勝。

又釋迦佛現證諸法，見聲無常。依現説教，教説無常。故勝論先，不應依於外道常教。

又諸外道不許佛勝者，應依世間現有至寔可信之説。聲逢緣有，暫有還無，世間可信者，所共説教，故勝論先，聲論墮負。

彼且斷於聲勝二義，聲負，勝先。非諸決定相違，皆先負後勝。若爾，便決定，云何名不定？由此論主恐謂一切決定相違，皆後爲勝。故結之云，二俱不定。

（以上選自卷六）

論："相違有四，謂法自相相違因，法差別相違因，有法自相相違因，有法差別相違因等。"

下第三解相違有三，初標，次列，後釋。此初二也。

相違因義者，謂兩宗相返。此之四過，不改他因，能令立者宗成相違，與相違法而爲因故，名相違因。……非因違宗，名爲相違。

論："此中法自相相違因者，如説聲常，所作性故，或勤勇無間所發性故。"

下別釋四。

初文有三，初標牒名，次顯宗因，後成違義，此初二也。

問：相違有四，何故初説法自相因？答：正所静故，……此有二師，如聲生論，立聲常宗，所作性因。聲顯論立勤勇無間所發性因。

論："此因唯於異品中有，是故相違。"

此成違義，由初常宗，空等爲同品，瓶等爲異品。所作性因，同品徧非有，異品徧有。九句因中第四句也。應爲相違量云，聲是無常，所作性故，譬如瓶等。

由第二宗，空爲同品，以電瓶等而爲異品，勤勇發故因，於同品徧無。於異品，電無，瓶等上有。九句因中第六句也。

此之二因，返成無常，違宗所陳法自相故，名相違因。故理門云："於同有及二，在異無是因。返此名相違，所餘皆不定。"此所作性因，翻九句中第二正因，彼同品有，異品非有。此同非有，異品有故。此勤勇因，翻九句中第八正因。彼同品有非有，異品非有。此同非有，異品有非有故。上已數論。略不繁述，此一似因。因仍用舊。喻改先立，後之三因，因喻皆舊。由是四因，因必仍舊。喻任改同。

論："法差別相違因者，如說眼等必爲他用，積聚性故，如臥具等。"

準前亦三，此初也。凡二差別名相違者，非法有法上除言所陳，餘一切義，皆是差別。要是兩宗各各隨應因所成立，意之所許，所諍別義，方名差別。因令相違，名相違因。

此中義說，若數論外道對佛弟子，意欲成立我爲受者，受用眼等。若我爲有法，受用眼等。便有宗中所別不成，積聚性因，兩俱不成，如臥具喻，所立不成。

若言眼等必爲我用，能別不成，闕無同喻。積聚性因，違法自相。臥具喻，有所立不成。

若成眼等爲假他用，相符極成。

由此方便矯立宗云，眼等必爲他用。

眼等有法，指事顯陳，爲他用法，方便顯示。意立，必爲法之差別，不積聚他實我受用。若顯立云，不積聚他用，能別不成。所立亦不成，亦闕無同喻。因違法自相，故須方便立。

積聚性因，積多極微成眼等故。

如臥具喻，其牀座等，是積聚性。彼此俱許爲他受用，故得爲同喻。因喻之法，不應分別，故總建立。

論："此因，如能成立眼等，必爲他用。如是亦能成立所立法差別相違積聚他用。"

此成違義有二：初擧所違法差別因，後釋所由，此初也。

初文又二：此因如能成立眼等必爲他用，此牒前因能立，所立法之自相。如是亦能下，又顯此因能與彼法差別爲相違因。

其數論師，眼等五法，卽五知根。臥具牀座，卽五唯量所集成法。不積聚他，謂實神我，體常，本有。其積聚他，卽依眼等所立假我，無常轉變。然眼等根，不積聚他實我用勝。親用於此，受五唯量故。

由依眼等，方立假我。故積聚我用眼等劣。

其臥具等，必其神我須思量受用。故從大等次第成之。

然以假我安處所須，方受牀座。故於臥具，假他用勝，實我用劣。……此前所説，積聚性因。如能成立數論所立眼等有法，如是亦能成立所立宗法自相。

臥具等，積聚性故。既爲積聚假我用勝，眼等亦是積聚性故，應如臥具亦爲積聚假我用勝。若不作此勝用難者，其宗卽有相符極成。他宗眼等亦許積聚假他用故。

但可難言假他用勝，不得難言實我用劣，違自宗故。共比量中，無同喻故。若他比量，一切無遮。

論："諸臥具等，爲積聚他所受用故。"

此釋所由，成比量云，眼等必爲積聚他用勝，積聚性故。如臥具等，諸非積聚他用勝者，必非積聚性，如龜毛等。故今難云，諸臥具等，兩宗共許爲積聚他受用勝故。論雖無勝字，量義意必然，不須異求，應作此解。

論："有法自相相違因者，如説有性非實，非德，非業，有一實故，有德業故，如同異性。"

準前作三，此即初二，標名舉宗因。

鵂鶹……説先悟六句義法，説實德業，彼皆信之。至大有句，彼便生惑。仙言有者，能有實等。離實德業三外別有，體常是一。弟子不從。云**實德業性不無，即是能有。豈離三外，別有能有。**

仙人便說**同異句義**，能同異彼實德業三。此三之上，**各各有一總同異性**，隨應各各有別同異，如是三中，隨其別類，復有總別，諸**同異性，體常衆多。**

復有一常能和合性，和合實德業令不相離，互相屬著。

五頂雖信同異和合。然猶不信別有大有，**鵂鶹**便立論所陳**量。**此量有三，實德業三，各別作故。今指彼論，故言如説。

有性有法，非實者法，合名爲宗。此言有性，仙人五頂兩所共許實德業上能非無性，故成所別。若説大有，所別不成。因犯隨一，此之有性，體非即實。

因云，**有一實故。**……**顯九實一一皆有**，故云一實，能有一一實故。

此非實句爲一宗已，非德非業後二宗法，有法同前，此二因云，**有德業故。**謂有彼德之與業，……**三因一喻，如同異性。此於前三，一一皆有，亦如有性。是故爲喻。仙人既陳三比量已，五頂便信，法既有傳，仙便入滅。勝論宗義，由此悉行。**

陳那菩薩，爲因明之準的，作立破之權衡，**重述彼宗，**載申過**難，**故今先敍彼比量也。

論："此因如能成遮實等，如是亦能成遮有性，俱決定故。"

此成違義有二，初二句牒彼先立因，遮有非實，後三句顯，此因亦能令彼有法自相相違。

謂前宗言有性非實，有性是前有法自相。今立量云，所言有性,應非有性,有一實故,有德業故,如同異性。

同異能有於一實等,同異非有性,有性能有於一實等,有性非有性。釋所由云,此因,既能遮有性非實等,亦能遮有性非是大有性,兩俱決定故。

論:"有法差別相違因者,如卽此因,卽於前宗有法差別作有緣性。"

下文亦三,此卽初二,標名舉宗因。

彼鴝鵒仙,以五頂不信離實德業別有有故,卽以前因,成立前宗。言陳有性,有法自相。意許差別,爲有緣性。

論:"亦能成立與此相違,作非有緣性。如遮實等,俱決定故。"

此成違義……謂卽此因,亦能成立與彼所立意許別義作有緣性差別相違,而作非大有有緣之性,同異有一實,而作非大有有緣性。有性有一實,應作非大有有緣性。不遮作有緣性,但遮作大有有緣性,故成意許別義相違。不爾,違宗。有性,可作有緣性故。文言雖略,義竅定然。

論:"已說似因,當說似喻。"

解似喻有二,初結前生後,後依生正釋。此初也。

論:"似同法喻,有其五種:一能立法不成,二所立法不成,三俱不成,四無合,五倒合。"

下依生正釋,有二,初標列,後別解。標列有二:初標列同,後標列異。此初也。

因名能立,宗法名所立。同喻之法,必須具此二。因貫宗喻,喻必有能立,令宗義方成。喻必有所立,令因義方顯。今偏或雙於喻非有,故有初三。

喻以顯宗,令義見其邊極。不相連合,所立宗義不明,照智不生。故有第四。

初標能以所逐，有因，宗必定隨逐。初宗以後因，乃有宗以因其逐。返覆能所，令心顛倒。共許不成，他智翻生，故有第五。

依增勝過，但立此五。故無無結及倒結等，以似翻真故，亦無合結。

論：“似異法喻，亦有五種：一所立不遣，二能立不遣，三俱不遣，四不離，五倒離。”

此標列異，異喻之法，須無宗因。離異簡濫，方成異品。既偏或雙，於異上有。故有初三。

要依簡法，簡別離二，令宗決定，方名異品。既無簡法，令義不明。故有第四。

先宗後因，可成簡別。先因後宗，反立異義。非爲簡濫，故有第五。翻同立異，同既五過，異不可增。故隨勝過，亦唯五立。

論：“能立法不成者，如說聲常。無質礙故。諸無質礙，見彼是常。猶如極微。”

下別釋中，初同後異，同中有二，初別解五。後總結非。解初不成有二，初舉體，後釋不成，此初也。

舉彼宗因者，顯似喻體。如聲論師對勝論立聲是常宗，兩俱許聲體無質礙，以勝論師，聲是德句，德句無礙。聲論雖無德句，然以其聲隔障等聞，故知無礙。

論：“然彼極微，所成立法常性是有。”

此下釋不成中有二，初明所立有，後辯能立無。此初也。以聲勝論，俱計極微體常住故。

論：“能成立法無質礙，無。以諸極微質礙性故。”

釋能立無，此聲勝論計極微質礙，故無能立。

論：“所立法不成者，謂說如覺。”

解所立不成，……但別舉喻，謂說如覺。覺者，卽心心法之總名也。

論:"然一切覺,能成立法無質礙,有。"

以心心法皆無礙故。

論:"所成立法常住性,無。以一切覺皆無常故。"

釋所立無,喻上常住實非所立。卽同於彼所立能立二種法者,卽是其喻。從所同爲名,故名所立。

(以上選自卷七)

論:"俱不成者。"

下解第三過,文分有三。初總牒,次別開,後釋成,此初也。

論:"復有二種,有及非有。"

此別開列也,……有,謂有彼喻依,無,卽無彼喻依。

論:"若言如瓶,有俱不成,若説如空,對無空論,無俱不成。"

此釋成,以立聲常宗,無質礙因,瓶體雖有,常無礙無。虛空體無,二亦不立。有無雖二,皆是俱無。問:虛空體無,常可不有,空體非有,無礙豈無?答:立聲常宗,無質礙因,表虛空不有,故無礙無。

問:真如常有,故説爲常。虛空恆無,何非常住?又虛空無,何非無礙?答:立宗法,略有二種:一者,但遮非表,如言我無,但欲遮我,不別立無,喻亦遮而不取表。

二者,亦遮亦表,如説我常,非但遮無常,亦表有常體,喻卽雙有遮表。

依前喻無體,有遮亦得成。依後但有遮無表,二立闕。

今立聲常,是有遮表。對無空論,但有其遮,而無有表,故是喻過。

論:"無合者。"

下解第四過,有四:一牒章,二標體,三釋義,四示法。此初也。

論:"謂於是處無有配合。"

標無合體,謂於是喻處。若不言諸所作者,皆是無常,猶**如瓶**等。即不證有所作處,無常必隨。即所作無常,不相屬着,是無合義。由此無合,縱使聲上見有所作,不能成立聲是無常,故若無合,即是喻過。

若云,諸所作者,皆是無常,猶如瓶等。即能證彼無常,必隨所作性。聲既有所作,亦必無常隨。即相屬着,是有合義。

論:"但於瓶等,雙現能立所立二法。"

此釋義也,謂但言所作性故,譬如瓶等。有所作性,及無常性。

論:"如言於瓶,見所作性及無常性。"

此示法也,若如古師,立聲無常,以所作故,猶如於瓶。即別合云,瓶有所作,瓶即無常。當知聲有所作,聲即無常。故因喻外,別立合支。陳那菩薩云:諸所作者,即合聲上所作之性,定是無常,猶如瓶等。瓶等所作,有無常,即顯聲有所作,非常住。即於喻上義立合言,何須別立於合支。

論:"倒合者。"

解第五過,文有其二,初牒,後釋。此初也。

論:"謂應説言,諸所作者,皆是無常。"

釋中有二,初舉正合,後顯倒合,此初也,宗因可知。

論:"而倒説言,諸無常者,皆是所作。"

正顯倒合,謂正應以所作證無常,今翻無常證所作,故是喻過。即成非所立,有違自宗,及相符等。如正喻中,已廣分別。

論:"如是名似同法喻品。"

此……總結非也。

論:"似異法中,所立不遣者。"

下解似異五過,爲五。此即第一,於中又三,初簡牒,次指體,

後釋成。此初也。簡有二重，一簡似同，云似異中；二簡自五，以似異中。過有五種，先明所立不遣故，故似異法中所立不遣者，卽牒也。

論："且如有言，諸無常者，見彼質礙，譬如極微。"

第二指體，宗因如前，此中不牽，但標似異，所立不遣，此類非一。隨明於一，故云且也。或不具詞，似五明一，故亦云且。

論："由於極微，所成立法常住不遣，彼立極微是常住故。"

下釋成有二，初所立有，後能立無，此初也。

聲勝二論，俱計極微常故，不遣所立。

論："能成立法無質礙，無。"

明能立無，準所立有，亦應言彼立極微有質礙故，文影略爾。

論："能立不遣者。"

下解第二有三，初牒章，次指體，後釋成。此初也。

論："謂說如業。"

指體也。

論："但遣所立。"

此釋所立無，以彼計業是無常故。

論："不遣能立，彼說諸業無質礙故。"

辯能立有，……準前應言，彼說諸業，**體是無常**。無質礙故。

論："俱不遣者。"

解第三過，文亦有三，此卽牒也。

論："對彼有論，說如虛空。"

此指體也，卽聲論師對薩婆多等，立聲常，無礙，異喻如空。

論："由彼虛空，不遣常性，無質礙故。"

釋成有二，初明二立有，後約計釋成，此初也。

論："以說虛空，是常性故，無質礙故。"

約計釋成也，兩宗俱計虛空實有，徧常無礙，所以二立不遣也。

論："不離者。"

解第四過，文分爲二，初牒章，後示法。此初也。

論："謂説如瓶，見無常性，有質礙性。"

此示法，離者，不相屬著義。

論："倒離者。"

下解第五過，文有二，如前科。此初也。

論："謂如説言，諸質礙者，皆是無常。"

示法，宗因同喻，皆悉同前。異喻應言，諸無常者，見彼質礙。即顯宗無，因定非有。返顯正因，除其不定及相違濫。返顯有因宗必隨逐。今既倒云，諸有質礙，皆是無常。自以礙因，成非常宗。不簡因濫，返顯於常。此有二過，如正異辯。

論："如是等似宗因喻言，非正能立。"

此結非眞也。言如是者，即指法之詞。復言等者，顯有不盡。向辯三支，皆據申言而有過故。未明缺減，非在言申，故以等。等復云似宗因喻者，……後牒前三，總結非眞，故是言也。……喻下言等，恐有離前似宗因喻，別有似支，……故於前等。

論："復次爲自開悟，當知唯有現比二量。"

上已明眞似立，次下第三明二眞量。是眞能立之所須具故，文分爲四，一明立意，二明遮執，三辯量體，四明量果，或除伏難。此即初二也，與頌先後次第不同，如前已辯。

問：若名立具，應名能立，即是悟他。如何説言爲自開悟？答：此造論者，欲顯文約義繁故也。明此二量，親能自悟，隱悟他名及能立稱。次彼二立明，顯亦他悟疏能立。猶二燈二炬互相影顯故。理門論解二量已云，如是應知悟他比量，亦不離此得成能立，故知能立必藉於此量，顯即悟他。明此二量，親疏合説。通自他悟及以能立,此卽兼明立量意訖。

當知唯有現比二量者,明遮執也。唯言是遮,亦決定義。遮立教量及譬喻等,決定有此現比二量,故言唯有。問:古立有多,今何立二?答:理門論云:"由此能了自共相故,非離此二,別有所量,爲了知彼,更立餘量。故依二相,唯立二量。"

問:陳那所造因明,意欲弘於本論。解義既相矛盾,何以能得順成?答:古師從詮及義,智開三量。……陳那已後,以智從理,唯開二量。若順古并詮,可開三量。廢詮從旨,古亦唯二。當知唯言,但遮一向執異二量外,別立至教及譬喻等,故不相違。

論:"此中現量。"

下今辯體有二,初辯現量體,後明比量體。辯現量中,文復分四:一簡彰,二正辯,三釋義,四顯名。此卽初也。言此中者,是簡持義。向標二量,且簡比量,持彰現量,故曰此中。

論:"謂無分別。"

第二正辯,言現量者,謂無分別。問:何智於何境,離何分別?

論:"若有正智,於色等義。"

第三釋義,文復分三,初簡邪,二定境,三所離,此初二也。

若有正智,簡彼邪智。謂患瞖目,見於毛輪第二月等,雖離名種等所有分別,而非現量。故雜集云:"現量者,自正明了無迷亂義。此中正智,卽彼無迷亂,離旋火輪等。"

於色等義者,此定境也,言色等者,等取香等,義謂境義。

離諸瞙障,卽當雜集明了。雖文不顯,義必如是。不爾,簡略過失不盡。如智不邪,亦無分別,離彼障境,應名現量故。

論:"離名種等所有分別。"

此所離也,謂有於前色等境上,雖無瞙障,若有名種等諸門分別,亦非現量。故須離此名言分別,種類分別等取諸門分別,故理門論云："遠離一切種類名言假立無異諸門分別"，……名言，卽目短爲長等，皆非稱實，名爲假立。

依此名言，假立一法，貫通諸法，名爲無異。卽諸外道所有橫計安立諸法，名爲諸門，計非一故。……故須離此所有分別，方爲現量。

然離分別，略有四類，一五識身，二五俱意，三諸自證，四修定者。

此言於色等義，是五識故，理門論引頌云："有法非一相，根非一切行，唯內證離言，是色根境界。"

次云。意地亦有離諸分別，唯證行轉，又於貪等諸自證分，諸修定者，離教分別，皆是現量。

問：……言於色等，但是五識。亦有餘三。答：一云同彼，於色等境，且明五識，以相顯故，此偏說之。彼論廣明，故具說四。

問：別明於五，五根非一，各現取境，可名現現別轉。餘三，如何名現別轉？答：各附體緣，不貫多法，名爲別轉。文同理門，義何妨別。

問：言修定者離教分別，豈諸定心內不緣教耶？答：雖緣聖教，不同散心計名屬義，計義屬名。兩各別緣，名離分別。非全不緣，方名現量。

論："現現別轉故，名現量。"

顯名也，此四類心，或唯五識，現體非一，名爲現現。各附境體，離貫通緣，名爲別轉。由此現現，各各別緣，故名現量。

故者，結上所以。是名現量，顯其名矣。雖無是字，准解比量，具合有之。

論："言比量者。"

下明比量，文分爲四，初牒量名，二出體，三釋義，四結名，此即初也。

論："謂籍衆相而觀於義。"

此出比體。謂若有智,籍三相因,因相有三,故名爲衆,而方觀境義也。

論："相有三種,如前已説,由彼爲因於所比義。"

此下釋義有三,初釋前文,次簡因濫,後舉果顯智,此初文也。言相有三,釋前衆相,離重言失,故指如前。由彼爲因,釋前籍義,由即因由,籍待之義。於所比義,此即釋前而觀於義。前談照境之能,曰之爲觀。後約籌慮之用,號之曰比。言於所彰,結比故也。

論："有正智生。"

此簡因濫,謂雖有智,籍三相因,而觀於境。猶預解起,此即因失。雖具三相,有正智生,方真比量。彼智或生疑故,不爲正。

論："了知有火,或無常等。"

此即舉果顯智,明正比量。智爲了因,火無常等是所了果。以其因有現比不同。果亦兩種,火無常別。了火從煙,現量因起。了無常等從所作等,比量因生。此二望智俱爲遠因。籍此二因,緣因之念,爲智近因。憶本先知所有煙處,必定有火,憶瓶所作,而是無常。故能生智,了彼二果。故理門云:"謂於所比審觀察智,從現量生,或比量生,及憶此因與所立宗不相離念。由是成前舉所説力,念因同品定有等故,是近及遠比度因故,俱名比量。"

問:言現量者,爲境爲心?答:二種俱是。境,現所緣,從心名現量、或體顯現,爲心所緣,名爲現量。

問:言比量者,爲比量智,爲所觀因?答:即所觀因,及知此聲所作因智。此未能生比量智果,知有所作處即與無常宗不相離。能生此者,念因力故。

問:若爾,現量、比量、及念,俱非比量智之正體,何名比量?

答: 此三能爲比量之智,近遠生因,因從果名。故理門云: "是近是遠,比量因故,俱名比量。" 又云, "此依作具, 作者, 而説。如似伐樹, 斧等爲作具, 人爲作者。彼樹得倒, 人爲近因, 斧爲遠因。有云斧親斷樹爲近因, 人持於斧, 疏非親因。此現比量爲作具, 憶因之念爲作者。或復翻此, 隨前二釋, 故名比量。"

論: "是名比量。"

第四結名。由籍三相因, 比度知有火無常等故, 是名比量。

論: "於二量中, 卽智名果。是證相故。如有作用而顯現故, 亦名爲量。"

第四明量果也, 或亦除伏難, 謂有難云: 如尺秤等爲能量, 絹布等爲所量, 記數之智爲量果。汝此二量, 火無常等所量, 現比量智爲能量, 何者爲量果?

或薩婆多等難, 我以境爲所量, 根爲能量, ……依根所起心及心所, 而爲量果。汝大乘中, 卽智爲能量, 復何爲量果?

或諸外道等執, 境爲所量, 諸識爲能量, 神我爲量果。……汝佛法中, 既不立我, 何爲量果, 智卽能量故。

論主答云, 於此二量, 卽智名果。卽者, 不離之義。卽用此量智, 還爲能量果。彼復問云: 何故卽智復名果耶? 答云: 夫言量果者, 能智知於彼, 卽此量智, 能觀能證彼二境相故, 所以名果。彼之境相, 於心上現, 名而有顯現, 假説心之一分, 名爲能量, 云如有作用, 既於一心, 以義分能所, 故量果又名爲量。

或彼所量卽於心現, 不離心故, 亦名爲量。以境亦心, 依二分解。

或此中意, 約三分明。能量見分, 量果自證分, 體不離用, 卽智名果, 是能證彼見分相故。……如有作用而顯現者, 簡異正量。彼心取境, 如日舒光, 如鉗鉗物, 親照境故。今者大乘, 依自證分, 起

此見分取境功能，及彼相分爲境生識。是和緣假，如有作用。自證
能起故，言而顯現故。不同彼執直實取。此自證分亦名爲量，亦彼
見分。或此相分，亦名爲量，不離能量故。如色言唯識，此順陳那
三分義解。

論："有分別智，於義異轉，名似現量。"

明二似量，真似相形，故次明也。於中有二，初似現，後似比。
似現之中，復分爲二，初標，後釋，此即初也。標中有三，一標似現
體，二標所由，三標定名。

有分別智，謂有如前帶名種等諸分別起之智，不稱實境，別安
解生，名於義異轉。名似現量，此標似名。

論："謂諸有智，了瓶衣等分別而生。"

此下釋也。……謂諸有了瓶衣等智，不稱實境，妄分別生，名
分別智。准理門言，有五種智，皆名似現，一散心緣過去，二獨頭意
識緣現在，三散意緣未來，四於三世諸不決智，五於現世諸惑亂智，
謂見杌爲人，覩見陽炎，謂之爲水，及瓶衣等，名惑亂智。皆非現
量，是似現收。或諸外道·及餘情類，謂現量得故。故理門云："但
於此中，了餘境分，不名現量。"由此，即說憶念、比度、悕求、疑智、
惑亂智等，於鹿愛等，皆非現量，隨先所受分別轉故。五智如次，可
配憶念等。

問：此緣瓶等智，既名似現，現比非量，三中何收？答：非量所
攝。問：如第七識，緣第八執我，可名非量。汎緣衣瓶，既非執心，
何名非量？答：應知非量，不要執心，但不稱境，別作餘解，即名非
量。以緣瓶心，雖不必執，但惑亂故，謂爲實瓶，故是非量。

問：既有瓶衣，緣彼智起，應是稱所知，何名分別？

論："由彼於義，不以自相爲境界故。"

此釋所由。由彼諸智，於四塵境，不以自相爲所觀境，於上增

益別實有物,而爲所緣,名曰異轉。此意,以瓶衣等,體卽四塵。依四塵上,唯有共相,無其自體,此知假名瓶衣,不以本自相四塵爲何緣。但於此共相瓶衣假法而轉,謂爲實有,故名分別。

論:"名似現量。"

此釋定名也。由彼瓶衣,依四塵假。但意識緣共相而轉,實非眼識現量而得,自謂眼見瓶衣等,名似現量。又但分別執爲實有,謂自識現得,亦名似現,不但似眼現量而得,名似現量,此釋盡理,前解局故。

論:"若似因智爲先,所起諸似義智,名似比量。"

解似比,文亦有二,初標,後釋。此卽初也。於中有三,初標似因,次標似體,後標似名。

似因,及緣似因之智爲先生,後了似宗智,名似比量。

問:何故似現,先標似體,後標似因。此似比中,先因後果。答:彼之似現,由率遇境,卽便取解,謂爲實有,非後籌度,故先標果。此似比量,要因在先,後方推度,邪智後起,故先舉因。

論:"似因多種,如先已說。用彼爲因。"

下釋也,如先所説四不成,六不定,四相違,及其似喻,皆生似智之因,並名似因。前已廣明,恐繁故指。

論:"於似所比,諸有智生。"

釋前所起諸似義智,……如於霧等,妄謂爲煙,言於似所比。邪證有火,於中智起,言有智生。

論:"不能正解,名似比量。"

此釋名也,由彼邪因,妄起邪智,不能正解彼火有無,等,是真之流,而非真故,名似比量。

論:"復次若正顯示能立過失,説名能破。"

解真能破,文分爲三,初總標能破,次辨能破境,後兼顯悟他,結能破號。……此即初也。

他立有失，如實能知，顯之令悟，名正顯示能立過失，其失者何？

論："謂初能立，缺減過性，立宗過性，不成因性，不定因性，相違因性，及喻過性。"

此辨能破境，卽他立失。分二，初辯闕支，次明支失。

謂初能立缺減過性，此卽初辯闕支。或總無言，或言無義，過重先明。故云初也。此之闕減，……約陳那因三相爲七句者。

闕一有三者，如數論師對聲論立聲是無常，眼所見故。聲無常宗，瓶盆等爲同品，虛空等爲異品。此但闕初，而有後二。聲論對薩婆多，立聲爲常，所聞性故。虛空爲共同品，瓶盆等爲異。第二相。所量性因，闕第三相。闕二有三者，如立聲非勤發，眼所見故。虛空等爲同，瓶盆等爲異。闕初二相，如立我常。對佛法者，因云，非勤發。虛空爲同，電等爲異。因闕所依，故無初相。電等上有，闕第三相。

諸四相違因，卽闕後二相。如立聲常，眼所見故。虛空爲同，盆等爲異，三相俱闕。

立宗過性等下，別明支過。此等或於能破，立所破名。故理門云："能立闕減能破，立宗過性能破等。"

論："顯示此言，開曉問者，故名能破。"

兼顯悟他，結能破號。立者過生，敵責言汝失。立證俱問其失者何？名爲問者，敵能正顯缺減等非，明之在言，名顯示此。因能破言，曉悟彼問，令知其失，捨妄起真，此卽悟他，名爲能破。此卽簡非，兼悟他，以釋能破名。簡雖破他，不令他悟，亦非能破。

論："若不實顯能立過言，名似能破。"

明似能破，文分爲三，初標似能破，次出似破體，後結似破名，辯釋所以。此初也。

論："謂於圓滿能立，顯示缺減性言。於無過宗，有過宗言。於成就因，不成因言。於決定因，不定因言。於不相違因，相違因言。於無過喻，有過喻言。"

此出似能破體，……立者量圓，妄言有缺。因喻無失，虛語過言。不了彼真，興言自負。由對真立，名似能破。準真能破，思之可悉。

論："如是言說，名似能破。"

結似能破名，辯釋所以。於中分二，即結名及釋，此即初也。

如是者，指前之詞。言說者，即圓滿能立，缺減言等，如此等言，名爲似破。

問：何故於圓滿能立，顯示缺減性言等，爲似能破？

論："以不能顯他宗過失，彼無過故。"

釋所以。夫能破者，彼立有過，如實出之。顯示立證令知其失，能生彼智，此有悟他之能，可名能破。彼實無犯，妄起言非。以不能顯他宗之過，何不能顯，彼無過故。由此立名，爲似能破。

論："且止斯事。"

方隅略示，顯息繁文。論斯八義，真似實繁。略辨，爲入廣之由。具顯，恐無進之漸故。今略說之，云且止斯事。

頌："已宣少句義，爲始立方隅，其間理非理，妙辯於餘處。"

一部之中，文分爲二。此即第二，顯略指廣。上二句顯略，下二句指廣。略宣如前少句文義，欲爲始學立其方隅。八義之中，理與非理，如彼理門，因門，集量，具廣妙辯。

（以上選自卷八）

（據金陵刻經處本）

三、大乘法苑義林章（節選）附智周注

卷三　唯識章

唯識義章，略以十門辨釋：一出體，二辨名，三離合會釋，四何識爲觀，五顯類差別，六修證位次，七觀法何性，八諸地依起，九斷諸障染，十歸攝二空。

第一，出體者，此有二種：一所觀體，二能觀體。所觀唯識，以一切法而爲自體。通觀有無爲唯識故，略有五重：

一、遣虛存實識。觀徧計所執，唯虛妄起，都無體用，應正遣空，情有理無故。觀依佗圓成，諸法體實。二智境界，應正存有，理有情無故。問：情體是有，如何説無？妄計之情，不稱依圓二境，名情體無也。無著頌云："名事互爲客，其性應尋思。於二亦當推，唯量及唯假。實智觀無義，唯有分別三。彼無故此無，是卽入三性。"初頌尋思，後頌如實。兩種俱體假。自者不定相屬，名之爲客，此不實理，當可思察。名應尋思，名義俱有自性差別，名之爲二，當推可知。觀前名義，無有體故，名假有。但其識，名爲唯量觀無其境，名爲無義。義自性，義差別，名之爲三。有此三境之能了別識，名有分別。三境既是無，能取識亦復無有，故云彼無故此無也。非是識體而總是無，但無所執實能取也。雖下當知。問：名亦有三，何故唯言義？答：既言三義，既攝三名，義之言境，名亦境故。

成唯識言，識言，總顯一切有情，各有八識，六位心所，所變相見，分位差別，及彼空理所顯真如識自相故。識相應故，二所變故，三分位故，四實性故，如是諸法皆不離識。總立識名，唯言，但遮愚夫所執定離諸識實有色等，如是等文，誠證非一。由無始來執我法爲有，撥事理爲空。故此觀中，遣者空觀。對破有執，存者有觀。對遣空執，今觀空有。而遣有空，有空若無，亦無空有，以彼空有，相待觀成。純有純空，誰之空有？故欲證入離言法性，皆須依此方便而入，非謂有空皆卽決定。證真觀位，非有非空，法無分別，性離言故。說要觀空方證真者，謂要觀彼徧計所執空爲門故。入於真性，真體非空。此唯識言，既遮所執，若執實有諸識可唯，既是所執，亦應除遣。此最初門所觀唯識，於一切位思量修證。

二、捨濫留純識。雖觀事理，皆不離識，然此內識有境有心，心起必託內境生故。但識言唯，不言唯境。成唯識言，識唯內有，境亦通外，恐濫外故。但言唯識，又諸愚夫迷執於境，起煩惱業，生死沈淪，不解觀心。懃求出離，哀愍彼故，說唯識言。令自觀心，解脫生死，非謂內境如外都無，由境有濫，捨不稱唯。心體既純，留說唯識。厚嚴經云：“心意識所緣，皆非離自性。故我說一切，唯有識無餘。”華嚴等說，“三界唯心”。遺教經言，“是故汝等當好制心。制之一處，無事不辦”等，皆此門攝。

三、攝末歸本識。心內所取境界顯然，內能取心作用亦爾。此見相分，俱依識有。離識自體本，末法必無故。三十頌言：“由假說我法，有種種相轉，彼依識所變，此能變唯三。”成唯識說：“變謂識體轉似二分，相見俱依自體起故。”解深密說：“諸識所緣，唯識所現。攝相見末，歸識本故。”所說理事真俗觀等，皆此門攝。

四、隱劣顯勝識。心及心所，俱能變現。但說唯心，非唯心所。心王體殊勝心所，劣依勝生，隱劣不彰，唯顯勝法。故慈尊說：許心似二現，相見二分。如是似貪等。有兩解：一無別心所，知以心王轉爲貪信，名似貪等；二若有心所，貪等亦變相見分，故似貪等。或似於信等，無別染善法，雖心自體能變似彼見相二現，而貪信等體，亦各能變似自見相現，以心勝故，說心似二，心所劣故，隱而不說。非不能似，無垢稱言，心垢故有情垢，心淨故有情淨等，皆此門攝。

五、遣相證性識。識言所表，具有理事，事爲相用，遣而不取。理爲性體，應求作證。勝鬘經説："自性清淨心。"攝論頌言："於繩起蛇覺，見繩了義無，證見彼分時，知如蛇智亂。"此中所説，起繩覺時遣於蛇覺，喻觀依佗遣所執覺，見繩衆分遣於繩覺，喻見圓成遣依佗覺，此意即顯所遣二覺，皆依佗起。繩蛇二種能緣心故，名爲二覺。此染依他，是可斷法，名道。斷此染故，所執實蛇實繩我法，如次我法，二執所攝。問：繩喻依他法是徧計，如何以繩爲蛇？答：蛇因繩起，我藉法生，不了依他從緣所起，即是法執，故須遣之。若知此繩從麻而有，是虛假法，不須遣之。不復當情，非於依佗以稱遣故，皆互除遣。蛇由妄起，體用俱無。繩藉麻生，非無假用。麻譬真理，繩喻依佗，知繩麻之體用。蛇情自滅，蛇情滅故，蛇不當情。名遣所執，非如依佗，須聖道斷，故漸入真，達蛇空而悟繩分，證真觀位。照真理而彰俗事，理事既彰，我法便息。此即一重所觀體也。能觀所觀，兩種不同，上已所明。言即一重，同此五所觀，有何差別？答：從粗至細有差別也。初唯除徧計，二濫境亦除，三可知，大段十門，亦鉤鑼立，思所行相。

能觀唯識，以別境慧而爲自體。攝大乘第六説："爲何義故入唯識性？由緣總法，真如名總，出世止觀智故。"無性解云："由三摩呬多無顚倒智故。"或有解言，能觀唯識，通以止觀而爲自性。此亦不然，若取相應，四蘊爲體，若兼眷屬，即通五蘊。今且依名，觀體唯慧。無性又云："唯識現觀智故。"又云："由三摩呬多無顚倒智，但舉定中所起之智以爲觀體，作尋思等勝唯識觀，必居定故，不言即以止爲觀體。"攝論又云："由四尋思四如實智，如是皆同，不可得故。"尋思實智二種，俱觀境，各有實名，同不可得，或由作尋思實智二種之觀，名義屬而不可得，相屬名同。以諸菩薩如是如實爲入唯識，勤修加行，即於似文似義意言推求。即能所詮名爲文義，識變此二，名之爲似，即此文義及大乘法等爲所觀境，以爲方便，而能引得唯識觀也。文名唯是意言，乃至廣説，瑜伽對法等，尋思如實智，皆慧爲體，尋思唯有漏，如實智通無漏。攝大乘云："入所知相者，即入唯識觀也。謂多聞熏習所依非阿賴耶識所攝者。"言謂多聞熏習無漏種子，此無漏種非阿賴耶識。此文唯擧無漏種子在彼位增，名爲聞熏稱非藏識。非諸能觀皆唯無漏。不爾，四尋思應非加行智。又言種增，不言尋思俱時能觀之智亦是無漏，若不唯種增許能觀智亦是無漏，即尋思不名加行。此雖總説。

若別顯者，略有二位：一因，二果，有漏名因，因中無漏，總名爲果。因通三慧，唯有漏故，以聞思修所成之慧而爲觀體。此唯明利簡擇之性，非生得善故。攝論云："似法似義"，意言大乘法相等所生起勝解行地見道修道等。意引勝解證其因觀，餘見道等同文故來，或可乍觀此文似證於因，而細尋而是通説因果，由聞大乘教法等，而修資糧等位，故言生起勝解行也。成唯識云："此中唯識資糧位中，聽聞思惟，能深信解，在加行位，起尋思等，引發真見。果唯無漏，修所成慧而爲觀體，通以正智後得智爲自體故。"攝大乘等云，如理通達故，治一切障故，離一切障故，見修無學道。如其次第，證真理識，唯正體智，證俗事識，唯後得智，加行真修不能證。文多義顯，不引教成。

上來雖復辨能所觀總義，説者若總言唯識，通能所觀。言唯識觀，唯能非所，通有無漏，通散及定，以聞思修加行根本後得三智而爲自體。若言唯識三摩地，通有無漏，唯定非散，唯修慧非聞思。通三智，若言正證唯識，唯無漏非有漏。唯定非散，唯修慧非聞思，唯正智後得非加行，此中四重料簡，從寬向狹，思之可知此非義説。言正證唯識，唯修者而論，不約義説，若據義説，可言三慧。不爾，三摩地等亦通聞思。十地論説故。至下當知。

然總徧詳，諸教所説一切唯識，不過五種：一境唯識，阿毗達磨經云："鬼傍生人天，各隨其所應，等事心異故，許義非真實。"如是等文，但説唯識所觀境者，皆境唯識；二教唯識，由自心執著等頌，華嚴深密等説唯識教者，皆教唯識；三理唯識，三十頌言："是諸識轉變，分別所分別，由此彼皆無，故一切唯識。"如是成立唯識道理，皆理唯識；四行唯識，菩薩於定位等頌，四種尋思如實智等，皆行唯識；五果唯識，佛地經言："大圓鏡智諸處境識，皆於中現。"又如來功德莊嚴經言："如來無垢識，是淨無漏界，解脱一切障，圓鏡智相應。"唯識亦言："此即無漏界，不思議善常，安樂解脱身，大牟尼名法。"如是諸説，唯識得果，皆果唯識。此中所説五種唯識，總攝一切唯識皆盡。然諸教中就義隨機，於境唯識種種異説。或依所執以辨唯識，楞伽經説："由自心執著，心似外境現，以彼境非有，是故説唯心。但依執心虛妄現故，或依有漏以明唯識。"華嚴經説三界唯心，就於世間説唯識故。或依所執及隨有爲以辨唯識。但隨無爲以一相唯識，有爲可知，言二執者，釋依執。三十頌言："由假説我法，有種種相轉，彼依識所變。"依識自體起見相分二執生故，世間聖教説我法故，或依有情以辨唯識，無垢稱經云："心清淨故有情清淨，心雜染故有情雜染。"或依一切有無諸法以辨唯識。解深密説："諸識所緣，唯識所現。"或隨指事以辨唯識，阿毗達磨契經頌言："鬼傍生人天，各隨其所應。"隨指一事辨唯識故，如是等輩無量教門。舉此六門，類攝諸教，理義盡者，唯第五教，總説一切爲唯識故，或束爲三，謂境行果，如心經贊，具廣分別。

　第二，辨名者，梵云毗若底，此翻爲識。識者，了別義。識自相，識相應，識所變，識分位，識實性，五法事理，皆不離識，故名唯識。不爾，真如應非唯識，亦非唯一心，更無餘物。攝餘歸識，總立識名。非攝歸真，不名如也。梵云摩呾刺多，此翻爲唯。唯有三義：一、簡持義，簡去徧計所執生法二我，持取依佗圓成識相識性，成唯識云："唯言，爲遮識離我法，非不離識心心所"等；二、決定義，舊中邊頌云："此中定有空，於彼亦有此"，謂俗事中定有真理，真理中定有俗事。識表之中，**此二決定**，識中遮表，表有遮無，遮即簡持，表即**決**定，表有之中，俗事真理決定互有。**顯無二取；三、顯勝義**，翟波論師**二十唯識釋云**："**此說唯識，但舉主勝，理兼心所，如言王來，非無臣佐。**"今此多取簡持解唯識者，**心也**，由心集起綵畫爲主之根本，主即是師，爲類心王。故經曰唯心，分別了達之根本，故論稱唯識。或經義通因果，總言唯心。論說唯在因，但稱唯識，識了別義，在因位中識用強故。說識爲唯，其義無二。二十論云："**心意識了，名之差別，識即是唯，持業釋也。**"或順世外道及**清辨**等成立境唯，爲簡於彼，言識之唯，依主無失。爲令捨識而依於智，說唯識言。**此實智與唯識得名不同**。若能觀中，智強識劣，若以爲境，皆不離心。今爲所觀，故名唯識。又不離依主。稱爲唯識。**此有二義：一、諸法不離唯識，二、識是主，故言唯識不言餘**。決斷從能，故可依智。又從欣爲目，經唯名皆般若，從厭爲號，論標並唯毗若底。攝法歸無爲之主，故言一切法皆如也。攝法歸有爲之主，故言諸法皆唯識。攝法歸簡擇之主，故言一切皆般若。是名第二辨名號也。

第三，**離合會釋者**，離者，別也。合者，同也。謂諸經論各各別說諸觀等名，今合解之。但是唯識之差別義，非體異也。**一、名有三十一類**，華嚴等中，遮境離識，名爲唯心。**辨中邊論**，遮邊執路，名爲中道。**般若經中**，明簡擇性，名爲般若波羅密多。問：此如何得通能所？答：般若五種，觀照等能，文字等所。**法華經中**，明究竟運，名曰一乘。此之四名，通能所觀，真俗境觀，正智唯真，加行後得，並通真俗。若言證者，後得唯俗。**法華有說唯依果智，但說三車在門外故**。宅中出者，名衣裓机案及門，不與乘名，古人意說宅外之者，名之爲果，衣裓及門，並爲因。衣裓机案，二乘因行。若正解，三車亦是因行，若爾，何故說在於門外。答：以教爲門，或出分段，故言門外。此不退菩薩，言乘寶乘直至道場。理亦不然。**聲聞緣覺不退菩薩**，乘此寶車直至道場，故通因位。**勝鬘經**

中，六法既爲大乘故説，故通加行，至乘章中，當具顯示。勝鬘經中，遮餘虛妄，名一實諦，顯法根本，亦名一依。由空爲證，又是空性，亦名爲空，彰異出纏，出纏名法身，顯異出纏，故名爲藏。顯攝佛德，佛從中出，出乘者出生義，能入乘者，攝入如來，此唯勝鬘故有出入二義。此説真如與四乘爲依，故説一乘出四乘也，會二歸一，故言入也。名如來藏。明體不染，真實法性，名自性清静心。功德自體，亦名法身。無垢稱經，遮理有差別，名不二法門。大慧經中，表無起盡，亦名不生不滅。涅槃經中，彰法身因，多名佛性。楞伽經中，表離言説，名不思議。瑜伽等中，顯不可施設，名非安立。攝大乘等，顯此徧常等，名圓成實。對法論等，明非妄倒，名曰真如。此十三類名，唯所觀理，唯真智境，恐文繁廣，略舉爾所，非更無也。謂法界、法性、不虛妄性、不變異性、平等性、離生性、法定、法住、法位、真際、虛空界、無我、勝義、不思議等十四名，如大般若廣釋。合前三十一單名。

　　二、名有四，瑜伽論中，施設非施設，淺深異故，名爲安立非安立諦，即勝鬘經，有作四聖諦，無作四聖諦。涅槃經中亦名勝義世俗二諦。顯揚論中能詮所詮，名名事二法，此之三名，通能所觀。亦真亦俗，初中後智。攝大乘等，顯所執無，名生法二無我，亦通能所觀，能觀智，亦名二無我法故，或云，以能觀智作彼無我解行，轉妄名無我，如十六行所觀俱名爲苦，故無漏智觀於苦諦，亦名爲苦。問：若能觀智與解行故，即名通能，即三性應亦通能，此既不然，彼如何爾，以是理觀，故不通俗。唯真非俗，通初中後智。

　　三、名有四，解深密等顯一切法有無事理種類差別，名爲三性：顯三俱無徧計所執，亦名三無性。此二唯所觀，亦通三智真俗二境，若言三性等觀者，唯能觀非所觀，通三智及真俗，瑜伽等中明離繫之方便，亦名三解脫門。即能觀智離繫縛故，名爲解脫。不論其境，故唯能觀，解脫即門，通入淨土之所由故。表印深理，名三無生忍，唯能觀非所觀,唯本後二智,通真及俗。

四、名有四,菩薩地中明義總集,名四嗢陀南,諸行無常,有漏皆苦,諸法無我,涅槃寂静。大智度論,顯宗差別,名四悉檀。此翻爲宗。一、世界悉檀,二、第一義諦悉檀,三、對治悉檀,四、各各爲人悉檀。此上二門,通能所觀真俗三智。談二四中有通能所,非彼一一皆通能所,如菩提寂静第一義諦,並唯所觀,餘準此知。諸論以初觀粗,亦名四尋思。唯能觀非所觀,唯加行智非中後智,通真俗二。諸論以後觀細,亦名四如實智,亦唯能觀非所觀,通三智,真俗所攝。

五、名有一,仁王經中位別印可,亦名五忍:一、伏忍,在地前伏印故;二、信忍,在初二三地,創得不壞信相同世間類故;三、順忍,在四五六地,順爲出世行故;四、無生忍,在七八九地,長時任運觀無相理故;前之四忍,各有三品,配十三住,應檢配之。五、寂滅忍,在十地佛地因果位中圓滿寂故,唯能觀非所觀初唯加行智,後可通餘智,皆通真俗。或名六現觀,七覺支,八聖道,九奢摩佗,十無學法,四念住,四正斷,四如意足,五根,五力等,非菩薩正觀,故不別説。如是一切,雖異名説,皆是此中唯識境智差別名也。

第四,何識爲觀者,大衆部等説六識有染皆能離染,犢子部等説五識非染亦非離染,第六俱有,薩婆多等六識有染離染唯第六,問:此等小乘,既不作唯識觀,何故敍之? 答:此汎敍之,彼無此識,或彼能斷惑智,是唯識故,亦此門攝。於大乘中古德,或説七識修道,八識修道,檢古八識章等。皆非正義,不可依據。若能觀識,因唯第六。瑜伽第一云:"能離欲是第六意識,不共業故。"通真俗三智,餘不能起行總緣觀理趣入真故。瑜伽又云:"審慮所緣,唯意識故。"第七由佗引亦爲此觀,通中後智,佛果通八識,能爲唯識觀。三智通真俗理事二門,成事非真,唯觀俗識,此解依論,理或有真。即四智中除事智。但真如識,定非能觀,若論所觀,八識皆通。因果二位,真識亦爾。真識即真如,亦是所觀。

第五，顯類差別者，其圓成真性識，若加行後得觀，是共相非別相，以總緣徧法故。真如名徧法，以總緣此真如之心行解，作彼真如之體徧法故。故是共相，相本雖不作此之共相，由有彼解，故共相收。又釋而知總緣於真如，徧屬喜用。根本智觀，是別相非共相，諸法別知故。一一諸法而別知故，故非共相。問：加行得亦觀真如，徧一切法，即言共相根。然體非共相，萬法不離此，理一無二故，亦可名共相。此談真如與法不離，復無二，故名共。問：根本智之觀，亦於一一諸法而證如，何故即言別相？答：加行後得緣法時，行解亦徧。故言共相，根本智觀，雖如一一，別證真如，而心不作徧行相故，所以名別。諸經論云，共相作意能斷惑者，依此道理，及前加行，并能詮説。然諸法上各自有理，內各別證，不可言共。其幻性依佗識，或説因果，體俱一識，作用成多。一類菩薩義或因果俱説二，決擇分中有心地説，謂本識及轉識，或唯説三。辨中邊云："識生變似義，有情我及了。"言識似義，謂境也。有情，謂五根也。此説第八變及相，我謂第七，恆執我故，了謂六識。三十唯識云："謂異熟思量及了別境識，多異熟性故徧説之。"阿陀那名理通果有。問：如何異熟亦通果耶？答：變異而熟，故亦通果。或因果俱説三，謂心意識，或唯説四，佛地經等説四智品，或因果俱説六，勝鬘經中説六識，或因果俱説七，諸教説七心界，或因果俱説八，謂八識，或因果合説九，楞伽第九頌云："八九種種識，如水中諸波。"依無相論同性經中，若取真如爲第九者，真俗合説故，今取淨位第八本識以爲第九，染淨本識各別説故，如來功德莊嚴經云："如來無垢識，是淨無漏界，解脱一切障，圓鏡智相應。"此中既言無垢識與圓鏡智俱，第九復名阿末羅識，故知第八識染淨別説以爲九也。或因八果三識，佛地等云前十五界唯有漏故，或因八果七識，安慧論師云末那唯染故，或因果俱八識，如護法等正義所説，依佗識中或説唯一自證分，謂安慧師，或説唯二見相分，難陀師，或説有三，自證見相分，陳那師，或説四分，加證自證分，護法師，如是所説諸識差別，一往而論，依成唯識云，八識自性，不可言定異，因果性故，無定性故，如水波故。亦非定一，行相所依緣相應異故，起滅異故，熏習異故。楞伽經云：“心意識八種，俗故相有別，真故相無別，相所相無故，如是一切識類差別，名爲唯識。”此幻性識，若加行觀，唯共非自，若後得觀，通自相觀，一一依佗各各證故。

　　第六，修證位次者，攝大乘説：“何處能入？謂卽於彼有見似法似義意言。大乘法相等所生起，勝解行地，見道，修道，究竟道中，於一切法唯有識性。隨聞勝解故，如理通達故，治一切障故，離一切障故。”無性解云：“在勝解地，於一切法唯有識性中，但隨聽聞生勝解故。在見道中，如理通達此意言故。在修道中，由此修習對治煩惱所知障故。究竟道中，最極清淨離諸障故。”成唯識説：“云何漸次悟入唯識？謂諸菩薩於識性相資糧位中，能深信解，在加行位，能漸伏除所取能取，引發真見，在通達位。如實通達，修習位中，如所見理。數數修習，伏斷餘障。至究竟位，出障圓明。能盡未來，化有情類，復令悟入唯識相性。”五十九説，云何能斷煩惱，齊何當言已斷煩惱，謂善法資糧已積集故，已得證入方便地故，積集修地故，能斷煩惱得究竟地。當言已斷一切煩惱，正同唯識。攝大乘中，以資糧道，聞思位長，大劫修滿，方起加行，等持位中，作唯識觀，從多爲論，但説四位。除加行位，説餘四位。以觀時少，略隱不説。據實勝解地，亦能伏除，作唯識觀，不作時多。唯識等中，據實爲論，別修行相，見道前位，亦有伏除。攝論唯識等，各言燸等中作尋思等觀，故伏除。此證解地，亦能伏惑。直往迂迴，地前皆同。道同有漏，尋伺觀也。迂迴之人，雖得無漏，遊觀心中，亦不能伏除。雖起生空本後二智，以不斷惑，俱言遊觀。問：何故迂迴之人尋思等觀唯是有漏非無漏耶？答：未證法空，不可實證唯識，故有漏心作尋思等，故以唯識觀。未證真識，終不能了如幻識故，上來明位。

下當辨修，辨修有三：一證修，二相修，三地修。證修者，此見道前，雖作真俗二唯識觀，似而非真。入見道中，真相見道俱了真識，後得俗智方了俗識。四地以前，真俗別觀，第五地中，真俗方合，然極用功始能少起，至第六地，無相雖多，未能長時，於第七地方得長時，猶有加行亦未任運，八地以上無勉勵修，任運空中起有勝行，真俗二識，恆俱合緣，至佛位已。三智俱能緣真俗識，第六不定，大圓平等，並真俗雙緣，第六隨其意雙皆得，故云不定。隨意樂故，成事唯俗，行緣淺故，或亦通真，或可得變影緣，言不緣者，據不親證，不爾，如何名徧智也。自在滿故。

相修者，修之行相爲相修。云何名爲修唯識觀？謂令有漏無漏，觀心種子，現行，展轉增勝生長圓滿。初修習位，隨所聞法，託境思惟，令此觀心純熟自在，後伏所取能取二執，觀心轉明勝，境相像漸微忽。境相漸微忽，然入見轉成無漏，或云忽者轉也。心境乃冥觀，轉成無漏，如是展轉，下轉成中，中轉成上，究竟圓滿。名之爲修，於初二位，有漏三慧皆現種修，種修無漏用漸增故，通達位中，唯有修慧，純是無漏，通現種修，種修有漏，在修習位，七地以前，有漏無漏，皆具三慧，通現種修，八地以上，無漏三慧，通現種修，種修有漏，八地前至初地，種修五識，闕所成慧之地，能可起七八二識，無三慧故，所以不修（記有脱誤）於究竟位，有漏皆捨，無漏滿故，而更不修，然具現種真俗二門無漏之觀。

地修者，有得修習修，得修者，得之修，未得不修。對法云："又道生時能安立自習氣，是名得修。從此種類展轉增盛相續生故，又卽此道現前修習，是名習修。"由卽此道現前行故，習謂現行，得謂種子，有依下地起下地心，習修唯下，得修通上，得緣上境，顯由上聞下定等因。令勢增長，下體用俱增，新熏得種，名爲體增，本有用增。上唯用增故。成唯識云："前三無色有此根者，有勝見道，傍修得故。有依下地起上地心，習修唯上，得修通下地。有依上地起上地心，習修唯上，得修亦通下。有依上地起下地心，習修唯下，得修通上。"問：如在下地，依第四禪而入見道，下四地見種子，爲修不修？若計修者，便違對法。對法第九云："又道生時，立自習氣，道名得修。"既不熏種，何名立種？若不許修，云何得言修得得通下下修？修道爲難亦爾。答：略爲二種：一者，且依有漏道説，得上定必得下故；二者，通無漏、雖地有別，見道類同，安立上地見道種時，令下見道種子勝，名修下也。彼修道種，亦爲二種：一者，不修而道別故，彼未得故，言修下者，而據彼同類等説；二者，且修無漏類等，且種故。問：前相修中，見道以前，有漏閒熏，言修無漏種，無漏種子雖未新得，亦名爲修。今明修體亦種子意，乃言立自習氣。答：種修云言種通新熏，得修唯新得而説，然有多妨，後細思擇。諸上修下及自地修，通一切品，下修上者，必是曾得自在者修。若未曾得彼上定者，下地無力能修於上，若曾得上已失之者，下可復能令上新熏種增，不爾，何要言曾得耶？或亦增本有新熏類，故説未曾得，必是者，由數修習欲入上定刹那心，令彼上地本種因起彼定，若不爾者，彼上地定因何得起？非餘品類。對法論云：下地不能修於上者，以諸初業，但得初定，未得餘定者。及漸鄰近，如以初地，漸隣近第二定等。習修者説，如色界人先修初定，後以欲界修閒思等，此於下界修習二修，初禪唯得業法，言不修者，約鄰近修習者説，故二已上，即是不修，先未曾思故。未得自在，未得上定，不能上修，近未生果故，謂未得彼上根本地現行定果。非勝者可爾。

　　第七，觀法何性者，此有二種：一能觀，二所觀。能觀定非徧計所執，彼無體故，此據正義。有漏觀者，定屬依佗。無漏觀者，二性所攝。常無常門，屬依佗起。有無漏門，攝屬圓成。決定無唯屬圓成者，非真理故，即顯地前唯是有漏依佗能觀，七地已前，有漏無漏二性能觀，八地以上，唯以無漏二性能觀。彼地眼等雖是有漏，今明能觀，彼非能觀，故不簡。所觀性者，攝大乘云："如是菩薩，悟入意言似義相故，悟入徧計所執性，悟入唯識故，悟入依佗起性，若已滅除意言聞法熏習種類唯識之相，見道前帶相之觀，由聞熏習相似而起，名爲種類，此相不起，不成斷，成成也。或見道前所作唯識觀，是真種類。乃至爾時菩薩平等平等無分別智已得生起，悟入圓成實性。"又云："名事互爲客，其性應尋思，於二亦當推，唯量及唯假。實智觀無義，唯有分別三，彼無故此無，是卽入三性。"初半頌悟入徧計所執，次半頌悟入依佗起性，後一頌悟入圓成實性。成唯識云："非不見真如，而能了諸行，皆如幻事等，雖有而非真。"如是上下三處不同。攝論初文，煗頂二位，悟入所執，忍第一法，悟入依佗，初地初心，入圓成實。攝論第二文，煗頂尋思，悟入二性。四如實智，悟入圓成。成唯識文，要入初地，方悟三性。雖有三文，義理唯二：一者實證，二者相似。成唯識中，據實親證，由無漏二智真俗前後，方可證得後二性故，證二性時，不見二取，卽名證彼計所執無，無法體無，智何所證，心所變無，依佗起攝，真如理無，圓成實攝。故計所執不說別證，但於二性不見二取，可名悟入徧計所執，然正體智，達無證理，多說此智證計所執，雖見道前亦已不見，未親得二不名證無，故於初地方名證得。攝論初文，悟圓成者，據實證得，與唯識同。悟前二性，據相似悟。長時多分，煗頂忍第一法，通此四位思惟二性，名曰長時，忍世第一少時，亦有悟圓，所以二性，名多分也。意解思惟前二性故。短時少分，世第一法，名爲短時，忍位，名爲少分。雖亦相似，悟入圓成，非長時多分，亦非親證。故據實說，攝論次文，悟入三性，總據相似意趣而說，創觀名事，不相屬故，名悟入所執。次觀唯有識量，及假名等諸法，雖未證實，名悟依佗，如實智位，雖實有相，而未證真。二取俱亡，與真智觀相似，趣入意解，亦謂卽是真如。故實智位，名入圓成。實未悟入，攝論據相似意解三性，別明悟入，唯識據真實，別證二性，通證所執，雖文有異而不相違。餘所有文，皆準此釋。

　第八，諸地依起者，此中有二，初辨依身，後明地起。依身者，若頓悟者，初起依於欲界身得，創發勝心，唯欲界故，顯揚等説，極戚非惡趣，極欣非上二，唯欲界人天，佛出世現觀。初地以前，三界依身，一切容得，許毗鉢舍那菩薩生無色界，以無色心了一切故，非此何人得有是事？地前菩薩，任業受生，彼有三界業故，得生無色，若非菩薩，彼界何人能以一心緣一切法？故知三界俱可得起此唯識觀，並據後起。七地以前，得依欲色二界身起，菩薩不生無色界故。八地以上，唯定依於色界身起，託勝所依得菩提故。據決定説，七地以前，受變易生，而不定故，言通三界，思之可知。其漸悟者，初二果人，初起必依欲界身得，七地以前，不經生者，亦通色界依身而起，由未經生者，不怖生死，故通於色界身起，七地以前頓悟菩薩，受變易生而未定故，得依二界，故今兼説，非唯漸悟。又釋言七地以前據漸悟説，不經生迴心向大，何妨得至七地不受變易，不爾者，頓悟前已明，今何須説？雖未入地，亦不生無色。悲願自在，隨受生故，釋二果人不同登地菩薩受生故。亦不因修許轉生故，見道以前，菩薩任業而生，得生無色界，今與彼異，不生無色，因修者，任運也。不同頓悟，見道以前，自己得無漏，謂前三果人。彼業力多故，釋地前菩薩。或亦許生，三界業縛彼猶有故，非此生上厭下染故，此釋意云，地前菩薩有三界惑，得生無色，二果亦爾，何不得生？若爾，託勝所依，而證菩薩，既生無色，如何受佛大菩提耶？爲有此難，故今説言非此生上厭下染故，意説非此無色生上厭下染故，斷而不生，爲此還生第四定也。雖有此理，不及前釋。若經生者，必不上生，發心及後，唯欲界故，此經生者，怖生死故，於界初得後得。第三果人，不經生者，欲界發心後，通色界依身而起，不生無色，無利益故，若經生者，及第四果，此言經生，非得不已更可色界經生也，復未得故先經生。欲界發心，初後唯依欲界身起，色界發心，亦唯依於色界身起，初證頓悟，必欲界身，由斷生執慧厭深故，漸證初依，亦通色界。顯揚等説，唯欲界中入現觀者，據各初入非漸悟故，唯斷法執非深厭故。此會意云，若其三乘入自現觀時，唯依欲界人中慧解極猛利故，能斷生執，若其漸悟人，色界亦得。若爾者，不還無學，色界回心，更不下生，豈可不作唯識觀耶？問：現觀滅定，聖教但言欲界初得，現觀既許上界初得，滅定應然。法師解云，色界亦初得，言欲界初得者，還據各自說，若色界回心，亦色界初得也。若不還人等，色界不得，自滅定者，後生色界，亦說不得。若其回心，即便得，彼大乘滅定，有人云，不還及無學人而生上者，必於欲界已得滅定，所以滅定初唯在欲，不同現觀，此亦不然，彼不還等九次第定悉總得耶。上明依身。

下明地起，欲界自地，觀通聞思，唯散非定，亦非無漏，此依正義，不取傍說。色界觀中，通聞修慧，無色界觀，唯修無餘。色界無思慧，以稍斂心即入定，故云無思，有耳根，故云得有聞。無色又無聞，無色思同於色，無色無根，故無聞也。諸教同故，此唯加行善故，非生得攝。然依瑜伽六十五說，若定若生，得彼定，未生彼生者，生彼。毗鉢舍那菩薩未得自在，及得廣慧聲聞，若諸有學，若阿羅漢，以無色界心，了三界法。問：以無色心了欲界聲，豈非聞慧，何故得言無色無聞？答：彼唯定心得聞法等，復無相故，故不名聞。問：八地已去，彼唯是定差別三慧，此何不然？答：據義分可得有聞，前據實論，故言無也，或又不得義說有聞，八地菩薩唯依界色有耳根，可義說有，無色無根，不可相例。二解任情取捨，章約無根，言無根，言無聞故。及無漏法，故知無色亦有，此觀菩薩。即是見道以前四十心位。地上不生，處處說故。廣慧聲聞者，隨應說之。不愚於法故，除此二外，不說餘人亦得，無色心通緣於一切菩薩見道及金剛定，唯第四定，後通諸地，色六無色四，十地隨應依起，此觀斷惑九，除有頂故。遊觀十，色六無色四，皆有遊觀故。隨應別說，無漏聞思，隨依無爽。上七未至，唯有欣厭，行相猶局，故不能作。

第九，斷諸障染者，障有二種：一俱生，二分別。此復有二：一煩惱障，二所知障。成唯識論第十卷云："分別煩惱障，現行，資糧道中漸伏，加行道中能頓伏盡。"種習，俱初地斷，俱生煩惱障，現行，地前漸伏。初地以上能頓伏盡，然故意力，有時猶起，而不爲失。八地以上，永不現行，習地地除，種金剛斷，其身見等，及此俱生四地永伏，法執無故，此所生起，五地不行，以害伴故，所知障中，分別現行，亦資糧道中漸伏。加行道中能頓伏盡，種習初地斷，俱生現行，地前漸伏，乃至十地方永伏盡。若別説者，前之六識，八地伏盡。種習皆地地斷，七識現行，金剛喻定，加行道伏，金剛喻定起時，種習俱斷，菩薩地説，煩惱所知障，皆有三住所斷，一極喜住，一切惡趣諸煩惱品及所知障，在皮粗重，皆悉永斷，能令一切中上煩惱，皆不現行，最初證得二空真智；二無功用無相住，一切能障無生法忍諸煩惱品及所知障，在膚粗重，皆悉永斷，一切煩惱皆不現前，最初任運得無生忍；三最上成滿菩薩住，一切煩惱習氣隨眠及所知障，在骨粗重，皆悉永斷，入如來住，解深密經説：有三隨眠：一害伴隨眠，謂前五地諸不俱生煩惱，是俱生煩惱現行助伴，通前五地者，獨頭貪等。問：至第五地此害伴隨眠而以斷芘，如何經云前五地中不俱生者名害伴，至五地中伴已害，應今日四地不俱生者名爲害伴。答：地之內有入住出三種之心，今言五地害伴除者，據住出心説，所以五地得有害伴，思之可知。　彼於爾時永無復有，此意説言第六識俱身見等攝，説名俱生，所餘煩惱，名非俱生，然體稍粗，因彼而起。由彼斷故，此亦隨無，故名害伴。二羸劣隨眠，謂第六七地微細現行，若修所伏不現行故，俱彼地惑，約伏不伏，以別行不行。非俱生身見斷此亦隨滅，稍難斷故，不遣楞伽俱生身見斷故，貪即不生，彼約二乘斷煩惱説，不依菩薩所知障無故煩惱不生説，楞伽初斷我見已，故貪等不生，除密約四者，即虛空藏三昧也，得此三昧，苞含萬德，欲以虛空含藏一切。(記文有脱落) 或依二隨眠究竟斷位。害伴羸劣二隨眠也。彼經此論，亦不相違。三微細隨眠，謂於第八地已上，從此已去，一切煩惱不復現行，唯有所知障爲依止故，然由初地已斷皮粗重故，方可顯得初二隨眠位，復由第八地在膚粗重斷故，顯微細隨眠位，若在骨粗重斷者，我説永離一切隨眠，住在佛地。寶性論中，或説四障，一闡提不信障，二外道著我障，三聲聞畏苦障，四緣覺捨心障。十信第六心伏初障，信不退故。問：根力義者，能生難屈，既言不退，何力能加行中方始建立？答：在此位不謗因果等，名信不退，力尚微劣，不得隨力之名，如法華抄廣釋。十住第四住伏第二障，分別我見粗不生故。生，記作共。不共，無明，我見不共，俱名爲粗。由伏此二，名出三界，如頌應知，文意説此第四住，既言法無所著，故知伏我見，由伏此故，能出三界，據且伏除此二種子者，即闡提及外道著我故。此二種子，入初地斷，第三所知障，即聲聞畏苦障，此及緣覺捨心，皆所知障也。五地斷，樂於下乘涅槃之障，五地斷故，緣覺捨心所知障。捨彼慈心，入於寂滅，障化他故，故得障名。還用畏苦，簡異聲聞。且立別稱。　七地方斷，六地猶觀十二緣故，或初二煩惱種，見道斷。後二煩惱種，金剛斷。約所依煩惱説。勝鬘經説五住地煩惱，謂見一處住地，欲愛住地，色愛住地，有愛住地，無明住地，見一處住地，初地斷、次三金剛斷，無明住地，見修二道。如其次第，頓漸而斷，若初四習，隨同所知障，見修道中，頓漸而斷，或説六煩惱，或説七隨眠、八纏、九結、十煩惱、十分別、十散動等，如斷障章廣説，此説唯識觀斷，不説餘所除。

第十，歸攝二空者，諸論説二空，一生空，二法空。其唯識觀，通二空觀，尋思實智，通生法空，爲生所依，但説觀法，意求種智，觀法空故。爲於二空生正解故，然且法觀必帶生空。問：法必帶生如何得者，三心見道應但二得，別有法空觀故。答：見實但二，唯識等據其加行，行而作三，作三種也。論誠説故，何故翻悟説迷，生執必兼法執，返迷説悟，生空不帶法空，若以解有淺深，悟生未必悟法，亦應迷有深淺，迷用不迷於體。今釋，未有解體而迷用，所以生執必帶法執，悟淺不達深，生空未必帶法。廿唯識云：“所執法無我，復依餘教入。”此唯識教，入於法空，此説法空必依唯識，非唯識觀，唯是法空，獨作生空亦唯識故。但是法空觀，必定是唯識。生空不定，二乘生空，非唯識觀故。唯識觀寬，通生法觀，法觀義局，唯是唯識。生觀義寬，通唯識非唯識觀，唯識觀局，有生空非由此唯識觀。望生空觀順前句分別，唯識定是生空，生空未必唯識，故可順前，不可順後。無唯識觀非生空，但法空觀必帶生故，有生空觀非唯識，謂二乘生空觀，法空對唯識，亦復如是。法空必唯識，唯識未必有法空，謂生空唯識，此章道理，約當段而知。後一一檢所行文而妄陳。有唯識非法空，謂唯生空唯識觀，無是法觀非唯識，此二俱句，其義可知。總相而言，唯識通二空觀，論但說法觀爲唯識觀者，據決定故，復說諸空互相攝者，如空章說。

卷八　二諦章

二諦深妙，非略盡言，聊述綱紀，三門分別，一、顯名辨體，二、三乘淺深，三、相攝問答。

初門有二：一、顯名，二、辨體。名中有二：初列，後釋。列中復二：初總，後別。列總名者，勝鬘經中唯立一諦，究竟眞實不可壞故。仁王經中總說二諦，人法各有勝劣異故。涅槃經中二諦各有眞俗二諦，一一皆有中上智故。顯揚中邊，二諦各三假行，如下增減中釋，不煩録故。顯等有差別故。瑜伽唯識，二各有四，下當廣辨。此總名中。一世俗諦，亦名隱顯諦，二勝義諦，舊名第一義諦，亦名眞諦。

列別名者，今明二諦有無體異事理義殊淺深不同，詮旨各別故，於二諦各有四重：亦名名事二諦，事理二諦，淺深二諦，詮旨二諦。世俗諦四名者，一世間世俗諦，亦名有名無實諦，二道理世俗諦，亦名隨事差別諦，三證得世俗諦，亦名方便安立諦，四勝義世俗諦，亦名假名非安立諦。顯揚論說："四種俗諦皆是安立。"前三可知，云何第四亦名安立？此二空行不同前三相可擬，宜得非立稱，然假施設，亦名非立，望義即別，思惟可知。勝義諦性自內所證，爲欲隨順引生彼智，依俗安立，名勝義俗。初之三種，相可擬宜。第四勝義，假名施設。勝義諦四名者，一世間勝義諦，亦名體用顯現諦，二道理勝義諦，亦名因果差別諦，三證得勝義諦，亦名依門顯實諦，四勝義勝義諦，亦名廢詮談旨諦，前之三種，名安立勝義，第四一種，非安立勝義。

後釋名者，初釋總名，後釋別名。釋總名者，護法釋云："世，謂隱覆可毀壞義，俗，謂顯現隨世流義。此諦理，應名隱顯諦。"隱覆空理，有相顯現，如結手巾爲兔等物。隱本手巾兔相顯現，此亦如是。今隨古名，名世俗諦。梵云三佛栗底，故以義釋，名隱顯諦。又復性墮起盡，名之爲世，體相顯現，目之爲俗。世即是俗，名爲世俗，持業釋也。或世之俗，世者是總，俗者即總法之上顯現所行之義，或云世謂可壞義，俗者謂法體，或世謂假，世俗謂法體。義亦無違。諦者，實義，有如實有，無如實無，有無不虛，名之爲諦。世俗即諦，持業釋也。世俗之諦，世俗之法體諦者，即是法體上實義，或世俗謂四通名諦者，四之別名，行相難知，四俱世俗，何故諦者即是別名。依士釋也。勝，謂殊勝。義，有二種：一境界名義，二道理名義。第四勝義，諸論多説，勝即是義，持業釋名。或四勝義，皆勝之義，依士釋也。論説依他圓成二性，隨其所應，根本後得二智境故。所以諸教多以真如體勝，持業得名。實通依士，其無漏真智，隨在何諦，亦以勝爲義，真如爲境故，通有財釋。第四勝義，多分依於道理名義，廢詮談旨，非境界故，此意説云，然性是勝，非妄爲境方得勝名，同前三勝諦。前三勝義，境界名義，諦者實義，事如實事，理如實理。理事不謬，名之爲諦。勝義即諦，勝義之諦，二釋如前，雖無教説，二種，亦得名爲聖諦，如四聖諦。聖者能知有無事理皆不虛謬，目之爲諦。

次釋別名，世間世俗者，隱覆真理，當世情有，墮虛僞中，名曰世間。凡流皆謂有，依情名假説，名爲世俗，道理世俗者，隨彼彼義，立蘊等法，名爲道理。事相顯現，差別易知，名爲世俗。證得世俗者，施設染淨因果差別，令其趣入，名爲證得。有相可知，名爲世俗。勝義世俗者，妙出衆法。 問：第四真諦，亦是超出衆法，名豈非濫？答：前言出超，望前三俗，後言超出，對前三真，故亦無過。聖者所知，名爲勝義，假相安立，非體離言，名曰世俗，此中世間卽世俗諦，乃至勝義卽世俗諦，皆持業釋。世間勝義者，事相麤顯，猶可破壞，名曰世間，亦聖所知。過第一俗，名爲勝義，道理勝義者，知斷證修因果差別，名爲道理，無漏智境，過前二俗，名爲勝義。證得勝義者，聖智依詮，空門顯理，名爲證得。凡愚不測，過前三俗，名爲勝義。勝義勝義者，體妙離言，迥超衆法，名爲勝義。聖智內證，過前四俗，復名勝義。此中世間卽勝義諦，乃至勝義卽勝義諦，皆持業釋，或勝義之勝義諦，由前世俗依士釋。依士無失。

　　次出諦體，第一世俗體，顯揚論説：“謂所安立瓶軍林等，我有情等，或無實體，或體實無，諦互而言無，亦無別義。但有情名，都無體性，然通有用無用二法，瓶等有用，我等用無。”涅槃第十三云：“有名無實，如我衆生，乃至旋火之輪，及名句等五種世法，是名世諦。衆生等無用，火輪等體無，第二世俗體者，”瑜伽論説：“謂所安立蘊處界等。涅槃亦言，諸陰界入，名爲世諦。卽有無爲諸法體事，有別體用異於初俗，第三世俗體者，”顯揚論説：“謂所安立預流果等，及所依處，卽以四諦名爲所依。卽諸聖果四諦理等，涅槃亦言，有八苦相，名爲世諦。第四世俗體者，”瑜伽論説：“卽所安立勝勝諦性，涅槃説言，若燒若割若死若壞，名爲世諦，由可燒割等，無有常一我法等相，卽二無我，名世俗也。”第一俗體，假名安立，後三俗體，有相安立。

　　第一勝義體者，成唯識説，謂蘊處等事，涅槃亦言，有名有實，名第一義。蘊處界等，亦是勝義。第二勝義體者，成唯識説，謂四諦等因果體事，涅槃亦言，苦集滅道，名第一義諦。第三勝義體者，成唯識説，依詮門顯二空真如，涅槃亦言，無八苦相，名第一義。總觀諸法爲二無我，故無苦等名勝義也。第四勝義體，瑜伽論説，謂非安立一真法界，涅槃亦言，實體者即是如來虛空，佛性又言，無燒割等，名第一義，不依無我而顯真故，前三勝義，有相故安立。第四勝義，無相非安立。初之一俗，心外境無，依情立名，名爲世俗。第二俗諦，心所變事，後之二俗，心所變理，施設差別，即前三真，其第四真，唯内智證，非心變理，隨其所應，即是三性。上來第一顯名辨體。

第二，三乘淺深門者，於中有二：初辨三乘，後顯淺深。二乘自説，彼宗之中自談之也。雖不作二諦觀行入真，今説於彼，亦證生空，加行觀時，許觀真俗。涅槃經云："世諦第一義諦，皆有中智及上智故，知世諦者，名爲中智。分別世俗無量無邊，非諸聲聞緣覺所知，是名上智。"此乃俗諦中智上智，一切行無常，諸法無我，涅槃寂滅，是第一義，是名中智。知第一義無量無邊不可稱計，非諸聲聞緣覺所知，是第一義，是名上智。此勝義中，以種別智爲上，一切總智爲中，如下廣説。同仁王經。難世諦中有第一義諦不？若有，諦不應一，若無，智不應二。即顯人法皆有二諦，以人相望，異生爲下，二乘爲中，如來爲上，由此人法各分二重，是故三乘皆有二諦。聲聞乘二諦者，第一世間世俗諦者，謂所安立瓶軍林等，我有情等，此中唯取所執實我，不取實法，設執實法，不障果故，亦不取之。第二道理世俗諦者，謂所安立蘊處界等三科體事，聲聞多爲三義觀故。即三科觀。第三證得世俗諦者，謂所安立四聖諦理，依此加行，修證得故。第四勝義世俗諦者，謂所安立生空真如，依生空門證真如故。第一世間勝義諦者，謂所安立三科等法，第二道理勝義諦者，謂所安立四聖諦理，第三證得勝義諦者，謂所安立生空真如，第四勝義勝義諦者，謂非安立生空無我，廢詮談旨，一真法界，此中安立非安立

相，準前應知。故諸論中第二第三世俗諦等，多依聲聞境界而說，
獨覺乘二諦者，此與聲聞所執所證，體雖無異，根有上下，行有淺
深，故成差別。第一世間世俗諦者，謂所安立瓶軍林等，我有情等，
既與聲聞所執無別，亦唯取彼執實我等，非執法等，不障果故。第
二道理世俗諦者，謂所安立十二有支流轉等法，獨覺多緣此爲境
故。第三證得世俗諦者，謂所安立十二有支雜染順逆觀察，及於淨
品順逆因果等七十七智、四十四智等法，依此加行修證得故，第四
勝義世俗諦者，謂所安立生空真如，第一世間勝義諦者，謂所安立
流轉有支。第二道理勝義諦者，謂所安立十二有支雜染順逆觀察
淨品順逆等七十七智、四十四智等。第三證得勝義諦者，謂所安立
生空真如。第四勝義勝義諦者，謂非安立生空無我廢詮談旨一真
法界，既與聲聞所悟證一，後二勝義，不異聲聞，又復獨覺所悟所
執，雖同聲聞，而根不同，行緣亦異。又上兼下，聲聞行緣必獨覺
法，故蘊等法四聖諦理，亦獨覺境下不兼上，十二有支流轉還滅七
十七智等。除大利根非餘聲聞境，菩薩乘二諦者，既與二乘根性不
同，行緣有別，悟執亦異。第一世間世俗諦者，謂所安立瓶軍林等，
我有情等，此中通取實執人法，障自果故。第二道理世俗諦者，謂
所安立十六善巧，中邊有十，瑜伽有六，合言十六，非是別有十六善巧。辨中邊
論第二卷，菩薩藏經第十七說，一蘊，二界，三處，四緣起，五處非
處，六根，七世，八諦，九乘，十者有爲無爲善巧。菩薩緣此十種爲
境，除我法執。瑜伽論說六種善巧，謂卽十中前之六種，或說七種，
更加於諦。第三證得世俗諦者，謂所安立三性三無性唯識妙理、緣
此爲境，而證得故。第四勝義世俗諦者，謂所安立二空真如，菩薩
雙證二空如故。第一世間勝義諦者，謂所安立十善巧等。第二道
理勝義諦者，謂所安立三性等理。第三證得勝義諦者，謂二空如，
依二空門而證得故。第四勝義勝義諦者，謂非安立二空無我一真

法界，所悟所執，既異二乘，所證所斷，寬狹亦別。上必兼取下，二乘境行必菩薩境行故，十善巧攝蘊等法，諸論多說第二三俗，三科四諦以爲體性，下不及上，菩薩境行非二乘所知故。法空如，三性，三無性，非二乘境，二四諦中，初一俗諦，假名安立，後三世俗，前三勝義，有相安立，第四勝義，廢詮談旨，無差別相，唯非安立，自內證故。

言淺深者，謂於人法淺深而推，依人依法，皆通二四諦。依人淺深者，湼槃經言："出世人知者，名第一義諦；世人知者，名爲世諦。"世諦即第一義諦，有善方便，隨順衆生，說有二諦。如五陰和合，稱言某甲，凡夫衆生，隨其所稱，是名世俗諦。解陰無有某甲名字，離陰亦無某甲名字。出世之人，如其性相而能知之，名第一義諦。依法淺深者，湼槃經中，自具解釋，下教攝中，當廣顯示。如五蘊法，若所執蘊，隨其執情，即第一俗，此五蘊事，即第二俗。五蘊之上因果等道理，即第三俗。觀此五蘊無二實我，依二無我所顯真理，即第四俗，以說依詮顯真如故。其五蘊事，即第一真。因果等理，即第二真。此五蘊上二我無時，依門顯實，即第三真。觀五蘊如，自內所證，廢詮談旨，一真法界，即第四真。前前爲粗，後後細故，成唯識論第七卷云："若依世俗，說離於心別有心所，即第二俗事差別故；若依勝義，心所與心非離非即，即第二真，因果道理非即離故。"第三世俗，準亦如是。今望真說。又第七云，如前所說識差別相，依理世俗，即第二俗，非真勝義，真勝義中心言絕故，即第四真。又彼卷解八識自體非定一異，即第三俗。對心言絕，即第四真。虛妄識性，是第一俗，真實識性，即第四真。即以初俗，對四真。第二俗對三真，第三俗對二真，第四俗對一真，理皆如是。由準是理，一一推尋，從粗入細，相對爲言，通二四諦。

第三，相攝問答門，於中有二：一、諸教相攝，二、問答分別。諸教相攝者，如湼槃經第十三卷，迦葉菩薩白佛言，昔佛一時在恒河岸尸首林中，爾時如來取其樹葉告諸比丘問其多少，乃至未所説法如林中葉等，迦葉難言，如來所了無量諸法，若入四諦，即爲已説。若不入者，應有五諦。佛讚迦葉，如是諸法，悉已攝在四聖諦中。迦葉復言："若在四諦，如來何故唱言不説？"佛言："善男子，雖復入中，猶不名説，何以故？善男子，知聖諦有二種智，一者中，二者上，中者聲聞緣覺智，上者諸佛菩薩智。善男子，知諸陰苦，名爲中智，分別諸陰有無量相，悉是諸苦，非二乘所知，是名上智。我於彼經，曾不説之。處界及色受想行識，此爲苦諦并集滅道，皆説有中智及上智。善男子，知世諦者，是名中智，總相知故。分別世諦有無量無邊，非二乘所知，是名上智，別相知故。知一切行無常等，是第一義中智。總知三法印故。知第一義無量無邊不可稱計非二乘所知，是名上智。古來解云，即恒沙萬德無量無邊。"此上經文，因迦葉問二諦所由，世尊答中，顯一一法皆有上中智，以明二諦別故。諦者，實也。凡夫不了，唯聖者證。凡夫智緣而不能證，名爲下智，由對彼智，但説依中上二智，立於二諦。據實而説，法有勝劣，智有深淺，但立二諦，今形凡位，智説中上，證實唯二。若總相説，二乘形上下，即下上攝故。如根上下智力，隨其所應，次經當顯。文殊白言："第一義中有世諦不？世諦之中有第一義不？如其有者，即是一諦。如其無者，將非佛妄語耶？前言世諦中有第一諦，今者説無，以成妄語。善男子，世諦者，即第一義諦，此明二諦不相離義。世尊，若爾者，即無二諦。"佛言："善男子，有善方便，隨順衆生説有二諦。善男子，若隨言説，即有二種：一者世法，二者出世法。善男子，如出世人之所知者，名第一義諦。世人知者，名爲世諦。此明依人智有淺深，顯二諦別。善男子，五陰和合，稱言某甲，凡夫衆生，隨其所稱，是名世諦。解陰無有某甲名字，離陰亦無某甲名字，出世之人，如其性相而能知之，名第一義諦。復次善男子，或有法有名有實，或復有法有名無實。善男子，有名無實者，卽是世諦，有名有實者，是第一義諦。善男子，如我，衆生，壽命，知見，養育，丈夫，受者，作者，熱時之炎，乾闥婆城，龜毛兔角，旋火之輪，諸陰界入，是名世諦。苦集滅道，名第一義諦。善男子，世法有五種：一者名世，二者句世，三者縛世，四者法世，五者執著世。善男子，云何名世？男女瓶衣車乘屋舍如是等物，是名名世。云何句世？四句一偈，如是等偈，名爲句世。云何縛世？本言縛者非也，合是傳也。捲合繫結，束縛合掌，是名縛世。云何法世？如鳴鐘集僧，嚴鼓試兵，吹具知時，是名法世。云何執著世？如望遠人有染衣者，生想執著，言是沙門非婆羅門，見有結繩橫佩身上，便生念言是婆羅門非沙門也，是名執著世。善男子，如是名爲五種世法。善男子，若有衆生於如是等五種世法心無顛倒如實而知，是名第一義諦。復次善男子，若燒若割若死若壞，是名世諦。無燒無割無死無壞，是名第一義諦。復次善男子，有八苦相，名爲世諦。無生，無老，無病，無死，無愛別離，無怨憎會，無求不得，無五盛陰，是名第一義諦。復次善男子，譬如一人多有所能，若其走時，卽名走者，或收刈時，復名刈者。若作飲食，名作食者。若治林木，卽名工匠。鍛金銀時，言金銀師。如是一人，有多名字，法亦如是。其實是一，而有多名。依因父母和合而生，名世諦。十二因緣和合生者，名第一義諦。”

古來釋云，五陰和合以來，後之七番，當辨法相，於中粗分有二：一大，二小。細分有四：一立性宗，卽小乘中淺説諸法各有體性，薩婆多等也；二破性宗，卽小乘中深説諸法假有無性，成實論等也；三破相宗，卽大乘中淺破諸法因緣之相，宣説諸法畢竟空寂，中百等論也；四顯實宗，卽大乘中深説妄情所取諸法，畢竟非有，真實法界，常住不壞，涅槃等也。於此四中，皆有二諦。上七番中，初三是其立性宗中所辨二諦，次二是其破性宗中所辨二諦，次一是破相宗中所辨二諦，後一顯實宗中所辨二諦。今此文中以深攝淺，故備論之。就初宗中，依婆沙等具説有七番，不能繁引。一情理分別，妄情所取我衆生等以爲世諦，無我之理爲第一義。二假實分別，瓶衣車乘舍宅軍林，如是一切假名之有，名爲世諦。陰界入等實法之有爲第一義，故雜心云："若法分別時，捨名即説等。分別無所捨，是説第一義。"應檢彼論釋斯頌也。三理事分別，陰界入等事，名爲世諦。其十六行法相道理，爲第一義。四縛解分別，苦集是世，滅道第一。五劣勝分別，苦集及道理中非上，同名世諦，滅諦精勝，説爲第一。六空有分別，於彼四諦十六行中，除空無我，皆名世諦。空與無我理中精妙，説爲第一。七行教分別，教名世諦，行名第一。故雜心云："經律阿毘曇，是名俗正法。三十七覺品，是名第一義。"今此但彰初之三門，餘略不辨。第一先就情理分二，五陰和合，稱言某甲，凡隨所稱，計有我人，是名世諦。聖人解陰無有某甲，離陰亦無名第一義。第二約就假實分二，先分二法，有名有實，是其實法。陰界入等，依名求法，有體可得，故言有實。有名無實，是其假法。瓶衣車乘舍宅軍衆如是一切，假施設其名，推求無體，故曰無實。下就諦辨，假爲世諦，實爲第一。第三約就理事分二，事爲世諦，理爲第一。事有假實，如我衆生乃至兔角旋火輪等，是其假事，諸陰界入，是其實事。此等一切，同名世諦。苦集滅道，法相道理，爲第一義。次下就其破性宗中以辨二諦，於中兩門，前門就其假法空有以辨二諦，後門就其實法空有以辨二諦。就前門中，先明世諦，世法有五，後於是五法心無顛倒，名第一者，知其性空不亦實性，名無顛倒。就後門中，若燒割等名世諦者，五陰諸法同名世諦，無燒割等名第一者，諸法性空，名第一義。次下就其破相宗中以辨二諦，八苦之相，以爲世諦。無八苦相，爲第一義。問曰："此宗所

辨二諦與前何別？"前破性宗也，思之取別。答曰："古來釋云，前說因緣
假有以爲世諦，此宗宣說妄相之有以爲世諦，前宗宣說無性之空爲
第一義，此宗宣説無相之空爲第一義，有斯別耳。"次就第四顯實宗
中以辨二諦，事相緣起以爲世諦，法性緣起名第一義，先喻，後合。
喻相云何？譬如一人隨用分多，若其走時名爲走者，收刈之時名收
刈者，如是所說父母生邊，名爲世諦，因緣生邊，名爲第一。古來解
云，因緣所生凡有六重：一事因緣所生，如毘曇説；二法因緣所生，
唯苦無常生滅法數；三假因緣所生，如成實説；並應檢彼論。四妄相因
緣所生，猶如幻化；五是妄想因緣所生，如夢所見；六是真實因緣所
生，所謂佛性，十二因緣，如水起波，前五緣生，並是世諦。今據第
六，故名第一。

　　上解雖精，今解小別，此中二諦，唯明顯實宗中二諦，不説小
乘及破相二諦，顯實自有破於相故。諸小乘計，二十部殊，佛豈懸
爲大唐所有説二小宗所有二諦，此難意云，今此四宗，漢地謂立四類宗，中，初
是有宗，次是經部，餘之十八部，四宗不收。豈可世尊懸爲漢地二種小乘明其
二諦，不明餘之十八部耶？佛所説教通諸域，故不應唯大唐而釋。由此應言，後七
番中，初番舉事，釋前依人以立二諦。經言：凡夫隨其所稱，名爲世
諦。出世之人如其性相而能知之，名第一義。故知但是重顯前義，
令知二諦依人相待，亦建立之。以下六番，依法勝劣相對建立，雖
不分明差別分別，義推即是此中四重。前第二番有名無實是世俗
者，即此初俗。顯揚等說如我有情等，正與此同。有名有實名第一
義，即論所説四種勝義，皆有名體故，即顯我有情等唯俗非真實最
爲卑劣，餘皆勝此。可爲勝義，或爲三科。對我衆生等有名有實名
第一義，亦不違理，相可知故。第三番中如我衆生乃至諸陰界入是
名世諦。四諦是第一義者，此以二類對四諦理，俱名世俗。我乃至
旋火之輪，但有其名，無體用法，更重説爲世俗諦者，顯不唯形於三

科法，名爲世俗，亦形四諦等名世俗故，準餘世俗，皆可通形。其陰界入等，有名有體。前第二番以初有名無體用法形陰界入，陰界入法，名爲真諦。即四真中初勝義攝。顯此非唯是勝義故，復以三科形於四諦。事劣於理，即爲俗故。即是論中第二世俗，四諦即是第二勝義。第四番中世法有五名爲世俗，知世俗如此名真者，顯初世俗不唯我等但有其名無體用法，其無實體有用之法，亦初俗故。顯揚等說房舍軍林等，亦初世俗故，以無實體我等，類同最卑劣故。無倒知此唯有蘊等，都無真實名句等法，是第一義。四勝義中，皆無所說五世法故，或三科中，實無此五。此番狀似說之，非次以蘊界入。既說通真，恐此有用無體之法，亦通真諦。爲顯不然，因釋彼疑，故今方說。五種世中初二能詮，次二所詮，後一標相，顯能所詮若情若事皆有假立非真實故，作差別說，更無異義。第五番中若燒割等名世諦等者，此之一對，顯二無我，名爲世俗，外道異生，執我常一，佛說爲無。以五蘊等可燒割等無彼實我一常之相，故燒割等二無我也。後番以此無我形於苦諦理等說爲真諦，即第三真。今以之對一實真如，真如不依可燒割等詮門顯故，即勝義勝義故，二無我等，依詮顯實，名爲世俗。第四勝義，世俗所攝，不爾，此言有詮理。世尊不說無義言故，一實真如，即是第四勝義勝義，第六番中八苦相等名世等者，前以四諦對蘊等名真，今以之對二無我等無八苦相法，即成世俗。第三證得世俗所攝八苦，即是苦諦理故，偏舉一苦，類餘三諦。此番應在第五番說，前第五番，應第六說，以言便故，前後不定。第七番中，所說法喻，總明二諦體無差別，隨其人智，及於法中，空有事理淺深詮旨。四重二諦勝劣相形，成真俗故。世人但知父母所生，名爲世俗。出世之人知因緣生，名第一義。此隨人智以分二諦，父母所生假事麤淺，名爲世俗。因緣生者，實法細深，名爲勝義。此隨於法以分二諦，總明二諦差別法喻，更無別門。審觀經意，雖六七重，以義而推，與論無別。經爲根本義，依法相以宣揚。論是末宗，稟佛言而成理，豈復自爲稊稗，苟出胸襟而已哉？故知經論，所說無別，但由解者分別不同，作此會經，亦應允當。

何以得知形無燒割等卽一實真如勝義勝義所攝，涅槃又說，文殊師利菩薩摩訶薩白佛言："世尊所言實諦其義云何？"佛言："善男子，言實諦者名曰真法。善男子，若法非真不名實諦。善男子，實諦者無顛倒，無顛倒者乃名實諦。善男子，實諦者無有虛妄，有虛妄者不名實諦。善男子，實諦者名曰大乘，非大乘者不名實諦。善男子，實諦者是佛所說非魔所說，非佛說者不名實諦。善男子，實諦者一道清淨無有二也。善男子，有常有樂有我有淨，是卽名爲實諦之義，此意卽說無燒割等，真如爲諦，唯是勝義非俗諦攝，最殊勝故。"文殊師利白佛言："世尊，若以真實爲實諦者，此真實法卽是如來虛空佛性，若如是者，如來虛空及與佛性無有差別。"佛告文殊師利："有苦有諦有實，有集有諦有實，有滅有諦有實，有道有諦有實。善男子，如來非苦非諦是實，虛空非苦非諦是實，佛性非苦非諦是實。文殊師利，所言苦者爲無常相，是可斷相，是爲實諦。如來之性非苦非無常非可斷相，是故爲實。虛空佛性亦復如是。"此經文意，一實真如在纏，名佛性，在果名如來，法性空如，亦因空顯，故名虛空，非安立故，非四諦攝。此經卽是廢詮談旨一真法界，苦集滅道是四諦事，諦卽四理，實爲四如，由此真如非苦非諦，但是實攝。又如前所引瑜伽顯揚說有二諦，但說俗有四，與此四同，唯說真有一，卽非安立，唯第四，真前三不離俗後三故，所以不說。又有差別，名爲安立，故說四俗。無有差別，名非安立，故有一真。成唯識論第九卷中，四真具有廣具顯故，示勝於俗亦有差別；勝鬘一諦，第四真收；仁王二諦，各有名攝；中邊論顯揚唯識第八，説此二諦各有三種：俗諦三者，一假世俗；二行世俗；三顯了世俗。如次應知卽三自性。真諦三者，一義勝義，謂真如；二得勝義，謂涅槃；三行勝義，謂聖道。此假世俗第一俗攝，唯有假名都無體故，此行世俗，第二第三世俗所攝。有爲事故，心上變似四諦相理，理不離事，故依他攝。第二第三，世俗攝也，顯了世俗，第四俗攝。依二空門所顯了故，準義應入四勝義中，易可知也。其義勝義，第四真攝。此得勝義，第三真攝。因證顯故，約得辨故。此行勝義，第二真攝。無漏真智，理稍勝故。若隨其事，第一真攝。隨其所應，入四世俗，易可知也。若説四諦苦集滅道爲得勝義，卽第三俗第二真攝，論自説故。

　　瑜伽第四十六，云何名諦施設建立？謂無量種，或立一諦；謂不虛妄諦，第四真攝，或立二諦。一世俗諦，二勝義諦。仁王般若波斯匿王白言："世尊，世諦中有第一義諦不？若有者，諦不應一，若無者，智不應二，與瑜伽同，隨名次第，二諦所攝。"或立三諦：一相諦，二語諦，三用諦。所詮能詮，體用離合，語相二用，合名一用。有差別故，相諦通真俗，語用，初三俗唯非真，中後二所攝。除勝義勝義及二空也。或立四諦：一苦，二集，三滅，四道。如前已説，雜染清淨，二類各有，因果殊故。或立五諦：一因諦，二果諦，三智諦，四境諦，五勝諦。前四安立，後一非安立。安立之中，能有所有，心境異故。初因果諦，第三俗諦，第二真攝，境通真俗，智唯第二第三俗諦，第一第二真攝。第五勝諦，第四俗諦，第三第四真諦所攝。或初四種集苦道滅，如次配攝後一真如。或立六諦：一諦諦，二妄諦，三徧知諦，四應永斷諦，五應作證諦，六應修習諦。勝義世俗二類有殊，染淨因果兩各異故。諦諦通四真，義理皆勝故。妄諦通四俗，義理皆劣故。或諦諦是理，非初二俗，是後三真，妄諦如幻，是初二俗，真第一攝，後四如次，卽是四諦。第三俗諦，第二真攝。或立七諦：一愛味諦,二過患諦,三出離諦,四法性諦,五勝解諦,六聖諦,七非聖諦。集苦道滅次第初四,意解思惟,聖凡所知，種類異故。初四諦者,第三俗諦,第二真攝。意解思惟,第四俗諦,第三真攝。依詮行相,二無我故,四真四俗,皆是聖諦。聖知有無,事理別故,凡於初俗,堅著妄說以爲實故,非二聖諦,即是四真四俗諦也,聖者本總名聖諦。聖知爲無,可初俗攝。餘處或立七諦,愛味過患出離,應知應斷,應證應修,單重二觀,前之七諦,單四諦觀,後七諦者,重四諦觀。應知應斷應證,如次重觀前之愛味等故,或云前三單觀後之四種,名爲重觀重觀四諦。觀於四諦,第二觀中除道諦故,亦第三俗,第二真攝。或立八諦:一行苦性諦,二壞苦性諦,三苦苦性諦,四流轉諦,五還滅諦,六雜染諦,七清淨諦,八正加行諦。依於三苦生死涅槃有無漏品聖因別故,初四及第六,第二第三俗諦,第一第二真諦所攝。第五及第七,第三俗諦,第二真諦所攝。淨因果故。或第四俗,第三第四真諦所攝,第八正加行諦,第三第四俗諦,第二第三真諦所收。勝鬘經中亦説八諦,有作無作各有四種:對劣勝機,説淺深理,種類別故,有作聲聞四諦,定屬第三俗諦第二真攝,無作四諦菩薩四諦，第三俗諦第二真攝。雖菩薩作,非安立而作四故, 故第二第三收。文云第四俗收等者，雖作四諦依於言詮而顯於旨,不違二空,二空不同二乘觀苦等法,定空爲於苦,觀之非不苦,所以亦得第四俗收。或第四俗第三真攝,依詮顯旨非安立故。或説九諦:一無常諦,二苦諦,三空諦,四無我諦,五有愛諦,六無有愛諦,七彼斷方便諦,八有餘依涅槃諦,九無餘依涅槃諦。依苦四境，後有常斷二種愛集,一道二滅而分成故,此是四諦。即第三俗第二真攝。或説十諦:一遍切苦諦,二財位匱乏苦諦,三界不平等苦諦,四所愛變壞苦諦,五粗重苦諦,六業諦,七煩惱諦,八聽聞正法如理作意諦，九正見諦,十正見果諦。初五有漏果,次二異熟因,次二出世道,後一無爲滅。苦諦五中,初一攝四苦,謂生老死怨憎會苦,第二即是求不得苦,第三是病苦，第四是愛別離苦，第五是略攝一切五取蘊苦。八苦二集，兩道一滅，有差別故。第三俗諦第二真攝。此中且略配諦相攝，巨細義門，皆應別說。頌曰：“不虛真相苦，因諦及愛行，無常與逼切，增十諦各初。”

問答分別者，問曰：曰，雖說二諦四種不同，此中何者名爲安立？何者名非安立？答曰：顯揚論說：“四種俗諦，皆是安立。”瑜伽論說：“第四勝義，是非安立。”故前三真，亦是安立，體卽是俗後三諦故。問曰：若是安立諦，已立爲諦，何故復說非安立諦？答曰：瑜伽論中六十四云：“唯說安立離非安立，二種解脫不應理故。”一者於相縛，二於麤重縛。若有行於諸安立諦，行皆有相。於諸相縛，不得解脫。相不脫故，於麤重縛亦不解脫。若有行於非安立諦，不行於相，不行相故，相縛解脫。相縛脫故，於麤重縛亦得解脫。問曰：若非安立已立爲諦，何須復說安立諦耶？答曰：六十四說，爲令資糧及方便道得清淨故，有所厭捨，有所修習，有所進趣，有所了知，故立安立。問曰：若行有相，二縛解脫，有何過失？答曰：六十四說，有極善定心，依第四靜慮，於順決擇分善法中轉緣諸諦時，於二種縛應得解脫究竟清淨，以有相心相縛猶在，若能治心許有相者，與所治心竟有何別？舉事而答，極善定至相縛猶在，於決擇分縛未遣，若能治心已下立理，思之可知。又世出世道二種有殊，故行有相不得解脫。要依無相非安立諦，由此證知無分別智，定無相分而能斷惑。問曰：但立一俗一真卽得，何須立四？答曰：此諦但應攝行歸真，總立一諦，勝鬘經說一實諦是，唯如來藏是爲一實，餘有起盡，或是所取，非一實故。若以事理安立非安立而論但應立二，六十四說一真法界名爲勝義，餘名世俗。仁王經中說二亦爾，若隨人法有勝有劣，應各立二。涅槃經中隨人隨法亦說二諦，或俗及真，皆有二諦。若以空及事理，義得行殊，顯揚論等二諦之中，皆有三種。若以諸法有無事理淺深詮旨義各別故，二諦之中各説四重。又瑜伽釋言，世俗勝義，皆有世間所成，道理所成，證得所成，真理所成。由是世俗及勝義諦，各分四種，於劣法中世間所成等，立四世俗，於勝法中世間所成等，即世間勝義，舉此等餘，或可四勝義中，三亦得名世間成，今觀文意，不及初解。立四勝義，故非增減。問曰：此二諦爲同爲異？答曰：亦同亦異。仁王經云："世諦之中無第一義，智不應二。若言有者，智不應一。"涅槃經言："世諦者即第一義，有別方便，隨順衆生，説有二諦。"故不可説定同定異。第一世俗，有名無體，俗中極劣，無可過勝。假名安立，唯俗非真，是名爲異。第四勝義，體妙離言，不可施設，真中極勝，超過一切，唯真非俗，是名爲異，餘可爲同。由此二諦四句分別，有俗非真，謂第一俗，有真非俗，謂第四真，有真亦俗，謂前三真俗後三諦，有非真俗，謂除前相。第四勝義不能自勝，待於四俗故名勝義。故前三真，亦名爲俗。第一世俗不能自俗，待於四真名爲世俗，故後三俗，亦名爲真。第一勝義，待一俗名勝。第二勝義，待二俗名勝。第三勝義，待三俗名勝。第四勝義，待四俗名勝。第一世俗，待四真名俗。第二世俗，待三真名俗。第三世俗，待二真名俗。第四世俗，待一真名俗故。若有俗時，亦必有真。若有真時，亦必有俗。俗是真家俗，真是俗家真。有俗亦有真，無真亦無俗故。非遣依他而證圓成實，非無俗諦可得有真，真俗相依而建立故。如是所説，四種二諦，經論雖有，諸德雖傳，然諸後學，未能疏演。基隨翻譯之次，略纂所聞，其間委細，後更諮審，所以編集，以爲一章。庶後學徒，詳而易矣。可謂義高千葉，理光萬代。讚詠吟諷，何以暢其歡情，所恨徒響伯牙之琴，虛盡卞和之璧耳。

（據金陵刻經處本）

〔附〕 窺 基 傳

釋窺基，字洪道，姓尉遲氏，京兆長安人也。尉遲之先與後魏同起，號尉遲部，如中華之諸侯國，入華則以部爲姓也。魏平東將軍說，六代孫孟都生羅迦，爲隋代州西鎮將，乃基祖焉。考諱宗，唐左金吾將軍松州都督江由縣開國公，其鄂國公德，則諸父也。唐書有傳。基母裴氏，夢掌月輪吞之，寤而有孕，及乎盈月誕彌。與羣兒弗類，數方誦習，神晤精爽。

奘師始因陌上見其眉秀目朗，舉措疎略，曰：“將家之種不謬也哉！脱或因緣相扣，度爲弟子，則吾法有寄矣。”復念在印度時計迴程，次就尼犍子邊占得卦甚吉，師但束歸，哲資生矣。遂造北門將軍，微諷之出家。父曰：“伊類粗悍，那勝教詔？”奘曰：“此之器度，非將軍不生，非某不識。”父雖然諾，基亦强拒，激勉再三，拜以從命。奮然抗聲曰：“聽我三事，方誓出家，不斷情欲、葷血、過中食也。”奘先以欲勾牽，後今（令）入佛智，佯而肯焉。行駕累載前之所欲，故關輔語曰：“三車和尚。”即貞觀二十二年也。一基自序云，九歲丁艱，漸疎浮俗。若然者，三車之説，乃厚誣也。

至年十七，遂預緇林，及乎入法，奉勑爲奘師弟子。始住廣福寺，尋奉別勑，選聰慧穎脱者，入大慈恩寺，躬事奘師學五竺語，解紛開結，統綜條然，聞見者無不欷伏。凡百犍度跋渠，一覽無差，寧勞再憶。年二十五應詔譯經，講通大小乘教三十餘本。創意留心，勤勤著述。蓋切問而近思，其則不遠矣。造疏計可百本。奘所譯唯識論，初與昉尚光四人同受潤色執筆撿文纂義，數朝之後，基求退焉。奘問之，對曰：“夕夢金容，晨趨白馬，雖得法門之糟粕，然失玄源之醇粹，某不願立功於參糅，若意成一本，受責則有所歸。”奘遂許之。以理遣三賢，獨委於基。此乃量材授任也。

時隨受撰錄所聞、講周疏畢。無何西明寺測法師亦俊朗之器，於唯識論講場，得計於闇者，賂之以金，潛隱厥形，聽尋聯綴，亦疏通論旨，猶數座方畢。測於西明寺鳴椎集僧稱講此論。基聞之慚居其後，不勝悵怏。奘勉之曰："測公雖造疏，未達因明。"遂爲講陳那之論。基大善三支，縱橫立破，述義命章，前無與比。又云，請奘師唯爲己講瑜伽論，還被測公同前盜聽先講。奘曰："五性宗法，唯汝流通，他人則否。"

後躬遊五臺山，登太行，至西河古佛宇中宿，夢身在半山巖下，有無量人唱苦聲，冥昧之間，初不忍聞，徙步陟彼層峯，皆瑠璃色，盡見諸國土，仰望一城，城中有聲曰，住住，咄基公未合到此，斯須二天童自城出，問曰："汝見山下罪苦衆生否？"答曰："我聞聲而不見形。"童子遂投與劍一鐔曰："剖腹當見矣。"基自剖之。腹開有光兩道，暉映山下，見無數人受其極苦。時童子入城，持紙二軸及筆投之，捧得而去，及旦驚異未已。過信夜，寺中有光，久而不滅，尋視之數軸發光者，探之得彌勒上生經，乃憶前夢必慈氏令我造疏，通暢厥理耳。遂援毫次，筆鋒有舍利二七粒而隕，如吳含桃許大，紅色可愛，次零然而下者，狀如黃粱粟粒。

一云，行至太原傳法，三車自隨。前乘經論箱表，中乘自御，後乘家妓女僕食饌，於路間遇一老父，問乘何人？對曰："家屬。"父曰："知法甚精，攜家屬偕，恐不稱教。"基聞之頓悔前非，翛然獨往。老父則文殊菩薩也。此亦厄語矣。隨奘在玉華宮，參譯之際，三車何處安置乎？基隨處化徒，獲益者衆。東行博陵，有請講法華經，遂造大疏焉。

及歸本寺，恒與翻譯舊人往還，屢謁宣律師。宣每有諸天王使者執事，或冥告雜務。爾日基去方來，宣怪其遲暮，對曰："適者大乘菩薩在此，善神翼從者多，我曾神通，爲他所制，故爾。"以永淳元年壬午示疾，至十一月十三日長往於慈恩寺翻經院，春秋五十一。法臘無聞，葬於樊村北渠，祔三藏奘師塋隴焉。弟子哀慟，餘外執紼會葬，黑白之衆盈於山谷。

　　基生常勇進，造彌勒像，對其像日誦菩薩戒一徧，願生兜率，求其志也。乃發通身光瑞，爛然可觀。復於五臺造玉石文殊菩薩像，寫金字般若經畢，亦發神光焉。弟子相繼取基爲折中，視之如奘在焉。太和四年庚戌七月癸酉，遷塔於平原，大安國寺沙門令儉檢校塔亭，徙棺見基齒有四十根不斷玉如，衆彈指言，是佛之一相焉。凡今天下佛寺圖形，號曰百本疏主。真（疑爲唐）高宗大帝製讚，一云玄宗。然基魁梧堂堂，有桓赳之氣，而慈濟之心，誨人不倦，自天然也。其符彩則項負玉枕，面部宏偉，交手十指，若印契焉。名諱上字，多出沒不同者。爲以慈恩傳中云，奘師龍朔三年於玉華宮譯大般若經終筆。其年十一月二十二日，令大乘基奉表奏聞，請御製序，至十二月七日通事舍人馮義宣由，此云靈基，開元錄爲窺基，或言乘基，非也。彼曰大乘基，蓋慧立彥悰不全斥故云大乘基，如言不聽泰耳，猶謹遺大乘光奉表同也，今海內呼慈恩法師焉。

　　系曰：性相義門至唐方見大備也。奘師爲瑜伽唯識開創之祖，基乃守文述作之宗，唯祖與宗百世不除之祀也。蓋功德被物，廣矣，大矣。奘苟無基則何祖張其學乎？開天下人眼目乎？二師立功與言，俱不朽也。然則基也，鄂公猶子，奘師門生，所謂將家來爲法將，千載一人而已。故書有之。厥父菑厥子乃肯播，矧能肯穫，其百本疏主之謂歟！

　　　　　　（選自金陵刻經處本宋贊寧續高僧傳卷四）

道　綽

【簡介】　道綽，俗姓衞，生於公元五六二年（陳文帝天嘉三年），死於公元六四五年（唐太宗貞觀十九年），并州汶水（今山西文水縣）人。他自幼出家，先是涅槃學者，後來在石壁山玄中寺中看到記述東魏曇鸞事迹的碑文，深有所感，於是專修淨土。

淨土宗的教義主要是修往生淨土法門。它與其他各宗在教義上有一個顯著的不同，即其他各宗都強調自力修行，以求得證解，而此宗則強調依他力而得往生淨土，也就是所謂，以念佛行業爲內因，以彌陀願力爲外力，內外相應，往生極樂淨土。此宗以阿彌陀經、無量壽經和觀無量壽佛經爲所依經典。此宗遠追印度龍樹、天親，而於中土則推東晉的慧遠爲始祖。之後，東魏的曇鸞以專修淨土而稱著，但此宗的真正奠基人則是道綽及其後的善導。

在道綽以前，修淨土者，如慧遠、曇鸞等，偏重於觀想，其所謂念佛，主要是在觀念中（心中）引起對佛及淨土世界的種種莊嚴、快樂的假想。自道綽後，雖然亦講觀想，但把念佛一事主要改變爲口念佛號（即口唸"阿彌陀佛"）。認爲只要虔誠地、不斷地念佛名號，死後定能往生西方淨土。他在安樂集中以難行和易行，分佛教爲聖道和淨土兩大門類，認爲憑自力修行，斷惑證理，入聖得果，這叫聖道門，是一條艱難的道路；而憑藉阿彌陀佛的願力（即所謂佛立願普渡衆生的力量），往生極樂國土，入聖證果，這叫淨土門，是一條容易達到的道路。他并且認爲，在此末法時代，只有淨土一門才是出離塵世的唯一道路。

　　道綽以來淨土宗給人們發售了一張最廉價的進入佛國的門票，因此淨土宗在民間得到了極大的發展。道宣在續高僧傳的道綽傳中説："西行廣流，斯其人矣。"

一、安樂集

卷　上

　　此安樂集一部之內，總有十二大門，皆引經論證明，勸信求往。

　　今先就第一大門內，文義雖衆，略作九門料簡，然後造文。第一明教興所由，約時被機，勸歸淨土。第二據諸部大乘，顯説聽方軌。第三據大乘聖教，明諸衆生發心久近，供佛多少，欲使時會聽衆，力勵發心。第四辨諸經宗旨不同。第五明諸經得名各異，如湼槃般若經等，就法爲名，自有就喻。或有就事，亦有就時就處，此例非一。今此觀經，就人法爲名，佛是人名，説觀無量壽，是法名也。第六料簡説人差別。諸經起説，不過五種：一者佛自説，二者聖弟子説，三者諸天説，四者神仙説，五者變化説。此觀經者，五種説中，世尊自説。第七略明真應二身，並辨真應二土。第八顯彌陀淨國，位該上下，凡聖通往。第九明彌陀淨國，三界攝與不攝也。

　　第一明教興所由，約時被機，勸歸淨土者，若教赴時機，易修易悟，若機教時乖，難修難入，是故正法念經云："行者一心求道時，常當觀察時方便。"若不得時，無方便，是名爲失，不名利。何者？如攢濕木以求火，火不可得，非時故。若折乾薪以覓水，水不可得，無智故。是故大集月藏經云："佛滅度後第一五百年，我諸弟子學慧得堅固；第二五百年，學定得堅固；第三五百年，學多聞讀誦得堅固；第四五百年，造立塔寺修福懺悔得堅固；第五五百年，百法隱

滯，多有諍訟，微有善法得堅固。"又，彼經云："諸佛出世，有四種
法度衆生。何等爲四？一者口説十二部經，卽是法施度衆生；二者
諸佛如來有無量光明相好，一切衆生但能繫心觀察，無不獲益，是
卽身業度衆生；三者有無量德用神通道力，種種變化，卽是神通力
度衆生；四者諸佛如來有無量名號，若總若別，其有衆生繫心稱念，
莫不除障獲益，皆生佛前，卽是名號度衆生。"計今時衆生，卽當佛
去世後第四五百年，正是懺悔修福，應稱佛名號時者。若一念稱阿
彌陀佛，卽能除卻八十億劫生死之罪。一念既爾，況修常念，卽是
恒懺悔人也。又若去聖近，卽前者修定修慧是其正學，後者是兼；
如去聖已遠，則後者稱名是正，前者是兼。何意然者？實由衆生去
聖遙遠，機解浮淺暗鈍故也。是以韋提大士自爲，及哀愍末世五濁
衆生，輪迴多劫，徒受痛燒，故能假遇苦緣，諮開出路豁然。大聖加
慈，勸歸極樂，若欲於斯進趣，勝果難階。雅有淨土一門，可以情悕
趣入。若欲披尋衆典，勸處彌多。遂以採集真言，助修往益。何
者？欲使前生者導後，後去者訪前，連續無窮，願不體止，爲盡無邊
生死海故。

　　第二據諸部大乘，明説聽方軌者，於中有六：第一、大集經云：
"於説法者，作醫王想，作拔苦想。所説之法，作甘露想，作醍醐想。
其聽法者，作增長勝解想，作愈病想。若能如是，説者聽者，皆堪紹
隆佛法，常生佛前。"第二、大智度論云："聽者端視如渴飲，一心入
於語義中，聞法踊躍心悲喜，如是之人應爲説。"第三、彼論又云：
"有二種人，得福無量無邊。何等爲二？一者樂説法人，二者樂聽
法人。是故阿難白佛言：舍利弗，目連，何以所得智慧神通，於聖弟
子中最爲殊勝？佛告阿難：此之二人，於因中時，爲法因緣，千里不
難，是故今日最爲殊勝。"第四、無量壽大經云："若人無善本，不得
聞此經，清淨有戒者，乃獲聞正法。"第五、云："曾更見世尊，則能信

此事，奉事億如來，樂聞如是教。”第六、無量清淨覺經云：“善男子、善女人，聞説淨土法門，心生悲喜，身毛爲竪，如拔出者，當知此人過去宿命已作佛道也。若復有人，聞開淨土法門，都不生信者，當知此人始從三惡道來，殃咎未盡，爲此無信向耳。我説此人未可得解脱也。”是故無量壽大經云：“憍慢弊懈怠，難以信此法。”

第三據大乘聖教，明衆生發心久近，供佛多少者。如涅槃經云：“佛告迦葉菩薩，若有衆生於熙連半恒河沙等諸佛所發菩提心，然後乃能於惡世中，聞是大乘經典不生誹謗。若有於一恆河沙等佛所發菩提心，然後乃能於惡世中，聞經不起誹謗，深生愛樂。若有於二恆河沙等佛所發菩提心，然後乃能於惡世中，不謗是法，正解信樂，受持讀誦。若有於三恆河沙等佛所發菩提心，然後乃能於惡世中，不謗是法，書寫經卷。”雖爲人説，未解深義，何以故須如此校量者？爲彰今日坐下聞經者，曾已發心供養多佛也，又顯大乘經之威力不可思議。是故經云：“若有衆生聞是經典，億百千劫不墮惡道。”何以故？是妙經典所流布處，當知其地即是金剛，是中諸人亦如金剛，故知聞經生信者，皆獲不可思議利益也。

第四次辨諸經宗旨不同者。若依涅槃經，佛性爲宗，若依維摩經，不可思議解脱爲宗，若依般若經，空慧爲宗，若依大集經，陀羅尼爲宗。今此觀經，以觀佛三昧爲宗。若論所觀，不過依正二報，如下依諸觀所辨。若依觀佛三昧經云，佛告父王，諸佛出世，有三種益：一者、口説十二部經，法施利益，能除衆生無明暗障，開智慧眼，生諸佛前，早得無上菩提。二者、諸佛如來有身相光明，無量妙好，若有衆生稱念觀察，若總相，若别相，無問佛身現在過去，皆能除滅衆生四重五逆，永背三途，隨意所樂，常生淨土，乃至成佛。三者、勸令父王行念佛三昧。父王白佛，佛地果德真如實相第一義空，何因不遣弟子行之？佛告父王，諸佛果德，有無量深妙境界，神通解脫，非是凡夫所行境界，故勸父王行念佛三昧。父王白佛，念佛之功，其狀云何？佛告父王，如伊蘭林，方四十由旬，有一科牛頭栴檀，雖有根芽，猶未出土，其伊蘭林唯臭無香，若有噉其華果，發狂而死。後時栴檀根芽漸漸生長，纔欲成樹，香氣昌盛，遂能改變此林普皆香美，眾生見者，皆生希有心。佛告父王，一切眾生在生死中，念佛之心亦復如是，但能繫念不止，定生佛前。一得往生，即能改變一切諸惡，成大慈悲，如彼香樹改伊蘭林。所言伊蘭林者，喻眾生身內三毒三障無邊重罪；言栴檀者，喻眾生念佛之心；纔欲成樹者，謂一切眾生，但能積念不斷，業道成辦也。問曰：計一切眾生念佛之功，亦應一切可知，何因一念之力，能斷一切諸障，如一香樹，改四十由旬伊蘭林，悉使香美也？答曰：依諸部大乘，顯念佛三昧功能不可思議也。何者？如華嚴經云：“譬如有人，用師子筋以為琴絃，音聲一奏，一切餘絃悉皆斷壞。”若人菩提心中行念佛三昧者，一切煩惱，一切諸障，悉皆斷滅。亦如有人搆取牛羊驢馬一切諸乳，置一器中，若持師子乳一渧投之，直過無難，一切諸乳，悉皆破壞，變為清水。若人但能菩提心中行念佛三昧者，一切惡魔諸障，直過無難。又彼經云：“譬如有人持翳身藥處處遊行，一切餘人不見是人。”若能菩提心中行念佛三昧者，一切惡神，一切諸障，不見是人，隨所詣處，無能遮障也。何故能爾？此念佛三昧，即是一切三昧中王故也。

　　第七略明三身三土義。問曰：今現在阿彌陀佛是何身？極樂之國是何土？答曰：現在彌陀是報佛，極樂寶莊嚴國是報土。然古舊相傳，皆云阿彌陀佛是化身，土亦是化土，此為大失也。若爾者，穢土亦化身所居，淨土亦化身所居者，未審如來報身更依何土也。今依大乘同性經辨定報化淨穢者。經云：“淨土中成佛者，悉是報身；穢土中成佛者，悉是化身。”彼經云，阿彌陀如來，蓮華開敷星王如來,龍主王如來,寶德如來等諸如來,清淨佛刹,現得道者,當得道者,如是一切,皆是報身佛也。何者如來化身?由如今日踊步如來,魔恐怖如來,如是等一切如來,穢濁世中,如現成佛者,當成佛者,從兜率下,乃至住持一切正法,一切像法,一切末法,如是化事,皆是化身佛也。何者如來法身? 如來真法身者,無色無形,無現無著,不可見,無言說,無住處,無生無滅,是名真法身義也。問曰:如來報身常住,云何觀音授記經云,阿彌陀佛入涅槃後,觀世音菩薩次補佛處也? 答曰: 此是報身示現隱没相,非滅度也。彼經云,阿彌陀佛入涅槃後,復有深厚善根衆生還見如故,即其證也。又,寶性論云: 報身有五種相,說法及可見,諸業不休息,及休息隱没,示現不實體,即其證也。問曰: 釋迦如來報身報土在何方也? 答曰:涅槃經云,西方去此四十二恆河沙佛土,有世界名曰無勝,彼土所有莊嚴,亦如西方極樂世界,等無有異。我於彼土出現於世,爲化衆生,故來在此娑婆國土,但非我出此土,一切如來亦復如是,即其證也。問曰:鼓音經云,阿彌陀佛有父母,明知非是報佛報土也。答曰: 子但聞名,不究尋經旨,致此疑。可謂錯之毫毛,失之千里。然阿彌陀佛亦具三身,極樂出現者,即是報身。今言有父母者,是穢土中示現化身父母也。亦如釋迦如來,淨土中成其報佛,應來此方,示有父母,成其化佛。阿彌陀佛亦復如是。又如鼓音聲經云,爾時阿彌陀佛與聲聞衆俱,國號清泰,聖王所住,其城縱廣十千由旬,阿彌陀佛父是轉輪聖王,王名月上,母名殊勝妙顏,魔王名無勝,佛子名月明,提婆達多名寂意,給侍弟子名無垢稱。又,上來所引,並是化身之相,若是淨土,豈有輪王及城女人等也。此即文義晒然,何待分別? 皆不善尋究、致使迷名生執也。問曰: 若報身有隱没休息相者,亦可淨土有成壞事? 答曰:如斯難者,自古將今,義亦難通。雖然,今敢引經爲證,義亦可知。譬如佛身常住,衆生見有涅槃，淨土亦爾，體非成壞，隨衆生所見有成有壞。如華嚴經云："由如見導師，種種無量色，隨衆生心行。"見佛刹亦然。是故淨土論云："一質不成故，淨穢有虧盈；異質不成故，搜原則冥一；無質不成故，緣起則萬形。"故知若據法性淨土，則不論清濁；若據報化大悲，則非無淨穢也。又況明佛土，對機感不同，有其三種差別：一者、從真垂報，名爲報土。猶如日光照四天下，法身如日，報化如光。二者、無而忽有，名之爲化。即如四分律云：錠光如來，化提婆城與拔提城相近，共爲親婚往來。後時忽然化火燒卻，令諸衆生視此無常，莫不生厭，歸向佛道也。是故經云："或現劫火燒，天地皆洞然，衆生有常想，照令知無常。或爲濟貧乏，現立無盡藏，隨緣廣開導，令發菩提心。"三者、隱穢顯淨。如維摩經，佛以足指按地，三千刹土莫不嚴淨。今此無量壽國，即是從真垂報國也。何以得知？依觀音授記經云："未來觀音成佛，替阿彌陀佛處"，故知是報也。

第八明彌陀淨國，位該上下，凡聖通往者。今此無量壽國，是其報淨土。由佛願故，乃該通上下，致令凡夫之善，並得往生。由該上故，天親龍樹及上地菩薩，亦皆生也。是故大經云：彌勒菩薩問佛，未知此界有幾許不退菩薩得生彼國？佛言：此娑婆世界，有六十七億不退菩薩皆當往生。若欲廣引，餘方皆爾。問曰：彌陀淨國，既云位該上下，無問凡聖皆通往者，未知唯修無相得生，爲當凡夫有相亦得生也？答曰：凡夫智淺，多依相求，決得往生。然以相善力微，但生相土，唯視報化佛也。是故觀佛三昧經菩薩本行品云：文殊師利白佛言，我念過去無量劫數爲凡夫時，彼世有佛，名寶威德上王如來。彼佛出時，與今無異，彼佛亦長丈六，身紫金色，説三乘法，如釋迦文。爾時彼國有大長者，名一切施，長者有子，名曰戒護。子在母胎時，母以敬信故，預爲其子受三歸依。子既生已，年至八歲，父母請佛於家供養，童子見佛，爲佛作禮，敬佛心重，目不暫捨。一見佛故，即得除卻百萬億那由他劫生死之罪。從是以後，常生淨土，即得值遇百億那由他恆河沙佛。是諸世尊，亦以相好度脫衆生。爾時童子，一一親侍，間無空缺，禮拜供養，合掌觀佛。以因緣力故，復得值遇百萬阿僧祇佛。彼諸佛等，亦以色身相好化度衆生。從是以後，即得百千億念佛三昧門，復得阿僧祇陀羅尼門。既得此已，諸佛現前，乃爲說無相法，須臾之間，得首楞嚴三昧。時彼童子，但受三歸一禮佛故，諦觀佛身，心無疲厭。由此因緣，值無數佛，何況繫念具足思惟觀佛色身。時彼童子豈異人乎？是我身也。爾時世尊讚文殊言：善哉，善哉！汝以一禮佛故，得值無數諸佛，何況未來我諸弟子，懃觀佛者，懃念佛者？佛勅阿難：汝持文殊師利語，徧告大衆，及未來世衆生，若能禮佛者，若能念佛者，若能觀佛者，當知此人與文殊師利等無有異，捨身他世，文殊師利等諸菩薩爲其和上。以此文證，故知淨土該通相土，往生不謬。若知無相離念爲體，而緣中求往者，多應上輩生也。是故天親菩薩論云：若能觀二十九種莊嚴清淨，即略入一法句。一法句者，謂清淨句。清淨句者，即是智慧無爲法身故。何故須廣略相入者。但諸佛菩薩有二種法身：一者法性法身，二者方便法身。由法性法身故，生方便法身，由方便法身故，顯出法性法身。此二種法身，異而不可分，一而不可同，是故廣略相入。菩薩若不知廣略相入，則不能自利利他。無爲法身者，即法性身也。法性寂滅故，即法身無相也。法身無相故，則能無不相。是故相好莊嚴，即是法身也。法身無知故，則能無不知。是故一切種智，即是真實智慧也。雖知就緣觀總別二句，莫非實相也。以知實相故，即知三界衆生虛妄相也；以知三界衆生虛妄故，即起真實慈悲也；以知真實慈悲故，即起真實歸依也。今之行者，無問緇素，但能知生無生，不違二諦者，多應落在上輩生也。

第九明彌陀淨國三界攝與不攝。問曰:安樂國土,於三界中何界所攝?答曰:淨土勝妙,體出世間。此三界者,乃是生死凡夫之闇宅,雖復苦樂少殊,脩短有異,統如觀之,莫非有漏之長津,倚伏相乘,循環無際,雜生觸受,四倒長溝,且因且果,虛偽相習,深可厭也。是故淨土非三界攝。又,依智度論云:"淨土果報,無欲故,非欲界;地居故,非色界;有形色故,非無色界。"雖言地居,精勝妙絕。是故天親論云"觀彼世界相,勝過三界道,究竟如虛空,廣大無邊際。"是故大經讚云:"妙土廣大超數限,自然七寶所合成,佛本願力莊嚴起,稽首清淨大攝受。世界光耀妙殊絕,適悅晏安無四時,自利利他力圓滿,歸命方便巧莊嚴。"

第二大門中,有三番料簡:第一明發菩提心,第二破異見邪執,第三廣施問答,釋去疑情。

就初發菩提心內有四番:一出菩提心功用,二出菩提名體,三顯發心有異,四問答解釋。第一出菩提心功用者。大經云:"凡欲往生淨土,要須發菩提心爲源。"云何?菩提者,乃是無上佛道之名也。若欲發心作佛者,此心廣大,徧周法界;此心究竟,等若虛空;此心長遠,盡未來際;此心普備,離二乘障。若能一發此心,傾無始生死有淪,所有功德迴向菩提,皆能遠詣佛果,無有失滅。譬如寄華五淨,風日不萎,附水靈河,世旱無竭。第二出菩提名體者。然菩提有三種:一者法身菩提,二者報身菩提,三者化身菩提也。言法身菩提者,所謂真如實相,第一義空,自性清淨,體無穢染。理出天真,不假修成,名爲法身;佛道體本,名曰菩提。言報身菩提者,備修萬行,能感報佛之果。以果酬因,名曰報身;圓通無礙,名曰菩提。言化身菩提者,謂從報起用,能趣萬機,名爲化身;益物圓通,名曰菩提。第三顯發心有異者。今謂行者修因發心具其三種:一者要須識達有無，從本已來自性清淨。二者緣修萬行，八萬四千諸波羅蜜門等。三者大慈悲爲本，恆擬運度爲懷。此之三因，能與大菩提相應，故名發菩提心。又據淨土論云：今言發菩提心者，卽是願作佛心；願作佛心者，卽是度衆生心；度衆生心者，卽攝取衆生生有佛國土心。今旣願生淨土，故先須發菩提心也。第四問答解釋者。問曰：若備修萬行，能感菩提，得成佛者，何故諸法無行經云："若人求菩提，卽無有菩提，是人遠菩提，猶如天與地。"答曰：菩提正體，理求無相，今作相求，不當理實，故名人遠也。是故經言菩提者，不可以心得，不可以身得也。今謂行者雖知修行往求，了了識知理體無求，仍不壞假名，是故備修萬行，故能感也。是故大智度論云："若人見般若，是則爲被縛，若不見般若，是亦爲被縛。若人見般若，是則爲解脱，若不見般若，是亦爲解脱。"龍樹菩薩釋曰："是中不離四句者爲縛，離四句者爲解。"今祈菩提，但能如此修行，卽是不行而行。不行而行者，不違二諦大道理也。又依天親淨土論云："凡欲發心會無上菩提者，有其二義：一者先須離三種與菩提門相違法，二者須知三種順菩提門法。"何等爲三？一者依智慧門，不求自樂，遠離我心貪著自身故。二者依慈悲門，拔一切衆生苦，遠離無安衆生心故。三者依方便門，憐愍一切衆生心，遠離恭敬供養自身心故。是名遠離三種菩提門相違法。順菩提門者，菩薩遠離如是三種菩提門相違法，卽得三種隨順菩提門法。何等爲三？一者無染清淨心，不爲自身求諸樂故。菩提是無染清淨處，若爲自身求樂，卽違菩提門。是故無染清淨心，是順菩提門。二者安清淨心，爲拔一切衆生苦故。菩提安穩一切衆生清淨處，若不作心拔一切衆生離生死苦，卽便違菩提。是故拔一切衆生苦，是順菩提門。三者樂清淨心，欲令一切衆生得大菩提故，攝取衆生生彼國土故。菩提是畢竟常樂處，若不令一切衆生得畢竟常樂者，則違菩提門。

此畢竟常樂，依何而得？要依大義門。大義門者，謂彼安樂佛國是也。故令一心專至，願生彼國，欲使早會無上菩提也。

第二明破異見邪執者。就中有其九番：第一破妄計大乘無相，異見偏執，第二會通菩薩愛見大悲，第三破繫心外無法，第四破願生穢國，不願往生淨土，第五破若生淨土，多喜著樂，第六破求生淨土非是小乘，第七破求生兜率，勸不歸淨土，第八會通若求生十方淨土，不如歸西，第九料簡別時之意。第一破大乘無相妄執者，就中有二：一總生起。欲令後代學者，明識是非，去邪向正，第二廣就繫情，顯正破之。一總生起者。然大乘深藏，名義塵沙，是故涅槃經云："一名無量義，一義無量名。"要須徧審衆典，方曉部旨，非如小乘俗書，案文畢義，何意須然。但淨土幽廓，經論隱顯，致令凡情種種圖度，恐涉謟語刁刁，百旨偏執，雜亂無知，妨礙往生。今且舉少狀，一一破之。第一破妄計大乘無相者。問曰：或有人言，大乘無相，勿念彼此，若願生淨土，便是取相，轉增漏縛，何用求之？答曰：如此計者，將謂不然。何者？一切諸佛說法，要具二緣：一依法性實理，二須順其二諦。彼計大乘無念，但依法性。然謗無緣求，卽是不順二諦。如此見者，墮滅空所收。是故無上依經云：佛告阿難，一切衆生若起我見如須彌山，我所不懼。何以故？此人雖未卽得出離，常不壞因果，不失果報故。若起空見如芥子，我卽不許。何以故？此見者破喪因果，多墮惡道，未來生處，必背我化。今勸行者，理雖無生，然二諦道理，非無緣求，一切得往生也。是故維摩經云："雖觀諸佛國，及與衆生空，而常修淨土，教化諸羣生。"又，彼經云："雖行無作，而現受身，是菩薩行；雖行無起，而起一切善行，是菩薩行，"是其真證也。問曰：今世間有人行大乘無相，亦不存彼此，全不護戒相，是事云何？答曰：如此計者，爲害滋甚。何者？如大方等經云：佛爲優婆塞制戒，不得至寡婦處女家，沽酒家、藍染

家、押油家、熟皮家，悉不得往來。阿難白佛言，世尊爲何等人制如
斯戒？佛告阿難，行者有二種：一者在世人行，二者出世人行。出
世人者，吾不制上事，在世人者，吾今制之。何以故？一切衆生悉
是吾子，佛是一切衆生父母，遮制約勒，早出世間，得涅槃故。第二
會通菩薩愛見大悲者。問曰：依大乘聖教，菩薩於諸衆生若起愛見
大悲，卽應捨離，今勸衆生共生淨土，豈非愛染取相？若爲免其塵
累也。答曰：菩薩行法，功用有二。何者？一證空慧般若，二具大
悲。一以修空慧般若力故，雖入六道生死，不爲塵染所繫。二以大
悲念衆生故，不住涅槃，菩薩雖處二諦，常能妙捨有無，取捨得中，
不違大道理也。是故維摩經云：“譬如有人，欲於空地造立宮舍，隨
意無礙，若於虛空，終不能成。”菩薩亦如是，爲欲成就衆生故，願取
佛國，願取佛國者，非於空也。第三破繫心外無法者。就中有二：
一破計情，二問答解釋。問曰：或有人言，所觀淨境，約就內心，淨
土融通，心淨卽是，心外無法，何須西入？答曰：但法性淨土，理處
虛融，體無偏局，此乃無生之生，上士堪入。是故無字寶篋經云：
“善男子！復有一法，是佛所覺。所謂諸法不去不來，無因無緣，無
生無滅，無思無不思，無增無減。佛告羅睺羅云，汝今受持我此所
説正法義不？爾時十方有九億菩薩卽白佛言，我等皆能持此法門，
當爲衆生流通不絶。世尊答曰：是善男子等，則爲兩肩荷擔菩提，
彼人卽得不斷辨才，得善清淨諸佛世界。命終之時，卽得現見阿彌
陀佛與諸聖衆住其人前，得往生也。”自有中下之輩，未能破相，要
依信佛因緣，求生淨土，雖至彼國，還居相土。又云：“若攝緣從本，
卽是心外無法；若分二諦明義，淨土無妨是心外法也。二問答解
釋。問曰：向言無生之生，唯上士能入，中下不堪者，爲當直將人約
法作如此判，爲當亦有聖教來證？答曰：依智度論云：“新發意菩
薩，機解輕弱，雖言發心，多願生淨土。”何意然者？譬如嬰兒，若不

近父母恩養，或墮阬落井火蛇等難，或乏乳而死，要假父母摩洗養育，方可長大，能紹繼家業。菩薩亦爾，若能發菩提心，多願生淨土，親近諸佛，增長法身，方能匡紹菩薩家業，十方濟運。爲斯益故，多願生也。又彼論云：譬如鳥子，翅翮未成，不可逼令高翔，先須依林傳樹，羽成有力，方可捨林遊空。新發意菩薩亦爾，先須乘願求生佛前，法身成長，隨感赴益。又，阿難白佛言，此無相波羅蜜，在何處說？佛言：如此法門，在阿毗跋致地中說。何以故？有新發意菩薩，聞此無相波羅蜜門，所有清淨善根，悉當滅没也。又來但至彼國，卽一切事畢，何用靜此深淺理也。第四破願生穢土不願生淨土者。問曰：或有人言，願生穢國教化衆生，不願往生淨土，是事云何？答曰：此人亦有一徒。何者？若身居不退已去，爲化雜惡衆生故，能處染不染，逢惡不變，如鵝鴨入水，水不能濕，如此人等，堪能處穢拔苦。若是實凡夫者，唯恐自行未立，逢苦卽變，欲濟彼者，相與俱没，如似逼雞入水，豈能不濕？是故智度論云：“若凡夫發心，卽願在穢土拔濟衆生者，聖意不許。”何意然者？龍樹菩薩釋云：“譬如四十里冰，如有一人以一升熱湯投之，當時似如少減，若經夜至明，乃高於餘者。凡夫在此發心救苦亦復如是，以貪瞋境界違順多故，自起煩惱返墮惡道故也。第五破若生淨土多喜著樂者。問曰：或有人言，淨土之中，唯有樂事，多喜著樂，妨廢修道，何須願往生也？答曰：既云淨土，無有衆穢，若言著樂，便是貪愛煩惱，何名爲淨！是故大經云：彼國人天，往來進止，情無所繫。又四十八願云：十方人天來至我國，若起想念貪計身者，不取正覺。大經又云：彼國人天無所適莫，何有著樂之理也。第六破求生淨土非是小乘。問曰：或有人言，求生淨土，便是小乘，何須修之？答曰：此亦不然。何以故？但小乘之教，一向不明生淨土故也。第七會通願生兜率勸歸淨土者。問曰：或有人言，願生兜率，不願歸西，是事云

何？答曰：此義不類。少分似同，據體大別，有其四種。何者？一
彌勒世尊爲其天衆轉不退法輪，聞法生信者獲益，名爲信同。著樂
無信者，其數非一。又，來雖生兜率，位是退處，是故經云：三界無
安，猶如火宅。二往生兜率，正得壽命四千歲，命終之後，不免退
落。三兜率天上，雖有水鳥樹林，和鳴哀雅，但與諸天生樂爲緣，順
於五欲，不資聖道。若向彌陀淨國，一得生者，悉是阿毗跋致，更無
退人與其雜居。又，復位是無漏，出過三界，不復輪迴。論其壽命，
即與佛齊，非算數能知。其有水鳥樹林，皆能說法，令人悟解，證會
無生。四據大經且以一種音樂比校者。經讚言："從世帝王至六
天，音樂轉妙有八重，展轉勝前億萬倍，寶樹音麗倍亦然。復有自
然妙伎樂，法音清和悦心神，哀婉雅亮超十方，是故稽首清淨勳。"
第八校量願生十方淨土，不如歸西方者。問曰：或有人言，願生十
方淨國，不願歸西方，是義云何？答曰：此義不類，於中有三。何
者？一、十方佛國，非爲不淨，然境寬則心昧，境狹則意專，是故十
方隨願往生經云：普廣菩薩白佛言，世尊，十方佛土皆爲嚴淨，何
故諸經中偏歎西方阿彌陀國，勸往生也？佛告普廣菩薩，一切衆
生，濁亂者多，正念者少，欲令衆生專志有在，是故讚歎彼國爲別異
耳。若能依願修行，莫不獲益。二、十方淨土雖皆是淨，而深淺難
知，彌陀淨國，乃是淨土之初門。何以得知？依華嚴經云："娑婆世
界一劫，當極樂世界一日一夜，極樂世界一劫，當袈裟幢世界一日
一夜。"如是，優劣相望，乃有十阿僧祇，故知爲淨土初門，是故諸
佛偏勸也。餘方佛國，都不如此丁寧，是故有信之徒，多願往生也。
三、彌陀淨國既是淨土初門，娑婆世界即是穢土末處。何以得知？
如正法念經云："從此東北，有一世界，名曰斯訶，土田唯有三角沙
石，一年三雨，一雨濕潤不過五寸，其土衆生，唯食菓子，樹皮爲衣，
求生不得，求死不得。復有一世界，一切虎狼禽獸，乃至蛇蝎，悉皆

有翅飛行，逢者相噉，不簡善惡，此豈不名穢土始處？然娑婆依報，乃與賢聖同流，唯此乃是穢土終處。安樂世界既是淨土初門，卽與此方境次相接，往生甚便，何不去也。第九據攝論與此經相違，料簡別時意語者。今觀經中，佛說下品生人，現造重罪，臨命終時，遇善知識，十念成就，卽得往生。依攝論云：導佛別時意語。又，古來通論之家，多判此文云：臨終十念，但得作往生因，未卽得生。何以得知？論云：“如以一金錢，貿得千金錢，非一日卽得。”故知十念成就者，但得作因，未卽得生，故名別時意語。如此解者，將爲未然。何者？凡菩薩作論釋經，皆欲遠扶佛意，契會聖情，若有論文違經者，無有是處。今解別時意語者，謂佛常途說法，皆明先因後果，理數炳然。今此經中，但説一生造罪，臨命終時，十念成就，卽得往生，不論過去有因無因者，直是世尊引接當來造惡之徒，令其臨終捨惡歸善，乘念往生，是以隱其宿因。此是世尊隱始顯終，没因談果，名作別時意語。何以得知？但使十念成就，皆有過去因。如涅槃經云：“若人過去已曾供養半恆河沙諸佛，復經發心，而能於惡世中，聞説大乘經教，但能不謗，未有餘功。若經供養一恆河沙諸佛，及經發心，然後聞大乘經教，非直不謗，復加愛樂。”以此諸經來驗，明知十念成就者，皆有過因不虛。若彼過去無因者，善知識尚不可逢遇，何況十念而可成就也。論云：“以一金錢貿得千金錢，非一日卽得”者，若據佛意，欲令衆生多積善因，便乘念往生。若望論主，乘閉過去因，理亦無爽。若作此解，卽上順佛經，下合論意，卽是經論相扶，往生路通，無復疑惑也。

第三明廣施問答釋去疑情者。自下就大智度論廣施問答。問曰：但一切衆生，從曠大劫來，備造有漏之業，繫屬三界，云何不斷三界繫業，直爾少時念阿彌陀佛，卽得往生，便出三界者？此繫業之義，復欲云何？答曰：有二種解釋：一就法來破，二借喻以顯。言就法者，諸佛如來有不思議智，大乘廣智，無等無倫最上勝智，不思議智力者，能以少作多，以多作少，以近爲遠，以遠爲近，以輕爲重，以重爲輕。有如是等智，無量無邊不可思議。自下第二有七番，並借喻以顯。第一譬如百夫，百年聚薪，積高千仞，豆許火焚，半日便盡，豈可得言百年之薪半日不盡也。第二譬如癖者，寄載他船，因風帆勢，一日至於千里，豈可得言癖者云何一日至千里也。第三亦如下賤貧人，獲一瑞物，而以貢王，王慶所得，加諸重賞，斯須之頃，富貴盈望，豈可得言以數十年仕，備盡辛勤上下，尚不達而歸者，言彼富貴無此事也。第四猶如劣夫，以己身力擲驢不上，若從輪王行，便乘虛空飛騰自在，豈可得言以劣夫之力必不能昇虛空也。第五又如十圍之索，千夫不制，童子揮劍，儵爾兩分，豈可得言童子之力不能斷索也。第六又如鴆鳥入水，魚蚌斯斃，犀角觸泥，死者還活，豈可得言性命一斷不可生也。第七亦如黃鵠喚子安，子安還活，豈可得言墳下千齡決無可甦也。一切萬法，皆有自力他力，自攝他攝，千開萬閉，無量無邊，汝豈得以有礙之識，疑彼無礙之法乎」又，五不思議中，佛法最不可思議，汝以三界繫業爲重，疑彼少時念佛爲輕，不得往生安樂國入正定聚者，是事不然。問曰：大乘經云，業道如秤，重處先牽，云何衆生一形已來，或百年，或十年，乃至今日，無惡不造？云何臨終遇善知識，十念相續，即得往生？若爾者，先牽之義，何以取信？答曰：汝謂一形惡業爲重，以下品人十念之善以爲輕者，今當以義校量。輕重之義者，正明在心，在緣，在決定，不在時節久近多少也。云何在心？謂彼人造罪時，自依止虛妄顛倒心生，此十念者，依善知識方便安慰聞實相法生。一實一虛，豈得相比也。何者？譬如千歲闇室，光若暫至，即便明朗，豈可得言闇在室千歲而不去也。是故遺日摩尼寶經云："佛告迦葉菩薩，衆生雖復數千巨億萬劫，在愛欲中，爲罪所覆，若聞佛經，一反念善，罪卽消盡也。"是名在心。二云何在緣者，謂彼人造罪時，自依止妄想，依煩惱果報衆生生，今此十念者，依止無上信心，依阿彌陀如來眞實清淨無量功德名號生。譬如有人被毒箭所中，徹筋破骨，若聞滅除藥鼓聲，卽箭出毒除，豈可得言彼箭深毒厲，聞鼓音聲不能拔箭去毒也。是名在緣。三云何在決定者，彼人造罪時，自依止有後心有閒心生，今此十念者，依止無後心無閒心起，是爲決定。又，智度論云："一切衆生臨終之時，刀風解形，死苦來逼，生大怖畏，是故遇善知識，發大勇猛，心心相續，十念卽是增上善根，便得往生。又如有人對敵破陣，一形之力一時盡用，其十念之善亦如是也。又若人臨終時，生一念邪見增上惡心，卽能傾三界之福，卽入惡道也。"問曰：既云垂終十念之善能傾一生惡業，得生淨土者，未知幾時爲十念也？答曰：如經説云，百一生滅成一刹那，六十刹那以爲一念。此依經論汎解念也。今時解念，不取此時節，但憶念阿彌陀佛，若總相，若別相，隨所緣觀逕於十念，無他念想閒雜，是名十念。又云，十念相續者，是聖者一數之名耳，但能積念凝思，不緣他事，使業道成辦便罷，亦不勞記之頭數也。又云，若久行人念，多應依此，若始行人念者，記數亦好。此亦依聖教。又問曰：今欲依勸行念佛三昧，未知計念相狀何似？答曰：譬如有人於空曠迴處，值遇怨賊，拔刀奮勇直來欲殺，此人徑走，視度一河，未及到河卽作此念，我至河岸，爲脱衣渡，爲著衣浮，若脱衣渡，唯恐無暇，若著衣浮，復畏首領難全，爾時但有一心作渡河方便，無餘心想閒雜。行者亦爾，念阿彌陀佛時，亦如彼人念渡。念念相次，無餘心想閒雜，或念佛法身，或念佛神力，或念佛智慧，或念佛豪相，或念佛相好，或念佛本願。稱名亦爾，但能專至相續不斷，定生佛前。今勸後代學者，若欲會其二諦，但知念念不可得，卽是智慧門，而能繫念相續不斷，卽是功德門。是故經云："菩薩摩訶薩，恆以功德智慧以修其心。"若始學者，未能破相，但能依相專至，無不往生，不須疑也。又問曰：無量壽大經云："十方衆生，至心信樂，欲生我國，乃至十念，若不生者，不取正覺。"今有世人聞此聖教，現在一形全不作意，擬臨終時方欲修念，是事云何？答曰：此事不類。何者？經云十念相續，似若不難，然諸凡夫，心如野馬，識劇猨猴，馳騁六塵，何曾停息。各須宜發信心，預自剋念，使積習成性，善根堅固也。如佛告大王，人積善行，死無惡念。如樹先傾，倒必隨由也。若刀風一至，百苦湊身，若習先不在懷，念何可辦？各宜同志三五，預結言要，臨命終時，迭相開曉，爲稱彌陀名號，願生安樂國，聲聲相次，使成十念也。譬如蠟印印泥，印壞文成，此命斷時，即是生安樂國時。一入正定聚，更何所憂？各宜量此大利，何不預剋念也。又問曰：諸大乘經論，皆言一切衆生畢竟無生，猶若虛空，云何天親龍樹菩薩皆願往生也？答曰：言衆生畢竟無生如虛空者，有二種義：一者如凡夫人所見實衆生，實生死等，若據菩薩往生，畢竟如虛空、如兔角。二者今言生者是因緣生，因緣生故即是假名生，假名生故即是無生，不違大道理也，非如凡夫謂有實衆生、實生死也。又問曰：夫生爲有本，乃是衆累之元，若知此過，捨生求無生者可有脫期，今既勸生淨土，即是棄生求生，生何可盡？答曰：然彼淨土乃是阿彌陀如來清淨本願無生之生，非如三有衆生愛染虛妄執著生也。何以故？夫法性清淨，畢竟無生，而言生者，得生者之情耳。又問曰：如上所言，知生無生當上品生者，若爾，下品生人乘十念往生者，豈非取實生也？若實生者，即墮二疑，一恐不得往生，二謂此相善不能與無生爲因也。答曰：釋有三番：一譬如淨摩尼珠，置之濁水，以珠威力，水即澄清，若人雖有無量生死罪濁，若聞阿彌陀如來至極無生清淨寶珠名號，投之濁心念念之中，罪滅心淨，即便往生。二如淨摩尼珠，以玄黃帛裹，投之於水，水即玄黃，一如物色。彼清淨佛土，有阿彌陀如來無上寶珠名號，以無量功德成就帛裹，投之所往生者心水之中，豈不能轉生爲無生智乎！三亦如冰上燃火，火猛則冰液，冰液則火滅。彼下品往生人，雖不知法性無生，但以稱佛名力，作往生意，願生彼土，既至無生界時，見生之火自然而滅也。又問曰：依何身故，說往生也？答曰：於此間假名人中修諸行門，前念與後念作因。穢土假名人，淨土假名人，不得決定一，不得決定異，前心後心亦如是。何以故？若決定一，則無因果，若決定異，則非相續。以是義故，橫竪雖別，始終是一行者也。又問曰：若人但能稱佛名號，能除諸障者，若爾，譬如有人以指指月，此指應能破闇也。答曰：諸法萬差，不可一概。何者？自有名卽法，自有名異法。有名卽法者，如諸佛菩薩名號，禁呪音辭，脩多羅章句等是也。如禁呪辭曰，日出東方，乍赤乍黃，假令酉亥行禁，患者亦愈。又如有人被狗所嚙，炙虎骨熨之，患者卽愈。或時無骨，好摭掌摩之，口中喚言虎來虎來，患者亦愈。或復有人患腳轉筋，炙木瓜枝熨之，患者亦愈。或無木瓜，炙手摩之，口喚木瓜木瓜，患者亦愈。吾身得其效也。何以故？以名卽法故。有名異法者，如以指指月是也。又問曰：若人但稱念彌陀名號，能除十方衆生無明黑闇，得往生者，然有衆生稱名憶念，而無明猶在，不滿所願者，何意？答曰：由不如實修行，與名義不相應故也。所以者何？謂不知如來是實相身，是爲物身。復有三種不相應：一者信心不淳，若存若亡故；二者信心不一，謂無決定故；三者信心不相續，謂餘念間故。迭相收攝，若能相續，則是一心。但能一心，卽是淳心。具此三心若不生者，無有是處。

第三大門中，有四番料簡：第一辨難行道易行道，第二明時劫大小不同，第三明從無始世劫已來，處此三界五道，乘善惡二業，受苦樂兩報，輪迴無窮，受生無數。第四將聖教證成，勸後代生信求往。

第一辨難行道易行道者，於中有二：一出二種道，二問答解釋。余既自居火界，實想懷怖，仰惟大聖三車招慰，且羊鹿之運，權息未達，佛訶邪執，障上求菩提，縱後迴向，仍名迂迴。若徑舉大車，亦是一途，只恐現居退位，嶮徑遥長，自德未立，難可昇進。是故龍樹菩薩云：求阿毗跋致，有二種道：一者難行道，二者易行道。言難行道者，謂在五濁之世，於無佛時，求阿毗跋致爲難。此難乃有多途，略述有五。何者？一者外道相善，亂菩薩法；二者聲聞自利，障大慈悲；三者無顧惡人，破他勝德；四者所有人天顛倒善果，壞人梵行；五者唯有自力，無他力持。如斯等事，觸目皆是，譬如陸路，步行則苦，故曰難行道。言易行道者，謂以信佛因緣，願生淨土，起心立德，修諸行業，佛願力故，卽便往生，以佛力住持，卽入大乘正定聚。正定聚者，卽是阿毗跋致不退位也，譬如水路，乘船則樂，故名易行道也。問曰：菩提是一，修因亦應不二，何故在此修因向佛果，名爲難行，往生淨土期大菩提，乃名易行道也？答曰：諸大乘經所辨一切行法，皆有自力他力，自攝他攝。何者自力？譬如有人怖畏生死，發心出家，修定發通，遊四天下，名爲自力。何者他力？如有劣夫，以己身力擲驢不上，若從輪王，卽便乘空遊四天下，卽輪王威力，故名他力。衆生亦爾，在此起心立行，願生淨土，此是自力，臨命終時，阿彌陀如來光臺迎接，遂得往生，卽爲他力。故大經云：十方人天欲生我國者，莫不皆以阿彌陀如來大願業力爲增上緣也。若不如是，四十八願便是徒設。語後學者，既有他力可乘，不得自局己分，徒在火宅也。

第二明劫之大小者，如智度論云：劫有三種，謂一小、二中、三大。如方四十里城，高下亦然，滿中芥子，有長壽諸天，三年去一，乃至芥子盡，名一小劫。或八十里城，高下亦然，芥子滿中，如前取盡，名一中劫。或百二十里城，高下亦然，芥子滿中，取盡一同前說，方名大劫。或八十里石，高下亦然，有一長壽諸天，三年以天衣一拂，天衣重三銖，爲拂不已，此石乃盡，名爲中劫。其小石大石，類前中劫可知，不勞具述。

第三門中有五番：第一明從無始劫來，在此輪迴無窮，受身無數者。如智度論云：在於人中，或張家死王家生，王家死李家生。如是，盡閻浮提界，或重生，或異家生，或南閻浮提死，西拘耶尼生。如閻浮提，餘三天下亦如是。如四天下死，生四天、王天亦如是，或四天、王天死，忉利天生，忉利天死，生餘上四天亦如是。色界有十八重天，無色界有四重天，此死生彼，一一皆徧亦如是。或色界死，生阿鼻地獄，阿鼻地獄中死，生餘輕繫地獄，輕繫地獄中死，生畜生中，畜生中死，生餓鬼道中，餓鬼道中死，或生人天中，如是輪迴六道，受苦樂二報，生死無窮。胎生既爾，餘三生亦如是。是故正法念經云："菩薩化生告諸天衆云，凡人經此百千生，著樂放逸不修道，不覺往福侵已盡，還墮三塗受衆苦。"是故涅槃經云："此身苦所集，一切皆不淨，扼縛癰瘡等，根本無義利，上至諸天身，皆亦復如是。"是故又彼經云："勸修不放逸"。何以故？夫放逸者，是衆惡之本，不放逸者，乃是衆善之源。如日月光，諸明中最，不放逸法亦復如是，於諸善法爲最爲上。亦如須彌山王，於諸山中爲最爲上，不放逸法亦復如是，於諸善法中爲最爲上。何以故？一切惡法，由放逸而生，一切善法，不放逸爲本。第二問曰：雖云無始劫來，六道輪迴無際，而未知一劫之中，受幾身數，而言流轉？答曰：如涅槃經説，取三千大千世界草木，截爲四寸籌，以數一劫之中所受身父母頭數，猶自不漸。或云一劫之中所飲母乳，多於四大海水。或云一劫之中所積身骨，如毗富羅山。如是，遠劫已來，徒受生死，至於今日，猶作凡夫之身，何曾思量，傷歎不已。第三又問曰：既云曠大劫來受身無數者，爲當直爾總説令人生厭，爲當亦有經文來證？答曰：皆是聖教明文。何者？如法華經云：過去不可説久遠大劫。有佛出世，號大通智勝如來，有十六王子，各昇法座，教化衆生。一一王子，各各教化六百萬億那由他恆河沙衆生。其佛滅度已來，至極久遠，猶不可數知。何者？經云：“總取三千大千世界大地，磨以爲墨。佛言，是人過千國土，乃下一點，大如微塵，如是展轉盡地種墨。佛言，是人所經國土，若點不點，盡抹爲塵，一塵一劫。”彼佛滅度已來，復過是數。今日衆生，乃是彼時十六王子座下曾受教法。是故經云：“以是本因緣，爲説法華經。”涅槃經復云：“一是王子，一是貧人，如是二人互相往反。”言王子者，今日釋迦如來，乃是彼時第十六王子也。言貧人者，今日衆生等是。第四問曰：此等衆生既云流轉多劫，然三界之中何趣受身爲多？答曰：雖言流轉，然於三惡道中受身偏多。如經説云：“於虛空中量取方圓八肘，從地至於色究竟天，於此量内所有可見衆生。”即多於三千大千世界人天之身，故知惡道身多。何故如此？但惡法易起，善心難生故也。今時但看現在衆生，若得富貴，唯事放逸破戒。天中即復著樂者多。是故經云：“衆生等是流轉，恆三惡道爲常家，人天暫來即去，名爲客舍故也。”依大莊嚴論：“勸一切衆生常須繫念現前。偈云：盛年無患時，懈怠不精進，貪營衆事務，不修施戒禪。臨爲死所吞，方悔求修善，智者應觀察，除斷五欲想。精勤習心者，終時無悔恨，心意既專至，無有錯亂念。智者勤投心，臨終意不散，不習心專至，臨終必散亂。心若散亂時，如調馬用礙，若其鬭戰時，迴旋不直行。”第五又問曰：一切衆生皆有佛性，遠劫以來應值多佛，何因至今仍自輪迴生死，不出火宅？答曰：依大乘聖教，良由不得二種勝法以排生死，是以不出火宅。何者爲二？一謂聖道，二謂往生淨土。其聖道一種，今時難證，一由去大聖遙遠，二由理深解微，是故大集月藏經云："我末法時中，億億衆生起行修道，未有一人得者。當今末法，現是五濁惡世，唯有淨土一門可通入路。"是故，大經云："若有衆生，縱令一生造惡，臨命終時，十念相續稱我名字，若不生者，不取正覺。"又復一切衆生都不自量，若據大乘，真如實相第一義空，曾未措心。若論小乘，修入見諦修道，乃至那含羅漢，斷五下，除五上，無問道俗，未有其分，縱有人天果報，皆爲五戒十善，能招此報，然持得者甚希。若論起惡造罪，何異暴風駛雨，是以諸佛大慈，勸歸淨土。縱使一形造惡，但能繫意專精，常能念佛，一切諸障自然消除，定得往生。何不思量，都無去心也。

　　自下第四引聖教證成勸信求生者。依觀佛三昧經云："爾時會中有財首菩薩白佛言：世尊！我念過去無量劫時，有佛出世，亦名釋迦牟尼佛。彼佛滅後，有一王子，名曰金幢，憍慢邪見，不信正法。有知識比丘，名定自在，告王子言，世有佛像，極爲可愛，可暫入塔，觀佛形像。時彼王子從善友語，入塔觀像，見像相好，白言：比丘！佛像端嚴，猶尚如此，況佛真身！比丘告言：王子！今見佛像不能禮者，當稱南無佛。還宮繫念，念塔中像，即於後夜夢見佛像，心大歡喜，捨離邪見，歸依三寶，隨壽命終。由前入塔稱佛功德，即得值遇九百億那由他佛。於諸佛所常勤精進，恆得甚深念佛三昧，念佛三昧力故，諸佛現前，皆與授記。從是以來，百萬阿僧祇劫不墮惡道，乃至今日獲得首楞嚴三昧。爾時王子者，今我財首是也。爾時會中即有十方諸大菩薩，其數無量，各說本緣，皆依念佛得。佛告阿難，此觀佛三昧，是一切衆生犯罪者藥，破戒者護，失道者導，盲冥者眼，愚癡者慧，黑闇者燈，煩惱賊中大勇猛將，諸佛世尊之所遊戲，首楞嚴等諸大三昧始出生處。佛告阿難，汝今善持，慎勿忘失。過去未來現在三世諸佛，皆説如是念佛三昧，我與十方諸佛乃賢劫千佛，從初發心，皆因念佛三昧力故，得一切種智。又如目連所問經：佛告目連，譬如萬川長流，有浮草木，前不顧後，後不顧前，都會大海。世間亦爾，雖有豪貴富樂自在，悉不得免生老病死，只由不信佛經，後世爲人，更甚因劇，不能得生千佛國土。是故我説無量壽佛國，易往易取，而人不能修行往生，反事九十五種邪道。我説是人名無眼人，名無耳人。經教既爾，何不捨難依易行道矣！

卷　下

第四大門中，有三番料簡：第一依中國三藏法師，並此土大德等，皆共詳審聖教，歎歸淨土，今以勸依。第二據此經宗，及餘大乘諸部，凡聖修入，多明念佛三昧以爲要門。第三問答解釋，顯念佛者得種種功能利益，不可思議。

第一依中國及以此土大德所行者。余五翳面牆，豈寧自軌？但以游歷披勘，敬有師承。何者？謂中國大乘法師流支三藏，次有大德呵避名利，則有惠寵法師；次有大德尋常敷演，每感聖僧來聽，則有道場法師；次有大德和光孤栖，二國慕仰，則有曇鸞法師；次有大德禪觀獨秀，則有大海禪師；次有大德聰慧守戒，則有齊朝上統。然前六大德，並是二諦神鏡，斯乃佛法綱維，志行殊倫，古今實希，皆共詳審大乘，歎歸淨土乃是無上要門也。問曰：既云歎歸淨土乃是要門者，未知此等諸德，臨終時皆有靈驗已不？答曰：皆有不虛。如曇鸞法師康存之日常修淨土，亦每有世俗君子來呵法師曰：十方佛國，皆爲淨土，法師何乃獨意注西？豈非偏見生也！法師對曰：吾既凡夫，智慧淺短，未入地位，念力須均，如似置草引牛，恆須繫心槽櫪，豈得縱放全無所歸？雖復難者紛紜，而法師獨決。是以無間一切道俗,但與法師一面相遇者,若未生正信,勸令生信,若已生正信者,皆勸歸淨國。是故法師臨命終時,寺傍左右道俗,皆見旛華映院,盡聞異香音樂,迎接遂往生也。餘之大德,臨命終時,皆有徵祥,若欲具談往生之相,並不可思議也。

第二明此彼諸經多明念佛三昧爲宗者,就中有八番:初二明一相三昧,後六就緣依相明念佛三昧。第一依華首經,佛告堅意菩薩,三昧有二種:一者有一相三昧,二者有衆相三昧。一相三昧者,有菩薩聞其世界有其如來現在說法,菩薩取是佛相以現在前,若坐道場,若轉法輪,大衆圍繞。取如是相,收攝諸根,心不馳散,專念一佛,不捨是緣。如是,菩薩於如來相及世界相了達無相。常如是觀,如是行,不離是緣,是時佛像即現在前而爲說法。菩薩爾時深生恭敬,聽受是法若深若淺,轉加尊重。菩薩住是三昧,聞說諸法皆可壞相,聞已受持,從三昧起,能爲四衆演說是法。佛告堅意,是名菩薩入一相三昧門。第二依文殊般若,明一行三昧者。時文殊師利白佛言:世尊!云何名爲一行三昧?佛言:一行三昧者,若善男子善女人,應在空閒處,捨諸亂意,隨佛方所,端身正向,不取相貌,繫心一佛,專稱名字,念無休息。即是念中,能見過現未來三世諸佛。何以故?念是佛功德無量無邊,即與無量諸佛功德無二。是名菩薩一行三昧。第三依涅槃經:佛言:若人但能至心常修念佛三昧者,十方諸佛恆見此人,如現在前。是故,涅槃經云:“佛告迦葉菩薩,若有善男子善女人,常能至心專念佛者,若在山林,若在聚落,若晝若夜,若坐若臥,諸佛世尊常見此人,如現目前,恆與此人而住受施。第四依觀經及餘諸部,所修萬行,但能迴願,莫不皆生,然念佛一門,將爲要路。何者?審量聖教,有始終兩益,若欲生善起行,則普該諸度,若滅惡消災,則總治諸障。故下經云:念佛衆生,攝取不捨,壽盡必生,此名始益。言終益者,依觀音授記經云:

阿彌陀佛住世長久，兆載永劫，亦有滅度，般涅槃時，唯有觀音勢至住持安樂，接引十方。其佛滅度，亦與住世時節等同。然彼國衆生，一切無有覩見佛者，唯有一向專念阿彌陀佛往生者，常見彌陀現在不滅，此卽是其終時益也。所修餘行，迴向皆生，世尊滅度，有覩不覩，勸後代審量，使沾遠益也。第五依般舟經云：時有跋陀和菩薩，於此國土，聞有阿彌陀佛，數數係念。因是念故，見阿彌陀佛。既見佛已，卽從啟問，當行何法，得生彼國？爾時阿彌陀佛語是菩薩言：欲來生我國者，常念我名，莫有休息。如是得來生我國土，當念佛身三十二相悉皆具足，光明徹照，端正無比。第六依大智度論，有三番解釋：第一佛是無上法王，菩薩爲法臣，所尊所重，唯佛世尊，是故應常常念佛也。第二有諸菩薩自云，我從曠刦以來，得蒙世尊長養我等法身、智身、大慈悲身，禪定、智慧、無量行願，由佛得成。爲報恩故，常願近佛。亦如大臣蒙王恩寵，常念其主。第三有諸菩薩復作是言，我於因地遇惡知識，誹謗般若，墮於惡道，經無量劫，雖修餘行，未能得出。後於一時依善知識邊，教我行念佛三昧，其時卽能併遣諸障，方得解脫，有斯大益，故願不離佛。第七依華嚴經云："寧於無量劫，具受一切苦，終不遠如來，不覩自在力。"又云："念佛三昧必見佛，命終之後生佛前，見彼臨終勸念佛，又示尊像令瞻敬。"又，善財童子求善知識，詣功德雲比丘所，白言：大師，云何修菩薩道，歸普賢行也？是時比丘告善財曰：我於世尊智慧海中，唯知一法，謂念佛三昧門。何者？於此三昧門中，悉能覩見一切諸佛及其眷屬，嚴淨佛刹，能令衆生遠離顛倒。念佛三昧門者，於微細境界中，見一切佛自在境界，得諸劫不顛倒。念佛三昧門者，能起一切佛刹，無能壞者，普見諸佛，得三世不顛倒。時功德雲比丘告善財言，佛法深海，廣大無邊，我所知者，唯得此一念佛三昧門，餘妙境界，出過數量，我所未知也。第八依海龍王經，時海龍王白佛言，世尊！弟子求生阿彌陀佛國，當修何行，得生彼土？佛告龍王，若欲生彼國者，當行八法。何等爲八？一者常念諸佛，二者供養如來，三者咨嗟世尊，四者作佛形像，修諸功德，五者迴願往生，六者心不怯弱，七者一心精進，八者求佛正慧。佛告龍王，一切衆生具斯八法，常不離佛也。問曰：不具八法，得生佛前不離佛不？答曰：得生不疑。何以得知？如佛説寶雲經時，亦明十行具足，得生淨土，常不離佛。時有除蓋障菩薩白佛，不具十行，得生已不？佛言：得生。但能十行之中，一行具足無闕，餘之九行悉名清淨，勿致疑也。又，大樹緊那羅王經云："菩薩行四種法，常不離佛前。"何等爲四？一者自修善法，兼勸衆生，皆作往生見如來意，二者自勸勸他樂聞正法，三者自勸勸他發菩提心，四者一向專志行念佛三昧。具此四行，一切生處，常在佛前，不離諸佛。又經云："佛説菩薩行法，有三十二器。"何者？布施是大富器，忍辱是端正器，持戒是聖身器，五逆不孝是刀山劍樹鑊湯器，發菩提心是成佛器，常能念佛往生淨土是見佛器。略舉六門，餘者不述。聖教既爾，行者願生，何不常念佛也。又依月燈三昧經云："念佛相好及德行，能使諸根不亂動，心無迷惑與法合，得聞得智如大海。智者住於是三昧，攝念行於經行所，能見千億諸如來，亦值無量恆沙佛。"

第三問答解釋顯念佛三昧有種種利益，有其五番：第一問曰：今云常修念佛三昧，仍不行餘三昧也。答曰：今言常念，亦不言不行餘三昧，但行念佛三昧多故，故言常念，非謂全不行餘三昧也。第二問曰：若勸常修念佛三昧，與餘三昧能有階降以不？答曰：念佛三昧，勝相不可思議。此云何知？如摩訶衍中説云：諸餘三昧，非不三昧。何以故？或有三昧但能除貪，不能除瞋癡；或有三昧但能除瞋，不能除癡貪；或有三昧但能除癡，不能除貪瞋；或有三昧但能除現在障，不能除過去未來一切諸障。若能常修念佛三昧，無問現在過去未來一切諸障，悉皆除也。第三問曰：念佛三昧既能除障得福功利大者，未審亦能資益行者使延年益壽以不？答曰：必得。何者？如惟無三昧經云：有兄弟二人，兄信因果，弟無信心，而能善解相法。因其鏡中自見面上死相已現，不過七日，時有智者教往問佛，佛時報言，七日不虛，若能一心念佛修戒，或得度難。尋卽依教繫念。時至六日，卽有二鬼來耳，聞其念佛之聲，竟無能前進。還告閻羅王，閻羅王索符，符已注云，由持戒念佛功德，生第三炎天。又，譬喻經中，有一長者不信罪福，年已五十，忽夜夢見剎鬼索符來欲取之，不過十日。其人眠覺，惶怖非常，至明求覓相師占夢，師作卦兆云，有剎鬼必欲相害，不過十日。其人惶怖倍常，詣佛求請，佛時報云，若欲攘此，從今已去，專意念佛持戒，燒香燃燈，懸繪幡蓋，信向三寶，可免此死。卽依此法，專心信向，剎鬼到門，見修功德，遂不能害，鬼卽走去。其人緣斯功德，壽滿百年，死得生天。復有一長者，名曰執持，退戒還佛，現被惡鬼打之。第四問曰：此念佛三昧，但能對治諸障，唯招世報，亦能遠感出世無上菩提以不？答曰：得。何者？如華嚴經十地品云：始從初地，乃至十地，於一一地中，皆説入地加行道，地滿功德，利已不住。道訖，卽皆結云。是諸菩薩雖修餘行，皆不離念佛念法念僧，上妙樂具供養三寶。以斯文證，得知諸菩薩等乃至上地，常學念佛念法念僧，方能成就無量行願滿功德海，何況二乘凡夫，求生淨土，不學念佛也。何以故？此念佛三昧，卽具一切四攝六度，通行通伴故。第五問曰：初地已上菩薩，與佛同證真如之理，名生佛家，自能作佛，濟運衆生，何須更學念佛三昧，願見佛也？答曰：論其真如廣大無邊，與虛空等，其量難知。譬如一大闇室，若燃一燈二燈，其明雖徧，猶爲闇也，漸至多燈，雖名大明，豈及日光？菩薩所證智，雖地地相望，自有階降，豈得比佛如日明也」

第五大門中，有四番料簡：第一汎明修道延促，欲令速獲不退，第二此彼禪觀比校勸往，第三此彼淨穢二境，亦名漏無漏比校，第四引聖教證成，勸後代生信求往。

第一汎明修道延促者，就中有二：一明修道延促，二問答解釋。一明延促者，但一切衆生，莫不厭苦求樂，畏縛求解，皆欲早證無上菩提者，先須發菩提心爲首。此心難識難起，縱令發得此心，依經終須修十種行，謂信進念戒定慧捨護法發願迴向進詣菩提。然修道之身，相續不絕，逕一萬劫，始證不退位。當今凡夫，現名信想輕毛，亦曰假名，亦名不定聚，亦名外凡夫，未出火宅，何以得知？據菩薩瓔珞經：具辨入道行位法爾，故名難行道。又，但以一劫之中，受身生死，尚不可數知，況一萬劫中，徒受痛燒？若能明信佛經，願生淨土，隨壽長短，一形卽至，位階不退，與此修道一萬劫齊功，諸佛子等。何不思量？不捨難求易也。如俱舍論中，亦明難行易行二種之道。難行者，如論説云，於三大阿僧祇劫，一一劫中，皆具福智資糧六波羅蜜一切諸行，一一行業，皆有百萬難行之道，始充一位，是難行道也。易行道者，卽彼論云，若由別有方便有解脱者，名易行道也。今既勸歸極樂，一切行業悉迴向彼，但能專至，壽盡必生，得生彼國，卽究竟清涼。豈可不名易行之道？須知此意也。二問曰：既言願往生淨土，隨此壽盡，卽得往生者，有聖教證不？答曰：有七番皆引經論證成。一依大經云，佛告阿難，其有衆生，欲於今世見無量壽佛者，應發無上菩提之心，修行功德，願生彼國，卽得往生。故大經讚云：

若聞阿彌陀德號　　歡喜讚仰心歸依
下至一念得大利　　則爲具足功德寶
設滿大千世界火　　亦應直過聞佛名

聞阿彌陀不復退　　　是故至心稽首禮

二依觀經，九品之內，皆言臨終正念，即得往生。三依起信論云，教諸衆生，勸觀真如平等一實。亦有始發意菩薩，其心羸弱，自謂不能常值諸佛親承供養，意欲退者，當知如來有勝方便，攝護信心。謂以專意念佛因緣，隨願往生，以常見佛故．永離惡道。四依鼓音陀羅尼經云，爾時世尊告諸比丘，我當爲汝演説西方安樂世界。今現有佛號阿彌陀，若有四衆能正受持彼佛名號，堅固其心，憶念不忘，十日十夜除捨散亂，精勤修習念佛三昧，若能令念念不絶，十日之中，必得見彼阿彌陀佛，皆得往生。五依法鼓經云，若人臨終之時，不能作念，但知彼方有佛，作往生意，亦得往生。六如十方隨願往生經云，若有臨終，及死墮地獄，家内眷屬爲其亡者念佛，及轉誦祈福，亡者則出地獄，往生淨土，況其現在自能修念，何以不得往生者也！是故彼經云："現在眷屬，爲亡者追福，如餉遠人，定得食也。"第七廣引諸經證成，如大法鼓經説，若善男子善女人，常能繫意稱念諸佛名號者，十方諸佛，一切賢聖，常見此人如現目前，是故此經名大法鼓，當知此人十方淨土隨願往生。又大悲經云，何名爲大悲？若專念佛相續不斷者，隨其命終定生安樂。若能展轉相勸行念佛者，當知此等悉名行大悲人也。是故涅槃經云，佛告大王，假令開大庫藏，一月之中布施一切衆生，所得功德，不如有人稱佛一口，功德過前不可校量。又，增一阿含經云，佛告阿難，其有衆生供養一閻浮提人衣服飲食，臥具湯藥，所得功德寧爲多不？阿難白佛言，世尊！甚多甚多！不可數量。佛告阿難，若有衆生，善心相續，稱佛名號，如一搆牛乳頃，所得功德，過上不可量，無有能量者。大品經云，若人散心念佛，乃至畢苦，其福不盡；若人散華念佛，乃至畢苦，其福不盡。故知念佛利大，不可思議也。十往生經諸大乘經等，並有文證，不可具引也。

第二次明此彼禪觀比校勸往生者。但此方穢境，亂想難入，就令修得，唯獲事定，多喜味染。又復但能伏業，報生上界，壽盡多退。是故，智度論云，多聞持戒禪，未得無漏法，雖有此功德，是事未可信，若欲向西修習，事境光淨，定觀易成，除罪多劫，永定速進，究竟清涼，如大經廣說。問曰：若西方境界勝，可爲禪定感，此界色天劣，不應爲禪定招？答曰：若論修定因，該通於彼此，然彼界位是不退，并有他力持，是故說爲勝。此處雖復修定剋，但有自分因，闕無他力攝，業盡不免退，就此說不如。

第三據此彼淨穢二境亦名漏無漏者。若論此處境界，唯有三塗，丘坑山澗，沙鹵棘刺，水旱暴風惡觸，雷電礔礰，虎狼毒獸，惡賊惡子，荒亂破散，三災敗壞，語論正報，三毒八倒，憂悲嫉妒，多病短命，飢渴寒熱，常爲司命害鬼之所追逐，深可穢惡，不可具說，故名有漏，深可厭也。往生彼國勝者，據大經云，十方人天但生彼國者，莫不皆獲種種利益也。何者？一生彼國者，行則金蓮捧足，坐則寶座承軀，出則帝釋在前，入則梵王從後；一切聖衆與我親朋，阿彌陀佛爲我大師；寶樹寶林之下，任意翱翔，八德池中，游神濯足；形則身同金色，壽則命與佛齊，學則衆門並進，止則二諦虛融；十方濟運，則乘大神通，晏安暫時，則坐三空門；游則入八正之路，至則到大涅槃。一切衆生，但至彼國者，皆證此益，何不思量不速去也。

第四引聖教證成勸後代生信求往者。依觀佛三昧經云：爾時會中有十方諸佛，各於華臺中結跏趺坐，於空中現。東方善德如來爲首，告大衆言，汝等當知，我念過去無量世時，有佛名寶威德上王。彼佛出時，亦如今日說三乘法。彼佛滅後，末世之中，有一比丘，將弟子九人，往詣佛塔禮拜佛像，見一寶像嚴顯可觀，觀已敬禮，目諦觀之，各說一偈，用爲讚歎。隨壽脩短，各自命終。既命終已，即生佛前。從此已後，恆得值遇無量諸佛。於諸佛所，廣修梵行,得念佛三昧海。既得此已,諸佛現前即與授記,於十方面隨意作佛。東方善德佛者,即我身是,自餘九方諸佛者,即是本昔弟子九人是。十方佛世尊,因由禮塔一偈讚故,得成爲佛,豈異人乎?我等十方佛是。是時十方諸佛從空而下,放千光明,顯現色身白豪相光,各各皆坐釋迦佛牀,告阿難言,汝知釋迦文佛,無數精進,百千苦行,求佛智慧,報得是身?今爲汝説,汝持佛語,爲未來世天龍大衆四部弟子,説觀佛相好及念佛三昧。説是語已,然後問訊釋迦文佛。問訊訖已,各還本國。

第六大門中,有三番料簡:第一十方淨土共來比校,第二義推,第三辨經住滅。

第一十方淨土共來比校者,有其三番:一如隨願往生經云,十方佛國,皆悉嚴淨,隨願並得往生。雖然,悉不如西方無量壽國。何意如此?但阿彌陀佛,與觀音、大勢至,先發心時,從此界去,於此衆生偏是有緣。是故釋迦處處歎歸。二據大經,法藏菩薩因中,於世饒王佛所,具發弘願取諸淨土時,佛爲説二百一十億諸佛刹土,天人善惡,國土精粗,悉現與之。於時法藏菩薩,願取西方成佛,今現在彼,是二證也。三依此觀經中,韋提夫人復請淨土,如來光臺爲現十方一切淨土。韋提夫人白佛言,此諸佛土雖復清淨皆有光明,我今樂生極樂世界阿彌陀佛所,是其三證。故知諸淨土中,安樂世界最勝也。

第二義推者。問曰:何故要須面向西坐禮念觀音?答曰:以閻浮提云,日出處名生,没處名死,藉於死地,神明趣入,其相助便。是故法藏菩薩,願成佛在西,悲接衆生。由坐觀禮念等面向佛者,是隨世禮儀,若是聖人,得飛報自在,不辨方所,但凡夫之人,身心相隨,若向餘方,西往必難。是故智度論云,有一比丘康存之日,誦

阿彌陀經，及念般若波羅蜜，臨命終告弟子言，阿彌陀佛與諸聖衆
今在我前。合掌歸依，須臾捨命。於是弟子依火葬法，以火焚屍。
一切燒盡，唯有舌根一種，與本不異，遂即收取起塔供養。龍樹菩
薩釋云，誦阿彌陀經故，是以垂終佛自來迎；念般若波羅蜜故，所以
舌根不盡。以斯文證，故知一切行業，但能迴向，無不往也。故須
彌四域經云，天地初開之時，未有日月星辰，縱有天人來下，但用項
光照用。爾時人民多生苦惱，於是阿彌陀佛遣二菩薩，一名寶應
聲，二名寶吉祥，即伏犧女媧是。此二菩薩共相籌議，向第七梵天
上，取其七寶，來至此界，造日月星辰二十八宿，以照天下，定其四
時春秋冬夏。時二菩薩共相謂言，所以日月星辰二十八宿西行者，
一切諸天人民，盡共稽首阿彌陀佛，是以日月星辰皆悉傾心向彼，
故西流也。

　　第三辨經住滅者，謂釋迦牟尼佛一代正法五百年，像法一千
年，末法一萬年，來生滅盡，諸經悉滅，如來悲哀痛燒衆生，特留此
經止住百年。以斯文證，故知彼國雖是淨土，然體通上下，知相無
相，當生上位。凡夫火宅，一向乘相往生也。

　　第七大門中，有兩番料簡：第一門中，此彼取相料簡縛脱，第二
次明此彼修道用功輕重，而獲報真偽，故勸向彼。

　　第一此彼取相料簡縛脱者。若取西方淨相；疾得解脱，純受極
樂，智眼開朗。若取此方穢相，唯有妄樂癡盲，厄縛憂怖。問曰：依
大乘諸經，皆云無相乃是出離要道，執相拘礙，不免塵累。今勸衆
生捨穢忻淨，是義云何？答曰：此義不類。何者？凡相有二種：一
者於五塵欲境，妄愛貪染，隨境執著，此等是相，名之爲縛。二者愛
佛功德，願生淨土，雖言是相，名爲解脱。何以得知？如十地經云：
初地菩薩，尚自別觀二諦，勵心作意，先依相求，終則無相，以漸增

進，體大菩提，盡七地終心，相心始息，入其八地，絕於相求，方名無功用也。是故論云：七地已還，惡貪爲障，善貪爲治，八地已上，善貪爲障，無貪爲治。況今願生淨土，現是外凡，所修善根，皆從愛佛功德生，豈是縛也。故涅槃經云：一切衆生有二種愛：一者善愛，二者不善愛。不善愛者，唯愚求之，善法愛者，諸菩薩求。是故淨土論云：觀佛國土清淨味，攝受衆生大乘味，類事起行願取佛土味，畢竟住持不虛作味。有如是等無量佛道味，故雖是取相，非當執縛也。又彼淨土所言相者，卽是無漏相，實相相也。

　　第二段中明此彼修道用功輕重而獲報真僞者。若欲發心歸西者，單用少時禮觀念等，隨壽長短，臨命終時，光臺迎接，迅至彼方，位階不退。是故大經云：十方人天來生我國，若不畢至滅度，更有退轉者，不取正覺。此方多時具修施戒忍進定慧，未滿一萬劫已來，恆未免火宅，顚倒墜墮，故名用功至重，獲報僞也。大經復云：生我國者，橫截五惡趣。今此約對彌陀淨刹，娑婆五道，齊名惡趣。地獄餓鬼畜生，純惡所歸，名爲惡趣；娑婆人天，雜業所向，亦名惡趣。若依此方修治斷除，先斷見惑，離三塗因，滅三塗果，後斷修惑，離人天因，絕人天果，此皆漸次斷除，不名橫截。若得往生彌陀淨國，娑婆五道一時頓捨，故名橫截。五惡趣者，截其果也，惡趣自然閉者，閉其因也。此明所離，昇道無窮極者，彰其所得，若能作意迴願向西，上盡一形，下至十念，無不皆往。一到彼國，卽入正定聚，與此修道一萬劫齊功也。

　　第八大門中，有三番料簡：第一略擧諸經來證，勸捨此忻彼，第二彌陀釋迦二佛比校，第三釋往生意。
　　第一略擧諸大乘經來證，皆勸捨此忻彼者。一謂耆闍崛山說大經二卷；二觀經一部，王宮耆闍兩會正說；三小卷無量壽經，舍衞一說；四復有十方隨願往生經明證；五復有無量清淨覺經二卷，一會正說；六更有十往生經一卷，諸餘大乘經論，指讚處多，如請觀音、大品經等，又如龍樹天親等論，欲勸非一。餘方淨土皆不如此丁寧。

第二彌陀釋迦二佛比校者，謂此佛釋迦如來，八十年住世，暫現卽去，去而不返，此於忉利諸天不至一日。又釋迦在時，救緣亦弱，如毗舍離國救人現患等。何者？時毗舍離國人民，遭五種惡病，一者眼赤如血，二者兩耳出膿，三者鼻中流血，四者舌噤無聲，五者所食之物化爲粗澁。六識閉塞，猶如醉人。有五夜叉，或名訖拏迦羅，面黑如墨，而有五眼，狗牙上出，吸人精氣。良醫耆婆，盡其道術，所不能救。時有月蓋長者爲首，部領病人，皆來歸佛，叩頭求哀。爾時世尊起無量悲愍，告病人曰：西方有阿彌陀佛，觀世音大勢至菩薩，汝等一心合掌求見。於是大衆皆從佛勸，合掌求哀。爾時彼佛放大光明，觀音大勢一時俱到，說大神呪，一切病苦皆悉消除，平復如故。然二佛神力，應亦齊等。但釋迦如來，不申己能，故顯彼長，欲使一切衆生，莫不齊歸。是故釋迦處處歡歸，須知此意也。是故曇鸞法師正意歸西，故傍大經奉讚云：

安樂聲聞菩薩衆　　人天智慧咸洞達

身相莊嚴無殊異　　但順他方故列名

顏容端正無可比　　精微妙軀非人天

虛無之身無極體　　是故頂禮平等力

第三釋往生意者，就中有二：一釋往生意，二問答解釋。第一問曰：今願生淨土，未知作何意也？答曰：只欲疾成自利利他，利物深廣，十倍三賢，攝受正法。契會不二，見證佛性，明曉實相，觀照暉心，有無二諦，因果先後，十地優劣，三忍三道，金剛無礙，證大涅槃。大乘寬運，欲無限時住，爲盡無邊生死海故。問有三番。問曰：願生淨土，擬欲利物者。若爾，所拔衆生，今現在此，已能發得此心，只應在此拔苦衆生，何因得此心竟，先願生淨土，似如捨衆生，自求菩提樂也。答曰：此義不類。何者？如智度論云：譬如二人，俱見父母眷屬没在深淵，一人直往，盡力救之，力所不及，相與俱没，一人遙走，趣一舟船，乘來濟接，並得出難。菩薩亦爾，若未發心時，生死流轉，與衆生無別，但已發菩提心時，先願往生淨土，取大悲船，乘無礙辨才，入生死海，濟運衆生。二大論復云，菩薩生淨土，具大神通，辨才無礙，散化衆生時，尚不能令衆生生善滅惡，增道進位，稱菩薩意，若卽在穢土拔濟者，闕無此益，如似逼雞入水，豈能不濕也。三大經讚云：

安樂佛國諸菩薩　　　夫可宣説隨智慧

於已萬物亡我所　　　淨若蓮華不受塵

往來進止若汎舟　　　利安爲務捨適莫

彼已猶空斷二想　　　燃智慧炬照長夜

三明六通皆已足　　　菩薩萬行觀心眼

如是功德無邊量　　　是故至心願生彼

第九大門中，有兩番料簡：第一苦樂善惡相對，第二明彼此壽命長短比校。

就初段中有二：一苦樂善惡相對，二引大經爲證。初言苦樂善惡相對者，在此娑婆世界，雖有苦樂二報，恆以樂少苦多。重則三塗痛燒，輕則人天刀兵疾病。相續連注，遠劫已來，無有斷時。縱有人天少樂，猶如泡沫電光，速起速滅。是故名爲唯苦唯惡。彌陀淨國，水鳥樹林，常吐法音，明宣道教，具足清白，能令悟入。二引聖教爲證者，淨土論云：十方人天生彼國者，卽與淨心菩薩無二。淨心菩薩，卽與上地菩薩，畢竟同得寂滅忍故，更不退轉。又引大經四十八願中，有五番大益：第一大經云，有十方人天來生我國，不悉真金色者，不取正覺。二云，十方人天來生我國，若形色不同有好醜者，不取正覺。三云，十方人天來生我國，不得宿命智，下至不知百千億那由他諸劫事者，不取正覺。四云，十方人天來生我國，不得天耳通，下至不聞百千億那由他諸佛所説，不悉受持者，不取正覺。五云，十方人天來生我國，不得他心智，下至不知百千億那由他諸佛國中衆生心念者，不取正覺。欲論彼國利益之事，難可具陳，但當願生，必不可思議。是故彼方唯善唯樂，無苦無惡也。

第二明壽命長短者。此方壽命，大期不過百年，百年之内，少出多減，或生年夭喪，乃至童子身亡，或復胞胎傷墮。何意然者？良由衆生作因時雜，是以受報亦不得齊同也。是故涅槃經云：作業時黑，果報亦黑，作業時白，果報亦白。淨雜亦爾。又據淨度菩薩經云：人壽百歲，夜消其半，即是減卻五十年也。就五十年内，十五已來未知善惡，八十已去昏耄虛劣，故受老苦。自此之外，唯有十五年在，於中外則王官逼迫，長征遠防，或繫在牢獄，内則門户吉凶，衆事牽纏，煢煢忪忪，常求不足。如斯推計，可有幾時得修道業？如此思量，豈不哀哉！何得不厭。又彼經云：人生世間，凡經一日一夜，有八億四千萬念。一念起惡，受一惡身，十念念惡，得十生惡身，百念念惡，受一百惡身。計一衆生一形之中，百年念惡，惡即徧滿三千國土受其惡身。惡法既爾，善法亦然。一念起善，受一善身，百念念善，受一百善身。計一衆生一形之中，百年念善，三千國土善身亦滿。若得十年五年念阿彌陀佛，或至多年，後生無量壽國，即受淨土法身，恆沙無盡，不可思議也。今既穢土短促，命報不遠，若生阿彌陀淨國，壽命長遠，不可思議。是故無量壽經云：佛告舍利弗，彼佛何故號阿彌陀。舍利弗，十方人天往生彼國者，壽命長遠，億百千劫，與佛同等，故號阿彌陀。各宜量此利大，皆願往生也。又，善王皇帝尊經云：其有人學道，念欲往生西方阿彌陀佛國

者,憶念畫夜一日,若二日,或三日,若四日,若五日,至六日七日,
若復於中欲還悔者,聞我說是善王功德,命欲盡時,有八菩薩皆悉
飛來,迎取此人到西方阿彌陀佛國中,終不得止。自此已下,又引
大經偈爲證。讚云:

其有衆生生安樂　　　悉具三十有二相
智慧滿足入深法　　　究暢道要無障礙
隨根利鈍成就忍　　　三忍乃至不可說
宿命五通常自在　　　至佛不更雜惡趣
除生他方五濁世　　　示現同如大牟尼
生安樂國成大利　　　是故至心願生彼

第十大門中,有兩番料簡:第一依大經引類證誠,第二釋迴向
義。

第一依大經引類證誠者,十方諸佛,無不勸歸西方,十方菩薩,
無不同生西方。人天有意齊歸,故知不可思議事也。是故大經讚云:

神力無極阿彌陀　　　十方無量佛所讚
東方恆沙諸佛國　　　菩薩無數悉往觀
亦復供養安樂國　　　菩薩聲聞諸大衆
聽受經法宣道化　　　自餘九方亦如是

第二釋迴向義者,但以一切衆生既有佛性,人人皆有願成佛
心。然依所修行業,未滿一萬劫已來,猶未出火界,不免輪迴。是
故聖者愍斯長苦,勸迴向西,爲成大益。然迴向之功,不越於六。何
等爲六?一者將所修諸業迴向彌陀,既至彼國,還得六通,濟運衆
生,此卽不住道也。二迴因向果,三迴下向上,四迴遲向速,此卽不
住世間。五迴施衆生悲念向善,六迴入去卻分別之心。迴向之功,
只成斯六,是故大經云:其有衆生生我國者,自然勝進,超出常倫諸
地之行,至成佛道,更無迴復之難。故大經讚云:

安樂菩薩聲聞輩	於此世界無比方
釋迦無礙大辨才	設諸假令示少分
最賤乞人並帝王	帝王復比金輪王
如是展轉至六天	次第相類皆如始
以天色像喻於彼	千萬億倍非其類
皆是法藏願力爲	稽首頂禮大心力

第十一大門中，略作兩番料簡：第一勸一切衆生託善知識作向西意，第二死後辨生緣勝劣。

第一勸託善知識者，依法句經，與衆生作善知識，有寶明菩薩白佛言：世尊，云何名爲善知識也。佛言：善知識者，能説深法：謂空、無相、無願、諸法平等、無業無報、無因無果、究竟如如、住於實際，然於畢竟空中，熾燃建立一切諸法，是爲善知識。善知識者，是汝父母，養育汝等菩提身故。善知識者，是汝眼目，能見一切善惡道故。善知識者，是汝大船，運度汝等出生死海故。善知識者，是汝絙繩，能挽拔汝等出生死故也。又勸雖與衆生作善知識，必須歸西。何以故？由住斯火界，違順境多，多有退没，難出故也。是故舍利弗於此發心，修菩薩行，已經六十劫，逢惡知識乞眼因緣，遂即退轉。故知火界修道甚難，故勸歸西方。一得往生，三學自然勝進，萬行普備。故大經云：彌陀淨國，無造惡之地如毛髮許也。

第二次辨衆生死後受生勝劣者，此界衆生，壽盡命終莫不皆乘善惡二業，恆爲司命獄卒，忘愛煩煩，相與受生。乃從無數劫來，未能免離。若能生信，歸向淨土，策意專精，命欲終時，阿彌陀佛與觀音聖衆，光臺迎接。行者歡喜隨從，合掌乘臺，須臾即到，無不快樂，乃至成佛。又復一切衆生造業不同，有其三種，謂上中下，莫不皆詣閻羅取判。若能信佛因緣，願生淨土，所修行業，並皆迴向，命欲終時，佛自來迎，不干死王也。

　　第十二大門中有一番，就十往生經爲證，勸往生也。如佛說生阿彌陀佛國，爲諸大衆說觀身正念解脫。十往生經云：阿難白佛言：世尊，一切衆生觀身之法，其事云何，唯願說之。佛告阿難：夫觀身之法者，不觀東西，不觀南北，不觀四維上下，不觀虛空，不觀外緣，不觀內緣，不觀身色，不觀色聲，不觀色像，唯觀無緣，是爲正真觀身之法。除是觀身，十方諦求，在在處處，更無別法而得解脫。佛復告阿難，但自觀身，善力自然，正念自然，解脫自然。何以故？譬如有人，精進直心，得正解脫，如是之人，不求解脫，解脫自至。阿難復白佛言：世尊，世間衆生，若有如是正念解脫，應無一切地獄餓鬼畜生三惡道也。佛告阿難，世間衆生，不得解脫。何以故？一切衆生，皆由多虛少實，無一正念，以是因緣，地獄者多，解脫者少。譬如有人，於自父母，及以師僧，外現孝順，內懷不孝，外現精進，內懷不實，如是惡人，報雖未至，三塗不遠，無有正念，不得解脫。阿難復白佛言：若如是者，更修何善根，得正解脫？佛告阿難：汝今善聽，吾今爲汝說。有十往生法，可得解脫。云何爲十？一者觀身正念，常懷歡喜，以飲食衣服，施佛及僧，往生阿彌陀佛國。二者正念，以甘妙良藥，施一病比丘，及一切衆生，往生阿彌陀佛國。三者正念，不害一生命，慈悲於一切，往生阿彌陀佛國。四者正念，從師所受戒，淨慧修梵行，心常懷歡喜，往生阿彌陀佛國。五者正念，孝順於父母，敬奉於師長，不起憍慢心，往生阿彌陀佛國。六者正念，往詣於僧房，恭敬於塔寺，聞法解一義，往生阿彌陀佛國。七者正念，一日一夜中，受持八戒齋，不破一，往生阿彌陀佛國。八者正念，若能齋月齋日中，遠離於房舍，常詣於善師，往生阿彌陀佛國。九者正念，常能持淨戒，勤修於禪定，護法不惡口，若能如是行，往生阿

彌陀佛國。十者正念，若於無上道，不起誹謗心，精進持淨戒，復教
無智者，流布是經法，教化無量衆生，如是諸人等，悉皆得往生。爾
時會中有一菩薩，名山海慧，白佛言：世尊，彼阿彌陀國，有何妙樂
勝事，一切衆生，皆願往生彼？佛告山海慧菩薩，汝今應當起立合
掌，正身向西，正念觀阿彌陀佛國，願見阿彌陀佛。爾時一切大衆，
亦皆起立合掌，共觀阿彌陀佛。爾時阿彌陀佛，現大神通，放大光
明，照山海慧菩薩身。爾時山海慧菩薩等，即見阿彌陀佛國土，所
有莊嚴妙好之事，皆悉七寶。七寶山，七寶國土。水鳥樹林，常吐法
音。彼國日日常轉法輪，彼國人民不習外事，正習内事，口説方等
語，耳聽方等聲，心解方等義。爾時山海慧菩薩白佛言：世尊，我等
今者覩見彼國勝妙利益，不可思議。我今願一切衆生悉皆往生，然
後我等亦願生彼國。佛記之曰：正觀正念，得正解脱，皆悉生彼。
若有善男子善女人，正信是經，愛樂是經，觀導衆生，説者聽者，悉
皆往生阿彌陀佛國。若有如是等人，我從今日常使二十五菩薩護
持是人，常令是人無病無惱，若人若非人不得其便，行住坐卧，無問
晝夜，常得安穩。山海慧菩薩白佛言：世尊，我今頂受尊教，不敢有
疑。然世有衆生，多有誹謗，不信是經，如是之人，於後云何？佛告
山海慧菩薩：於後閻浮提，或有比丘比丘尼，見有讀誦是經者，或相
瞋恚，心懷誹謗，由是謗正法故，是人現身之中，來致諸惡重病，身
根不具，聾盲瘖瘂，水腫鬼魅，坐卧不安，求生不得，求死不得。或
乃致死，墮於地獄，八萬劫中，受大苦惱，百千萬世，未曾聞水食之
名。久後得出，在牛馬豬羊，爲人所殺，受大極苦。後得爲人，常生
下處，百千萬世不得自在，永不聞三寶名字。是故無智無信人中，
莫説是經也。

　　　　撰集流通德　　普施於一切　　先發菩提心
　　　　同歸向淨國　　皆共成佛道

（據<u>金陵刻經處</u>本）

〔附〕 道 綽 傳

釋<u>道綽</u>，姓<u>衞</u>，<u>并州汶水</u>人。弱齡處俗，閭里以恭讓知名。十四出家，宗師經誥，<u>大涅槃</u>部，徧所宏傳，講二十四遍。晚事<u>瓚禪師</u>，修涉空理，亟沾徽績。<u>瓚</u>清約雅素，慧悟開天，道振朔方，升名晉土。<u>綽</u>稟服神味，彌積歲時，承昔<u>曇鸞</u>法師淨土諸業，便甄簡權實，搜酌經論，會之通衢，布以成化。剋念緣數，想觀幽明，故得靈相潛儀，有情欣敬。恆在<u>汶水石壁谷玄中寺</u>，寺卽<u>齊</u>時<u>曇鸞</u>法師之所立也，中有<u>鸞</u>碑，具陳嘉瑞，事如別傳。

<u>綽般舟</u>、<u>方等</u>，歲序常宏，九品十觀，分時紹務。嘗於行道際，有僧念定之中，見<u>綽</u>緣佛珠數相，量如七寶大山。又覩西方靈相，繁綷難陳。由此盛德日增，榮譽遠及，道俗子女，赴者彌山。恆講<u>無量壽觀</u>，將二百遍。道悟自他，用爲資神之宅也。詞既明詣，說甚適緣，比事引喻，聽無遺拘，人各掐珠口同佛號，每時散席，響彌林谷。或邪見不信，欲相抗毀者，及覩<u>綽</u>之相善，飲氣而歸。其道感物情爲若此。

曾以<u>貞觀</u>二年四月八日，<u>綽</u>知命將盡，通告事相，聞而赴者，滿於山寺。咸見<u>鸞</u>法師在七寶船上告<u>綽</u>曰：“汝淨土堂成，但餘報未盡耳。”並見化佛住空天華下散，男女等以裙襟承得，薄滑可愛。又以乾地插蓮，華不萎者七日。及餘善相，不可殫紀。自非行感倫通，詎能會此者乎！年登七十，忽然亂齒新生，如本全，無歷異。加以報力休健，容色盛發，談述淨業，理味奔流，詞吐包蘊，氣霈醇醴。並勸人念<u>彌陀</u>佛名，或用麻豆等物而爲數量，每一稱名便度一粒。如是率之，乃積數百萬斛者。並以事邀結，令攝慮靜緣。道俗欝其綏

導，望風而成習矣。又年常自業，穿諸木欒子以爲數法，遺諸四衆，教其稱念，屢呈禎瑞，具敍行圖。著淨土論二卷，統談龍樹、天親，遞及僧鸞、慧遠並遵崇淨土，明示昌言，文旨該要，詳諸化範。傳燈寓縣，歲積彌新。傳者重其陶鎔風神，研精學觀，故又述其行相。

　　自綽宗淨業，坐常面西，晨宵一服，鮮潔爲體。儀貌充偉，並部推焉，顧眄風生，舒顏引接。六時篤敬，初不缺行，接唱承拜，生來弗絶。纔有餘暇，口誦佛名，日以七萬爲限，聲聲相注，宏於淨業，故得鎔鑄有識，師訓觀門。西行廣流，斯其人矣。沙門道撫，名勝之僧，京寺宏福，逃名往赴。既遠玄中，同其行業，宣通淨土，所在彌增。今有惰夫，口傳攝論，唯心不念，緣境又乖，用此招生，恐難繼想。綽今年八十有四，而神氣明爽，宗紹存焉。

　　　　　　（選自金陵刻經處本唐道宣續高僧傳卷二十四）

善　　導

【簡介】　善導,生於公元六一三年(隋煬帝大業九年),死於公元六八一年(唐高宗開耀元年),臨淄(今山東臨淄縣)人。他開始是習法華、維摩的,貞觀中才從道綽學淨土,以後到長安,積極宣揚念佛,一時有很大的影響,被視爲淨土宗的實際創始人。

善導著有觀無量壽佛經疏四卷,曾傳往日本,至十二世紀時,日僧源空(一一三三——一二一二)卽依此經疏,在日本開創淨土宗。因此善導在日本有較大影響。

善導的著作主要是宣揚如何念佛,以及一大套繁瑣的禮佛唸經的儀式等,沒有多少理論性的東西。因此,本書只選録了他的兩篇短文,以見善導思想的一斑。此外,還附録了道鏡、善道(卽善導)共集的念佛鏡中部分章節,以資參考。

一、淨業專雜二修説

問曰:何故不令作觀,直遣專稱名號者,有何意耶?答:衆生障重,境細心粗,識颺神飛,觀難成就,是以大聖悲憐,直勸專稱名字,正由稱名易故。相續卽生,若能念念相續,畢命爲期者,十卽十生,百卽百生。何以故?無外雜緣,得正念故,與佛本願相應故,不違教故,順佛語故。若捨專念修雜業者,百中希得一二,千中希得三四。何以故?乃由雜緣亂動,失正念故,與佛本願不相應故,與教相違故,不順佛語故,繫念不相續故,樂近雜緣,自障障他往生正行故。比見諸方道俗,解行不同,專雜有異,但使專意作者,十卽十生，修雜不至心者，千中無一。願一切人等，善自思維，行住坐臥，必須厲心克己，晝夜莫廢，畢命爲期。前念命終，後念卽生，長時永刼，受無爲法樂，乃至成佛，豈不快哉？

二、臨終正念訣

凡人臨命終時，欲得往生淨土者，須先準備，不得怕死貪生。常自思念我現在之身，多有衆苦，不淨惡業，種種交纏，若得捨此穢身，卽得往生淨土，受無量快樂，見佛聞法，離苦解脱，乃是稱意之事。如脱臭敝之衣，得著珍御之服。放下身心，莫生貪著。纔有病患，莫論輕重，便念無常，一心待死。須囑家人、看病人、往來人，凡來我前，但爲我念佛，不得説眼前閒雜之事，家緣長短之事，亦不須頓語安慰，祝願安樂，此皆是虚華無益之語。及至病重，家人親屬不得來前垂淚哭泣，惑亂心神，失其正念。但教記取阿彌陀佛，守令氣絶。更或有明解淨土之人，頻來策勵，如此者，千萬往生，必無疑慮也。

（選自清道光丁未通濟庵校刻彭際清編念佛警策卷上）

〔附：道鏡、善道同集念佛鏡（選）〕

勸念佛之門

夫佛者，三界大師，四生慈父，歸信者滅罪恆沙，稱念者福生無量。凡欲念佛，要起信心，若當無信，空無所獲。是故經言如是者信相也。夫信爲入道之初宗，智爲究竟之玄術。初稱如是信也，後曰奉行智也。故阿彌陀佛經云："若有信者，應當發願生彼國土。"此是本師釋迦牟尼勸信之處。彼經又言："汝等當信是稱讚不可思議功德。”此是六方諸佛勸信處。又云：“隨順此經，以信得入。”此是法華經勸信處。又云：“若人種善根，疑之則蓮花不開，信心清淨者花開，即見佛聞法。”此是往生勸信處。又云：“人無信不立，車無輗不行。”此是外書勸信處。又云：“信則所言之理順，順則師資之道成。經無豐約，非信不傳。”此是肇法法師勸信處。大行和尚念佛法門，“不問道俗男女，貴賤貧富，唯要俱信。”此是大行和尚勸信處。

問曰：既言信者，未知信何等法。答曰：信者，信經中説，信念佛定生淨土，信念佛定滅罪，信念佛定得佛獲，信念佛臨命終時佛自來迎，信念佛不問衆生同信之人皆得往生，信念佛生淨土定得三十二相，信念佛生淨土定得住不退地，信念佛生淨土定得快樂莊嚴，信念佛生淨土定得不死地，信念佛生淨土與菩薩一同爲伴侶，信生淨土更不離佛，信生淨土花臺化生，信彌陀佛現在説法，信生淨土不墮三途地獄。所以教念佛一聲，准觀經説念佛，定滅八十億劫生死重罪，還得八十億劫微妙功德，所以勸信。是故，大行和尚教念佛人，心唯信佛，佛則知之，佛得他心通故；口唯稱佛，佛則聞之，得天耳通故；身唯敬佛，佛則見之，得天眼通故。此是大行和尚勸信處。又，喻信心猶如深栽果木，樹根深固，風吹不動，後結實濟人饑渴。念佛之人亦復如是，皆由深信得生西方，成等正覺，廣濟厄難。若當無信，空無所獲。是故經言：“十住菩薩，一起信心，縱逢惡緣，喪身斷命，寧當即死不退信。”故維摩經云：“深信堅固，猶如金剛，法珍普照，如雨甘露。念佛之人，要俱深信。”

又，無量壽經云：“念佛有五種門。”何者爲五？一者禮拜門，身業專禮阿彌陀佛；二者讚嘆門，口業專稱阿彌陀佛名號；三者發願門，所有禮念功德，唯願求生極樂世界；四者觀察門，行住坐卧，唯教觀察阿彌陀佛，速生淨土；五者回向門，但念佛禮佛功德，唯願往生淨土,速成無上菩提。此是無量壽經論中念佛法門。

又,彼經云:"有四種修。"何等爲四?一者長時修,自從一向念佛,直至得生淨土成佛已來,終不退轉;二者敬處修,正向西方,專想不移;三者無間修,唯專念佛,無別雜念而來間隔,亦無貪嗔煩惱雜惡來間;四者無餘修,無有餘善而來間雜。何以故?雜善修道,多劫乃成,由自力故。唯專念佛,一日七日,即生淨土,位居不退,速成無上菩提,乘阿彌陀佛本願力故。速得成就,故名無餘修。

又准觀經中,勸念佛人,上品上生者,若有衆生願生彼國者,發三種心,即便往生。何等爲三?一者至誠心,二者深心,三者回向發願心。具三心者,必生彼國。何者?至誠心,身業專禮阿彌陀佛,口業專稱阿彌陀佛,意業專信阿彌陀佛,乃至成佛已來,不生退轉,故名至誠心。深心者,即是真實起信,專念佛名,誓生淨土,成佛爲期,終不再疑,故名深心。回向發願心者,所有禮念功德,惟願往生淨土,速成無上菩提,故名迴向發願心。此是觀經中上品上生法。

又,文殊般若經云:"不觀相貌,專稱名號,作一行三昧。欲得速成佛,亦作此一行三昧;欲具一切智,亦作一行三昧;欲得見佛,亦作一行三昧;欲得速生淨土,亦作一行三昧。"此是文殊般若經中念佛往生法。

又,阿彌陀經云:"舍利弗!若有善男子、善女人,聞説阿彌陀佛,執持名號,若一日,若二日,乃至七日,一心不亂,其人臨命終時,阿彌陀佛與諸聖衆現在其前,是人終時心不顛倒,即得往生阿彌陀佛極樂國土。"問曰:若念佛一日,往生淨土,何須七日?答:一日七日,皆是臨命終時,往生淨土,疾則一日,遲則七日。此是阿彌陀經中上品上生法。

又准觀經下品下生者,或有衆生作不善業,五逆十惡具諸不善。如此愚人，以惡業故，應墮惡道，經歷多刼，受苦無窮。如此愚人，臨命終時遇善知識教念阿彌陀佛十聲，除罪往生。此是觀經中下品下生法。

又准無量壽經云：“乃至一念，即生淨土。”並是下品往生法。問曰：一種念佛，一念十念，即下品下生，一日七日，何故得上品上生？答曰：一念十念爲念數少，功德亦少，所以下品下生。一日七日爲念數多，功德亦多，所以上品上生。又，一念十念喻晚發心人，一日七日喻早發心人。所以一念十念，一日七日，即生淨土，位居不退，直至無上菩提。又，念佛喻如孩子哭聲，父母聞之急來相救，饑即與食，寒即與衣，熱即與涼，是父母力，非是子能。念佛之人亦復如是，唯知念佛，佛大慈悲，尋聲即救，所有罪業，佛與滅卻，所有病患，佛與瘥卻，所有諸障，佛與拂卻。猶如父母養子相似。故法華經云：“一切衆生，皆是吾子，我即是父。汝等累刼衆苦所燒，我皆濟拔令出三界。”修道之人，要勤念佛。維摩經云：“欲除煩惱，當須正念。”

自力他力門

問曰：論諸法門，其數無量，何法自力，何法他力？答：如來雖說八萬四千法門，惟有念佛一門是爲他力，餘門修道，總爲自力。

又問：自力修道，准佛經教，何時得成？他力修道，何時得就？答：自力准佛經教，從初發心，經一大僧祇刼，始到初地，又經一大僧祇刼，修道乃至八地菩薩，皆是自力。他力者，准念佛法門阿彌陀經，疾則一日，遲則七日，念阿彌陀佛，往生淨土，即是八地菩薩。何以故？爲乘阿彌陀佛本願力故。阿彌陀經中，衆生生者，皆是阿鞞跋致，既是阿鞞跋致，即是八地菩薩。

又問：自力他力何如？答：自力者，猶小兒年始三歲，其所居地去京千里，遂教小兒自行向京，以求官職，無由得到。何以故？爲幼小故。餘門修道，亦復如是。要須多刼修道乃成。猶如小兒自力向京，不可得到，由自力故。言他力者，小兒雖小，隨父母所有象馬車乘力，故不久到京，遂得官職。何以故？由他力故。念佛修道，臨命終時，乘阿彌陀佛願力於一念，頃往生西方，得不退地。猶如父母將像馬車乘載小兒，不久到京，覓得官職。

又，自力者，猶如貧人還與貧人家客作，用力雖多，得錢極少。餘門修道，亦復如是，用力極多，功德極少。如似貧家客作相似。又，他力者，如向王家客作，用力極少，得錢無數。何以故？爲乘王力故。念佛亦爾，爲乘佛願力，用功極少，功德無邊。一日七日，專心念佛，速生淨土，早證無上菩提。猶如王家客作相似。

又，自力他力者，猶如蟻子寄在鳥翅之上，遂將蟻子在須彌山，蟻子昇高，受諸快樂。凡夫念佛，亦復如是，乘佛願力，速生西方，受諸快樂。猶如蟻子乘鳥翅力上山相似。此之他力。餘門修道，猶如蟻子自行上山，不可得得到。此乃自力。

又，自力者猶如蝦蟆，他力猶如大龍。有諸蝦蟆𫝹着龍鱗，龍帶蝦蟆速入大海。由念佛故，將於衆生速到西方。又，自力者猶如凡夫脚足損壞，不能速行。他力者如轉輪王飛騰虛空，往四天下，爲乘輪寶力故，亦復如是。一念之頃，卽得往生西方，住不退地。餘門修道，猶如陸地步行；念佛修道，猶如水上乘船，里數極多，不以爲困。念佛往生，亦復如是，用力極少，早證菩提。念佛法門由乘阿彌陀佛本願力，故速疾成佛，超過餘門百千萬倍。

廣攝諸教門

總持辯才，無斷布施、持戒、忍辱、精進、禪定、智慧。及方便願力，智無不具足，由念佛故。猶如摩尼寶，所求皆得。若自能念佛，布施他人，教他念佛，此即當念佛布施。由念佛故滅除諸罪，即是持戒。惡法不生，即是忍辱。行住坐臥，念佛名字不離心口，即是精進。深信不疑，至誠念佛，不生退轉，即是禪定。由久念佛名號，一切經教披文即解，此即智慧。是念總持辯才無礙。

又，念佛攝六度果報。由念佛故，往生淨土，衣食自然，財寶具足，即攝布施。由念佛故，往生淨土，得男子身，具六神通，即攝持戒。由念佛故，往生淨土，得端正可喜三十二相，八十種好，即攝忍辱。由念佛故，往生淨土，水鳥樹林，佛及菩薩總皆説法，聞是音已，皆自生念佛、念法、念僧之心，即是精進。由念佛三昧更無異緣，專注一境，即是禪定。生彼國已，自然解了一切佛法，即是智慧。故念佛一法攝六度果報，過於財施百千萬倍。湼槃經云："念佛一聲，分作十六分功德。"若有一人布施一世界衆生經餘一月，只將念佛分功德十六中一分功德，亦復勝彼。故知念佛過於財施。

念佛出三界門

問曰：淨土出三界，爲在三界中？答曰：淨土出三界，不在三界之中。何等爲三界？一者欲界，二者色界，三者無色界。欲界者，從閻浮提上至六欲諸天，名曰欲界。色界者，六天已上，梵諸天等一十八天，名曰色界。無色界者，空處乃至非非想處，總名無色界。三界雖苦樂不同，皆不免生老病死。法華經云："三界無安，猶如火宅。"是故韋提希厭娑婆世界，五濁惡世。何者爲五？一者刼濁，謂疫病、饑饉、刀兵等刼。二者煩惱濁，一切衆生，多諸結使。三者命濁，壽命不長。四者見濁，誹謗不信。五者衆生濁，無其人行。又有地獄、餓鬼、畜生充滿其中，不善積聚，是故遺厭，欣樂西方極樂世界。所以經云："能於三界獄，拔出諸衆生，普智天人尊，哀愍羣盲類，能於三界獄，廣度於一切。"又論云："超出三界獄，目如青蓮葉，聲聞衆無數，是故稽首禮。"往生論云："觀彼世界相，勝過三界道，究竟如虛空，廣大無邊際。"羣疑論云："淨土豎超三界，橫截五道，一得往生，更不墮界牢獄，直至無上菩提。"故知彌陀淨土，定離三界，不在三界之中，所以念佛法門，頓出三界。

若欲念阿彌陀佛速生淨土者，要須三業成就。第一、心惟有信，第二、口惟有念，第三、身惟有敬。不問有人無人，尊卑老少，晝夜常不懈慢，名爲敬成就。不議他人長短，説食數寶，惟口念佛聲聲不絶，名爲念成就。不隨貪瞋等煩惱及鬭亂打罵，怨恨嫉妒，殺盜淫妄，是墮三塗之因，與念佛不相應，故唯有信念佛，不揀道俗，不問男女貴賤，不問罪有輕重，惟信爲本。若成就者，萬病皆瘥，不假世間醫藥；萬善自成，不假世間經教。頓能成就其萬善成者，非是己能，亦非修行力。若據經文，從凡位至初地，經一大阿僧祇刼，若三寶力，不假多刼。又依經文，聞説阿彌陀佛，乃至一心一念，歡喜踊躍，志心迴向，即得往生，住不退地。法華經云："諸有智者，以譬喻得解，世間之中，惟有諸佛能令諸生出三界苦，得生淨土，見佛聞法。"又依經説，佛有慈悲喜捨，慈能與樂，悲能拔苦。如世間父母於子有種種苦，終不爲勞，佛是大慈，不問男女，普能救護世間之苦，地獄衆苦。若受苦衆生一念回光，諸佛悉皆攝受。若不救度，即與經教相違。人中諸苦，發心悔過，持諸戒行，作諸功德，諸苦頓除。信始成就，生死退失，委如地獄，不在人中。人中諸苦，若即不滅，千無一信，縱有信者，不過旬日，尋即退還。以不見經文，不知未來之苦，其心不定，現在之苦，復不得滅。衆生謗起經云："現在之苦必滅，未來之苦必無。"令現世人有誦得經者，及有異行與國王相應者，頭髮即落，袈裟著身，亦無戒行。在世間内，上至國王，下至父母，皆反至敬。是誰之力？又豈不是三寶之力。世間之内，亦有不聞貴賤男女，皆令自在，衣食自然，見者恭敬，不生勞倦。以是義故,當知是三寶之力。惟信,乃知不信之人如盲如聾,等無有異。故知念佛之人,聲聲不絕,無病不瘥,無罪不滅,定不驚怕,亦不退轉。日日之中,心眼自開,轉加作意,並與經教相應。行住作止,心中不散,亦不失威儀,縱聞諸經論,並無心行相應,轉加歡喜,遞相接引。有信之人,如母救子,不辭勞倦;無信之人,寧當禁口而死,不得出言令他起謗。非是謗人,直謗於佛。當說彌陀經時,世間難解之法,爲一切衆生説,若有信者,是六方諸佛知其難信之法,恐後衆生生疑,故舒舌作證,表此經文定不虛妄。近來行者,咸生驚疑,及有誹謗者,以是議故,諸佛再三懸知末法。不信衆生,其若有信者,一切諸佛共所護念。彼此經教,皆是佛説,善神護助之法,若聞而不信,直入地獄,無有出期,若信而不疑,盡其形壽。清淨之業,一心專念阿彌陀佛,發願迴向九品蓮臺,決定往生見佛聞法,住不退地,直至菩提,永無退轉。從來生死界,未識佛僧時,所造衆惡罪,因此願消滅,回向衆生類,願生安樂國。

　　　　五蘊浮虛夢幻身　　　假緣空聚一堆塵
　　　　死魔一至憑何敵　　　急念彌陀莫厭頻

　　　　　　　　　　（選自上海佛學書局印鼓山湧泉寺版念佛鏡）

彦　琮

【簡介】　彦琮，俗姓李，生於公元五五七年（北齊文宣帝天保八年），死於公元六一〇年（隋煬帝大業六年）趙郡柏人（今河北唐山）人。初投信都僧邊法師，至十歲方許出家，改名道江。十二歲在罋岙山誦法華經，不久遊鄴都，參講席。十四歲入晉陽，後被齊后召赴宣德殿，講仁王經。十六歲遭父憂時，“厭辭名聞，遊歷篇章，爰逮子史，頗存通閱”（續高僧傳卷二彦琮傳）。北齊亡後，當他二十一歲時，被北周武帝召爲通道觀學士，侍講易、老、莊等書。不久，更名彦琮。二十五歲落髮。他的主要活動在隋朝，是隋代的著名僧侶和佛經翻譯家。

　　早在隋文帝爲北周宰相時，佛法稍興，彦琮就爲朝士們講解般若經。隋文帝開皇元年（公元 581 年），他與陸彦師、薛道衡、劉善經、孫萬壽等人共著內典文會集。開皇三年，彦琮作辯教論，文中列舉二十五條以説明道教的妖妄；同年勅翻譯，又教住大興國寺。公元五九二年（開皇十二年），敕召入京，又掌翻譯，住大興善寺。公元六〇六年（隋煬帝大業二年），彦琮爲東都上林園翻經館學士，撰有上林園梵文經目錄五卷。

　　彦琮的著作很多，曾著有福田論、僧官論、慈悲論、默語論、通極論、通學論、辯聖論、辯正論、善知識録、鬼神録等。今存者有辯正論，見續高僧傳卷二；通極論，見廣弘明集卷四；福田論，見廣弘明集卷二十五；合部金光明經序，見頻伽本大藏經黃九。其中，通極論的重點是駁斥世俗諸儒不信因果報應，執於教迹，好生異端的錯誤，竭力捍衛佛教的基本觀點。福田論意在諷勸隋煬帝取消諸僧道士須向帝王致敬的律令，堅決反對沙門道士向世俗的帝王致敬，這是自東晉以來關於沙門應不應該敬王者的論争的繼續。辯正論則推崇東晉釋道安關於譯經有"五失本"、"三不易"的見解，評論譯人的得失，强調做到"八備"，才能搞好翻譯工作。這是魏晉以來翻譯佛經經驗的系統總結，對以後佛經的翻譯具有指導性的作用。

彦琮的事蹟，見續高僧傳卷二彦琮傳，以及歷代三寶記、大唐内典録等。

一、辯　正　論

彌天釋道安每稱，譯胡爲秦，有五失本三不易也。一者胡言盡倒而使從秦，一失本也；二者胡經尚質，秦人好文，傳可衆心，非文不合，二失本也；三者胡經委悉，至於歎詠，丁寧反覆，或三或四，不嫌其繁，而今裁斥，三失本也；四者胡有義説，正似亂詞，尋檢向語，文無以異，或一千或五百，今並刈而不存，四失本也；五者事以合成，將更旁及，反騰前詞，已乃後説而悉除此，五失本也。然智經三達之心，覆面所演，聖必因時，時俗有易，而删雅古，以適今時，一不易也；愚智天隔，聖人叵階，乃欲以千載之上微言，傳使合百王之下末俗，二不易也；阿難出經，去佛未久，尊大迦葉，令五百六通，迭察送書，今離千年，而以近意量裁，彼阿羅漢乃兢兢若此，此生死人而平平若是，豈將不以知法者猛乎！斯三不易也。涉兹五失經三不易，譯胡爲秦，詎可不慎乎！正當以不關異言，傳令知會通耳，何復嫌於得失乎？是乃未所敢知也。

余觀道安法師，獨稟神慧，高振天才，領袖先賢，開通後學，修經録則法藏逾闡，理衆儀則僧寶彌盛，世稱印手菩薩，豈虚也哉！詳梵典之難易，詮譯人之得失，可謂洞入幽微、能究深隱。至於天竺字體，悉曇聲例，尋其雅論，亦似閑明；舊喚彼方，總名胡國，安雖遠識，未變常語。胡本雜戎之胤，梵惟真聖之苗，根既懸殊，理無相濫；不善諳悉，多致雷同。見有胡貌，即云梵種；實是梵人，漫云胡族，莫分真僞，良可哀哉！語梵雖訛，比胡猶別，改爲梵學，知非胡者。竊以佛典之興，本來西域，譯經之起，原自東京；歷代轉昌，迄茲無墜，久之流變，稍疑虧動；競逐澆波，趄能迴覺，討其故事，失在昔人。至如五欲順情，信是難棄；三衣苦節，定非易忍。割遺體之愛，入道要門；捨天性之親，出家恆務。俗有可反之致，忽然已反；梵有可學之理，何因不學？又且發蒙草創，服膺章簡，同鸚鵡之言，倣邯鄲之步；經營一字，爲力至多，歷覽數年，其道方博，乃能包括今古，網羅天地，業似山丘，文類淵海。彼之梵法，大聖規摹，略得章本，通知體式，研若有功，解便無滯；匹於此域，固不爲難，難尚須求，況其易也。或以内執人我，外慚諮問，枉令祕術，曠隔神州，靜言思之，愍而流涕。向使法蘭歸漢，僧會適吳，士行佛念之儔，智嚴寶雲之末，纔去俗衣，尋教梵字，亦霑僧數，先披葉典。則應五天正語，充布閻浮；三轉妙音，普流震旦。人人共解，省翻譯之勞；代代咸明，除疑網之失。於是舌根恆淨，心鏡彌朗，藉此聞思，永爲種性。

安之所述，大啓玄門，其間曲細，猶或未盡，更憑正文，助光遺迹。粗開要例，則有十條字聲：一句韻，二問答，三名義，四經論，五歌頌，六呪功，七品題，八專業，九異本，十各疎其相。廣文如論。安公又云：“前人出經，支讖世高，審得故本，難繼者也；羅叉支越，斷鑿之巧者也。”

竊以得本闕質，斷巧由文，舊以爲鑿，今固非審，握管之暇，試復論之。先覺諸賢,高名參聖;慧解深發,功業弘啓;創發玄路,早入空門;辯不虛起,義應雅合。但佛教初流,方音勘會,以斯譯彼,仍恐難明。無廢後生,已承前哲;梵書漸播,真宗稍演;其所宣出,竊謂分明;聊因此言,輒銓古譯。漢縱守本,猶敢遙議;魏雖在昔,終欲懸討。或繁或簡,理容未適;時野時華,例頗不定。晉宋尚於談説,爭壞其淳;秦涼重於文才,尤從其質。非無四五高德,緝之以道;八九大經,録之以正。自兹以後,迭相祖述;舊典成法,且可憲章;展轉同見,因循共寫;莫問是非,誰窮始末?僧聾惟對面之物,乃作華聾;安禪本合掌之名,例爲禪定,如斯等類,固亦衆矣。留支洛邑,義少加新;真諦陳時,語多飾異。若令梵師獨斷,則微言罕革;筆人參制,則餘辭必混。意者寧貴樸而近理,不用巧而背源,儻見淳質,請勿嫌煩。昔日仰對尊顔,瞻尚不等;親承妙吼,聽猶有別。靜論起迷,豫晒湟槃之記;部黨興執,懸著文殊之典。雖二邊之義,佛亦許可;而兩間之道,比丘未允其致。雙林早潛,一味初損;千聖同志,九旬共集。雜碎之條,尋訛本誠;水鵠之頌,俄舛昔經。一聖纔亡,法門卽減;千年已遠,人心轉僞。既乏瀉水之聞,復寡懸河之説,欲求冥會,詎可得乎?且儒學古文,變猶紕繆,世人今語,傳尚參差;況凡聖殊倫,東西隔域,難之又難,論莫能盡。必愨勠於三復,靡造次於一言;歲校則利有餘,日計則功不足;開大明而布範,燭長夜而成務,宣譯之業,未可加也。

　　經不容易,理藉名賢;常思品藻,終慚水鏡。兼而取之,所備者八:誠心愛法,志願益人,不憚久時,其備一也;將踐覺場,先牢戒足,不染譏惡,其備二也;筌曉三藏,義貫兩乘,不苦闇滯,其備三也;旁涉墳史,工綴典詞,不過魯拙,其備四也;襟抱平恕,器量虛融,不好專執,其備五也;耽於道術,澹於名利,不欲高銜,其備六也;要識梵言,乃閑正譯,不墜彼學,其備七也;薄閱蒼雅,粗諳篆隸，不昧此文，其備八也。八者備矣，方是得人，三業必長，其風靡絕。

若復精搜十步，應見香草；微收一用，時遇良材。雖往者而難儔，庶來者而能繼，法橋未斷，夫復何言？則延鎧之徒，不迴隆於魏室；護顯之輩，豈偏盛於晉朝？

或曰：一音遙說，四生各解；普被大慈，咸蒙遠悟。至若開源白馬，則語逐洛陽；發序赤烏，則言隨建業。未應強移此韻，始符極旨；要工披讀，乃究玄宗；遇本卽依，真偏篤信。案常無改，世稱仰述，誠在一心，非關四辯，必令存梵，詎是通方？對曰：談而不經，旁慚博識；學而無友，退愧寡聞；獨執管錐，未該穹壤；理絕名相，彌難穿鑿。在昔圓音之下，神力冥加，滿字之間，利根迴契；然今地殊王舍，人異金口，卽令懸解，定知難會。經音若圓，雅懷應合；直餐梵響，何待譯言？本尚虧圓，譯豈純實？等非圓實，不無踈近，本固守音，譯疑變意；一向能守，十例可明，緣情判義，誠所未敢！若夫孝始孝終，治家治國，足宣至德，堪弘要道。況復淨名之勸發心，善生之歸妙覺，奚假落髮翦鬚，苦違俗訓；持衣捧鉢，頓改世儀？坐受僧號，詳謂是理；遙學梵章，寧容非法？崇佛爲主，羞討佛字之源；紹釋爲宗，恥尋釋語之趣。空覿經葉，弗興敬仰，忽見梵僧，倒生侮慢，退本追末，吁可笑乎？像運將窮，斯法見續，用茲紹繼，誠可悲夫！

（選自金陵刻經處本唐道宣續高僧傳卷二）

二、通極論並敘

原夫隱顯二途，不可定榮辱；真俗兩端，孰能判同異？所以大隱則朝市匪誼，高蹈則山林無悶。空非色外，天地自同指馬；名不義裏，肝膽可如楚越。或語或默，良喻語默之方；或有或無，信絕有無之界。若夫雲鴻震羽，孔雀謝其遠飛；淨名現疾，比丘憚其高辯。發心即是出家，何關落髮；棄俗方稱入法，豈要抽簪？此即染淨之門，權實而莫曉；倚伏之理，吉凶而未悟。遂使莊生宗齊一之論，釋子說會三之旨，大矣哉！諒爲深遠，寔難鉤致。竊聞陰陽合而萬物成，鹹淡和而八珍美，何廢四時恆序，五味猶別？以此言之，豈真俗之混淆，隱顯之云異？或有寡聞淺識，則欲智凌周孔；微庸薄宦，便將位比帝王，强自大以立身，謂一人而已矣。不信有因果，遂言無佛法，輕毀泥（曰）〔洹〕，賤懷沙門，愚襲腐儒，戲招冥禍。或有始除俗服，狀如德冠天人；纔掛僧名，意似聲高海域；憿然尊處，詳爲極聖。豈知十纏猶障，三學靡聞，不隨機而接物，竟抱愚而自守，悲夫！二子殊途，一何蹉駁，高懷達士，孰可然哉？冀欲解紛挫銳，假設旗鼓，雖復俱有抑揚，終以道爲宗致。其猶五色綺錯，近須彌而會同；萬像森羅，依虛空以總集。歸根自芸芸之物，吞谷實茫茫之海，斯誠光贊於佛道，述奬於玄門。庶令無我無邪，允謙允敬，式貽後進，論之云爾。

有梵行先生者，高屏塵俗，獨栖丘壑，英明逸九天之上，志氣籠八紘之表，藉茅枕石，落髮灰心，糞衣殊羊續之袍，繩牀異管寧之榻。自隱淪西嶽，數十年矣。確乎不拔，澹然無爲。每而歎曰：窮則獨善其身，達則兼濟天下。但蒼生擾擾，縶以愛羅，不可自致清昇，坐觀塗炭，復須棄置林藪，分衞人間，於是屈跡暫遊，方踐京邑，次於澗上。有行樂公子者，控龍媒於流水，飛鶴蓋於浮雲，繡衣侯服，薰風合氣，瑯勒金鞍，爭光炫日。定知擲果之愛，是屬潘生；割袖之寵，已迷漢帝。接軫城隅，陪曹王之席；連鑣池側，追山公之賞。道逢先生，怪而問曰：先生貌若燕趙之士，髮如吳越之賓，容色似困陳蔡，衣製不關楚魯，徐行低視，細語顰眉。瓦鉢恒持，無異顏回之瓢器；錫音乍振，何殊原憲之藜杖。此地未之覩，我嘗所不聞，敢問先生何方而至？

先生静默良久，徐而對曰：觀子馳騁於名利，荒昏於色聲，戴天猶不測其高，履地尚不知其厚。吾聞坎井之内，本無吞舟之鱗；榆枌之間，詎有垂雲之翼。吾非子之徒歟！其可識乎？試當爲子言之，幸子暫留高聽。吾師也，德本深構，樹自三祇之初；妙果獨高，成於百劫之末。總法界而爲智，竟虚空以作身，寧唯氣禀二儀，道周萬物而已。斯故身無不在，量極規矩之外；智無不爲，用絶思議之表，不可以人事測，豈得以處所論？將啓愚夫之視聽，須示真人之影跡，其猶谷風之隨嘯虎，慶雲之逐騰龍，感應相招，抑惟常理。於是降神兜率之宮，垂像迦毗之域，氏曰瞿曇，種稱刹利，俗名悉達，道字能仁，乃白浄王之太子也。家世則輪王迭襲，門風則聖道相因；地中三千，既殊於雒邑，國朝八萬，有踰於稽嶺，宗親籍甚，孰可詳焉。暨吾師生也，坤形六動，方行七步，五浄雨華滿國，二龍灑水遍空，神瑞畢臻，吉徵總萃，觀諸百代，曾未之有。然復孕異堯軒，産殊禹傁，至如黑帝入夢之兆，白光滿室之徵，徒曰嘉祥，詎可擬議。身邊則金色一丈，眉間則白毫五尺，開卍字於胸前，躡千輪於足下，大略以言，三十有二，非可以龍顏虎鼻，八彩雙瞳，方我妙色，校其升降者也。雖復呂公之相高帝，世謂知人；若譬私陀之視吾師，未可同日。於是崇業大寶，正位少陽，甲觀洞開，龍樓迴建。至如多才多藝，允文允武，非關師保，自因天骨。或於太子池臨泛之辰，博望苑馳射之際，力格香象，氣冠神功，試論姬發曹丕，莫之與擬，漢盈夏啓，寧足涉言？父王宿衛甚嚴，喻視彌篤。九重禁闥，聲聞則四十里；三時密殿，姬麗則二萬人。然以道性恬凝，志願沖固，

雖居三惑之境，不改一心之節，歷王城之四門，哀老病之三苦，乃自
嗟曰："人生若此，在世何堪？"脱屣尋真，其於斯矣。於時桃則新花
落雨，青春始仲；月則半輪低閣，永夜方深。觀妓直之似橫屍，悟宮
闈之如敗冢，天王捧白馬而踰城，給使持寶冠而詣闕。雖復秦世蕭
史，周時子晉，許由洗耳於箕山，莊周曳尾於濮水，方茲去俗，何其
蔑如？是以仙林始抽簪之地，禪河起苦行之跡，沐金流之淨水，遊
道場之吉樹，食假獻糜，座因施草；於是十方智圓，六通神足，魔兵
席卷，大業剋成，獨稱爲佛，是吾師也。法輪則奈國初轉，僧侶則憍
陳始度，至於迦葉兄弟，目連朋友，西域之大勢，東方之遍吉，二十
八天之主，一十六國之王，莫不服道而傾心，餐風而合掌。於是他
化宮裏，乃弘十地；耆闍山上，方會三乘。善吉談無得之宗，淨名顯
不言之旨，伏十仙之外道，制六羣之比丘。胸前則吐納江河，掌内
則搖蕩山谷，論劫則方石屢盡，辯數則微塵可窮。斯乃三界之大
師，萬古之獨步，吾自庸才，談何以盡？縱使周公之制禮作樂，孔子
之述易刪詩，予賜之言語，商偃之文學，爰及左元放、葛孝先、河上
公、柱下史，並驅馳於方内，何足道哉！自我含靈福盡，法王斯逝，遂
使北首提河，春秋有八十矣。應身粒碎，流血何追，爭決最後之疑，
競奉臨終之供。嗚呼！智炬消，慈雲滅，長夜諸子，誠可悲夫！於
是瞻相好於香檀，記筌蹄於貝葉，三藏受持，四依補處，而我師風無
墜，特特斯乎！但世道紛華，羣情矯薄，人代今古，暨于像運，既當
徂北，稍復東漸，所以金人夢劉莊之寢，摩騰佇蔡愔之勸，遺教之
流漢地，創發此焉。迄今五百餘年矣。自後康僧會、竺法護、佛圖
澄、鳩摩什，繼踵來儀，盛宣方等；遂使道生、道安之侶，慧嚴、慧觀
之徒，並能銷聲掛冠，翕然歸向，緇門繁熾，焉可勝道？吾少長山
東，尚素王之雅業；晚遊關右，慕黄老之玄言；俱是未越苦河，猶淪
火宅。可久可大，其唯佛教也歟！遂乃希前代之清塵，仰羣英之遠

迹、歸斯正道，拔自沈泥。本號離欲之逸民，摧邪之大將，吾之儔黨，其謂此乎？

公子蹙頞而言曰：觀先生之辯，雖可談天，然其所說，何太虛誕。竊尋佛本啓化之辰，當我宗周之運，自云娑婆總攝，靡所不歸。或復光照無際，聲震有頂；或復八部雲臻，十方輻湊。計天竺去我，十萬里餘，俱在須彌之南，並是閻浮之內，那忽此間士庶，無至佛所，如來亦何獨簡，不賜餘光？弗生我秦漢，靡載我墳籍，詳此二三，疑惑逾甚。僕聞貞不絶俗，隱不違親，所以和光於塵裏，披蓮於火内；至若束帶垂纓，無妨修德，留鬚長髮，足可閒居。且道本虛通，觸無不是，何必絶棄於冠簪，專在於錫鉢？竊以不傷遺體，始著孝心，莫非王臣，終從朝命；今既赭衣髡髮，未詳其罪，不仕天子，無乃自高。敢諮先生，請當辨〔柝〕〔析〕。

先生曰：吾聞大音不入於俚耳，其驗兹乎！猶欲以寸管窺天，小螺量海，而我法門敻出，非吾子之能極。吾且仰憑神力，更爲言之。吾師化道含弘，靈鈞遠被，但衆生緣薄，自爲限礙耳，何關佛威之不大，聖澤之無均？其猶日月垂象麗天，雷霆發音動地，而簡於聾瞽，豈光微聲小者哉！然佛遊舍衛，有餘二紀，三億之家，猶不聞見，何怪邊地十萬里乎？竊以周孔之生，本惟華夏之邑，夷狄不信，其理何邪？至於東方朔之升天，淮南王之入籙，然乘鸞排霧，世有其人，欲不長於神仙，猶密之而弗載，寧解味吾師之道術書之於惇史乎！況值秦皇焚典，經籍不全，何容守此局文，遂無大見。然有惑彼正真，甘兹隨俗，未悟身之非潔，豈達命也無常；服翫則數重不止，慳貪則一毛難落，屑屑頑民，可悲之甚。吾已無保於形骸，誰有營於炫好？鬚髮既剪，我心自伏；衣惟壞色，愛情何起？所以五綴而持想，六時而繫念，蕭然物外，是曰逆流。竊聞夏禹疏川，則有勞手足；墨翟利物，則不惜頂踵。殺身以成仁，餓死而存義，此並有違於大孝，然猶盛美於羣書；吾養性栖玄，立身行道，方欲廣濟六趣，高希萬德，豈學子拘之於小節，顧在膚髮之間哉！扇逐榮名餘事，從北面之朝也，其若効淺禄微，唯勞諸走無暇；功高位極，常懼危溢不安。千仞棄珠，一何賤寶；但火內之蓮，非吾所發，染而不染，何爾能知？

公子曰：先生强誇華以飾非，護牆茨而不掃，請聽逆耳之篤論，略條其弊也四焉。僕聞玉樹不林於兼葭，威鳳不羣於燕雀，先生道雖微妙，門人獨何庸猥？或形陋族微，或類卑神闇，無三端可以參多士，無十畒可以爲匹夫；墮王事之不閒，耻私門之弗立，寄逃役於佛寺之內，纔容身於法服之下；見人不能敍寒溫，讀經不解立正義，空知高心於百姓，背禮於二親。非所以自榮，其弊一也。僕聞采椽土堦之儉，唐堯之所以字民；瓊室玉臺之盛，商辛之所以敗俗。況如來行惟少欲，德本大悲，只應宴坐於塚間，經行於樹下，何宜飾九層之刹，建七寶之臺，不愍作者之勞，不慚居者之逸。非所以自約，其弊二也。僕聞無自伐功，老聃之極敎；不讚己德，唯佛之格言。勞謙則君子終吉，克讓則聖人上美，必若內德充盛，自然外響馳應，賓侶坐致揄揚；豈況佛心澄靜，亡諸得失之咎，如何獨許世尊之號，不欲推人？然彼羣經莫二之宗，各談第一之稱，自生矛盾，將何以通？非所以自遜，其弊三也。僕聞情存兩寶，心愼四知，方曰通人之雅懷，廉士之高節，或散之於宗族，或棄之於山水。況玄道清淨，反俗沙門，而復縱無厭之求，貪有爲之利，勸俗人則令不留髓腦，論賑施則便無讓分毫。或勝貴經過，或上客至止，不將虛心而接待，先陳出手之倍數，此乃有識之同疾，海內之共知。非所以自廉，其弊四也。僕直言雖苦，可爲藥石，惟先生高見，覽以詳之。

先生曰：吾子不笑，何謂道邪！子但好其所以同，寧知其所以異？徒欲圮毀，未損金剛，吾道弘邃，豈可輕矣。吾聞萬機斯總，聖皇所以稱大；百川是納，巨壑所以爲深；王則不恥於細民，海則無逆於小水。況吾師大道，曠無不濟，有心盡攝，未簡怨親，自當品戒德之大小，混族類之高下。故有除糞庸人，翻涉不生之位；應書貴士，倒墜無間之獄。內秘難識，外相孰知？子何自擅爲銓衡，吾未相許爲水鏡，若但以貌取人，失之遠矣。遂使叔向伏謾蔑之語，長者悟沙彌之説，且復窮通有運，否泰無恆，或始榮而後辱，或初微而後盛，異轍紛綸，可略言也。至如立錐無地，非慕堯舜之德；餘苗不紹，豈傳湯武之聖。詎知吞併六國，其先好馬牧人；約法三章，則唯亡命亭長；樊灌起販屠之肆，伊吕出厨釣之間，歷代因循，高門相襲，遂爲四海强族，五陵貴氏，冠冕陵雲，風流蓋世。暨若朝陽晞露，羨皂隸之難留；宿草負霜，混螻蟻之莫别。是知用與不用，虎鼠何常，尋末窮本，人倫一概。那忽輕以乘軒，蔑茲甕牖；雖復才方周旦，亦何足觀。嘗試言之。朝市虛煩，身心空弊，智者同棄，賢人共鄙，但覺斯懷之可入，所以避地而歸來。吾則厭來苦而知昨非，子便就往欲而惑今是。寧自安貧樂道，少賤多能，奚用太廟之犧牲，竪子之烹臛？吾今素質自居，默念無雜，不假導於仁義，豈亂想於繁華？固亦騎遺牝牡，自忘寢膳，詎守寒温之小才，音義之薄伎。修心可以報德，何局定省之儀；弘化可以接引，寧止俯仰之事？此吾所謂一勝也。吾師空閒樂處，不唯聚落；輕微務納，豈獨珠瓔？是以栖形五山，遊神三徑，或受童土，或餐馬麥，讚淨心之小施，譏雜相之多捨，庶令藉此而建善根，因兹而表誠信。斯自束修大體，供養恆式，豈佛身之欲須，乃含生之達志，便以凡俗難悟，憍嫉未除，競獻名寶，利收多福。所以玉槃高刹，掩日聳於半天；繡栭飛甍，連雲被於寓内；爭名好尚，善將焉在？著相寡識，遂及乎斯。雖乖至真之理，足感榮華之樂，生民唯此爲功，如來亦何抑説？此吾所謂二勝也。吾聞談無價之奇寶，冀欲拯貧；讚不死之神香，只將愈疾。

但衆生信邪巫之狂藥，捨正覺之甘露，困毒已深，懷迷自久。吾師之出世也，本許救濟爲功，知我者希，無容緘默，使物識眞以迴向，何是非而自取？若夫二佛不並於世，兩日不共於天，厥號無等，庶弘至教，非如君子之小聖，事謙讓之風已。然至理同歸，逐情異說，是經稱最，各應宜聞。此吾所謂三勝也。吾聞不趣四民之利，莫致百鎰之金，但大患未亡，有待須養。吾稱乞士，則受之以知足；子名施主，則傾之以國城；何容責我之貪非，不自揣己之慳蔽？是驗分財相得，獨應管鮑乎！吾聞天王武庫，出給尚不由臣下；況吾師福物，取與寧獨任凡僧？本雖四輩而來，今屬三寶而用；爲道興供，義乖行福。既爲十方常住，非曰私擬諸己；自專則法律不許，請衆則和合無由；不知子何德以能銷，吾何情而敢擅？只懼我之同咎，豈欲貪利者哉！竊以粒重七斤，投水則煙火騰沸；飯餘一鉢，與人則羣類充滿，佛猶無恡於饑，犬寧有惜於餓？烏是知輒用固以招僁，廻施許而獲益，眞是衆生之薄福，則非吾師之褊心。至如餓鬼不視川流，病人弗覺美味，罪關於餓病，豈流味之無也。竊聞功臣事主，粟帛不次而酬勳；明主責躬，蒼旻不言而効德。子弗能自慨之無感，專謗吾師之不惠，持此饕餮，何以爲人？至若鄭侯傾産於交遊，田君布心於賓客，空規豪蕩之聲勢，拒擬福田而推揚？此吾所謂四勝也。吾雖言不足而理有餘，子但驚所未聞，惑於所不見，吾之所説，子可悟矣。

公子曰：先生雖高談自雪，終類守株，所論報應，何其悠眇。僕聞開闢混元，分剖清濁，薄淳異稟，愚聖派流，至如首足之方圓，翔潛之鱗羽，命分脩短，身名寵辱，莫非自然之造化，詎是宿業之能爲？竊見景行不虧，夭身世而嬰禍；狂勃無禮，竟天年而享福，遭墮若斯，因果何驗？且氣息則聚生散死，形神則上歸下沈，萬事寥廓，百年已矣，何處天宮，誰爲地獄？庸人之所信，達士未之言，先生猶或繫風，請更量也。

先生曰：公子辯士哉！見何庸淺。所談不踰百世，所歷無越八荒，詎能曉果報之終期，察因緣之本際，不可局凡六識，罔聖三明者也。吾聞播殖百穀，非獨水土之功；陶鑄四生，詎止陰陽之力？既有根於種類，亦無離於集起。竊見或體合夫妻，子孫不孕；或身非鰥寡，男女莫均。至於螢飛蟬化，蜂巢蟻卵，非構兩精之產，豈從二藏之妊？但若稟之於乾坤，人亦奚賴於父母；一須委運，慈孝何歸？是知因自參差，果方環互，支分三報，星羅萬品，或今身而速受，或來世而晚成，此理必然，亦何而朽？竊以賞爵不濫，王者之明法；罪福無舛，業道之大功；政治則五，刑罰禄位賞；幽祇則三，塗罪人天福，目前可以爲鑒誡，豈伊吾之構虛論哉！子未陷圄圖，誰信有廷尉；不遊岱宗，便謂無鬼府；但善惡積成，則殃慶有餘，被之茂典，爾所未悉。至如疏勒涌泉之應，大江橫石之感，羊公白玉，郭巨黃金，驄標鮑宣之馬，珠降噲參之鶴，爰及宣王之崩於杜伯，襄公之懼於彭生，白起甘死之徵，李廣不侯之驗，陸抗殃則遺後，郭恩禍則止身，斯甚昭著，孰言冥杳？雖有知無知，六經不説；然祭神祭鬼，三代攸傳。必也死而寂寥，何求存以仁行，無寧棄儒墨之小教，失幽明之大理。子可惜良才，大甚愚僻，早須歸悔，體我真言。

公子曰：先生雖懸河逸辯，猶有所蔽。僕聞天生烝民，剛柔爲匹；所以變化形器，含養氣靈。婚姻則自古洪規，嫁娶則列代恆禮，罪應不關於子胤，道亦無礙於妻妾，遂使善慧許賣華之約，妙光納施珠之信。衆香六萬，尚曰法師；毗邪二千，猶名大士。何獨曠茲仇偶，擁此情性，亢龍有悔，其欲如之。品物何以生，佛種誰因續？此先生之一蔽也。僕聞猛獸爲暴民之業，毒蟲含傷物之性，所以順氣則秋獮，除害則夏苗，天道之常，何罪而畏？至於牛豕充犧，羔鴈備禮，運屬厨人之手，體葬嘉賓之腹，本天所生，非此焉用？然復鳥

殘自死，虎聽內律，如何關養形命，空作土塵？此先生之二蔽也。僕
聞天列箕星，地安泉郡，酒之爲物，其來尚久，銷愁適性，獨可茲乎！
所以嵇阮七賢，興情於斗石之量；劉華兩聖，盛德於鍾壺之飲；管則
藉此而談玄，于則因茲而斷獄。聞諸往哲，未嘗不醺，但自持之於
禮，何用阻衆獨清？此先生之三蔽也。僕聞八政著民天之食，五味
資道器之身，降茲呼吸風霞，餌飲芝露，敢爲生類，罔弗由之。自可
飽食，用心無廢於道業；何假持齋，倦力有乏於勤修？此先生之四
蔽也。先生若改斯蔽，僕亦慕焉。

　　先生曰：吾聞剛强難化，固當爾耳。子之蔽乎，自不知其蔽；吾
之通也，子豈識其通？由此觀之，未可與言道也。竊以鄙言無遜，
尚避至親；邪行不仁，猶慚先達。然其男則纔離襁褓，羨雙飛以求
娶；女則僅辭乳哺，怨空房而感情；苟貪小樂，公行世禮，積習生常，
混然誰怪？此而無恥，尤類鶉鵲，勿將羣小之制婚，敢非高尚之敦
雅。且婚者昏也，事寄昏成，明非昌顯之裁範，諒是庸鄙之危行。獨
有展禽柳下之操，可以厲淫夫；彭祖獨卧之術，可以養和性，斯固播
之於良書，美之於方策。況乃吾師之成教也，弘淨行之宗經，豈復
順彼邪風，嬰茲欲網？將出六天之表，猶無攜妓妾；既超四空之外，
焉可挾妻孥？唯有二果白衣，繫業通許；一狀居士，精而難混。但
品物之生，自有緣託，何必待我之相配？方嗣於吾師，獨不聞同一
化生，士無女業；咸屏四大，法喜資形？此吾所謂一通也。吾聞生
死去來，本方步驟；顯晦上下，無異循環；業之所運，人畜何准？是
以衛姬、蜀帝之徒，牛哀、伯奇之類，狐爲美女，狸作書生，抑亦事歸
難思，豈易詳也。竊以持戒無畏鬼龍，含德不懼蜂蠆；怖鴿投影，猛
虎越江；我善則報之以明珠，人惡則應之以毒氣，諒由息之生殺，豈
禽獸唯害物邪！雖復飛走別形，惜身莫異；輪迴無始，誰非所親。恕
己爲喻，亦何不忍，詎可宰有生之血肉，充無用之肌膚？至若死而

歸土，物我同致；所以黃不食黿，孔猶覆醢，況吾仁慈之隱惻，孰甘美於肥鮮？但五律漸開，雙林永制。此吾所謂二通也。吾聞酒池牛飲，著乎在昔；雖百六數窮，亦亂國斯起，三十五失，抑有由之。但令身酩酊，是焉可驗；來生幽暗，將復何已？至如文舉之罇不空，玄石之瞑難悟，蓋惟耽酒之狂客，曷可以論至道哉！但使深酣則過多，微醺則愆薄，欲言飲而無失，未之有也。往賢之所嚴戒，良以此乎！縱不關物命，亦無宜舉酌。此吾所謂三通也。吾聞戒自禁心，齋唯齊志，可謂入道之初行，教民之本法，但支立而已，身亦何知？若縱情嗜欲，終爲難滿，所以節限二時，足充四大。覺罷螳之附後，見野狼之對前；危亡之期既切，饑渴之情遂緩，自忻道勝而肥，何嗟食短而倦？竊以帝王之祠宗廟，夫子之請伯陽，猶須絕味辛葷，清居齋室；況吾欲亡身而訪道，寧復留心於美膳者哉！此吾所謂四通也。莫謂子所不能謂吾爲蔽，吾之所辯，幸子擇以從之。公子於是接足叩頭，百體皆汗，魂飛膽喪，五色無主；既如料虎，復似見龍，怳焉若狂，莫知所對。先生摩頂勞曰：吾唯愍物，子何怖邪？公子稍乃自安，泣而對曰：僕本生下邑，無聞大覺之名；稟性疎野，翻踵外邪之見，不遇先生，幾將禍矣。比承下風之末，精義入神，仰恃大慈，追收前失，請容剃落，受業於先生之門也。先生曰：子悟迷知返，善矣哉！

（選自四部叢刊影印本廣弘明集卷四）

三、福 田 論并序

隋煬帝大業三年，新下律令格式。令云："諸僧道士等有所啟請者，並先須致敬，然後陳理。"雖有此令，僧竟不行。時沙門釋彦琮不忍其事，乃著福田論以抗之,意在諷刺。言之者無罪,聞之者以自誡也。帝後朝見諸沙門,並無致敬者。大業五年,至西京郊南大張文物,兩宗朝見,僧等依舊不拜。下勑曰:"條令久行,僧等何爲不致敬?"時明瞻法師對曰:"陛下弘護三寶,當順佛言。經中不令拜俗,所以不敢違教。"又勑曰:"若不拜敬,宋武時何以致敬?"對曰:"宋武虐君偏政,不敬交,有誅戮。陛下異此,無得下拜。"勑曰:"但拜!"僧等峙然。如是數四令拜,僧曰:"陛下必令僧拜,當脫法服,著俗衣,此拜不晚。"帝夷然,無何而止。明日設大齋法祀,都不述之。後語羣公曰:"朕謂僧中無人,昨南郊對答,亦有人矣。"爾後至終,畢無拜者。其黃巾士女,初聞令拜,合一李衆,連拜不已,帝亦不齒問之。

論曰:昔在東晉,太尉桓玄,議令沙門敬於王者。廬山遠法師,高名碩德,傷智幢之欲折,悼戒寶之將沈,乃作沙門不敬王者論,設敬之儀,當時遂寢。然以緝詞隱密,援例杳深,後學披覽,難見文意,聊因暇日,輒復申敍,更號福田論云:忽有嘉客,來自遠方,遥附桓氏,重述前議。主人正念久之,抗聲應曰:客似未聞福田之要,吾今相爲論之。夫云福田者,何耶?三寶之謂也。功成妙智,道登圓覺者,佛也;玄理幽寂,正教精誠者,法也;禁戒守真,威儀出俗者,僧也。皆是四生導首,六趣舟航,高拔天人,重踰金石,譬乎珍寶,劣相擬議。佛以法主標宗,法以佛師居本,僧爲弟子,崇斯佛法;可謂尊卑同位,本末共門,語事三種,論體一致,處五十之載,弘八萬之典,所説指歸,唯此至極。寢聲滅影,盡雙林之運;刻檀書葉,留一化之軌。聖賢間起,門學相承,和合爲羣,住持是寄。金人照於漢殿,像法通於洛浦,並宗先覺,俱襲舊章。圖方外而發心,棄世間而立德;官榮無以動其志,親屬莫能累其情;衣則截於壞色,髮則落於毀容;不戴冠而作儀,豈束帶而爲飾?上天之帝,猶恆設禮,下土之王,固常致敬;有經有律,斯法未殊,若古若今,其道無滯。推帝王之重,亞神祇之大,八荒欽德,四海歸仁,僧尼朝拜,非所聞也。如懷異旨,請陳雅見。

客曰:周易云:"天地之大德曰生,聖人之大寶曰位。"老子云:

“域中有四大，王居一焉。”窃以莫非王土，建之以國；莫非王臣，繫之以主。則天法地，覆載兆民；方春比夏，生長萬物。照之以日月之光，潤之以雲雨之氣，六合則咸宗如海，百姓則共仰如辰，戎夷革面，馬牛迴首。蛇尚荷於隋侯，魚猶感於漢帝，豈有免其編户，假其法門，忘度脱之寬仁，遺供養之弘造，高大自許，卑恭頓廢，譬諸禽獸，將何別乎？必能駕御神通，得成聖果，道被天下，理在言外。然今空事剃除，尚增三毒；虚改服飾，猶染六塵；戒忍弗修，定智無取；有乖明誨，不異凡俗。詎應恃宜讀之勞，而抗禮萬乘；藉形容之別，而闕敬一人。昔比丘接足於居士，菩薩稽首於慢衆，斯文復彰，厥趣安在？如以權道難沿，佛性可尊，況是君臨，岡非神降。伯陽開萬齡之範，仲尼敷百王之則，至於謁拜，必遵朝典，獨有沙門，敢爲陵慢，此而可忍，孰可容乎！弊風難革，惡流易久，不遇明皇，誰能刊正？忽起非常之變，易招無信之譏，至言有憑，幸垂詳覽。

主曰：吾所立者内也，子所難者外也；内則通於法理，外則局於人事，相望懸絶，詎可同年？斯謂學而未該，聞而不洽，子之所惑，吾當爲辨。試舉其要，總有七條：無德不報，一也；無善不攝，二也；方便無礙，三也；寂滅無槃，四也；儀不可越，五也；服不可亂，六也；因不可忘，七也。初之四條，對酬難意；後之三條，引出成式。吾聞天不言而四時行焉，王不言而萬國治焉，帝有何力，民無能名，成而不居，爲而不恃，斯乃先王之盡善，大人之至德。同霑庶類，齊預率賓；幸殊草木，差非蟲鳥；戴圓履方，俯仰懷惠；食粟飲水，飽滿銜澤，既能矜許出家，慈聽入道。斷贏業於已往，祈妙果於將來，既蒙重惠，還思厚答，方憑萬善之益，豈在一身之敬？追以善答，攝報乃深；徵以身敬，收利蓋淺。良由僧失正儀，俗滅餘慶，僧不拜俗，佛已明言；若知可信，理當遵立，知謂難依，事應除廢，何容崇之欲求其福，卑之復責其禮？即令從禮便同其俗，猶云請福未見其潤，此則存而似棄，僧而類民，非白非黑，無所名也。竊見郊禋總祭，唯存仰福爲尊，僧尚鄙斯不恭，如何令僧拜俗？天地可反，斯儀罕乖，後更爲敍，是謂無德不報者也。法既漸衰，人亦稍末，罕有其聖，誠如所言。雖處凡流，仍持忍鎧，縱虧戒學，尚談智典；如塔之貴，似佛之尊，歸之則善生，毀之則罪積。猛以始發，割愛難而能捨；弘願終期，成覺迥而能趣。斯故剃髮之辰，天魔遙慴；染衣之日，帝釋遙懼；妓女聊被，無漏遂滿；醉人暫翦，有緣卽結。龍子賴而息驚，象王見而止怖，威靈斯在，儀服是同。幼未受具，對揚佛旨，小不可輕，光揚僧力。波離既度，釋子服心，尼陀亦歸，匿王屈意。乃至若老若少，可師者法；無賤無豪，所存者道。然後賢愚之際，默語之間，生熟相似，去取非易；肉眼分別，恐不逢寶，信心平等，或其值真。纔滿四人，卽成一衆，僧既弘納，佛亦通在。食看沸水之異，方遣施僧；衣見織金之奇，乃令奉衆。僧之威德，不亦大矣，足可以號，良福田之最，爲聖教之宗，是謂第二無善不攝者也。若論淨名之功，早升雲地；臥疾之意，本超世境。久行神足，咸歎辯才，新學頂禮，誠謝法施。事是權宜，式非常准，謂時暫變，其例乃多，則有空藏弗恭，如來無責，沙彌大願，和尚推先。一往直觀，悉可驚怪，再詳典釋，莫匪通塗，不輕大士，獨興高跡。警彼上慢之流，設茲下心之拜，偏行一道，直用至誠，既非三慧，詎是恒式？因機作法，足爲希有，假弘教化，難著律儀。大聖發二智之明，制五篇之約，廢其爵齒，存其戒夏，始終通訓，利鈍齊仰，耆幼有序，先後無雜，未以一出別業，而令七衆普行，不然之理，分明可見。昔妻死歌而鼓盆，子葬贏而襯土，此亦匹夫之節，豈槪明王之制乎！況覺典沖邃，聖言幽密，局執一邊，殊乖四辯，是謂第三方便無礙者也。且復周之柱史，久掌王役，魯之司寇，已居國宰；宗歸道德，始曰無名，訓在詩書，終云不作；祖述堯舜，憲章文武，鞠躬恭敬，非此而誰？巢許之風，望古仍邈；夷齊之操，擬今尚迴，焉似高攀十力，遠度四流？厭斯有爲之苦，欣彼無餘之滅，不繫慮於公庭，未流情於王事，自然解脫，固異儒者之儔矣，是謂第四寂滅無榮者也。至如祭祀鬼神，望秩川嶽，國容盛典，書契美談，神輩爲王所敬，僧猶莫致於禮，僧衆爲神所禮，王寧反受其敬？上下參差，翻違正法，衣裳顛倒，何足相方？令神擁護今來，在僧祈請之至，會開咒力，竟無拜理，是謂第五儀不可越者也。本皇王之奮起，必真人之託生，上德雖秘於淨心，外像仍標於俗相。是以道彰緇服，則情勤宜猛；業隱玄門，則形恭應絶。求之故實，備有前聞，國主頻婆，父王淨飯，昔之斯等，咸已克聖。專修信順，每事歸依，縱見凡僧，還想崇佛，不以跪親爲孝，計非不孝之罪；不以拜君爲敬，豈是不敬之愆？所法自殊，所法已別，體無混雜，制從於此，是謂第六服不可亂者也。謹案多羅妙典，釋迦真説，乃云居刹利而称尊，藉般若而爲護，四信不壞，十善無虧，奉佛事僧，積功累德。然後日精月像之降，赤光白氣之感，金輪既轉，珠寶復懸，應天順民，御圖握鏡，始開五常之術，終弘八正之道。亦宜覆觀宿命，追憶往因，敬佛教而崇僧寶，益戒香而增慧力，自可天基轉高，比梵官之遠大；聖壽恒固，同劫石之長久。然則雷霆勢極，龍虎威隆，慶必賴兼，共使怒及，出言布令，風行草偃，既抑僧體，誰敢鱗張？但恐有損冥功，無資盛業，竭誠盡命，如斯而已，是謂第七因不可忘者也。上已略引吾意，粗除子惑，欲得博聞，宜尋大部。

客曰：主人向之所引，理例頻繁，僕雖庸闇，頗亦承覽，文總幽明，辨包内外，所論祭典，尚有迷惑。周易云：“一陰一陽之謂道”，“陰陽不測之謂神”。竊以昧隱神路，隔絶人境，欲行祠法，要藉禮官，本置太常，專司太祝，縱知鬼事，終入臣伍。真佛已潛，聖僧又滅，信仰冥道，全涉幽神，季葉凡夫，薄言迴向，共規閑逸，相學剃翦。職掌檀會，所以加其法衣；主守塔坊，所以蠲其俗役。纔觸王網,卽墜民貫,既同典祀,詎合稱寶,朝敬天子,固是〔佢〕〔恒〕儀,苦執強梁,定非通識。宋氏舊制,其風不遠,唯應相襲,更欲何辭?

主人曰:客知其一,未曉其二,請聽嘉言,少除異想。吾聞鬼者歸也,死之所入;神者靈也,形之所宗。鬼劣於人,唯止惡道;神勝於色,普該情趣。心有靈智,稱之曰神;隱而難知,謂之不測;銓其體用,或動或靜;品其性欲,有陰有陽,周易之旨,蓋此之故。殊塗顯於一氣,誠言關於六識,設教之漸,斷可知焉。鬼報冥通,潛來密去,標以神號,特用茲耳。嘗試言之:受父母之遺,稟乾坤之分,可以存乎氣,可以立乎形;至若己之神道,必是我之心業,未曾感之於乾坤,得之於父母,識含胎藏,彌亘虛空,意帶熏種,漫盈世界。去而復生,如火焰之連出;來而更逝,若水波之續轉。根之莫見其始,究之豈覿其終;濁之則爲凡,澄之則爲聖,神道細幽,理固難詳矣。神之最高,謂之大覺,思議所不得,名相孰能窮?真身本無遷謝,生盲自不瞻睹,託想追於舊縱,傾心酖於遺法。若欲荷傳持之任,啟要妙之門,賴此僧徒,膺茲佛付,假慈雲爲内影,憑帝威爲外力,玄風遠及,至於是乎!教通三世,衆別四部,二從於道,二守於俗。從道則服像尊儀,守俗則務典供事;像尊謂比丘、比丘尼也,典供謂優婆塞、優婆夷也。所像者尊,則未參神位;所典者供,則下預臣領。原典供之人,同主祭之役,吾非當職,子何錯引?由子切言,發吾深趣,理既明矣,勿復惑諸!在宋之初暫行此,抑彼亦乖真,不煩涉論。邊鄙風俗,未見其美,忽遣同之,可怪之極。

客曰:有旨哉!斯論也。蒙告善道,請從退歸。

四、合部金光明經序

金光明經者,教窮滿字,金鼓擊於夢中;理極真空,寶塔踊於地上。三生果備,酬昔報之無虧;十地因圓、顯曩修之具足。所以經王之號,得稱於斯,將知能弘贊人,其位難量者也。大興善寺沙門釋寶貴者,即近周世道安神足,伏膺明匠,寔曰良才,翫閲羣經,未嘗釋手,可謂瞿曇身子、孔氏顏淵者焉。然貴覩昔晉朝沙門支敏度,合兩支、兩竺、一白五家首楞嚴五本,爲一部作八卷;又合一支兩竺三家維摩三本,爲一部作五卷。今沙門僧就又合二讖、羅什、耶舍四家大集四本,爲一部作六十卷。非止收涓添海,亦是聚芥培山,諸此合經,文義宛具。斯既先哲遺蹤,貴遂依承,以爲規矩。而金光明,見有三本,初在涼世,有曇無讖,譯爲四卷,止十八品;其次周世,闍那崛多,譯爲五卷,成二十品;後逮梁世,真諦三藏,於建康譯三身分別、業障滅、陀羅尼最淨地、依空滿願等四品,足前出没,爲二十二品。其序果云:"曇無讖法師,稱金光明經,篇品闕漏。每尋文揣義,謂此説有徵,而讎校無指,永懷寤寐。寶貴每歎,此經秘奥,後分云何,竟無囑累。舊雖三譯,本疑未周,長想梵文,願言逢遇。"大隋馭寓,新經即來,帝敕所司,相續翻譯。至開皇十七年,法席小間,因勸請北天竺揵陀羅國三藏法師,此云志德,重尋後本,果有囑累品,復得銀主陀羅尼品。故知法典源散,派別條分,承注末流,理難全具。賴三藏法師,慧性沖明,學業優遠,内外經論,多所博通,在京大興善寺,即爲翻譯,并前先出,合二十四品,寫爲八卷。學士成都費長房筆受,通梵沙門日嚴寺釋彦琮校練。寶珠既足,欣躍載深,願此法燈,傳之永劫。

(選自頻伽精舍校刊大藏經黄帙第九册)

法　琳

【簡介】　釋法琳，俗姓陳氏，生於公元五七二年（陳宣帝太建四年），死於公元六四〇年（唐太宗貞觀十四年）潁川郡人。法琳少年出家爲僧，住荆州青溪山玉泉寺。他遊獵儒釋，博通内外，並曾一度"權捨法服，長髮多年，外統儒門，内希聃術"（續高僧傳卷二十四釋法琳傳）；一直到唐高祖武德年初，才又還莅釋宗。法琳的主要活動在唐初，他是唐朝初年著名的佛教僧侣。

　　唐初，法琳住在長安濟法寺。武德四年（公元六二一年），前道士太史令傅奕，上廢除佛僧表十一條，得到唐高祖的賞識，佛教徒感到自己的地位受到了威脅。爲了捍衞佛教，法琳與傅奕展開了激烈的論戰。第二年他上啓太子建成，並啓秦王李世民，竭力駁斥傅奕，吹捧"人王"興佛的功德。同年，他寫了破邪論（即對傅奕廢佛僧事），並託太子建成上奏。武德六年，建成等奏上法琳所著的破邪論，唐高祖看了此文後，致使重道破佛的決心一度發生動摇。到了武德九年，唐高祖又欲廢毁僧尼，因爲中途發生了玄武門之變，未及施行。其時曾有清靈觀道士李仲卿和劉進喜，分別寫了十異九迷論與顯正論，貶低佛教，並託傅奕把二論奏上。爲了駁斥他們的觀點，法琳又假藉經史，寫了辯正論。

　　唐太宗李世民卽帝位後，於貞觀元年（公元 627 年），在南山大和宫舊宅，置龍田寺，法琳徙居其中。到了貞觀十一年，唐太宗下令，自今以後，凡齋供行立講論，道士女冠皆應在僧尼之前，這顯然是揚道抑佛的舉動。對此，法琳等僧侣不服，上表力爭，太宗强令推行,琳等無法,只得飲氣還寺。貞觀十三年,西華觀道士秦世英,向唐太宗告密,説法琳的辯正論謗訕皇宗,罪當罔上;太宗大怒,下勅追訪法琳問罪。法琳曾擁護李建成,是唐太宗的政敵。他根據辯正論中有毀謗李耳的言論,判定法琳有罪,法琳雖經百般辯解和諂媚,最後還是被流放益州。流放前夕,法琳作悼屈原篇,曾以屈原自許;流放途中,行至百牢關菩提寺,因害痢疾病逝。法琳的著作很多,其中破邪論與辯正論都是當時佛教和道教論争的産物。爲了論證和發揮佛教的基本觀點,法琳在此二文中引證了大量佛教與道教的史料,因此,它們是研究佛教史與道教史的重要著作。

法琳的事蹟,見唐護法沙門法琳別傳(載大正藏第五十卷史傳部二),續高僧傳卷第二十四法琳傳,集古今佛道論衡卷丙,以及佛祖通載等。

一、對傅奕廢佛僧事并啟

沙門法琳等啟:琳聞情切者其聲必哀,理正者其言必直,是以窮子念達其言,勞人願歌其事。何者? 竊見大業末年,天下喪亂,二儀驂驔,四海沸騰,波震塵飛,丘焚原燎,五馬絶浮江之路,七重有平壘之歌。烽燧時警,羽檄競馳,關塞多虞,刁斗不息。道消德亂,運盡數窮,轉輸寔繁,頭會箕斂。積屍如莽,流血爲川,人不聊生,物亦勞止,控告無所,投骸莫從。百姓苦其倒懸,萬國困其無主,豈圖法輪絶響,正教陵夷? 聖上興弔俗之心,百姓順昊天之命,爰舉義旗,平一區宇,當時道俗蒙賴,華戎胥悦。於是叶天地而通八風,測陰陽而調四序,和邦國,序人倫,功蓋補天,神侔立極。降雲雨而生育,開日月以照臨;發之以聲明,紀之以文物;恩霑行葦,

施洽蟲魚。方欲重述九疇，再敷五教，與石渠之學，布庠序之風；遠
紹軒羲，近同文景，功業永隆，不知手之舞之，足之蹈之者矣。竊見
傅奕所上之事，披覽未遍，五內分崩，尋讀始周，六情破裂。嗚呼！
邪言惑正，魔辯逼真，猶未足聞諸下愚，況欲上干天聽？但奕職居
時要，物望所知，何容不近人情，無辜起惡？然其文言淺陋，事理不
詳，辱先王之典謨，傷人倫之風軌。何者？夫人不言，言必有中。
夫子曰："一言合理，則天下歸之；一事乖常，則妻子背叛。"觀奕所
上之事，括其大都，窮其始末，乃罔冒闕庭處多，毀辱聖人甚切。如
奕此意，本欲因茲自媒，苟求進達，實未能益國利人，竟是惑弄朝
野。然陛下應天順時，握圖受籙，赴萬國之心，當一人之慶；扶危救
世之力，夷兇靜難之功，固以威蓋前王，聲高往帝。爰復存心三寶，
留意福田，預是出家之人，莫不感戴天澤。但由僧等，不能遵奉戒
行，酬報國恩，無識之徒，非違造罪，致令傅奕，陳此惡言，躃踊痛
心，投骸無地。然僧尼有罪，甘受極刑，恨奕輕辱聖人，言詞切害，
深恐邪見之者，因此行非。按春秋魯莊公七年夏四月，恒星不現，
夜明如日，卽佛生時之瑞應也。然佛有真應二身，權實兩智，三明
八解，五眼六通，神曰不可思議，法號心行處滅。其道也，運衆聖於
泥洹；其力也，接下凡於苦海。自後漢明帝永平三年，夢見金人已
來，像教東流，靈瑞非一，具在漢魏諸史，姚石等書。至如道安道昱
之輩，圖澄羅什之流，並有高行深解，當世名僧，盡被君王識知，貴
勝崇重。自五百餘年已來，寺塔遍於九州，僧尼溢於三輔，並由時
君敬信，朝野歸心；像教興行，於今不絕者，寔荷人王之力也。世間
君臣父子，猶謂恩澤難酬，昊天不報；況佛是衆生出世慈父，又爲凡
聖良醫，欲抑而挫之，罪而辱之，不可得也。仰尋如來，智出有（心）
〔無〕，豈三皇能測；力包造化，非二儀可方。列子云："昔商太宰噽
問孔丘曰：'夫子聖人歟？'孔子對曰：'丘博識強記，非聖人也。'又

問：'三王聖人歟？'對曰：'三王善用智勇，聖非丘所知。'又問：'五帝聖人歟？'對曰：'五帝善用仁信，聖亦非丘所知。'又問：'三皇聖人歟？'對曰：'三皇善用時政，聖亦非丘所知。'太宰大駭曰：'然則孰爲聖人乎？'夫子動容有間曰：'西方之人有聖者焉，不治而不亂，不言而自信，不化而自行，蕩蕩乎民無能名焉。'"若三王五帝必是大聖，孔丘豈容隱而不說，便有匡聖之愆，以此校量，推佛爲大聖也。老子西昇經云："吾師化遊天竺，善入泥洹。"符子云："老氏之師名釋迦文"直就孔老經書，師敬佛處，文證不少，豈奕一人，所能謗讟。昔公孫龍著堅白論，罪三王，非五帝，至今讀之，人猶切齒，已爲前鑑，良可悲夫！主上至聖欽明，方欲放馬休牛，式閭封墓，行皇王之風，開釋老之化，狂簡之説，尤可焚之。若言帝王無佛則大治年長，有佛則虐政祚短者，案堯舜獨治，不及子孫，夏殷周秦，王政數改，蕭牆内起，逆亂相尋，爾時無佛，何因運短？但琳預居堯世，日用莫知，在外見不便事，恐蕃國遠聞，謂華夏無識。夫子曰："言滿天下無口過，行滿天下無怨惡，言之者欲使無罪，聞之者足以自誡。"傅奕出言不遜，聞者悉驚，有穢國風，特損華俗。謹録丹款，冒以啟聞。伏惟大王殿下，天挺英靈，自然岐嶷，風神穎越，器局含弘，好善爲樂，邁彼東平，温易是歡，更方西楚。加以阿衡百揆，式序六條，德既襄帷，仁兼裂網；開康莊之第，坐荀卿之賓，起修竹之園，醮文雅之客，莫不詩極緣情，而賦窮體物，信可譽形朝野，美貫前英者焉。但琳等内顧〔闕〕〔闕〕如，方圓寡用，念傅奕下愚之甚，媿凡僧秃丁之呵，惡之極也，罪莫大焉。自尊盧赫胥已來，天地開闢之後，未有如奕之狂勃也，不任斷骨痛心之至。謹録奕害事，輒述鄙詞，件答如左，塵黷威嚴，伏增殞絶。謹啟。

奕云：海内勤王者少，樂私者多，乃外事胡佛，内生邪見，剪剃髮膚，迴换衣服，出臣子之門，入僧尼之户，立謁王庭，坐看膝下，不忠不孝，聚結連房。且佛在西域，言妖路遠，統論其教，虛多實少，捨親逐財，畏壯慢老，重富强而輕貧弱，愛少美而賤耆年；以幻惑而作藝能，以矯誑而爲宗旨。然佛爲一姓之家鬼也，作鬼不兼他族，豈可催驅生漢，供給死胡，賤此明珠，貴彼魚目？遠離嚴父，而敬他人？何有跪十箇泥胡，而爲卿相；置一盆殘飯，得作帝王？據佛邪說，不近人情。且佛滑稽大言，不及旃孟；奢侈造作，罪深桀紂。入家破家，入國破國者也。

對曰：夫出家者，內辭親愛，外捨官榮，志求無上菩提，願出生死苦海；所以棄朝宗之服，披福田之衣，行道以報四恩，立德以資三有，此其大意也。若言佛爲胡鬼，僧是禿丁者，案孔子經書，漢魏已來，內外史籍，略引孔老師敬佛處，文證如左，以答邪人，冀其伏罪。道士法輪經云：“若見沙門，思念無量，願早出身，以習佛真。”又云：“若見佛圖，思念無量，當願一切，普入法門。”太上清淨消魔寶真安志智慧本願大戒上品經四十九願云：“若見沙門尼，當願一切明解法度，得道如佛。”老子昇玄經云：“天尊告道士張陵，使往東方詣佛受法。”道士張陵別傳云：“陵在鶴鳴山中，供養金像，轉讀佛經。”又云：“東方如來，遣善勝大士，詣太上曰：‘如來聞子爲張陵說法，故遣我來看子。’語張陵曰：‘卿隨我往，詣佛所，當令子得見所未見，聞所未聞。’陵卽禮大士，隨往佛所。”老子西昇經云：“吾師化遊天竺，善入泥洹。”智慧觀身大戒經云：“道學當念，旋大梵流影宮禮佛。”昇玄經云：“若有沙門欲來聽經觀齋，供主不得計飲食費，遏截不聽，當推置上座，道士經師，自在其下。”又云“道士設齋供，若比丘來者，可推爲上座，好設供養，道士經師，自在其下。若沙門尼來聽法者，當隱處安置，推爲上座，供主如法供養，不得遮止也。”化胡經云：“願採優曇華，願燒栴檀香，供養千佛身，稽首禮定光。”又云：“我生何以晚，泥洹一何早，不見釋迦文，心中常懷惱。”靈寶消魔安志經云："道以齋爲先，勤行當作佛，_{新本並改云：勤行登金闕。}故設大法橋，普度諸人物。" 老子大權菩薩經云："老子是迦葉菩薩，化遊震旦。" 又靈寶法輪經云："葛仙公生始數日，有外國沙門，見仙公禮拜，兩手抱持，而語仙公父母曰：'此兒是西方善思菩薩，今來漢地，教化衆生，當遊仙道，白日昇天。' 仙公自語弟子云：'吾師姓波閦宗，字維那訶，西域人也。'" 仙公請問衆聖難經云："葛仙公告弟子曰：'昔與釋道微、竺法開、張太、鄭思遠等四人，同時發願，道徵法開二人，願爲沙門，張太鄭思遠，願爲道士。'" 仙公起居注云："於時生在葛尚書家，尚書年逾八十，始有此一子。時有沙門自稱天竺僧，於市大買香，市人怪問，僧曰：'我昨夜夢見善思菩薩，下生葛尚書家，吾將此香浴之。' 到生時，僧至燒香，右遶七币，禮拜恭敬，沐浴而止。" 仙公請問上〔品〕經云："與沙門道士言，則志於道。" 上品大戒經校量功德品云："施佛塔廟，得千倍報；布施沙門，得百倍報。" 昇玄内教經云："或復有人，平常之時，不肯作福，見沙門道士，說法勸善，了無從意云云。" 道士陶隱居禮佛文一卷、智慧本願大戒上品經曰："施散佛僧中食，塔寺一錢已上，皆二萬四千倍報，功少報多，世世賢明，翫好不絶，七祖皆得入無量佛國。" 仙公請問經〔下〕云："復有凡人行是功德，願爲沙門道士（太傅）〔大博〕，至後生便爲沙門，大學佛法，爲衆法師。復有一人，見沙門道士齋静讀經，乃笑曰：'彼向空吟經，欲何希耶？虛腹日中一食，此罪人也。' 道士乃慈心喻之，故執意不釋，死入地獄，考毒萬苦。" 仙公請問經云："五經儒俗之業，道佛各歎其教大歸善也。" 太上靈寶真一勸誡法輪妙經云："吾歷觀諸天，從無數劫來，見道士百姓男子女人，已得無上正真之道，高仙真人，自然十方佛，皆受前世勤苦，求道不可稱計。" 法輪妙經云："道言夫輪轉，不滅得還生，人中大智慧明達者，從無數劫來，學已成，真人高仙，自然十方佛者，莫不從行業所致也。"

案周書異記云："周昭王即位二十四年，甲寅歲四月八日，江河泉池，忽然泛漲，井泉並皆溢出，宮殿人舍，山川大地，咸悉震動。其夜五色光氣，入貫太微，遍於西方，盡作青紅色。周昭王問太史蘇由曰：'是何祥也?'由對曰：'有大聖人，生於西方，故現此瑞。'昭王曰：'於天下何如?'由曰：'即時無他，一千年外，聲教被及此土。'昭王即遣鐫石記之，埋在南郊天祠前。當此之時，佛初生王宮也。穆王即位三十二年，見西方數有光氣，先聞蘇由所記，知西方有聖人處世，穆王不達其理，恐非周道所宜，即與相國呂侯西入，會諸侯於塗山，以禳光變。當此之時，佛久已處世。至穆王五十三年，壬申歲二月十五日平旦，暴風忽起，發損人舍，傷折樹木，山川大地，皆悉震動；午後天陰雲黑，西方有白虹十二道，南北通過，連夜不滅。穆王問太史扈多曰：'是何徵也?'對曰：'西方有大聖人滅度，衰相現耳。'穆王大悅曰：'朕常懼於彼，今已滅度，朕何憂也。'當此之時，佛入涅槃也。"史錄曰："吳太宰嚭問於孔子曰：'孰爲聖人乎?'孔子曰：'西方之人，有聖者焉，不治而不亂，不言而自信，不化而自行，蕩蕩乎民無能名焉。'"

奕云：僧尼六十已下，簡使作民，則兵彊人衆。

對曰：夫形迹易察，而真偽難明，自非久處，未可知矣。昔遠法師答桓玄書云："經教所述，凡有三科，一者禪思入微，二者諷詠遺典，三者興建福業。然有興福之人，不存禁戒，而跡非阿練者；或有多誦經文，諷詠不絕，而不能暢説義理者；或有年已宿長，雖無三科可紀，而體性貞正，不犯大非者。"以此校量，取捨難辨。案出家功德經云："度一人出家，勝起寶塔，至于梵天。"何者？人能弘道，自利利他，潔己立身，住持三寶，津梁七世，資益國家。（請）〔諸〕有罪者依法苦治，無過者爲國行道。

奕云：寺多僧衆，損費爲甚，硅是寺舍，請給孤老貧民，無宅義士。三萬户州，唯置一寺，草堂土塔，以安經像，遣胡僧二人，傳示胡法。

對曰：法流漢地，五百餘年，寺舍僧尼，積世已有。龕塔堂殿，皆是先代興營；房宇門廊，都由信心起造。或爲存殁二親，及經生七世，求將來勝報，種見在福田，咸出彼好心，非佛僧課立。書云：“成功不毁。”故子産不毁伯夷之廟，夫子謂之仁人。況佛爲三界良田，四生父母，唯可供養，不可毁除。佛雖去世，法付人王，伏惟陛下，再造生民，重興佛道，即是如來大檀越主。請遵漢明永平之化，近同文帝開皇之時。

奕云：西域胡者，惡泥而生，便事泥瓦，今猶毛臊，人面而獸心；土梟道人，驢騾四色，貪逆之惡種。佛生西方，非中國之正俗，蓋妖魅之邪氣。

對曰：案史記歷帝紀、王儉目録及陶隱居年紀等云：庖犧氏蛇身人首，大庭氏人身牛頭，女媧氏亦蛇身人頭，秦仲衍鳥身人面；夏禹生於西羌，文王亦生西羌，簡狄吞燕卵而生偰，伯禹割母胸背而出，伊尹託自空桑。元氏魏主，亦生夷狄，然並應天明命，或南面稱孤，或君臨萬國，雖可生處僻陋，形貌鄙醜，而各御天威，人懷聖德。老子亦託牧母，生自下凡，何得以所出庸賤，而無聖者乎！夫子云：“君子居之，何陋之有？”信哉斯言也。僉曰有道則尊，豈簡高下？故知聖應無方，隨機而現。尋釋迦祖襧，蓋千代輪王之孫，刹利王之太子，期兆斯赴，物感則形，出三千世界之中央，南閻浮提之大國，垂教設方，但以利益衆生爲本。若言生在羌胡，出自戎虜，便爲惡者，太昊文命，皆非聖人；老子文王，不足師敬。案地理志西域傳言：西胡者，但是葱嶺之東三十六國，不關天竺佛生之地。若知妄説，何罪之深；若不知浪言，死有餘責。

奕云：庖犧已下，二十九代，父子君臣，立忠立孝，守道履德；生長神州，得華夏正氣，人皆淳朴，以世無佛故也。

對曰：史記淮南等云：黃帝時，蚩尤銅頭鐵額，作亂天下，與黃帝戰于坂泉，以登帝位；蚩尤逆命，復戰涿鹿之野，凡經五十二戰。顓頊時，共公作亂，頭觸不周山，天柱折，地傾危。顓頊又誅三苗於左洞庭，右彭蠡。汲冢竹書云：“舜囚堯於平陽，取之帝位。”今見有囚堯城。舜又與有苗戰於丹水之浦，堯上射九日，落其烏羽，楚詞：“十日代出，流金鑠石。”繳大鳳於青丘，斬脩蛇於洞庭，戮封豕於大澤，殺九瘻於汹水。尚書云：“洪水滔天，懷山襄陵，黎民阻飢，百姓昏墊。”禹時百姓，各以其心，而栢谷子退耕於野，三苗不修德政，禹親滅之。夏桀之居，左河濟，右太華，伊闕在其南，羊腸背其北；焚皇圖，殺龍逄，囚成湯，縱妺喜，修政不仁，湯放滅之。湯凡九征，二十七戰，大旱七年，河洛竭流，銷金鑠石。高宗伐鬼方三年。殷紂辛迷惑妲己，恣十惡之害，流五虐之刑，剖賢人之心，刳孕婦之腹，囚文王，禁箕子。周武王伐紂於牧野，血流漂杵，誅之鹿臺；王親射紂躬，懸頭太白之旗，而夷齊非之，不食其粟。孔子曰：“武盡美矣，未盡善也。”武王之世，三監作亂；成王之日，二叔流言；宣王六月出征。詩云：“薄伐玁狁，至於太原。”採薇遣戍役云：“北有玁狁之難，西有昆夷之患。”採芑又云：“宣王南征，上來所道。”並是三皇已下，三王之時，必能守道履德，懷忠奉孝，爾時無佛，足可清平，何爲世世興師，兵戈不息？至於毒流百姓，殃及無辜，乃爲姚石慕容，永嘉之世，豈名蕩蕩無爲之時？邪見失言，一何謬矣。

奕云：秦起秦仲三十五世，六百三十八年。

對曰：史記云：“自殷已前，諸侯不可得而譜。”爲多失次第，年代難知。故尚書但以甲子爲次第，而無年月者，良以史闕不記也。邪見乃始於秦仲，迄于二世，有六百餘年者，一往似長，出何的證？案春秋已前，秦本未有；春秋已來，始有秦伯。當春秋時，秦（仲時）

雖漸霸,但是周之小邑。孝王之世,令非子放馬於汧渭之間,不承天命,未有正朔;曾孫秦仲,宣王之世,始受車馬侍御之臣;仲孫襄公,以送平王東遷,進爵爲伯;文公已下,始見史記,自茲訖滅,不過二百餘年。史記、竹書及陶公年紀,皆云秦無曆數,周世陪臣,故隱居列之在諸國之下,何因得有年紀,續至胡亥?史記但從厲公列之,一百一年,終于二世,縱有年代,皆附春秋,自無別紀。赧王之末,秦昭襄王因周微弱,始滅周國,僭號稱王,諸史相承,秦唯五世,四十九年。齊祕書楊玠史目云:"秦自始封至滅,凡三十五世,六百餘年者,蓋取始封秦號,經六百餘年,非霸統中國經多年也。"邪見乃延秦短祚,冒上長年,一何虛妄哉!

奕云:帝王無佛則大治年長,有佛則虐政祚短,自庖犧已下,爰至漢高,二十九代,而無佛法,君明臣忠,國祚長久。

對曰:夫理貴深據,言資實録,何故庖犧獨治,不及子孫?堯舜二君,位居五(年)〔帝〕,堯則翼善傳聖,舜亦仁盛聖明,如尚書二典,論其化民治道,功業最高,民無能名,則天之明君也。堯又廢兄自立,其子丹朱不肖;舜則父頑母嚚,並止一身,不能及嗣。爾時無佛,何不世世相傳,遽早磨滅?陶隱居年紀云:"夏禹治九年,羿篡十五年,浞篡十二年,夏皐十一年,夏發十(一)〔二〕年。"書云:"舜禹之有天下也,巍巍乎其有成功,焕焕乎其有文章。"大禹謨云:"禹能卑宫菲食,皂帳綈衣,而盡力於溝洫。"爲民治水,於民有功,若皇天輔德,何爲天祚不永,治止九年?勘年紀云:"夏后相及少康之世,其臣有窮羿、寒浞及風夷、淮夷、黃夷、斟尋等國,並相次作亂,凡二十六年,篡夏自立。"當時無佛,篡逆由誰?殷湯治十三年,外丁治三年,仲壬治四年,太甲治十年,沃丁治十三年,太戊治十年,外壬治三年,沃甲治四年,盤庚治九年,小辛治七年。湯仁不殺,開三面之網,放夏桀於鳴條之野,甚有仁德,爾時無佛,何以天曆不長？外丁外壬，其年轉促？尚書云："湯行九伐，太甲五征，伊尹立湯子勝，又立勝弟仲壬，又放太甲于桐宫。"汲冢書云："伊尹自篡立後，太甲潛出，親殺伊尹而用其子。"既稱忠朴之世，爾時無佛，何爲釁起蕭牆，君臣無道？周武王治十一年，懿王三年，僖王五年，頃王六年，匡王六年，元王八年，烈王七年，静王六年，貞王八年，悼王一百一日，哀王三月，思王五月。武王伐紂，師渡孟津，白魚入舟，應天嘉命。謚法曰："剋定禍亂曰武。"民賴來蘇，式閭封墓，休牛放馬，治致太平。汝言無佛年長，何因祚短，治十一年？懿王僖王，更復絶嗣？周武滅佛，壽祚更窮，子孫披猖，須臾運徙。秦五世六君，四十九年，昭王五年，滅周後始稱王，在位五年。孝文王一年，襄王三年，始皇政三十七年，胡亥三年，子嬰四十六日。周顯王五年，秦穆公始霸，三十四年，秦權周政。竹書云："自秦仲之前，本無年世之紀。"陶公並云："秦是篡君，不依德政，次第不在五運之限，縱年長遠，終非帝王。"以短爲長，指虛爲實，有何意見？秦時北築長城備胡，偏殺扶蘇，矯立二世，陳勝蟻聚，作亂關東。漢高祖十二年，惠帝七年，文帝乃高祖第四子非嫡，武帝本膠東王，景帝第六子非嫡。漢初匈奴入塞，烽火照甘泉宫；南越不賓，乃習水戰。孝景時，吳楚七國皆反。昭帝崩，立兄子昌邑王即位，二十七日，凡有一千一百二十七罪，霍光廢之，後立宣帝。此時無佛，何爲乃爾？後漢凡十二帝，一百九十五年，光武三十三年，孝明十八年，章帝十三年，和帝十七年，安帝十九年，順帝十九年，桓帝二十一年，靈帝三十一年，獻帝三十年。後漢書云："光武撥亂反政，明帝致治升平，民無百里之憂，吏無出門之役。麒麟入囿，神鳳棲桐，赤雀文龜，蒼烏白鹿，嘉瑞備臻，兆民胥悅，慶垂沕泪磅礴之恩，布通天漏泉之澤。"論衡等書，並云後漢嘉祥，不慚周夏。汝言有佛祚短，何故長年？隱居云："自魏皇初元年，至蕭齊之末，凡二百八十二歲，拓跋元魏，一十七君,合一百七十九年。"爾時佛來,何故年久?

奕云:未有佛前,人民淳和,世無篡逆者。

對曰:何故周烈王弟,顯王篡位,四十八年;悼王立一百一日,爲庶弟子朝所害;敬王弟哀王治三月,思王外哀王弟治五月,思王殺之,〔孝〕〔考〕王復殺思王,三王共立一年? 出陽玠史目,陶公年紀。

奕云:西域胡旦末國兵,三百二十人;小宛國兵,二百人; 戎盧國兵,三百人;渠勒國兵,三百人;依耐國兵,三百五十人;郁立師國兵,三百三十一人;單相國兵,四十五人;孤胡國兵,四十五人。凡八國胡兵,合有一千八百九十一人,皆得紹其王業,據其土地,自相征伐,屠戮人國。況今大唐,僧尼二十萬衆,共結胡法,足得人心,寧可不備預之哉!

對曰:檢漢書西域傳云:旦末小宛等八國,並是葱嶺已東,漢域胡國,計去長安不經萬里,本非天竺佛生之地,又無僧尼在中謀逆,縱彼造惡,何關此僧? 但奕狂鬼入心,外興邪説,虛引往事,假謗今賢,達者知其浪言,愚人必生異見,惑亂朝野,深可痛哉!

奕云:佛來漢地,有損無益,人家破家,入國破國。漢明之時,佛法始來者。

對曰:大唐聖朝正信君子論曰:諸佛大人,遊涅槃之妙苑,住般若之真空,不可以言象求,不可以情慮揆。形同法性,壽等太虛,但應物現身,如水中月。所以瞿師見三尺之貌,羅漢覩丈六之容,大滿虛空,小入絲忽,隨緣應質,化無常儀。尋釋迦之肇,依後漢郊祀、晉、魏等書,及王儉史録、費長房三寶録,考校普曜本行等經,並云:佛是周時第十五主莊王他九年,癸巳之歲,四月八日,乘栴檀樓閣,現白象形,從兜率下降中天竺國迦毗羅城, 刹利王種淨飯大王第一夫人摩耶之胎;至十年甲午二月八日夜,鬼宿合時,於嵐毗園波羅樹下,從摩耶夫人右脇而生,放大光明,照三千世界。瑞應經

云:"沸星下現,侍太子生。"本行又云:"虛空無雲,自然而雨。"左傳
云:"星隕如雨。"杜氏注解云:"蓋時無雲。"然與佛經符合,信知佛
生時也。十九出家,三十成道,四十九年處世説法,至周匡王四年
壬子二月十五日後夜,於拘尸城入般涅槃。自滅度已來,至大唐武
德五年壬午之歲,計得一千二百二十一歲。滅後一百一十六年,東
天竺國有阿育王,收佛舍利,役使鬼兵,散起八萬四千寶塔,遍閻浮
提;我此漢土,九州之内,並有塔焉。育王起塔之時,當此周敬王二
十六年丁未歲也。塔興周世,經十二王,至秦始皇三十四年,焚燒
典籍,育王諸塔,由此淪亡,佛家經傳,靡知所在。如釋道安朱士行
等經録目云:始皇之時,有外國沙門釋利防等一十八賢者,齎持佛
經,來化始皇,始皇弗從,乃囚防等。夜有金剛丈六人來,破獄出
之,始皇驚怖,稽首謝焉。問曰:雖有此説,年紀莫知,以何爲證,請
陳其決?答曰:前漢成帝時,都水使者光禄大夫劉向傳云:"向博觀
史籍、備覽經書,每自稱曰:'余遍尋典策,往往見有佛經。'及著列仙
傳云:'吾搜檢藏書,緬尋太史,創撰列仙圖,自黃帝已下六代,迄到
于今,得仙道者七百餘人。'向檢虛實,定得一百四十六人。又云其
七十四人,已見佛經矣。"推劉向言藏書者,蓋始皇時人間藏書也,
或云夫子宅内所藏之書。據此而論,豈非秦漢已前,早有佛法流行
震旦也。尋道安所載十二賢者,亦在七十四人之數,今列仙傳,見
有七十二人。案文殊師利般涅槃經云:"佛滅度後,四百五十年,文
殊至雪山中,爲五百仙人,宣説十二部經訖,還歸本土,入於涅槃。"
恆星之瑞,即其時也。案地理志西域傳云:"雪山者,即蔥嶺也,其
下三十六國,先來屬秦,漢以蔥嶺多雪,故號雪山焉。"文殊往化仙
人,即其處也。詳而驗之,劉向所論,可爲證矣,雖遭秦世蓺除,漢
興復出。所以荆揚吳蜀,扶風洛陽,有寶塔處,皆發神瑞,具在衆
書;依檢成帝鴻嘉三年,歲在癸卯,劉向撰列仙傳明矣。故知周世,

佛法久來，生盲人云，有佛祚短，良可悼矣。依經律云：釋迦正法千年，像法千年，末法萬年。五千年已還，四衆學者，得三達智，證四道果，末法已去，猶披袈裟。勘周書異記云："穆王聞西方有佛，遂乘驊騮八駿之馬，西行求佛，因以攘之。"據此而推，同齊時統上法師，答高麗使云："佛是西周第五主昭王二十四年，甲寅歲生。"至武德五年，得一千五百七十七年也。信穆王之世，法已東行，劉向之言，益爲明證矣。又漢武帝鑿昆明池，得黑灰，以問東方朔，朔云："非臣所知，可問西域胡人。"後外國沙門竺法蘭來，因以事問，蘭云："是劫燒餘灰也。"方朔既博識通人，生知儔異，無問不酬，無言不答，豈容不達，逆記胡人？蓋是方朔，久知佛法興行，勝人必降，故有斯對也。佛既去世，阿難總持，一言不失；迦葉結集，羅漢千人，咸書皮紙，並題木葉。致令五百中國，各共奉持；十六大王，同時起塔。逮于漢世，東流二京，所經帝王，十有六代；飜梵經本，爲漢正言，相承至今，垂六百祀。是以佛日再曜，起自永平之初；經像重興，發于開皇之始。魏人朱士行，沙門衛道安等，並爲記錄。總其華戎道俗，合有一百八十二人；所譯經律論，或大小乘三藏雜記等，凡二千一百七十一部，總有六千四百四十六卷。莫不垂甘露於四魔之境，流慧日於三有之中，汲引將來，永傳勝業。教人捨惡行善，佛法最先，益國利民，無能及者，汝言破家破誰家，破國破誰國？邪見豎子，無角畜生，凤結豺心，久懷蠱毒，無絲髮之善，負山嶽之辜，長惡不悛，老而彌篤。乃以生（育）〔盲〕之慮，忖度聖尊，何異尺鷃之笑大鵬，井蛙不信滄海，可謂闡提逆種，地獄罪人，傷而憫之，故爲論也。尋夫七十二君，三皇五帝，孔丘李聃，漢地聖賢，莫不葬骨三泉，橫屍九壤；未有如佛舍利，現瑞放光，火燒不然，砧鎚不碎，於今見在，立試可明。且據此一條，足知佛法之神德也，震旦諸聖，孰與爲儔？乃欲毀而滅之，事難容忍，傷風敗俗，虧損福田，誑惑生民,污點朝野,實可歎矣。

奕云:佛法來漢,無益世者。

對曰:準上以談,此土先聖,亦未可弘矣。至如孔子,周靈王時生,敬王時卒,計其在世,七十餘年。既是聖人,必能匡弼時主,何以十四年中,行七十國,宋伐樹,衛削迹,陳絕糧,避桓魋之殺,慼喪狗之呼,雖應聘諸國,莫之能用?當春秋之世,文武道墜,君暗臣姦,禮崩樂壞,爾時無佛,何因逆亂滋甚,篡弒由生?孔子乃俯俛順時,逡巡避患,難保妻子,終壽百年,亦無取矣。或發匏瓜之言,興逝川之歎,然復遜詞於季氏;傷鳳鳥不至,河不出圖,及西狩獲麟,遂返袂拭面,稱吾道窮。雖門徒三千,删詩定禮,亦疾没世而名不稱,吾何以見於後世矣。遭盗跖之辱,被丈人之譏,校此而論,足可知也。若以無利於世,孔老二聖,其亦病諸,何爲訥其木舌,而不陳彈也。

奕云:寺饒僧衆,妖孽必作。如後趙沙門張光,後燕沙門法長,南涼道密,魏孝文時法秀、太和時惠仰等,並皆反亂者。

對曰:檢崔鴻十六國春秋,並無此色人,出何史籍,苟生誣枉,誑惑君王;請勘國史,知其妄奏。案前後漢書,即有昆陽、長山、青泥、綠林、黑山、白馬、黃巾、赤眉等,數十羣賊,並是俗人,不關釋子,如何不論?後漢書云:"沛人道士張魯,母有姿色,兼挾鬼道,往來劉焉之家。焉後爲益州刺史,任魯爲督義司馬。魯共別部司馬張修,將兵掩殺漢中太守蘇固,斷絕斜谷,殺漢使者。魯既得漢中,又殺張修而并其衆。于時假託神言,黃衣當王,魯因與張角等相應,合集部衆,並戴黃巾,披道士之服,數十萬人,賊害天下。自據漢中,垂三十載,後爲曹公所破,黃衣始滅。"爾時無一沙門,獨饒道士,何默不論?然漢魏名僧,德行者衆,益國甚多,何以不説?但能揚惡,專論人短,豈是君子乎!魏志曰:"張魯,字公旗,祖父陵,客蜀犖道，在鶴鳴山，造作道書，以惑百姓。從受道者，出米五斗，世號米賊。陵死，子衡傳業；衡死，魯復傳之。陵爲天師，衡爲嗣師，魯爲係師，自號三師也。素與劉焉善，焉死，子璋立，以魯不順，殺魯母及家室。魯遂據漢中，以鬼道化民，符書章禁爲〔中〕〔本〕。其來學者，初名鬼卒，受道者用金帛之物，號爲祭酒，各領部衆，衆多者名治頭，有病者令首過，大都與張角相似。"後漢皇甫嵩傳云："鉅鹿張角，自稱大賢良師，奉事黃老，行張陵之術，用符水祝法以治病。遣弟子八人，使於四方，以行教化，轉相誑惑，十餘年間，衆數十萬，自青徐幽冀，荊揚兖豫，八州之民，莫不必應。遂置三十六方，方猶將軍號也，大方萬餘人，小方六千人，訛言蒼天死，黃天當立，歲在甲子，天下大吉，以白土書京邑寺門，皆作甲子字。中平元年三月五日，內外俱起，皆著道士黃服黃巾，或殺人祠天。于時賊徒數十萬衆，初起穎川，作亂天下，並爲皇甫嵩討滅。"南鄭反漢而蜀亡，_{出魏書。}孫〔思〕〔恩〕習仙而敗晉，_{出晉書。}道育醮祭，因而禍宋，_{出宋書。}于吉行禁，殆以危吳，_{出吳書。}公旗學仙而誅家，_{出華陽國志。}陳瑞習道而滅族，_{事在晉陽秋。}魏華叛夫，_{出靈寶經序。}張陵棄婦，_{見陵傳。}子登背父，衞叔去兄，_{出神仙傳。}自陵三世，專行鬼道，符書章醮，出自道家，禁厭妖孽，妄談吉凶，姦由茲起。然吳魏已下，晉宋已來，道俗爲妖，數亦不少，何以獨引衆僧，不論儒道二教？至如大業末年，王世充、李密、建德、武周、梁師都、盧明月、李軌、朱粲、唐弼、薛舉等，並是俗人，曾無釋氏，何爲不道？事偏理局，黨惡嫉賢，爲臣不忠明矣。

奕云：請胡佛邪教，退還西域，凡是僧尼，悉令歸俗者。

對曰：莊周云："六合之內，聖人論而不議；六合之外，聖人存而不論。"老子云："域中有四大，而道居其一。"考詩書禮樂之致，但欲修序彝倫，明忠列孝慈之先，意在敬事君父。縱稱至德，唯是安上

治民;假令要道,不出移風變俗。自衛反魯,詎述解脫之言;六府九
疇,未宣究竟之旨。及養生齊物之談,龍圖鳳紀之説、亦可懷仁抱
信,遵屬鄉之志;刪經讚象,肆闕里之文,次曰九流,末云七略。案
前漢藝文志所紀衆書,一萬三千二百六十九卷,莫不功在進益,但
未暢遠途;皆自局於一生之內,非迥拔於三世之表者矣。遂使當現
因果,理涉旦而猶昏;業報吉凶,義經丘而未曉。故知逍遙一部,猶
迷有有之情;道德二篇,未入空空之境。斯乃六合之寰塊,五常之
俗謨,詎免四流浩汗,爲煩惱之場;六趣誼譁,造塵勞之業也。原夫
實相杳冥,逾要道之要;法身凝寂,出玄之又玄。惟我大師,體斯妙
覺,二邊頓遣,萬德俱融。不誼不寂,安能以境智求;非爽非昧,胡
可以形名取。爲小,則小也而無內,處大,則大也而無外,故能量法
界而興悲,揆虛空而立誓。所以見生穢土,誕聖王宮,示金色之身,
吐玉毫之相。布慈雲於鷲嶺,則火宅燄銷;扇慧風於雞峯,則幽途
霧卷。行則金蓮捧足,坐則寶座承軀,出則帝釋居前,入則梵王從
後。左輔密迹,以滅惡爲功;右弼金剛,以長善爲務。聲聞菩薩,儼
若侍臣;八部萬靈,森然翊衞。演湼槃,則地現六動;説般若,則天
雨四華。百福莊嚴,狀滿月之臨滄海;千光照耀,猶聚日之映寶山。
師子一吼,則外道摧鋒;法鼓暫鳴,則天魔稽首。是故號佛,爲法王
也。豈得與衰周迦葉,比德争衡;末世儒童,輒相聯類者矣。是以天
上天下,獨稱調御之尊;三千大千,咸仰慈悲之澤。然而理深趣遠,
假筌蹄而後悟;教門善巧,憑師友而方通。統其教也,八萬四千之
藏,二諦十地之文,祇園鹿苑之談,海殿龍宮之旨,玉諜金書之字,
七處八會之言,莫不垂至道於百王,扇玄風於萬古,如語實語不思
議也。近則安國利民,遠則超凡證聖;故能形遍六道,教滿十方,實
爲世界福田,蓋是蒼生歸處。於時敬信之侶,猶七曜之環北辰;受化
之徒,如萬川之投巨海。考其神變功業,利益人天,故無得而名也。

既滿**恆**沙之因，故得常樂之果，善矣哉！不可測也。但以時運未融，遂令梵漢殊感，所以西方先音形之奉，東國暫見聞之益。及慈雲卷潤，慧日收光，迺夢金人於**永平**之年，覿舍利於**赤烏**之歲，於是**漢魏齊梁**之政，像教勃興；**燕秦晉宋**已來，名僧間出，或畫滿月於清臺之側，表相輪於**雍門**之外。逮**河北**翻辭，**漢南**著錄，道興三輔，信洽九州，跨**江左**而彌殷，歷**金陵**而轉盛。**渭水**備**逍遙**之苑，**廬岳**總般若之臺，深文奧旨，發越來儀，碩學高僧，蟬然遠至。暨**梁武**之世，三教連衡，五乘並騖，雖居紫極，情契**汾陽**，屏酒正而撤饗人，薰戒香而味法喜。恐四流而難拔，躬七辯以能持，乃輕袞飾而御染衣，捨雕輦而敷草座，於時廣創慧臺之業，大啟寶塔之基。 梁記云："東臺西府，在位八十餘年，都邑大寺，七百餘所，僧尼講眾，常有萬人。討論內典，共遵聖業，孜孜無倦，各厭世榮也。"遂令**五都**豪族，猒冠冕而歸依；四海名家，棄榮華而入道。自皇王所居之土，聲教所覃之域，莫不頂禮迴向，五體歸依，利物之深，其來久矣。**孔老**垂化，安能與京？案**三十六國春秋**、**高僧**、**名僧**、**牟子**等紀傳，始後漢永平十年已來，佛法東流，政經十代，年將六百，名僧大德，世所尊敬者，凡二百五十七人；傍出附見者，及**燕趙**王公，**齊梁**卿相等，凡二百五十一人。陳其行業，大開十例：一曰譯經，二曰義解，三曰神異，四曰習禪，五曰明律，六曰遺身，七曰誦經，八曰興福，九曰經師，十曰唱導。此例高僧，皆德劭四依，功備三業，法傳**震旦**，寔所賴焉；邪見隱而不論，但說五三惡者。夫**雪山**之內，本多甘露，亦有毒草；大海之中，既有明珠，亦饒羅刹。喻**崑嶽**缺於片石，鄧林損其一枝耳，復何可怪之哉！

（選自四部叢刊影印本廣弘明集卷一一）

二、辨正論并序

有黃巾李仲卿，學謝管窺，智慙信度，矜白鳥之翼，望駭嵩華；負爝火之光，爭輝日月。乃作十異九迷，貶量至聖。余慨其無識，念彼何辜，聊爲十喻曉之，九箴誡之，用指諸掌，庶明達君子，詳茲而改正焉。

十喻篇上

外一異曰：太上老君，託神玄妙玉女，剖左腋而生；釋迦牟尼，寄胎摩耶夫人，開右脇而生。內一喻曰：老君逆常，託牧女而左出；世尊順化，因聖母而右生。開士曰：案盧景裕、戴詵、韋處玄等，集解五千文，及梁元帝、周弘政等考義類云，太上有四，謂三皇及堯舜是也。言上古有此大德之君，臨萬民之上，故云太上也。郭莊云：“時之所賢者爲君，材不稱世者爲臣。”老子非帝非皇，不在四種之限，有何典據，輒稱太上耶？檢道家玄妙及中台、朱韜、玉札等經，并出塞記云，老是理母所生，不云有玄妙玉女，既非正説，尤假謬談也。仙人玉籙云：“仙人無妻，玉女無夫，雖受女形，畢竟不產。”若有茲瑞，誠曰可嘉，何爲史記無文，周書不載？求虛責實，信矯妄者之言乎！禮云：“退官無位者左遷。”論語云：“左衽者，非禮也。”若以左勝右者，道士行道，何不左旋，而還右轉耶？國之詔書，皆云如右，並順天之常也。

外二異曰：老君垂訓，開不生不滅之長生；釋迦設教，示不滅不生之永滅。內二喻曰：李耼稟質，有生有滅，畏息生之生，反招白首；釋迦垂象，示滅示生，歸寂滅之滅，乃耀金軀。開士曰：老子云：

"有大患莫若有身,使吾無身,吾有何患?"患之所由,莫若身矣。老子既患有身,欲求無惱,未免頭白,與世不殊;若言長生,何因早死?

外三異曰:老君應生,出兹東夏;釋迦降迹,挺彼西戎。内三喻曰:重耳誕形,居東周之苦縣;能仁降迹,出中夏之神州。開士曰:智度論云:"千千重數,故曰三千;二過復千,故曰大千;迦維羅衛,居其中也。"樓炭經曰:"蔥河以東,名爲震旦,以日初出,耀於東隅,故得名也。諸佛出世,皆在中州,不生邊邑;邊邑若生,地爲之傾。"案法苑傳、高僧傳、永初記等云:宋何承天與智嚴法師,共争邊中。法師云:"中天竺地,夏至之日日正中,時竪晷無影;漢國影臺,至期立表,猶餘陰在。依算經,天上一寸,地下千里。"何乃悟焉。中邊始定,約事爲論,中天竺國,則地之中心,方别巨海五萬餘里。若准此土,東約海濱,便可震旦本自居東,迦維未肯爲西,其理驗矣。

外四異曰:老君文王之日,爲隆周之宗師;釋迦莊王之時,爲罽賓之教主。内四喻曰:伯陽職處小臣,忝充藏吏,不在文王之日,亦非隆周之師;牟尼位居太子,身證特尊,當昭王之盛年,爲閻浮之教主。開士曰:前漢書云:"孔子爲上上流,是聖;老子爲中上流,是賢。"何晏王弼云:老未及聖。二教論云:"柱史在朝,本非諸贊,出周入秦,爲尹言道,無聞諸侯,不見天子。"若爲周師,史無明證,不符正説,其可得乎!案史記王儉百家譜云:李者高陽之後,始祖咎縣,爲舜理官,因遂氏焉。李氏之興,起於聃也,自聃之前,未有李姓,唯氏理焉,以樹下生,乃稱李氏。老子之子名宗,仕魏文侯,蓋春秋之末,六國時人也。文王之世,既無李姓,何得有聃,出爲周師?年代參差,無的依據。抱朴云:"出文王世",嵇康皇甫謐,並生殷末者,蓋指道之偶文,非國典所載。

外五異曰：老君降迹周王之代，三隱三顯，五百餘年；釋迦應生梵國之時，一滅一生，壽唯八十。內五喻曰：李氏三隱三顯，既無的據可依，假令五百許年，猶慙龜鶴之壽；法王一滅一生，示現微塵之容，八十年間，開誘恒沙之衆。開士曰：檢諸史正典，無三隱三顯出沒之文，唯臧競諸操等考義例云：“爲孔說仁義禮樂之本，爲一時；赧王之世，千室以疾病致感，老君受百八十戒，并太平經一百七十篇，爲二時；至漢安帝時，授張天師正一明威之教，於時自稱周之柱史，爲太上所遣，爲三時也。”夫應形設教，必藉有緣，觀化度人，皆資徒衆，豈可五百年間，全無弟子，三出三隱，不見門人？裹學親承，杳然河漢，烏有之說，委巷空傳。在周劣駕小車，鬢垂絲髮；來漢卽能簫鼓，雲萃雨從？（于）〔干〕寶搜神，未聞其說；齊諧異記，不載斯靈，撫臆論心，詭妄尤甚。

外六異曰：老君降世，始自周文之日，訖乎孔丘之時；釋迦下生，肇於淨飯之家，當我莊王之世。內六喻曰：老耼生桓王丁卯之歲，終景王壬午之年，雖訖孔丘之時，不出姬昌之世；調御誕昭王甲寅之年，終穆王壬申之歲，是爲淨飯之胤，本出莊王之前。開士曰：孔子至周，見老耼而問禮焉，史記具顯，爲文王師，則無典證；出於周末，其事可尋，若在周初，史文不載。又檢周禮官儀，文武成康之世，並無柱史藏史之名，當是正品闕條，周末小吏耳。

外七異曰：老君初生周代，晚適流沙，不測所終，莫知方所；釋迦生於西國，終彼提河，弟子搥胸，羣胡大叫。內七喻曰：老子生於賴鄉，葬於槐里，詳乎秦佚之弔，責在遁天之形；瞿曇出彼王宮，隱兹鶴樹，傳乎漢明之世，祕在蘭臺之書。開士曰：莊子內篇云：“老耼死，秦佚弔之，三號而出。弟子怪問：‘非夫子之徒歟？’秦佚曰：‘向吾入，見少者哭之如哭父，老者哭之如哭其子，古者謂之遁天之形，始以爲其人也，而今非也。遁者隱也，天者免縛也，形者身也，言始以老子爲免縛隱形之仙，今則非也。嗟其諂曲取人之情，故不免死，非我友也。’”

外八異曰：老君蹈五把十，美眉方口，雙杜參漏，日角月懸，此中國聖人之相；釋迦鼻如金鋌，眼類井星，精若青蓮，頭生螺髮，此西域佛陀之相。內八喻曰：李老美眉方口，蓋是長者之徵，蹈五把十，未爲聖人之相；婆伽聚日融金之色，既彰希有之徵，萬字千輻之奇，誠標聖人之相。開士曰：老子中、胎等經云：老耼黃色廣顙，長耳大目，疎齒厚脣，手把十字之文，腳蹈二五之畫。止是人間之異相，非聖者之奇姿也。傳記並云：老子鼻隆薄，頭尖，口高齒疎，眼睞耳摛，髮蒼鬋色，厚脣長耳。其狀如此，豈比佛耶！如來身長丈六，方正不傾，圓光七尺，照諸幽冥。頂有肉（髮）〔髻〕，其髮紺青；耳覆垂埵，目視開明；師子頰車，七合緟盈；口四十齒，方白齊平；舌能掩面，蓮華葉形；手內外握，掌文皆成。其語雷震，八種音聲；胸上萬字，足輪千縈；色融紫磨，相好難名；具三十二，八十種禎。放一光而地獄休息，演一法使苦痛安寧。備列衆經，不煩委指。

外九異曰：老君設教，敬讓威儀，自依中夏；釋迦制法，恭肅儀容，還遵外國。內九喻曰：老是俗人，官居末品，衣冠拜伏，自奉朝章；佛爲聖主，道與俗乖，服貌威儀，豈同凡制？開士曰：昔丹陽余玠輿，撰明真論，以駁道士，出其偽妄。詳彼論焉，言巾褐之服，正是古日儒墨之所服也，在昔五帝鹿巾，許由皮冠，並俗者之服耳。褐身長三丈六尺，有三百六十寸，言法一歲三十六旬，或象一年三百六十日也。褐前有二帶，言法陰陽兩判；巾之兩角，又法二儀。余氏又云：“若周秦二世，即以夏之十月爲年，至於分度盈縮，曆運折除，復焉得三百六十數耶！”考堯舜周孔，不爲此服，尋黃帝之遇皇人九真之靈，又降帝嚳至夏禹，開塗鍾二山之藏，窮此等服，曾無據焉。案周有赤雀之徵，旦感丹書之瑞，既符火德，世服朱衣；老是周人，兼陪末吏，冠履拜伏，自奉恒儀。卽日治頭，本名鬼卒，黃巾赤籙，不効伯陽；祝水行符，親師張氏，非道非俗，祖習誰風？

外十異曰：老君之敎，以復孝慈爲德本；釋迦之法，以捨親戚爲行先。內十喻曰：老訓狂勃，殺二親爲行先；釋敎仁慈，濟四生爲德本。開士曰：汝化胡經，言喜欲從聃。聃曰：若有至心，隨我去者，當斬汝父母妻子七人頭者，乃可去耳。喜乃至心，便自斬父母七人，將頭到聃前，便成七猪頭。夫順天地之道者，行己不傷和氣者，孝也。丁蘭感通於朽木，董永孝致於天女，禽獸猶有母子而知親，況聃喜行道於天下，斬其父母，何名孝乎！戮其妻子，豈謂慈乎！

十喻篇下

外論曰：聖人應迹，異彼凡夫，或乘龍象以處胎，乍開脇腋而出世，雖復無關兩氣，非假二親，至於左右之殊，其優劣之異一也。右從生左右異。內喻曰：左袵者則戎狄所尊，右命者爲中華所尚，故春秋云："冢卿無命，介卿有之，不亦左乎！"史記云："藺相如功大，位在廉頗右，頗恥之。"又云："張儀相，右秦而左魏；犀首相，右韓而左魏。"蓋云不便也。禮云："左道亂羣殺之。"豈非右優而左劣也。皇甫謐高士傳云："老子，楚之相（父）〔人〕，家於渦水之陰，師事常樅子，及常子有疾，耳往問疾焉。"嵇康云："李耳從涓子，學九仙之術。"檢太史公等衆書，不云老子剖左腋生，既無正出，不可承信明矣。驗知揮戈操翰，蓋文武之先；五氣三光，寔陰陽之首。是以釋門右轉，且符人用；張陵左道，信逆天常。何者？釋迦起無緣之慈，應有機之召，語其迹也，則行滿三祇，相圓百劫，降神而乘玉象，掩耀而誕金姿。三十二祥，休徵開於地府；一十八梵，禎瑞駭於天宮；靈相周於十方，神光顯乎八極。述其本也，久證圓明，塵沙莫能算其壽；早登寂照，虛空無以量其體，豈唯就攀枝而偉瑞，徵白首而效祥？猶螢光與龍燭競輝，魚目共蛇珠並曜。爾道之劣一也。右從生有勝劣。

外論曰：夫等無生滅，其理則均，導世引凡，不無差異；但生者物之所以欣，滅者物之所以惡。然則生道難得，必俟修功；滅法易求，詎勞稟學。是知騰神駕景，自可積劫身存；氣盡形殂，固當一時神逝。此教門之殊二也。右教一，生滅異。內喻曰：夫滅身以懼大患，絕智以避長勞，議生靈於懸疣，齊泯性於亡樂，蓋老莊之談也。且綿綿常住，古皇則不死不終；繩繩無名，老氏則復歸無物。然常存非永沒之稱，無物豈長生之化耶？抑復明其淺深，至如保弱守雌之文，虛心實腹之論，審浮生之有量，嗟智水之無涯，語大則局在域中，陶鈞則不出性分。蓋其志也，豈與夫大覺開無窮之緣，挺圓極之照，測微則窮乎絕隙，究理則控在無方，美氣與氤氳共和，神軀同太虛比固。語其量也，猶嵩華與培塿殊峻，溟渤將坎井異深。爾道之劣二也。右立教有淺深。

外論曰：夫東西二方，自有陰陽之別；左右兩位，便成仁義之殊。仁唯長善，陽又通生；義主裁成，陰論肅殺。二氣爲教，則陰不及陽；五德爲言，則仁深義淺。此方位之殊三也。右方位東西異。箴曰：乾爲陽爲父，位在西北；坤爲陰爲母，卜之西南。北方盛陰之鄉，便爲中男之位；南方盛陽之地，翻成中女之居。男女既無定方，陰陽不均恒準。所以木賊（士）〔土〕，故以己爲甲妻；金尅木，故以乙爲庚妻。乾既位高，乃居西北；震能出帝，復在東方。至如禮席，若南北鋪之，即以西方爲上，言順乾尊也；東西列之，即以南方爲上，言逐陽盛。優劣自見，此之謂歟。內喻曰：夫金夫木妻，陰陽孰可永執；離南坎北，男女匪有定方。所以子午以東爲陽者，取男女生於東方也；子午以西爲陰者，言父母老於西方也。此則從生老以判陰陽，非尊卑以言勝劣。假令父母在西，未應卑子；男女在東，豈敢尊父？仁非義則不成，義非仁則不養，所以子午以東，仁也；父西，義也，隨處立準，無惑大方。苟局判於所生，所拘限於封域者，亦當西羌大禹所出，以仁泛之德頓虛；東夷文王所生，裁成之教永缺。吞江納漢，非湫隘之陋居；浮渭據涇，無帝皇之神宅。前折邪，次歎正。夫釋氏者，天上地下，介然居其尊；三界六通，卓爾推其妙。加以小學二乘之侶，大心五品之倫，譬衆星之拱北辰，若金山之麗碧海。足令鹿頭象面，屈矯抗之心；六異十仙，伸伏膺之禮。何止挫徐甲於庸夫，導尹喜於關吏，稟學於牙齒之際，高士傳曰："常松子因張其口。"老子曰："將非謂齒剛而亡，舌柔而存。"常子曰："盡矣。"收名於藏吏之間乎！爾道之劣三也。右德位有高卑。

　　外論曰：夫華夷禮隔，尊卑著自典墳；邊正道乖，勝負存乎史册。戎狄之主，不許僭號稱王；楚越之君，故自貶之爲子。豈可獮罽之小匠，疋我天王之大師？此華夷之異四也。右適化華夷異。內喻曰：案道德序云："老子修道自隱，以無名爲務；周衰出關，二篇之教乃作。"然周書典謨，無老氏所製。案二教論云："五千文者，容成所說，老爲尹談，蓋述而不作也。"又職唯藏吏，位非阿衡，隆周之師，將非烏有？前折邪，次歎正。釋迦降神羅衞，託質王宮，智實生知，道唯遍覺。演慧明於百億，敷法雲於大千，靈澤周於十方，神化覃於四表，崇崖峻壁之典，龍居象負之文，蓋溢於茲矣。雖弘羊潛計之術，莫能紀其纖芥；鄒衍談天之論，無以議其涓滴，豈夫章詮八十，文列五千而已哉！恨子未窺牆仞，致有武叔之毀，亦復何傷日月，故多念其不知耳。爾道之劣四也。右化緣有廣狹。

　　外論曰：夫老君道契寰中，與虛空而等量；神超象外，隨變化而無窮，所以壽命固不同凡，隱顯居然異俗。釋迦生涯有限，壽乃促期，一滅不能再生，箴曰：老子既云長生，今日在何郡縣乎！八十何期危脆。此壽夭之異五也。右稟生天壽異。內喻曰：序云："懷於李氏，處胎八十一年。”蓋太陽之數壽一百六十年，處胎已過其半，三變五百，將非假稱珍怪？太史公以爲楚老萊子，及周太史儋，皆老子也，或言二百三十年，或一百六十歲。皇甫謐云：“諸子之書，近爲難信，唯秦佚弔焉，老死信矣。世人見谷神不死，是以玄牝，故好事者遂假託焉。神仙傳云鬱華子、錄回子、傅豫子、大成子、赤精子、武成子、尹壽子、真行子、錫射子及邑先生等，並是老身者，止見碎書，不出神仙正經，未可據用也。夫有天地則有道術，道術之士，何時暫乏，豈獨常是一老子也？皆由晚學之徒，好奇尚異，苟欲推崇老子，使之無限。淺見道士，欲以老子爲神異，使後世學者信之，故爲詭説耳。”誠者斯言，可爲鑒矣。夫妙樂資三德乃成，法身爲五分所立，是以生滅頓遣，圓覺之性乃彰；空有兼融，靈儀之妙攸在。故得形超視聽之表，名息情塵之外，湛然常樂，文系之所未詮；嶷爾圓明，言象之所莫測。雖西王桃實，屢熟而靡延；東海桑田，數變而非永。五雲九轉，悲繩鳥之暫留；飛雪玄霜，比遊駒以難固。信終殖無大椿之久，蜉蝣罕龜鶴之年，爾道之劣五也。右壽夭有延促。

外論曰：道佛二經，各陳其説。或言劫劫出世，競事無先；或代代出生，爭陳久遠。此之眇邈，難取證知，今依傳史，定其時代。人倫而語，則老尊而少卑；鄉黨爲言，亦長兄而幼弟。此先後之異六也。右從生前後異。內喻曰：釋誕隆周之初，老生姬季之末，論年二百餘祀，語世一十餘王。紫氣青牛，弗在昭莊之世；神光白象，非關桓景之年。然而洞霧昏天，濁流翳地，文仲逆祀，孔子非其不智；子禽毀聖，賜也譏其失言，言（點）〔玷〕難磨，駟不及舌，誠不虛也。前折愚，後欺聖。夫俯迹應凡，託質於危脆；蹈機化物，同壽於百年。故果局因脩，信相由茲起惑；齡促化廣，慈氏以故發疑。巨嶽非衡石所量，譬壽久而猶邈；玄虛非丈尺所辨，方劫遠而無窮。豈如蛇穴求仙，翻其夭世；蜕纓得藥，未且延齡。蓋騰鷁共鵬翼偶高，馳駑與

驥足爭遠，爾道之劣六也。_{右化迹有先後。}

外論曰：老君初誕之日，既不同凡；晦迹之時，故當殊世。所以西没流沙，途經函谷，青牛出境，紫氣浮天，不測始終，莫知方域。釋迦抱危疾於舍衛，告殞命於雙林，燒柩焚屍，還同梵法；氣盡神謝，曾不異凡。此去世之異七也。_{右遷神返寂異。}內喻曰：序云："託形李氏之胎，示人有始終之義。"豈非生滅耶？即莊生所云，老耼死，秦佚弔之是也。而生依賴鄉，死就槐里，始終莫測，何其瞽哉！_{前折邪，後歎正。}夫大慈化圓德滿，緣謝機亡；仁舟溺於兩河，慧日沈於雙樹。其六天八國之位，法儔聖衆之倫，且電合而風馳，既雲委而霧集。靈齒瑞骨，昭勝福於殊方；紺髮紅爪，顯神功於絕代。是知莫來莫往，弘濟之德美焉；非顯非昧，聲華之風盛矣。豈同鼎湖亡返，嶠山之冢獨存；流沙不歸，扶風之隴空樹。_{皇覽云："黄帝冢在嶠山，老子冢扶風。"}爾道之劣七也。_{右遷謝有顯晦。}

外論曰：夫聖人妙相，本異凡夫；或八彩雙瞳，河目海口，龍顏鶴步，反宇奇毫。至如卷髮綠睛，夷人之本狀；高鼻深目，胡子之常形，豈可㲶我聖人，用爲奇相？若事佛得此報者，中國士女，翻作胡形。此相好之異八也。_{右賢聖相好異。}內喻曰：聖人相質無常，隨方顯妙，是以蛇軀龍首之聖，道穆於上皇；雙瞳四乳之君，德昭於中古。周公反握，猶騏驥之一毛；禹耳齊肩，乃崑山之片玉。_{前釋疑，後歎正。}夫法身等於如如，無方理絕稱謂；化體由乎應物，妙質可涉名言。故有白毫紺睫之輝，果脣（花）〔華〕目之麗，卍字千輻之相，日輪月彩之殊，非色妙色之容，離相具相之體。薄拘有而不具，輪王具而不明；_{薩遮經云："非色生性勝諸相，百福勝八十種妙勝莊嚴。佛曰：'身譬如三千大千世界，四生衆生，並成輪王；更增百倍，始就如來一毛功德，復加百倍，始成一好功德；復加百倍，始成一相功德；復加百倍，始成眉間白毫相功德；復加百倍，始成一無見頂相；復加百倍，始成齒齊功德。'"}仙人覩而自悲，嗟衰葉之旦暮；梵志見而興感，歎靈華之罕逢；何止蹈五把十以標奇，蒙供斷榴以顯異。賈植相論云："孔子面如蒙供，周公形如斷榴也。"豈陽文與酸蓛比麗，孟娵與龐廉競妍？爾道之劣八也。右相好有多少。

外論曰：老教容止威儀，拜伏揖讓，玄巾黃褐，持笏曳履，法象表明，蓋華夏之古制。箋曰：道士元來本著儒服，不異俗人，至周武世，始有橫帔二十四縫，以應陰陽二十四氣也。出自人情，亦無典據也。釋訓袈裟左袵，偏袒右肩，全幅橫縵之裙，半片祇支之服，禿髮露頂，狗踞狐蹲，非預人倫，寔戎狄之風也。豈用茲形制，疋我威儀？此容服之異九也。右中表威儀異。內喻曰：玉珮金貂，莫施於樵野；荷衣蕙帶，弗踐於王庭，故應器非靈廟所陳，染衣異朝宗之服。故乘於道者，或順機而軌物；據於德者，或矯時而訓世。是以翦髮文身，仲尼稱太伯之善；反常合道，詩人美棠棣之華。況將反性澄神，隔凡踐聖，而不異其容服，未之有也。故使衣像福田，器繩難量；絲桐弗惑於耳，朱紫無眩於目，輕肥罔狎其體，勢競莫駭其心。故經云："羅漢者真人也，聲色不能污，榮位不能動。"何必鶡冠雀弁，反拘自縛；磕齒噓氣，而稱道哉！登木求魚，去之彌遠；掔船待劍，何其鄙夫！爾道之劣九也。右威儀有同異。

外論曰：老君作範，唯孝唯忠，救世度人，極慈極愛；是以聲教永傳，百王不改，玄風長被，萬古無差，所以治國治家，常然楷式。釋教棄義棄親，不仁不孝，闍王殺父，翻說無愆，調達射兄，無聞得罪；以此導凡，更爲長惡，用斯範世，何能生善？此逆順之異十也。右設規逆順異。內喻曰：義乃道德所卑，禮生忠信之薄，瑣仁讖於疋婦，大孝存乎不匱。然對凶歌笑，乖中夏之容；臨喪扣盆，非華俗之訓。原壤母死，騎棺而歌，孔子助祭弗譏。子桑死，子貢弔，四子相視而笑。莊子妻死，扣盆而歌。故教之以孝，所以敬天下之爲人父也；教之以忠，敬天下之爲人君也。化周萬國，乃明辟之至仁；形於四海，實聖王之巨

孝。佛經言:"識體輪迴,六趣無非父母; 生死變易,三界孰辨怨
親?"又言:"無明覆慧眼,來往生死中; 往來多所作,更互爲父子; 怨
數爲知識,知識數爲怨。"是以沙門捨俗趣真,均庶類於天屬; 遺榮
卽道,等含氣於己親。行普正之心, 等普親之意。且道尚清虛,爾重恩
愛; 法貴平等,爾簡怨親,豈非惑也! 勢競遺親,文史明事,齊桓楚
穆, 此其流焉,欲以當聖,豈不謬哉! 爾道之劣十也。右法門有
漸頓。

九箴篇

外論曰: 夫言者非尚於華辭,貴在中理;歌者非尚於清響,貴資
合節。佛經如來説法之時,諸國天子,普來集聽,或放光明,遍大千
土。但釋迦在世之日, 當我周朝,史册所書,固無遺漏,未聞天王,
詣彼慈嶺。豈於中華之帝,無善不預道場;邊鄙之君, 有緣普霑法
座? 光明所照,則衆生離苦,而此土何辜,偏無人悟? 獨隔恩外,曾
不見聞,仰度能仁,不容私簡! 箴曰: 汝無見佛業,有謗聖愆, 何得怨神, 唯須
自咎也。求心責實,事舛言乖,詭妄皎然,足稱虛僞。凡夫莫悟,逐影
吠聲,而世不能知, 其迷一也。内箴曰: 夫淳曦麗天, 矇瞍莫鑒其
色;震霆駭地, 聾夫弗聆其響者,蓋機感之絶也。作暴兇跖,孔智無
以過其心; 結憤野夫, 賜辯莫能蠲其忿,亦性情之舛也。莊子云:
"孔子見盜跖,盜跖反責孔子,孔子懼,逡巡而退。"劉子云:"孔子馬侵野人之苗, 野人怒
止其馬,孔子使子貢悦解焉,野人逾忿;乃遣馬圉者辭焉,野人乃悦也。"故道合則萬
里懸應, 勢乖則肝膽楚越。況無始結曠,惱愛與滄海校深; 有爲業
廣,塵勞將巨嶽爭峻? 羣情不能頓至,故導之以積漸; 衆行不可備
修,故策之以限分。猶天地三化,始合於自然;老云:"人法地,地法天,天
法道。" 齊魯再變,乃臻於至道。密雲導於時雨,堅冰創於履霜,皆漸
積之謂也。故二皇統化,須彌四域經云:"應聲菩薩爲伏犧, 吉祥菩薩爲女媧。"

居淳風之初;三聖立言,空寂所問經云:"迦葉爲老子,儒童爲孔子,光淨爲顏回。"
與已淳之末。玄虛沖一之旨,黃老盛其談; 詩書禮樂之文,周孔隆
其教。明謙守質,乃登聖之階梯;三畏五常, 爲人天之由漸。蓋冥
符於佛理,非正辨之極談,猶訪道於瘖聾,魔方而莫窮遠邇;問津於
兔馬,知濟而不測淺深。因斯而談,殷周之世,非釋教所宜行也;猶
炎威赫耀,童子不能正目而視,迅雷奮擊,懦夫不能張耳而聽。是
以河池涌泛,昭王懼於誕神;雲霓變色,穆后欣其亡聖;周書異記云:
"昭王二十四年四月八日,江河泉池,悉皆泛漲;穆王五十二年二月十五日,暴風卒起,
樹木摧折,天陰雲黑,有白虹之怪。"豈能越葱河而稟化,踰雪嶺而效誠? 淨
名云:"是盲者過,非日月咎。"適欲窮其鑿竅之辯,恐傷吾子混沌之
情,非爾所知,其盲一也。右周世無機。

　　外論曰:夫銅山崩,洛鐘應,葭灰缺,月暈虧, 未見虎嘯而風不
生,龍騰而雲不起。今釋迦所說,佛力最尊,一念運心, 無不來應。
故凡俗各傾財産,競造塔廟,不恡珠璣,爭陳堂宇;或範土刻檀,寫
獯胡之狀,鎔金織素,代夷狄之容,妙盡丹青,巧窮剞劂,一拜一禮,
冀望感通。自胡法南漸已來,六百餘載,未聞一人,言能見佛;豈胡
人頂禮,卽值如來,漢國虔恭,不逢調御? 若化不到此, 卽是無靈,
誑惑人間,空談威力,而世不能知,其迷二也。內箴曰:左徹慕聖,
刻像而拜軒皇;勾踐思賢,鎔金而模范蠡;丁蘭允孝, 剞劂以代親;
顔在資仁,彩壁而圖聖,故使憂喜形乎容色,精誠通乎夢寐,亦其至
矣。豈如切利不還,優填以茲鏤木;堅林晦影,阿輪於是鑄金,託妙
相於丹青,寄靈儀於銑鋈。或覩真避坐,寫貌迴軀,感應傳云:"揚州長
干寺,有育王像,人欲模寫,寺僧恐損金色,不許。造像主乃至心發願, 若精誠有感, 乞
像轉身西向;於是鎖閉高閣,明旦開視,像身宛已西向,遂許圖之。"神應不窮,由來
尚矣。自像流東被,正化南移,夕夢金人, 河浮玉馬,神光導於湘
水,瑞彩發於檀谿,感應傳云:"廬陵發蒙寺育王像記云:'像身出廬陵三曲, 瑞光

錄出相州昭潭，並放光明，照曜崖岸。武昌檀溪寺瑞像，身出檀谿，光映水（之）〔上〕。"
長沙標聚日之姿，廬嶽顯融金之質，其事廣焉。略而言矣，如干寶搜神，臨川宣驗；及徵應冥祥、幽明錄、感應傳等，自漢明已下，訖于齊梁，王公守牧，清信士女，及比丘比丘尼等，冥感至聖，目覩神光者，凡二百餘人。至如見迹萬山，浮輝滬瀆，清臺之下，覩滿月之容，雍門之外，觀相輪之影；南平獲應於瑞像，文宣感夢於聖牙，蕭后一鑄而剋成，宋皇四模而不就，其例甚衆，不可具陳。豈以爾之無目，而斥彼之有靈哉！然德無不備者，謂之爲涅槃；道無不通者，名之爲菩提；智無不周者，稱之爲佛陀。以此漢語，譯彼梵言，則彼此之佛，昭然可信也。何以明之？夫佛陀者，漢言大覺也；菩提者，漢言大道也；涅槃者，漢言無爲也。而吾子終日踐菩提之地，不知大道即菩提之異號也；稟形大覺之境，未聞大覺即佛陀之譯名也。故莊周云："且有大覺者，而後知其大夢也，郭注：'覺者，聖人也；言患在懷者，皆未悟。'丘與爾皆夢也。注云：'夫子與子游未能忘言而神解，故非大覺也。'"君子曰，孔丘之談，茲亦盡矣。涅槃寂照不可識，識不可智知，則言語斷而心行滅，故忘言也；法身乃三點四德之所成，蕭然無累，故稱解脫，此其神解而患息也。夫子雖聖，遙以推功於佛。何者？案劉向古舊二錄云：佛經流於中夏，一百五十年後，老子方説五千文。然而周之與老，並見佛經所説，言教往往可驗。故孔子有言曰："夫易者，無爲也，無思也，寂然不動，感而遂通，非天下之至神，其孰能與於此！"余今提耳語子，當捨其積迷，而何其晚悟也。支提之製，其流蓋遠，夫且封且樹，比干以忠勁顯墳；勿翦勿伐，展季以清貞禁壟。四民懷於十善，緬邀輪王之恩；三界尊於六通，昭旌羅漢之德。正法念經："四種人得樹偸婆。"漢言冢，謂輪王、羅漢、辟支、如來也。況智周十力，德滿四弘，妙辯契於忘言，能垂訓於不測；大明窮於勿照，乃賜燭於無幽。故有香炭金瓶，全身遍乎八國；

光螺鮮貝，散體周於十方。乍五色凝輝，旋空彰於漢世；八彩分耀，神應顯於吳宮。爾其百鏡靈龕，千華妙塔，掌承雲露，鐸韻高風；紫柱紅梁，遙浮空界，翔鵾跂鳳，遠接靈方，盡壯麗之容，窮輪奐之美。豈夫高山仰止，不忘景行；崇表峻闕，標樹鴻猷而已哉，無以欄楛之辯，譏滄海之廣隘；榆枋之智，測崑閬之高卑乎？而汝莫知，其盲二也。右建造像塔。

外論曰：夫禮義成德之妙訓，忠孝立身之行本。未見臣民失禮，其國可存；子孫不孝，而家可立。今瞿曇制法，必令衣同胡服，即是人中之師；口誦夷言，便爲世間之貴。致使無賴之徒，因斯勃逆；箕踞父兄之上，自號桑門；傲慢君王之前，乃稱釋種。不仁不孝，已著於家；無禮無恭，復形於國。箋曰：禮云："子冠，父親醴之，母親拜之。"所爲處高，可亦無禮無孝也。斯則門門出梟獍之子，人人養豺狼之兒，撫臆論心，良可痛矣。天道無親，華夷詎隔；唯德是輔，豈分胡漢？豈可戴巾修善，偏無勝福；禿頂行檀，獨能感果？仁惠豈可俟髠頭，守真無勞毀形貌，而世不能知，其迷三也。內箋曰：夫玄聖創典，以因果爲宗；素王陳訓，以名教爲本。名教存乎治成，因果期乎道立；立道既捨愛居首，成治亦忠孝宜先，二義天殊，安可同日而言也。沙門者，乃行超俗表，心遊塵外；威儀進趣，非法不動；容服應器，非道不行。故泥染乃萬質同歸，緇衣爲眾彩壞色，簡易遵於解脫，絛隔象於福田，偏服示有執勞，禮云："執者袒也。"缺袂便於運役，論語云："褻裘長，短右袂，言便於執作。"聖制有以，終不徒然。是以捨愛捐親，仰眾聖也；摧棄聲色，遵梵行也；剃除鬚髮，去華競也；俯容肅質，不忘敬也；分衛掃衣，支身命也；言無隱曲，離邪佞也；和聲怡氣，入無諍也；吐納安詳，慎詞令也；世貴莫屈，守貞勁也；清虛恬淡，順道性也；邪相不撓，住八正也；顏下色敬，愍眾病也；人天崇仰，三業淨也；窮玄極真，取究竟也；廣仁弘濟，亦忠孝之盛也。道士則不然，言慕道而心不染真，謂捨家而形不變俗，戴圓冠無玄象之鑒，履方屨闕地理之明；著南鄭反漢之巾，把公旗誅家之笏，飾道昱禍宋之服，曳孫恩敗晉之裳，生常之業莫廢，庸隸之役無恥。狎世則忠孝之禮虧，求仙則高尚之道缺；猶蒼蠅招白黑之論，蝙蝠有鳥鼠之譏，蓋妖惑之儔矣。爾不自見，其盲三也。右威儀器服。正法念經云："譬如蝙蝠，人捕鳥時，入穴爲鼠；人捕鼠時，出穴爲鳥。"今之祭酒蓋然。畜妻子謂有慈愛，勤耕稼謂不毀髮膚，王役課調，則謂出家，亦猶蝙蝠之出入。

外論曰：夫聖人應世，本以濟益蒼生，仰觀俯察，利安羣品。是以味草木，合五穀之精；植桑柘，充八蠶之績。故垂衣裳，存稼穡，立稷正，置司衣，以利百姓，於是乎在。若一女不織，天下爲之苦寒；一男不耕，天下爲之少食。今釋迦垂法，不織不耕，經無絕粒之法，田空耕稼之夫，教闕轉練之方，業廢機紝之婦。是知持盂震錫，糊口誰憑；左袵偏衣，於何取託？故當一歲之中，飢寒總至，未聞利益，已見困窮，世不能知，其迷四也。內箴曰：謀道不先於食，守信必後於飢，是以桀溺秒耕，孔子譬諸禽獸，樊須學稼，仲尼譏於小人。稷下無位而招禄，高其賢也；黔婁非仕而獲賜，尚其清也。善人之道，何必耕稼？吾請言之：釋教驗於因果，該三世之洪源；仙道尚於金玉，勞一生之虛費。何者？夫賢愚壽夭，信于指掌，貧富貴賤，昭於目前；報應則形影無差，業緣亦聲響不異，此其指也。未見服丹不死，餌液長生，古詩云："服食求神仙，多爲藥所誤；不如飲美酒，被服紈與素。寄語後世人，道士慎莫作；言虛棄功夫，浪殀年壽也。"汝有轉練之方，何因更請田地？又談織紝之婦，必知並畜妻房。故應道士專耕，女冠勤織，何爲莫充糊口，恒闕資身？如其不織不耕，卽墮負處，竊見樓觀黃巾，脫鹿皮而藉地；玄都鬼卒，捨橫帔而耦耕。既無絕粒之人，頗慙客作之倦，自春自磨，餒在其中；勞形忧心，何道之有？尋漢安元年，歲在壬午，道士張陵，分別黃書云："男女有和合之法，三五七九，交接之道。其道真决，在於丹田；丹田，玉門也。唯以禁秘爲急，不許泄於道路；道路，溺孔也。呼爲師友父母，臭根之名。"又云："女兒未嫁者，十四已上，有决明之道。"故注五千文云："道可道者，謂朝食美也；非常道者，謂暮成屎也。兩者同出而異名，謂人根出溺，溺出精也；玄之又玄者，謂鼻與口也。"陵美此術，子孫三世，相繼行之；汝法如是，穢亂生民。若勸百姓，依汝法行，則不孝不恭，世出豺狼之種；無禮無義，家生梟獍之兒，明矣。夫辯奇貨者採驪珠，不忌九洄之深；求華璞者追藍琰，無憚三襲之險，貴其寶也。慕至道者，窺其户牖，輕勢利於鴻毛；入其隅隩，忽榮位於脱屣，重其真也。故能使倦夫不愛其力，貪客不恡其財，蓋希冥益，非其迷也。至若仙術誕妄，源流久矣，韓終徐福，始詐於秦邦；文成五利，紹僞於漢國。敊控鶴，弗目陵雲之實；言餐霞，莫覘療飢之信。致有猨猨蜃蛤之論，曹植辨道論云："仙人者，儻猨猨之屬。與世人得道，化爲仙人。夫雉入海化爲蜃，燕入海化爲蛤，當其徘徊其翼，差池其羽，猶自識也。忽然自投，神化體變，乃更爲魚鱉，豈復識翻翔林薄，巢垣屋之娱乎？牛哀病而爲虎，逢其兄而噬之。若此者，何貴於變化耶？"繫風捕影之談。故棄實瓠者，以非器也；廢石田者，以難蓻也；賤左道者，以虛僞也。蓋檢實則積其所同，究虛則集其所異，理符則世重，情詭則物違，故常事耳，豈曰迷乎！卑道尊佛，不亦可矣，而弗自知，爾盲四也。右棄耕分衛。

　　外論曰：夫國以民爲本，本固則邦寧，是以賜及育子之門，恩流孕婦之室，故子孫享祀，世載不虧；雖至孝毁躬，不令絶嗣，故得國家富彊，天下昌盛，未聞人民凋盡，家國可存。今佛教卽不妻不娶，名爲奉法，唯事早逝，號得湼槃，既闕長生之方，又無不死之術，斯一世之中，家國空矣。俗人雖欲求福，不知形命已殘；競慕家安，豈覺宗禋久滅？可謂畏死而服苟吻，懼溺而赴長河。且天皇地皇之世，無佛而祚延；後趙後魏已來，有僧而運促。正由真偽混雜，禮樂不調，世不能知，其迷五也。內箴曰：夫澄神反性，入道之要門；絶情棄欲，登聖之返本。故云道高者尚，德弘者賞。以道傳神，以德授聖，神聖相傳，是謂良嗣；塞道之源，伐德之根，此謂無後，非云棄欲爲無後也。子不聞乎？昔何尚之言，釋氏之化，無所不可，諒入道之教源，誠濟俗之稱首。夫行一善則去一惡，去一惡則息一刑，一刑息於家，則萬刑息於國，故知五戒十善，爲正治之本矣。又五戒修而惡趣滅，十善暢而人天滋；人天滋則正化隆，惡趣衰而災害殄。

<small>正法念經云："人不持戒，諸天減少，阿修羅盛，善龍無力，惡龍有力；惡龍有力，則降霜雹非時，暴風疾雨，五穀不登，疾病競起，人民飢饉，互相殘害。若人持戒多，諸天增足，威光修羅減少，惡龍無力，善龍有力；善龍有力，風雨順時，四氣和暢，甘雨時降，穀稼豐登，人民安樂，兵戎戢息，疾疫不行。"</small>猶屛薪去草，益重而難彰；絶燄息煟，鑽微而易顯。且彊骨弱氣，李叟之至談；實髓愛精，仙家之奧旨。今反謂婬欲爲妙訓，妻子爲化源，宗老而毀其言，斆仙而棄其術。且愛犬馬者，貴其識恩，嫉梟獍者，惡其反噬；爾則警夜代勞，功劣於犬馬，逆鱗反舌，釁深於梟獍。雄虺九首，不其然乎？載鬼一車，吁可畏也！且運祚修短，雖曰天命；興替延促，抑亦人符。故堯舜禹湯，咸享嘉壽；桀紂幽厲，無終永年；姬發履道而齡長，嬴政刑淫而祚短。<small>陳思論：昔堯舜禹湯文武周召太公，並享百年之壽。七聖三賢，並行道修政，治天下不足損神；賢宰一國，不足勞思，是以各盡其天年。桀放鳴條，紂死牧野，犬戎殺幽，厲王不終；周祚八百，秦滅於二世。</small>此時本無佛僧。蓍蔡在目，非曰虛談，豈無佛而祚延，有僧而運局？談何容易！談何容易！惜哉吾子，自貽伊戚，良足欷矣，昏若夜遊，爾盲五也。<small>右教爲治本。</small>

　　外論曰：夫孝爲德本，人倫所先；莫大之宗，固惟恃怙；昊天之德，豈曰能酬？故生盡温清之恭，終備墳陵之禮。今佛垂訓，必令棄爾骸骨，指茲草野；多出財賄，營我塔廟。還使愚夫惑亂，廢茲典

禮，考妣棺柩，曾無封樹之心；箴曰：觀夫上皇之世，不行殯葬之禮，始於聖周窀穸之事。故有幐緘槽橁，瓦掩虞棺，皆起於中古也。暨周文之日，以骸骨暴露於野，因收而藏之，始行葬禮。故云葬者藏也，欲人之所不見。是以夫子病篤，門人欲厚葬之，孔子聞曰："吾其欺天乎！當選不毛之地，不封不樹，唯斂唯樂。"言俯同末世，行於葬禮，蓋未能免俗也。戎狄屍靈，翻盡雕莊之妙。且神不享非其族，物不祀非其先，不敬其親而敬他人，其此謂矣。且水葬火葬，風俗不同；埋死露屍，鄉邦本異。捨己狥他，用爲求福，豈知土壤斯異，各自而然，世不能知，其迷六也。内箴曰：導啞聾者，必俯仰而指撝；啟愚滯者，亦提耳而舉掌。夫人倫本於孝敬，孝敬資於生成，故云非父母不生，非聖人不立；非聖人者無法，非孝者無親，此則生成之義通，師親之情顯。故顔回死，顔路請子之車，孔子云："回也視余猶父，余不得視回猶子。"蓋其義也。且愛敬之禮異容，不出於二理；賢愚之性殊品，無越於三階。故生則孝養無違，死則葬祭以禮，此禮制之異也；小孝用力，中孝用勞，大孝不匱，此性分之殊也。比夫釋教，其義存焉。至如灑血焚軀之流，寶塔仁祠之禮，亦敬始慎終之謂也。暨於輪王八萬，釋主三千，阿育王經云："王殺八萬四千宫人，夜聞宫中有哭聲，王悔，爲起八萬四千塔。今此震旦，亦有在者。釋提（恒）〔桓〕因天上造三千偷婆。"竭溟海而求珠，淨康衢而徙石，蓋勞力也；總羣生爲己任，等含氣於天屬，栖遑有漏之壤，負荷無賴之儔，蓋勞心也；迴軒實相之域，凝神寂照之場，指泥洹而長歸，乘法身而退覽，斯不匱之道也。暨乃母氏降天，剖金棺而演句；父王即世，執寶牀而送終。智度論云："淨飯王終，佛自執繩牀一脚，至闍維處，示於後世一切衆生，報生養之恩。"孝敬表儀，兹亦備矣，教棄骸骨，從何而至哉！且經勸屍陀，普施飛走，意存宿債，冀免將來；不若莊周非末代厚葬失禮之本，而云螻蟻何親，禽獸何疎？生既以身爲逆旅，死當以天地爲棺槨，還依上古不許埋藏，嫌物輕生重死之弊也。求仙道者，或負笈從師，擔簦遠嶽，披蘿緤薫，鳥曳熊經，金竈罕成，玉華難覯，凝髓化骨，空致斯談，載蛻憑螭，未覩其實。或捐骸地肺，喪骨天台，生闕蒸養之恩，死無冥益之利，例心危於庶物，邪網挂於羣生，九族延毀正之殃，六親招罔聖之業。攀危據朽，諒足寒心，傲然不懼，何愚之甚，爾盲六也。右忠孝無違。

外論曰：夫華夷語韻不同，然佛經稱釋迦牟尼者，此是胡語；此土翻譯，乃曰能儒。能儒之名，位卑周孔，胡没其能儒之劣名，而存釋迦之戎號。所言阿耨多羅三藐三菩提者，漢言阿，無也；耨多羅，上也；三藐三，正遍知也；菩提，道也。此土先有無上正真之道，老莊之教，胡法無以爲異，故不翻譯。又菩薩摩訶薩者，漢言大善心衆生，此名下劣，非爲上士，掩其鄙稱，亦莫有翻。凡不譯之流，其例如是，朦覆世俗，惑亂物心。然厭舊尚新，流蕩之常弊；惡同好異，恒俗之鄙情。是以邯鄲有匍匐之賓，弱喪有忘歸之客，世不能知，其迷七也。內箴曰：夫名無得一物，蓋謂實賓，豈以順世假談，格玄聖之優劣？夫苟家以首召質，仲氏將山製名，山高於丘，仲仁未如夫子；首總於耳，苟德不逮老耼。能儒之名，何容遂卑周孔？然釋迦之號，義含多種，遍能貫於萬德，不可以仁偏訓；通仁絶於四句，安得將能定翻？述者事不得已，強復存其舊號耳。又言道家舊有正遍知道，與菩提不異者，信是正教流後，偽竊此名，覈實尋源，豈得斯號？夫上法高勝，道義清通，正實翻邪，真由反偽。今符書呪咀，不可謂正；薰蕕混雜，不可謂真；道士畏鬼章符云：“左佩太極章，右帶昆吾鐵，指日卽停暉，擬鬼千里血。”董仲造黃神越章殺鬼，又造赤章法亦殺人。守雌羨下，非名爲上；老云：“莫若守雌。”又云：“道性近水。”鉗口膠目，安得稱道？莊子云：“膠離朱之目，鉗楊墨之口。”猶春鳥嚩哢，或似於歌，鳥無能歌之實；秋蟲鼞木，或近於字，蟲闕解字之真。名實斯濫，蓋此之謂也。又疑菩薩不翻，兹謬益甚。書云上聖達於鴻蟆，皆有蟲稱，經言多足二足，如來最尊；然蜫蠢通於含靈，眾生豈越凡聖？大心之稱，非爲下劣，子雖洗垢求疵，無損南威之麗；捧心敩疾，未變西施之妍。當更爲爾陳其指掌，釋迦是佛顯名，菩提是法尊稱，菩薩爲僧導首；三寶勝號，譯人存其本名。非如朱門玉柱之譏，陽父陰母之謠；黄書云："開命門，抱真人，嬰迴龍虎，戴三五七九；天羅地網開朱門，進玉柱，陽思陰母曰如玉，陰思陽父手摩足。"號馬屎爲靈薪，呼口唾爲玉液；呼叩齒爲天鼓，咽唾爲醴泉。馬屎爲靈薪，老鼠爲玉璞，出上清經也。事鄙而怯彰，辭穢而難顯，猶靈鳳以容德希視，蚡鼠以醜懼潛形，雖隱質事同，媸妍異矣，冥焉不知，爾盲七也。右三寶無翻。

　　外論曰：夫聖人應化，隨方接引，在梵則禿髮露頂，處漢則端委摺紳，此華夷之常形，非教方之勝負。若佛苟令去兹冠冕，皂服披緇，棄我華風，遠同梵俗，則不能弌通冠冕，便是智力不周，何謂隨方現形，而爲設教？苟若不能，則佛自是天竺之梵神，非中華之大聖，豈有禿髮之訓，施於正國？若漢學梵形剪髮，便名事佛，則應梵習漢法著巾，亦爲奉道；是知露頂括髮，鄉俗不同。嗟乎士民，用爲修善，可謂貴隣室之筓襠，賤自家之黼黻，世不能知，其迷八也。內篇曰：夫至道應運無方，聖賢乘機引物，子居九夷，不患其陋；禹入裸國，欣然解裳；姬伯適越而文身，武靈順世而梵服，雖復筌蹄異用，而魚兔之功齊矣。況變俗緘心，毀形結治，去簪纓以會道，棄鬚髮以修真，聖制不徒，其有致矣。但仁義變於三遊，盜跖資於五善，聖教綿遠，終使鼠璞濫名；劉子云："周人謂死鼠爲玉璞。"玄化幽微，遂令雞鳳混質。文心云："楚人以山雞爲鳳。"故九十五種，騰囂於西戎；三十六部，淆亂於東國。至如優婁佉子之論，衛世師主之經，退樊云："衛世師論也。"吉頭夷羅之仙，火仙外道，名吉波頭；水仙外道，名夷叔羅。末伽闍夜之道，若提子斷見外道也。或託水火而要聖，憑日月而敩神，執四大以非因，指三業爲無報。滯識將冥山等闇，邪心與昧谷同昏，如斯之流,西土之邪論也。其次鬼笑虛談,安歌浩唱,吞刀吐火,駭仲卿之庸心; 漱雨噓風,驚劉安之淺慮。或身佩中黃之籙,口誦靈飛之符,蹈金闕而遊神,憑玉京而洗累,若此之例,東區之異學也。並皆邪網覆心,倒鍼刺眼,深持惑壍,高築疑城,各抱一隅,迷淪於三界;爭守二見,沈晦於九流。識體輪迴,無明翳其住本;心用浮動,取相溺其長源。大聖道眼預觀,隨機授藥;誕質西土,正教東流。疾重則親降醫王,患輕則寄方遙授,偏神以嘶梟獍,重將而戮鯨鯢,此亦釋門和扁之術,法王孫吳之勢也。聖無二制,容服義均,猶清濟濁河,歸滄海而同味;綠膚絳顙,集須彌而共色。沖和子曰:"琁璣文者,皆是求神仙不死之道,其次則養我今日身命,駐彩延華,儻至三五百年,以此爲真耳。長生久視,義在於斯。今之道士所學之法,不復以此爲念,然大都止令如佛家身死,神明更生勝地耳。若不復貴此身者,不如專心學佛道。佛道鍛練精神,日明日益,甚有名理;定慧之法,屢然可修。何勞勤苦,自名道士,而實是學佛家僧法耶?學又不專,蓋是圖龍畫虎之儔耳。何不去鹿巾,釋黃褐,剃鬢髮,染袈裟,而歸依世尊耶! 世間道士經,及行道義理,則約數論而後通,<small>言採佛家經論,改作道書,如黃庭、元陽、靈寶、上清等經,及三皇之典,並改換法華,及無量壽等經而作。</small>修心則依坐禪而望惑。<small>言改坐禪之名,爲思神之號。</small>上清尤高,而未踰上界之域;太清仙法,又棄置而不論。未知何法取異佛家,而稱爲道士也,其得意者當師佛矣。"子是南人,躬學茅山道士沖和子之法,沖和子與陶隱居,常以敬重佛法爲業,但逢衆僧,莫不禮拜,巖穴之内,悉安佛像,自率門徒受學之士,朝夕懺悔,恒讀佛經。案琁璣抄文,沖和所制,以非當世道士,不敬佛者。故陶隱居答大鸞法師書云:"去朔耳聞音聲,茲晨眼受文字,或由頂禮歲積,故致真應來儀,正爾整拂藤蒲,採汲華水,端襟儼思,佇聆警錫也。弟子華陽陶弘景和南。"法師事佛敬僧,曾無異説,爾何自陷,違背本宗，不義不仁，罪招極法？牟子論云：堯舜周孔，老氏之化，"比之於佛，猶白鹿之與麒麟"。而子不能悟，其盲八也。右異方同制。

外論曰：天皇九紀之前，書契未作；太昊六爻之後，文字乃興。自爾以來，漸弘載籍，前賢往聖，皆著典墳，揖讓干戈，備陳篆册。所以左史右史，記事記詞；直筆直言，無矯無妄。魏書外國傳、皇甫謐高士傳，並曰桑門浮圖經，老子所作。箴曰：浮圖經者，魏略及西域傳云：臨猊國有神人，名曰沙律之所傳也。沙律年老髮白，常教人爲浮圖，人有災禍，及無子者，勸行浮圖齋戒，令捨財贖罪。臨猊王久無太子，其妃莫耶，因祀浮圖而生太子，遂名其子爲浮圖焉。前漢哀帝時，秦景使月氏國，王令太子口授於景。所以浮圖經教，前漢早行；六十三年之後，明帝方感瑞夢也。考秦景傳經，不云老説。按晉世道士王浮，改西域傳爲明威化胡經，乃稱老子流沙教胡王爲浮圖，變身作佛，方有佛興，蓋誣罔之極也。但罽賓去此，萬里已還，秦漢至今，商人蕃使，相繼不絕，莫傳老子在彼化胡説；浮圖經及身作佛，未之聞也。縱使老爲浮圖始，是報恩供養舍利，方顯聖德，何名誕哉！袁宏後漢記云："老子入胡，分身作佛，道家經誥，其説甚多。"檢袁宏漢記，本無老子作佛之文，卽日朝廷博識者多，豈可塞耳偸鈴，指鹿爲馬，何愚之甚也。明威化胡等經，並云胡王不信老子，老子神力伏之，方求悔過，自髡自翦，謝愆謝罪。老君大慈，愍其愚昧，爲説權教，隨機戒約。皆令頭陁乞食，以制兇頑之心；赭服偏衣，用挫强梁之性；割毁形貌，示爲剔剗之身；禁約妻房，絕其勃逆之種。箴曰：汝以禁約妻房而爲罪者，玄都會聖，仍爲燕爾之坊；至德清虛，便是同牢之觀也。既學長生，汝恆對婦；親慕李氏，皆須養兒。但李耳李宗，人人取婦，張陵張魯，世世畜妻，故有男官女官之兩名，係師嗣師之別號。魏晉已來，館中生子；陳梁之日，圍內養兒。喚婦女爲朱門，呼丈夫爲玉柱，婬欲猥濁，出自道家，外假清虛，内專濁泄，可恥之甚矣。所以謂重病，加於毒藥，宜令剖腹洗腸，深罪約以嚴刑，必須誅宗滅嗣。但此土君子，夙稟道真，檢漢官儀云："景帝已來，於國學内，立道館以教學徒，不許人闚，別立館舍。"考梁陳齊魏之前，唯以瓠盧盛經，本無天尊形像。案任子道論及杜氏幽求云：道無形質，蓋陰陽之精也。陶隱居內傳云："在茅山中立佛道二堂，隔日朝禮，佛堂有像，道堂無像。"王淳三教論云："近世道士，取活無方，欲人歸信，乃學佛家，制立形像，假號天尊，及左右二真人，置之道堂，以憑衣食。"宋陸修靜亦爲此形。無勞禿頂；本遵至訓，詎假髡頭？可謂身無愆疵，而樂著柤械；家無喪禍，而念居縗絰，昏戀之甚，良可悲痛。昔漢明感夢，此法始來，還令梵人，立廟漢土，不許遵行。魏承漢軌，還依舊貫。（右）〔石〕勒之日，念其胡風，與僧澄道人，矯足毛羽，避役之流，競爲翦剃，世不能知，其迷九也。內箴曰：大廈爲衆材所成，羣生非一人可化，故十方聖智，比塵沙而不窮；八萬法門，傾河海而莫測。故有此聖彼聖，殊方類於比肩；前佛後佛，異世同於繼踵。像正差降，淨穢區分，懲惡勸善，其流一也。且周孔世訓，尚無改於百王；鄒孟劇談，猶垂美於千載。豈容周姬一代，而三變三遷；老氏一身，而成道成佛？即是餘人無踐聖之理，羣萌絕登道之期，又先譏十異，後讚一同，首軸之間，毀譽矛盾，卷舒之際，向背參商，掩目盜衣，信有斯諺。夫真僞相形，猶禾莠之相類，善耘者存禾而去莠，求道者亦依真而捨僞。沙門之勝宗，其流久矣。至如漢帝降禮於摩騰，如法本傳。吳王屈節於康會，吳錄云："吳主問僧會：'佛法何以異俗？'答曰：'爲惡於顯，人得而誅之；爲惡於隱，鬼得而誅之。易云積善餘慶，詩詠求福不回，雖儒俗之格言，亦佛法之漸訓也。'"曇始延魏君之席，魏錄云："拓拔燾用崔浩之說，遂滅佛法，悉毀像燒經，驅僧還俗。始以正旦，杖錫法衣，立於城門，門者白燾，燾命斬之，三刀而不傷；刑者白燾，燾自取佩刀，又如前斫。乃內（如）〔始〕於虎圈，虎閉眼伏頭；燾乃試置天師寇側，虎鳴吼欲噬。燾乃知佛化清高，黃老所不及，延始上席謝之。"道林登晉主之床，秦世道安，榮參共輦，趙邦澄上，寵懋錦衣，符書云："符主出遊，命安師共輦坐。"高僧傳云："石虎號澄爲大和上，衣以錦繡，每上殿，敕王公等扶翼之。"皆道降極尊，德迴萬乘，良有以也。黃老之術，由來不競者，費才以捔勝殞躬，崔浩以邪誣喪體，魏書云："崔浩寇謙之勸拓拔燾滅正教，燾後身發惡疾，乃誅崔寇二人。"姜斌以集詐徒質,王浮以造偽歿身,皆驗之於耳目,非取與之虛談。其崇敬也如此,其疵譴也如彼。夫顏閔遇於孔門,標德行之首;蘇張逢於鬼谷,居浮詐之先,非獨人性之優劣,亦所習之真偽也。且賢佞相濫,佞泄而賢彰;聖詐難分,詐窮而聖顯。猶虵牀與蘪蕪類質,達方者辯其容;苟吻與素華齊根,曉藥者分其性。是以公旦黜而還輔,孔門虛而復盈,有自來矣。自漢明拘試,邪見折鋒,慧日凝輝,法雲舒蔭;姜潘捨家入道,呂焦棄偽從真,曹馬傳燈而不窮,秦魏涌泉而無竭,汝言始於澄石,不亦誣哉!自黃老風澆,容服亦變,非道非俗,諺號閹人;善詛善罵,古名鬼卒。其救苦也,則解髮繫頸,以繩自縛,牛糞塗身,互相鞭打;其法律也,若失符籙,則倒銜手板,逆風掃地,楊枝百束,自斫自負;盜奏章也,則匍匐灰獄,背負水漚,出道士孫氏法義。責罰尤重,同奴隸之法,罪譴銜伏,比畜生之類。然釋門鍾磬,集衆警時,漢魏已來,道家未有;金剛師子,護法善神,蓋佛教之所明,非黃領之先構,亦効他勝範,竊我聖蹤耳。故顏之推云:"神仙之事,有金玉之費,頗爲虛放,華山之下,白骨如莽,何有得仙之理?縱使得仙,終當有死,不能出世,不勸汝曹學之。"佛家"三世之事,信而有徵,家業歸心,勿輕慢也。""原夫四塵五陰,剖析形有,六舟三駕,運載羣生,萬行歸空,千門入善,辯才智慧,豈徒七經百氏之博哉!明非堯舜周孔老莊所及。"故著歸心篇,以誡弟子,爾不能知,其盲九也。右老身非佛。

有考古通人,與占衡君子,觀李卿誹毀之論,閱開士辯正之談,詳而議之,發憤興歎,欲使邪正異轍,真偽分流,定其是非,以明得失,冀後進者,永無疑焉。通人曰:余觀造化,本乎陰陽,物類所生,起乎天地。歷三古之世,尋五聖之文,不見天尊之神,亦無大道之像。案靈寶九天生神章云:"氣清高澄,積陽成天;氣結凝滓,積滯成地。人生也,皆由三元養育,九氣結形,然後生也。是知陰陽者,人之本也；天地者，物之根也。根本是氣，無別道神。"君子曰：道士大霄隱書、無上真書等云：無上大道君，治在五十五重無極大羅天中，玉京之上，七寶玄臺，金牀玉几，仙童玉女之所侍衛，住在三十二天三界之外。案神仙五嶽圖云："大道天尊，治大玄之都，玉光之州，金真之郡，天保之縣，元明之鄉，定志之里，災所不及。"靈書經云："大羅是五億五萬五千五百五十五重天之上天也。"五嶽圖云："都者覩也，太上大道，道中之道神明君，最守静，居太玄之都。"諸天內音云："天與諸仙鳴樓都之鼓，朝晏玉京，以樂道君。"推此謬談，則道君是天之神明；既屬州縣，則天尊復是天之民伍。如佛家經論，三界之外，名出生死，無分段之形，離色心境，何得更有寶臺玉山，州郡鄉里？虛妄之甚，轉復難矜。但道家僞説，無迹可觀，習俗生常，爲日已久，衆邪競紾，至有不同；如欲正名，理須詳悉，今略出緣起，隨而判之。案周禮自堯已前，未有郡縣；舜巡五嶽，始見州名；尚書禹貢，方陳州號；春秋之時，縣大郡小，以郡屬縣；漢高已來，以縣屬郡。典誥所明，九州禹跡，百郡秦并是也。縱有道在天上，猶應觸事無爲，何因户屬鄉居，與凡不異？既有州縣，卽有官民，州牧郡守，姓何名何；鄉長里司，誰子誰弟？並是管學道士，無識黃巾，不悉古今，未窺經史，人間置立州縣，亦言天上與世符同，保僞爲真，良可羞耻，其根脉本末，並如笑道論中委出也。通人曰：莊周云："察其始而無生也；非徒無生，而本無形；非徒無形，而本無氣；恍惚之間，變而有氣；氣變而有形，形變而有生。"人之生也氣之聚，聚則爲生，散則爲死，故曰"有無相生"也，萬物一也。何謂一也？天下一氣也。推此而談，無別有道高處，大羅獨稱尊貴。君子曰：陽氣黃精經云："流丹九轉，結氣成精，精化成神，神變成人。陽氣赤名曰玄丹，陰氣黃名曰黃精，陰陽交合，二氣降精，精化爲神，精神凝結，上於九天；九天之氣，下於丹田，與神合凝，臨於命門，要須九過，是爲九丹。上化下凝，以成於人。"不云別有道神，能宰萬物使之生也。通人曰：古來名儒及河上公解五千文，視之不見，名曰夷，夷者精也；聽之不聞，名曰希，希者神也；搏之不得，名曰微，微者氣也；是謂無狀之狀，無物之象。故知氣體眇莽，所以迎之不見其首；氣形清虛，故云隨之不見其後，此則敍道之本，從氣而生。所以上清經云："吾生眇莽之中，其幽幽冥冥；幽冥之中，生乎空同；空同之內，生於太元；太元變化，三氣明焉。一氣青，一氣白，一氣黃，故云一生二，二生三。"案生神章云："老子以元始三氣，合而爲一，是至人法體，精是精靈，神是變化，氣是氣象。"如陸簡寂、臧矜、顧歡、孟智周等老子義云：合此三乘，以成聖體。又云自然爲通相之體，三氣爲別相之體。檢道所宗，以氣爲本；考三氣之內，有色有心，既爲色心所成，未免生死之患，何得稱常？君子曰：原道所先，以氣爲體。何以明之？案養生服氣經云："道者氣也，保氣則得道，得道則長存；神者精也，保精則神明，神明則長生。精者血脉之川流，守骨之靈神，精去則骨枯，骨枯則死矣。故莊周云：'吹欱呼吸，吐故納新，彭祖修之，以得壽考。'"校此而言，能養和氣，以致長生，謂得道也。通人曰：縱使有道，不能自生，從自然出；道本自然，則道有所待；既因他有，即是無常。故老子云："人法地，地法天，天法道，道法自然。"王弼之言天地王道，立不相違，故稱法也。自然無稱窮極之詞，道是智慧靈和之號，用智不及無智，有形不及無形，道是有義，不及自然之無義也。君子曰：易乾鑿度云："昔燧人氏，仰觀斗極，以定方名；庖犧因之，而畫八卦；黃帝受命，使大撓造甲子，容成次曆數，五行九宮之説，自此而興。"故説卦云："陽數九者，立天之道，曰陰與陽，陰二陽一，則天有三焉；立地之道，曰柔與剛，剛二柔一，則地亦有三；立人之道，曰仁與義，義二仁一，則人亦有三；三三合九，陰陽相包，以成萬物。"不聞別有道神，處太玄都，坐高蓋天，上羅三清，下包三界，居七英之房，出九宮之上，行神布氣，造作萬物，豈非惑亂陷墜人間耶！較功則業殊，比跡則事異，沙門旌德而靡違，道士言行而多過；立不利之遐迹，逮不朽之玄猷，洋洋乎弗可尚也，其唯釋教歟？豈以坳塘小水，疋馮夷大波者哉！非所類矣。

（選自四部叢刊影印本廣弘明集卷一三）

李　師　政

【簡介】　李師政，山西上黨（今長治）人，主要活動年代在唐初。他曾做過扶溝令、門下典儀等官職；唐高祖武德年中，他任東宮學士。李師政早年相信過儒道，後皈依佛教，曾拜名僧釋法琳爲師，是一個迷信佛教很深的居士。

唐初，佛道二教論爭十分激烈。武德年間，太史令傅奕曾七次上書，抨擊佛教，請求唐高祖廢僧尼，減佛寺。傅奕所陳之事，由於僕射蕭瑀（梁武帝之後）等人的竭力反對，唐高祖没有頒行。傅奕不顧崇佛者的反對，毅然把自己的觀點遠近宣揚，致使“禿丁之誚，閭里盛傳；胡鬼之謡，昌言酒席”（彦琮：唐護法沙門法琳別傳卷上）。傅奕等人認爲：三王無佛而年永，二石有僧而政虐；損化由於奉佛，益國在於廢僧。這時，沙門法琳和普應都分別著了破邪論，駁斥傅奕，爲佛教張目。李師政則寫了内德論與正邪論。據釋彦琮説：二文“莫不愈疏佛教，委指業緣，競引梵言，曲垂邪正”（同上）。他積極參預了當時的佛道之争。

李師政現存的著作爲内德論。在這篇論文中，他堅持佛教的立場，攻擊傅奕的主張是“訕上”，而認爲佛教是爲君父“深求福利”的，它“勸臣以忠，勸子以孝，勸國以治，勸家以和，弘善示天堂之樂，懲非顯地獄之苦”。因此，這樣的工具是決不能廢除的。

内德論共分三篇，其中，空有一篇，發揮了大乘空宗的思想，吸取了大乘有宗的部分觀點，鼓吹“萬境爲識造”。

李師政的事蹟，見唐護法沙門法琳別傳卷上，續高僧傳卷二十四智實傳，以及清彭紹升所撰居士傳卷十三李師政傳等。

一、內　德　論

　　若夫十力調御，運法舟於苦海；三乘汲引，坦夷途於火宅。勸善進德之廣，七經所不逮；戒惡防患之深，九流莫之比。但窮神知化，其言宏大而可警；去惑絕塵，厥軌清邈而難蹈。華夷士庶，朝野文儒，各附所安，鮮味斯道。自非研精以考真妄，沈思而察苦空，無以立匪石之信根，去若網之疑蓋。遠則淨名妙德，弘道勝而服勤；近則天親龍樹，悟理真而敦悅。羅什道安之篤學，究玄宗而益敬；僧叡慧遠之歸信，迄皓首而彌堅。邁士安之淫書，甚宣尼之翫易，千金未足驚其視，八音不能改其聽，聞之博而樂愈深，思之深而信彌篤，皆欲罷而不能，則其非妄也必矣哉！我皇誕膺天命，弘濟區宇，覆等蒼旻，載均厚地。掃氛祲，清八表，救塗炭，寧兆民。五教敬敷，九功惟序，總萬古之徽猷，改百王之餘弊。搜羅庶善，崇三寶以津梁；芟夷羣惡，屏四部之稊莠。遵付囑之遺旨，弘紹隆之要術，功德崇高，昊天罔喻。但搢紳之士，祖述多途，各師所學，異論鋒起。或謂三王無佛而年永，二石有僧而政虐，損化由於奉佛，益國在於廢僧。苟明偏見，未申通理，博考興亡，足證浮僞。何則？亡秦者胡亥，時無佛而土崩；興佛者漢明，世有僧而國治。周除佛寺，而天元之祚未永；隋弘釋教，而開皇之令無虐。盛衰由布政，治亂在庶官，歸咎佛僧，寔非通論。且佛唯弘善，不長惡於臣民；戒本防非，何損害於家國？若人人守善，家家奉戒，則刑罰何得而廣，禍亂無由而作。騏驥雖駿，不乘無以致遠；藥石徒豐，未餌焉能愈疾？項籍喪師，非范增之無籌；石氏興虐，豈浮圖之不仁？但爲違之而暴

亂,未有遵之而凶虐。由此觀之,亦足明矣。復有謂正覺爲妖神,
比淨施於淫祀,訾而謗之,無所不至。聖朝勸善,立伽藍以崇福;迷
民起謗,反功德以爲疣。此深訕上,非徒毀佛,愚竊撫心而太息,所
以發憤而含毫者也。忝賴皇恩,預霑法雨,切磋所惑,積稔於茲。信
隨聞起,疑因解滅,昔嘗苟訾而不信,今則篤信而無毀。近推諸己,廣
以量人,凡百輕毀而弗欽,皆爲討論之未究;若令探賾索隱,功齊於
澄什,必皆深信篤敬,志均於名僧矣。師政學非鉤深,識不臻妙,少
有所聞,微去其惑,謹課庸短,著論三篇。辨惑第一,明邪正之通
蔽;通命第二,辨殃慶之倚伏;空有第三,破斷常之執見。覈之以羣
言,考之以衆善,上顯聖朝之淨福,下折淫祀之虛誹。徒有斯意,寔
乏其才,屬詞鄙陋,援證庸淺,雖竭愚勤,何宣聖德?庶同病而未愈
者,聞淺譬而深悟也。如蕃蘺之卉,或蠲疾於腹心;藜藿之餐,儻救
餒於溝壑。若金丹在目,玉饌盈案,顧瞻菲薄,良足陋矣。

辨惑一凡十條

有辨聰書生,謂忠正君子曰:蓋聞釋迦生於天竺,修多出自西
胡,名號無傳於周孔,功德靡稱於典謨,寔遠夷所尊敬,非中夏之師
儒。逮攝摩騰之入漢,及康僧會之遊吳,顯舍利於南國,起招提於
東都,自茲厥後,乃尚浮圖。沙門盛洙泗之衆,精舍麗王侯之居,既
營之於爽塏,又資之以膏腴,擢修幢而曜日,擬甲第而當衢。王公
大人,助之以金帛;農商富族,施之以田廬,其福利之焉在,何尊崇
之有餘也?未若銷像而絕鐫鑄,貨泉可以無費;毀經以禁繕寫,筆紙
不爲之貴;廢僧以從編户,益黍稷之餘稅;壞塔以補不足,廣賑恤之
仁惠。欲詣闕而效愚忠,上書而獻斯計,竊謂可以益國而利民矣,
吾子以爲何如乎?

忠正君子曰:是何言之過歟,非忠孝之道也。夫忠臣奉國,顧

受福之無疆;孝子安親,務防災於未兆。聞多福之因緣,求之如不及;覩速禍之萌柢,避之若探湯。國重天地之祈,祈於福也,家避陰陽之忌,忌於禍也;福疑從取,禍疑從去,人之情也,忠之道焉。子乃去人之所謂福,取人之所謂殃,豈忠臣奉國之計,非孝子安親之方。觀匹夫之自愛,尚不反醫而違卜,況忠臣之愛君,如何勸殃而阻福乎┐何異採藥物以薦君,而取農岐之所忌;求醫術以奉親,而反和鵲之深致。彼勸取忌而用毒,良非重慎之至意,施諸己而猶懼矣,矧敢安於所天乎┐若夫廢宗廟之樂盛,供子孫之魚肉,毀蒸嘗之黻冕,充僕妾之衣服,苟求惠下之恩,不崇安上之福,恨養親之費饍,思廢養以潤屋,如此者,可謂忠乎┐可謂孝乎┐且夫周棄弘播殖之教,遂配稷以長尊,勾龍立水土之功,亦爲社而恆敬。坊墉小益,尚參八蜡之祭,林澤微靈,猶行一獻之祀;況夫三達無礙之智,百神無以儔,十力無等之尊,千聖莫能匹。萬惑盡矣,萬德備矣,梵天仰焉,帝釋師焉。道濟四生,化通三界,拔生死於輪迴,示涅槃之常樂。身光赫奕,奪朗日之流暉;形相端嚴,具聖人之奇表。微妙玄通,周孔未足擬議;博施兼濟,堯舜其猶病諸。等慈而無棄物,可不謂之仁乎┐具智而有妙覺,可不謂之聖乎┐夫體仁聖之德者,豈爲譎誑之説哉?靜而思之,蔑不信矣。至如立寺功深於巨海,度僧福重於高嶽,法王之所明言,開士之所篤信,若興之者,增慶益國,不亦大乎┐敬之者,生善利民,不亦廣乎┐或小損而大益,豈非國之所宜崇乎?或小益而大損,豈非民之所當避乎?法眼明了,覩福報之無量;金口信實,説咎因之不朽。凡百士民,皆非目見,縱未能信其必爾,亦何以知其不然哉┐冥昧不可以意決,深遠唯當以聖證,豈不冀崇之福,資於君父,畏毀之累,及於家國乎┐臣無斯慎於其君,非忠臣也;子無此慮於其親,非孝子也。子欲苟遂媢嫉之褊心,不弘忠慎之深慮,阻祈福之大緣,毀安上之善業,乃取咎之道也,豈盡忠之義哉！余昔篤志於儒林，又措心於文苑，頗同吾子之言論，良由聞法之遲晚；賴指南以去惑，幸失途之未遠，每省過而責躬，則臨餐而忘飯。子若博考而深計，亦將悔迷而知返矣。竊聞有太史令傅君者，又甚余曩日之惑焉。內自省於昔迷，則十同其五矣。請辨傅君之惑言，以釋吾子之邪執。傅謂佛法本出於西胡，不應奉之於中國。余昔同此惑焉，今則悟其不然矣。夫由余出自西戎，輔秦穆以開霸業，日磾生於北狄，侍漢武而除危害；臣既有之，師亦宜爾，何必取其同俗，而捨於異方乎？師以道大爲尊，無論於彼此；法以善高爲勝，不計於遐邇。若夫尚仁爲美，去欲稱高，戒積惡之餘殃，勸爲善以邀福，百家之所同，七經無以易，但褊淺而未深至，齷齪而不周廣。其恕己及物，孰與佛之弘乎？其覩末知本，孰與佛之遠乎？其勸善懲惡，孰與佛之廣乎？其明空析有，孰與佛之深乎？由此觀之，其道妙矣，聖人之德，何以加焉；豈得以生於異域而賤其道，出於遠方而棄其寶？夫絕羣之駿，非唯中邑之產；曠世之珍，不必諸華之物。漢求西域之名馬，魏收南海之名珠，貢犀象之牙角，採翡翠之毛羽，物生遠域，尚於此而爲珍；道出遐方，獨奈何而可棄？若藥物出於戎夷，禁呪起於胡越，苟可以蠲邪而去疾，豈以遠來而不用之哉！夫滅三毒以證無爲，其蠲邪也大矣；除八苦而致常樂，其去疾也深矣，何得拘夷夏而計親疏乎？況百億日月之下，三千世界之內，則中在於彼域，不在於此方矣。右辨佛出西胡。

　　傅謂詩書所未言，以爲修多不足尚。余昔同此惑焉，今又悟其不然矣。夫天文曆象之祕奧，地理山川之卓詭，經脈孔穴之謪候，鍼藥符呪之方術，詩書有所不載，周孔未之明言，然考之吉凶而有徵矣，察其行用而多效矣。且又周孔未言之物，蠢蠢無窮；詩書不載之法，茫茫何限？信乎「書不盡言，言不盡意」，何得拘六經之局教，而背三乘之通旨哉！夫能事未興於上古，聖人開務於後世，故棟宇易層巢之居,文字代結繩之制。飲血茹毛之饌,則先用而未珍;火化粒食之功,雖後作而非弊。彼用捨之先後,非理教之蔽通,豈得以詩書早播而特隆,修多晚至而當替?人有幼啜藜藿,長餘粱肉,少爲布衣,老遇侯服;豈得以藜藿先獲,謂勝粱肉之味,侯服晚遇,不如布衣之貴乎!萬物有遷,三寶常住,寂然不動,感而皆遇。化身示隱顯之迹,法體絕興亡之數,非初誕於王宮,不長逝於雙樹,何得論生滅于赴感,計修促于來去乎! 右辨周孔不言。

傅氏譽老子而毁釋迦,讚道書而非佛教,余昔同此惑焉,今又悟其不然也。夫釋老之爲教,體一而不二矣,同蠲有欲之累,俱顯無爲之宗,老氏明而未融,釋典言臻其極。道若果是,佛固同是而無非;佛若果非,道亦可非而無是。理非矛盾之異,人懷向背之殊,既同衆狙之喜怒,又似葉公之愛畏。至如柱下道德之旨,漆園內外之篇,雅奧而難加,清高而可尚,竊常讀之,無間然矣,豈以信奉釋典,而苟譽之哉! 抑又論之,夫生死無窮之緣,報應不朽之旨,釋氏之所創明,黄老未之言及,不知今之道書,何因類於佛典?論三世以勸戒,出九流之軌躅,若目覩而言之,則同佛而等其照;若耳聞而放之,則師佛而遵其説。同照則同不當非,於師則師不可毁,譽道而非佛,何謬之甚哉! 右辨毁佛譽道。

傅云:“佛是妖魅之氣,寺爲淫邪之祀。”此其未思之言也。妖唯作孽,豈弘十善之化;魅必憑邪,寧興八正之道?妖猶畏狗,魅亦懼猫,何以降帝釋之高心,摧天魔之巨力?又如圖澄羅什之侶,道安慧遠之儔,高德高名,非狂非醉,豈容捨愛辭榮,求魍魅之邪道;勤身苦節,事魍魎之妖神?又自昔東漢,至我大唐,代代而禁妖言,處處而斷淫祀,豈容捨其財力,放其士民,營魍魅之堂塔,入魍魎之徒衆?又有宰輔冠蓋,人倫羽儀,王導庾亮之徒,戴逵許詢之輩,置情天人之際,抗迹煙霞之表,並禀教而歸依.皆厝心以崇信,豈容尊妖奉魅以自屈乎！良由覩妙知真，使之然耳。又傅氏之先毅，字武仲，高才碩學，世號通人，辯顯宗之祥夢，證金人之冥感，釋道東被，毅有功焉。竊揆傅令之才識，未可齊於武仲也，何爲毀佛謗法，與其先之反乎！吳尚書令闞澤對吳主孫權曰："孔老二家，比方佛法，優劣遠矣。何以言之？孔老設教，法天以制，不敢違天；諸佛説教，諸天奉而行，不敢違佛。以此言之，實非比對。"愚謂闞子斯論，知優劣之一隅矣，凡百君子，可不思其言乎！夫大士高僧，觀於理也深矣；明主賢臣，謀於國也忠矣，而歷代寶之以爲大訓，何哉？知其窮理盡性，道莫之加故也。傅氏觀不深於名僧，思未精於前哲，獨師心而背法，輕絶福而興咎，何其爲國謀而不忠乎！爲身慮而不遠乎！大覺窮神而知化，深勸思患而預防，唯百齡之易盡，嗟五福其難常，命川流而電逝，業地久而天長；三塗極迥而杳杳，四流無際而茫茫，憑法舟而利濟，藉信翮以高翔，宜轉咎而爲福，何罔念而作狂也。右辨比佛妖魅。

傅云："趙時梁時，皆有僧反，況今天下僧尼，二十萬衆？"此又不思之言也。若以昔有反僧，而廢今之法衆，豈得以古有叛臣，而棄今之多士，隣有逆兒，而逐己之順子，昔有亂民，而不養今之黎庶乎！夫普天之下，出家之衆，非雲集於一邑，寔星分於九土，攝之以州縣，限之以關河；無徵發之威權，有憲章之禁約，縱令五三凶險，一二闡提，既無緣以烏合，亦何憂於蟻聚？且又沙門入道，豈懷亡命之謀，女子出家，寧求帶鉀之用；何乃混計僧尼之數，雷同梟獍之黨，構虛以亂真，蔽善而稱惡？君子有三畏，豈當如是乎！夫青衿有罪，非關尼父之失；皂服爲非，豈是釋尊之咎？僧干朝憲，尼犯俗刑，譬誦律而穿窬，如讀禮而驕倨；但以人稟頑嚚之性，而不遷於善，非是經開逆亂之源，而令染於惡。人不皆賢，法實盡善，何得因怒惡而及善，以咎人而棄法？夫口談夷惠，而身行桀跖，耳聽詩禮，而心存邪僻，夏殷以降，何代無之，豈得怒跖而尤夷惠，疾邪而廢詩禮？然則人有可誅之罪，法無可廢之過，但應禁非以弘法，不可以人而賤道。竊篤信於妙法，不苟黨於沙門，至於耘稊稗以殖嘉苗，蕭姦回以清大教，所深願矣。右辨昔有反僧。

傅云：“道人土梟，驢騾四色，皆是貪逆之惡種。”此又不思之言也。夫以捨俗修道，故稱道人，學道離貪，何名貪逆？若云貪菩提道，逆生死流，則傅子興言，未達斯旨。觀沙門之律行也，行人所不能行，止人所不能止，具諸釋典，可得而究。蠕動之物，猶不加害，況爲梟獍之事乎！嫁娶之禮，尚捨不爲，況爲禽獸之行乎！何乃引離欲之上人，疋聚塵之下物；校有道之賢俊，比無知之驢騾；毀大慈之善衆，媲不祥之惡鳥？謂道人爲逆種，以梵行比獸心，害善一何甚乎！反白爲黑，類如此乎？右辨比僧土梟。

余昔每引孝經之不毀傷，以譏沙門之去鬚髮，謂其反先王之道，失忠孝之義，今則悟其不然矣。若夫事君親而盡節，雖殺身而稱仁；虧忠孝而偷存，徒全膚而非義。論美見危而致命，禮防臨難而苟免，何得一槩而訶毀傷，雷同而顧膚髮？割股納肝，傷則甚矣，剃鬚落髮，毀乃微焉；立忠不顧其命，論者莫之咎，求道不愛其毛，何獨以爲過？湯恤蒸民，尚焚軀以祈澤；墨敦兼愛，欲摩足而至頂；況夫上爲君父，深求福利，鬚髮之毀，何足顧哉！且夫聖人之教，有殊途而同歸；君子之道，或反經而合義。則泰伯其人也，廢在家之就養，託採藥而不歸，棄中國之服章，依剪髮以爲飾，反經悖禮，莫甚於斯，然而仲尼稱之曰：“泰伯其謂至德矣。”其故何也？雖迹背君親，而心忠於家國；形虧百越，而德全乎三讓。故泰伯棄衣冠之制，而無損於至德；則沙門捨搢紳之容，亦何傷乎妙道？雖易服改貌，違臣子之常儀，而信道歸心，願君親之多福；苦其身意，修出家之衆善，遺其君父，以歷劫之深慶，其爲忠孝，不亦多乎！謂善沙門

爲不忠，未之信矣。_{右辨譏毀鬚髮。}

傅又云："西域胡人，因泥而生，是以便是泥丸。"此又未思之言也。夫崇立靈像，模寫尊形，所用多塗，非獨泥丸。或彫或鑄，則以鐵木金銅；圖之繡之，亦在丹青縑素，復謂西域士女，遍從此物而生乎？且又中國之廟，以木爲主，則謂制禮君子，皆從木而育邪！親不可忘，故爲之宗廟，佛不可忘，故立其形像，以表罔極之心，用伸如在之敬，欽聖仰德，何失之有哉！夫以善爲過者，故亦以惡爲功矣。_{右辨泥種事泥。}

傅又云："帝王無佛，則國治年長，有佛則政虐祚短。"此又未思之言也。則謂能仁設教，皆闡淫虐之風；菩薩立言，專弘桀紂之事。以實論之，殊不然矣。夫殷喪大寶，災興妲己之言；周失諸侯，禍由褒姒之笑，三代之亡，皆此物也。三乘之教，豈斯尚乎？佛之爲道，慈悲喜護，齊物我而等怨親，與安樂而救危苦。古之所以得其民者，佛既弘之矣；民之所以逃其上者，經甚戒之矣。羲軒舜禹之德，在六度而包籠；羿浞癸辛之咎，總十惡以防禁。向使桀弘少欲之教，紂順大慈之道，伊呂無以用其謀，湯武焉得行其討？可使鳴條免去國之禍，牧野息倒戈之亂，夏后從洛汭之歌，楚子違乾溪之難。然則釋氏之化，爲益非小，延福祚於無窮，遏危亡於未兆。傅謂有之爲損，無之爲益，是何言歟！是何言歟！與佛何讎，而誣之至此，佛何所負，而疾之若讎乎！_{右辨有佛政虐。}

傅又云："未有佛法之前，人皆淳和，世無篡逆。"此又未思之言也。夫九黎亂德，豈非無佛之年；三苗逆命，非當有法之後；夏殷之季，何有淳和；春秋之時，寧無篡逆？寇賊姦宄，作士命於皋繇；玁狁孔熾，薄伐勞於吉甫。而傅謂佛興篡逆，法敗淳和，專構虛言，皆違實錄。一縷之盜，佛猶戒之，豈長篡逆之亂乎！一言之競，佛亦防之，何敗淳和之道乎！惟佛之爲教也，勸臣以忠，勸子以孝，勸國以治,勸家以和;弘善示天堂之樂,懲非顯地獄之苦,不唯一字以爲褒貶,豈止五刑而作戒,乃謂傷和而長亂,不亦誣謗之甚哉┃亦何傷於佛日乎?但自淪於苦海矣。輕而不避,良可悲夫┃於是書生心伏而色愧,避席而謝曰:僕以習俗生常,違道自佚,忽於所未究,翫其所先迷,背正法而異論,受邪言以同失。今聞佛智之玄遠,乃知釋教之忠實,豁然神悟而理攄,足以蕩逆而祛疾。雖從邪於昔歲,請歸正於茲日,謹誦來誠,以爲口實矣。右辨無佛民和。

通　命　二

　　或曰:聖人陳福以勸善,示禍以戒惡,小人謂善無益而不爲,謂惡無傷而不悔。然有殃有福之言,乃華而不實;無益無傷之論,則信而有徵。何以言之也?伯夷餒矣,啟期貧矣,顏回夭矣,冉耕疾矣。或侈侈隆富,言罕及於義方;或皤皤壽考,名不稱而没世。仁而不壽,富而未仁,書契已陳,不可勝紀。故知仲尼殃慶之言,徒欺人耳;文命影響之喻,殆難信乎┃

　　有敦善行而不怠者,嗟斯言之長惑焉,乃論而釋之曰:夫殃福蓋有其根,不可無因而妄致;善惡當收其報,必非失應而徒已。但根深而報遠,耳目之所不該;原始而究終,儒墨之所莫逮。故隨遭之命,度於天而難詳;夭壽之年,考於人而易惑。人之爲賞罰也,尚能明察而不濫;天之降殃福也,豈反淆亂而無倫哉┃故知有理存焉,不可誣矣,非夫大覺而遍知者,孰能窮理而除惑哉┃卜商賈誼之爲言,班彪李康之著論,但知混而謂之命,莫辨命之所以然。何異見黍稷於倉廩,而不知得之由稼穡;覩羅紈於篋笥,而未識成之以機杼。馬遷嗟報施之爽,積疑而莫之通;范滂惑善惡之宜,含憤而無以釋,皆覩流而弗尋源,見一而不知二。

　　唯觀釋氏之經論,可以究其始終乎┃爲善爲惡之報,窮枝派於千葉;一厚一薄之命,照根源於萬古。辨六趣之往來,示三世之殃福,乃知形殁而業無朽焉,人死而神又生焉。或賢聖而受宿殃,六通乏適口之饍; 或禽獸而荷餘福,四足懷如意之寶。爲業既非一緒,感報寔亦千變,業各異而隨心報不同,其如面也。原其心也,或先迷而後復,或有初而無終,或惡恆而罔悔,或善粹而常崇,或爲功而兼咎,或福微而慧隆,或罪均而情異,或功殊而志同; 故其報也,有先號而後笑,有既得而患失,有少賤而卒凶,有始榮而終吉,有操潔而年殀,有行鄙而財溢,有同罪而殊刑,有齊德而異袟。業多端而交加,果遍酬而縷悉,譬如畫工布丹青之彩,鏡像應妍媸之質。命招六印,達季子之遊談;業引萬金,果朱公之計術。取青紫如俯拾,有昔因之助焉;達禮樂而固窮,無宿福之資也。讀論者繼踵,而張文獨享其榮;說詩者比肩,而匡衡偏高其位。或功勤可記,而祿不及於介推;或咎隙當陳,而爵先加於雍齒。韋賢經術,遠勝黃金之匱;趙壹文籍,不如盈囊之錢。此豈功業之異哉,故由宿命之殊耳﹗或材小而任大,宰衡無赫赫之功; 或道著而身微,孔墨有栖栖之辱。亦有德位俱顯,元凱列唐虞之朝;才命並隆,傅呂受鹽梅之寄。二因雙殖,則兼之也如此;一業孤修,則其偏也若彼。管仲釋囚而登相,李斯爲相而被刑,范睢先辱而後榮,鄧通始富而終餒,非初訥而末辯,豈昔愚而今智,由果熟而泰來,以福盡而迍及。

若言敗伍胥者宰嚭也,非由昔殃;濟張倉者王陵也,何關往福?此爲見緣而不知因,有斷見之咎矣。若言業糜好爵,不念同昇之恩;命偶仁風,無愧來穌之澤,此爲知因而不識緣,有背恩之罪矣。若兼達其旨,兩遣其累,進德修業,豈有閡乎﹗春種嘉穀,方賴夏雨以繁滋;宿植良因,乃藉今緣而起發。受膏澤而荒蕪,不墾之地也;遇明時而貧賤,無因之士也。因緣之旨,具諸經論,觸途而長,皆此類焉;若唯見其一,不會其二,咎累之萌,傷其德矣。

觀釋典之所明也，白黑之業，有必定之與不定；禍福之報，有可轉及於無轉。爲德爲咎，唯禳可轉之業；若賢若愚，無移必定之命。夫大善積而災銷，衆惡盈而福滅，理之必然，信而不忒；譬如藥石勝而疾除，水雨注而焚息，巨隄之堰涓流，蕭斧之伐朝菌。但疾處膏肓，良藥有所不救；火炎原隰，滴水固其無解；鄧林之木，非隻刃而可盡；長江之流，豈一塊之能塞？大德可以掩微瑕，微功不足補大咎，鐫金石者難爲功，摧枯朽者易爲力；其業微者報不堅，其行堅者果必定，不堅故可轉，必定則難移。可轉之難，故三唱息巨海之波；難移之厄，則四果遇凶人之害。劉昆小賢，致反風而滅火；唐堯大聖，遭洪水之襄陵。准此而論，未足惑矣。晉文增德，殄長蛇於路隅；宋景興言，退妖星於天際，此不定之業也。邾文輕己而利民，有德而無應；楚昭引災而讓福，言善而身凶，乃必定之命也。或同惡而殊感，或善均而報異，皆昔因之所致也，何足怪之於一生哉！

孔子曰：“小人不知天命而不畏。”又曰：“不知命，無以爲君子。”佛之所云業也，儒之所謂命也，蓋言殊而理會，可得而同論焉。命繫於業，業起於人，人稟命以窮通，命隨業而厚薄；厚薄之命，莫非由己，怨天尤人，不亦謬乎！詩云：“下民之孽，匪降自天。”傳曰：“禍福無門，唯人所召。”此云天之不可推，而責之於人矣。孟軻干魯，不憾臧倉之蔽；仲由仕季，無患伯寮之讒，則謂人之不可責，而推之於天矣。其言若反，其致匪殊，要而論之，同歸進德。克己戒人，以勗乾乾之志；樂天知命，蠲其慼慼之尤。夫然，故內勤克念之功，外弘不諍之德，上無怨天之咎，下絕尤人之累，行之中和，於是乎在。古之善爲道者，其從事於斯乎！

昔者初聞釋典，信之不篤，拘其耳目之間，疑於視聽之外。謂前因後果之說，等莊周之寓言；天上地下之談，類相如之烏有。覿姦回之漏網，則爲非而不懲；聞忠直之逢尤，則輕善而無勸。甚哉！

此惑也。知業則不然。夫達業之君子，無私而委命，仰聖賢之清
德，敦金玉之高行，無悶於陋巷之居，忘懷於名利之競；所以畢既往
之餘業，啟將來之長慶，不顧流俗之嗤毁，豈求鄉曲之稱詠哉！夫
種植不見其長，有時而大；砥礪莫覩其虧，終銷厥厚。今形善惡之
報，爲時近而未熟，昔世吉凶之果，須數終而乃謝；譬如稼穡作甘，
不朝種而夕稔，蒺藜爲刺，亦春生而秋實。不耕而飽飫者，因昔歲
之餘穀；不賢而富壽者，荷前身之舊福。天道無親疎，人業有盈縮，
由斯以推天命，可得除疑惑矣。

　　若夫虞夏商周之典，黄老孔墨之言，道唯施於一生，言罔及於
三世，則可惑者有六焉，無辭以通之矣。示爲善之利，謂爵賞及名
譽，陳爲惡之害，明恥辱與刑罰，然逃賞晦名之士，以何爲利乎？苟
免無恥之夫，不受其害矣，何足以爲懲勸哉！可惑者一也。云天與
善，降之以百祥，謂神糺淫，加之以六極；然伯牛德行而有疾，天豈
惡其爲善乎？盜跖凶暴而無殃，神豈善其爲惡乎？何禍福之濫及哉！
可惑者二也。若云罪隨形而並滅，功與身而共朽，善何慶之可論，
惡何殃而當戒？若善惡之報，信有而非無，食山薇以餓死，何處
而加之福；膾人肝而壽終，何時而受其禍？何善惡之無報哉！可惑
者三也。若云禍福由其祖禰，殃慶延於子孫，考之於前載，不必皆
然矣。伯宗羊舌之嗣，絶滅於晉朝；慶父叔牙之後，繁昌於魯國，豈
祖禰之由乎？可惑者四也。若云觀善察惡，時有謬於上天，故使降
福流災，遂無均於下土，然天之明命，寧當闇於賞罰乎？曾謂天道
不如王者之制乎！可惑者五也。若云禍福非人所召，善惡無報於
後，而百王賞善而刑淫，六經褒德而貶過，則爲虛勸於不益，妄戒於
無損，何貴孔丘之弘教，何咎嬴政之焚書乎！可惑者六也。然則善
惡之所感致，禍福之所倚伏，唯限之於一生，不通之以三世，其理局
而不弘矣，何以辨人之惑乎？防於惡也未盡，導於善也多闕，其取

義也尚淺，其利民也猶微。比夫十力深言，三乘妙法，濟四生於火宅，運六舟於苦海，高下之相懸也，若培塿之與崑崙；淺深之不類也，疋潢汙之與江漢，何可同年而語哉！

昔維摩詰之明達，及舍利弗之聰辯，經論詳之，可得而校；足以逾項託，超孔丘，邁李老，越許由，伏墨翟，摧莊周，吞百氏，該九流，書籍所載，莫之與儔。然受諸異道，不毀正信，雖明世典，常樂佛法，師事釋迦，伏膺善誘，豈不識其道勝，而鑽仰之乎！

空　有　三

或有惡取於空，以生斷見，無所慚懼，自謂大乘，此正法所深戒也。其斷見者曰：經以法喻泡影，生同幻化。又云：罪福不二，業報非有。故知殖因收果之談，天堂地獄之說，無異相如述上林之橘樹，孟德指前路之梅園，權誘愚蒙，假稱珍怪，有其語焉，無有實矣。至如冉疾顏夭，以攝養之乖宜；彭壽聃存，由將衛之有術。貴賤自然而殊，苦樂偶其所遇，譬諸草木，區以別矣。若蓂莢之表祥瑞，連理之應休明，名載於竹帛，狀圖於丹青，此則草木之貴者也。若被三徑而易蔓，亙七澤而難翦，充僕妾之薪蒸，被牛羊之履踐，此則草木之賤者也。若列挺干雲之峯，羅生絕跡之地，斤斧莫之及，樵蘇所不至，此則草木之全壽者也。若匠石之所數顧，農夫之所務去，遭荷蓧之奮鋤，值工輸之揮斧，此則草木之夭命者也。若篠（蕩）〔蕩〕比質於松柏，蕙若同氣於蘭芷，翠陵寒而未渝，芳在幽而不已，草木之賢俊者也。若葀藜生而見惡，枳棘多而莫美，在詩騷之比興，以疋姦而喻鄙，草木之庸猥者也。若乃異臭殊味，千品萬形，壤之所殖，胡可勝名？何業而見重，何因而被輕，何尤而速斃，何功而久生，何咎而枯槁，何福而華榮，何習而含毒，何修而播馨，此豈宿業之所致乎？乃自然而萬差耳。人之殊命，蓋亦如是，豈由前業使之然哉！然則無是無非，大乘之深理，明善明惡，小乘之淺教，愚騃者合真，謹慎者乖道，何爲捨惡趣善，而起分別之心乎？又嫌佛之説法，端緒太多，論空説有，自相乖背，此是佛鬭衆生耳，何不唯明一種之法乎？邪空之説云爾，正空則不然矣。苟識空有之理者，豈發如是之言乎！此既喻非而博，言偏而辨，懼其迷誤後人，增長邪見，聊率所聞，試論之曰：

若夫如夢如幻，如響如泡，無一法而不爾，總萬像而俱包。上士觀之以至聖，至聖體之而獨超；大浸稽天而不溺，大風偃岳而無飄；具六通而自在，越三界而逍遥。然理不自了，正觀以昭；心不自寂，靜攝斯調；障不自遣，對治方銷；德不自備，勤修乃饒。六蔽既除，則真如可顯；三障未滅，則菩提極遥。故真諦離垢淨之相，俗諦立是非之條，指事必假於分別，論法豈宜於混淆？六度不可爲墜苦之業，三毒不可爲出世之橋，投谷難以無墜，赴火何由不燒？堯舜不可比之於昏桀，幽厲不可同之於聖堯，忠賢不可斥之於荒野，邪佞不可昇之於明朝。不可反白而作黑，不可俾晝而爲宵，不可以邪害於正，不可持鳳比於梟，何得同因果於兔角，疋罪福於龜毛乎？雖引大乘之妙言，不得妙之真致，説之於口若同，用之於心則異。異者何也？正法以空去其貪，邪説以空資其愛；智者觀空以除患，惑者論空而肆害；達者行空而慧解，迷者取空以狂悖；大士體空而進德，小人説空而善退，其殊若此，豈同致乎！良由反用正言，以生邪執矣。驥驥浮水，勤而無功；舟檝登山，勞而不進，豈驥驥舟檝之不善哉？但浮水登山用之反也。

讀淨名離相之典，而廢進修，誦莊周齊物之言，以縱情欲，無異策駟馬而沂流，櫂方舟以登坂，望追造父之長驅，欲比越人之利涉，不亦難乎！夫淨名有清高之德，莊周無嗜欲之累，故知斷見之論空，與無爲之道反矣。夫妙道之玄致，卽羣有以明空，既觸實而知假，亦就殊而照同。其何類也？譬如對廣鏡而傍觀，臨碧池而俯映，衆象粲而在目，可見而無實性。緣生有而成形，有離緣而喪質，水過寒而冰壯，冰涉溫而堅失，凡從緣而爲有，雖大有其何實？故天與我皆虛，我與萬物爲一。菩提不得謂爲有，何況羣生與衆術？故察於物而非物，取諸身而匪身，麗天著而皆妄，鎮地崇而莫真；言論窮理而無説，賓客盈堂而無人，艷色絶世而無美，璸寶溢目而無珍，善惡殊途而不二，聖凡異等而常均。

尋夫經論之大旨也，從緣以明非有，緣起以辨非無；事有而無妙實，義空而匪太虛。無人非闚户之閭，無見非面牆之愚，無説非金人之口，無體非棘猴之軀，無動非山立之貌，無別非雷同之諛，無真非魚目之寶，無實非鴈足之書。財比夢財而莫異，色與幻色而何殊？猗頓等原憲之産，宋里匹平城之姝。道智了空而絶縛，俗情滯有以常拘；人與業報而非有，業報隨人而不無；天堂類天而匪妄，地獄等地而焉虛。非同揚雄之假稱玉樹，曼都之矯見神居，何乃取空言而背旨，援卉木而比諸？夫夜光結緑之寶，南威毛嬙之色，人皆見其有而興愛，孰能體其空而不染？眭眥蒂芥之際，青蠅貝錦之讒，莫不著其相而興憤，孰能比於空而不憾；獨謂鄙行空而不戒，善法空而不遵，三惑應捨而未悛，五德應修而反棄；不觀空以遣累，但取空而廢善，此豈淨名不二之深致，莊周齊物之玄旨乎？

大矣哉！至人之體空也，證萬物之本寂，知四大之爲假，視西施如行廁，比南金于碎瓦；五欲不能亂其心，四魔無以變其雅。智日明而德富，惑日除而過寡，截手足而無憾，乞頭目而能捨。八法不生二相，萬物觀如一馬，故能證無上智，爲薩婆若。如者反。得其理也，解脱如此，失其旨者，過患如彼，何得爲非而不懼，崇邪以爲是？夫見舟見水，皆非真諦，而將涉大川，非舟不濟；病體藥性，均是空虛，而人由病殞，病因藥除；犀角鴆毛，等類泡沫，而飲鴆者死，服犀者活；淡水醇醪，並非真有，而漿不亂人，酒能生咎；忠順叛逆，皆如峒響，而叛逆受誅，忠順獲賞；罪福之性，平等不二，而福以善臻，禍因惡致；善惡諸法，等空無相，而善法助道，**惡法生障**。故知**萬法真性**，同一如矣，無妨因緣法中，有**萬殊矣**；**空有二門**，不相違矣，真俗二諦，同所歸矣。

若謂小乘有罪福之言，大乘無是非之語，似**胡越**之殊趣，若矛盾之相拒，童子尚羞翻覆，聖人豈爲首鼠？良以道聽而途説，遂使謬量而惡取，若博考而深思，必疑釋而迷愈矣。敬惟十力世雄，無上慈父，言無不實，慈無不普，相無不離，視無不覩，德無不周，過無不去，善無不勸，惡無不沮，香塗不欣，刀割無怒，不愛從順，不憎違拒。福慧圓滿而靡餘，煩惱罄竭而無緒，拔三界之**沈溺**，啟四生之聾瞽；空有俱照以相濟，真俗會通而雙舉，務在量病而施藥，不可違中而偏處。

若夫方等一乘，波若八部，聖慧之極，大乘之首，莫不廣述受持之利，深陳毀謗之咎。經又云：“深信因果，不謗大乘。”何謂大乘之理，都無因果乎！（大）〔夫〕取相而爲善，則善而未精；見相而斷惡，則斷已復生。若悟善性寂而無作，了惡體空而何斷，乃令三障冰銷而寂滅，萬德雲集以彌滿。智慧如海，不可酌之以一蠡；道邁人天，豈得閾之以寸管？而喻之以橋杭，測之以愚短，不亦謬哉！

夫説空而恣情者，不能無所苦也，疾痛惱之，則寢不安矣；刀鋸傷之，則體不完矣；終日不食，則受其饑矣；無裘禦冬，則苦寒矣。然則致苦之業，豈可輕而不避乎？夫五福之與六極，人情所不能齊也，故居窮而思達，處危而求安；嬰疾而顧愈，在感而羨歡；愛壽考而忌短折，榮世禄而恥形殘；樂加之而欣笑，苦及之而憂歎，何得雷同於善惡；而不修於福因乎！觀萬姓之異稟，寔千種而殊級，或比上壽而有餘，或疋下殤而不及；或衣單布而無恙，或服重襦而寒入；

或藉草土而安和，或處袵褥而風濕；或不治而自愈，或雖治而不立；或無術而體康，或善攝而痾集。其形之表也，均有髮膚；膚之內也，府藏奚殊？皆含血而包肉，並筋連而骨扶，何一壽而一夭，何一充而一癯，稟何靈而獨實，受何氣而偏虛？虛者不獨埃塵而作體，實者豈偏金石以爲軀？未必壽長者有醫術，齡促者無道書，何謂專由攝養，不在業乎！亦有夭命胞胎，受疾嬰孩，喜怒未競，嗜欲未開，未觸冒於寒暑，未毀悴於悲哀，壽欲何而夭，疾從何而來？則其所以然者，豈非前業之由哉！至如漢昭、哀之二主，魏文、明之兩帝，或未三九而登遐，或僅五八而捐世。術人雲集，但致李氏之靈；方士如林，不救倉舒之逝。君王不乏於藥，巫醫豈秘其藝，何寢疾而弗瘳，何促齡而莫繼？豈非隨業而感報，非道術之所濟乎！然經稱施藥之功，佛歎醫王之德，孔公明慎疾之軌，老子有攝生之則；不信業者既迷，不順醫者亦惑，能詳因果之深淺，乃辨藥石之通塞，可究之以智慧，難具之於翰墨。至如公明辨祟，扁鵲除痾，河東郭璞，譙郡華佗，廣陵吳普，彭城樊阿，或禳凶而作吉，或止疾以爲和，何得不信醫術之有益乎！然景純識加刑之日，而不能使刑之不加；公明知壽盡之年，不能令年之不盡；扁鵲元化，不能使其親不歿；吳普樊阿，不能令其躬不殞，何得不信長短之業乎！醫由業會，藥依緣聚；醫實有功，藥非無取。必死之病，雖聖莫之蠲；可療之疾，待醫而方愈。魂由業反，則僵尸遇再生之藥；命以業徂，則聖醫爲一棺之土。壽之修促，體之安苦，隨遭否泰，妍媸伸偃，千品萬端，皆業爲主；三界六趣，隨業而處。百卉無情，故美惡非關於業報；四生有命，則因緣不同於草莽。斤斧伐木不驚，刀杖加人則懼，匏瓜繫而不食，羽毛食而馳騖，比有情於無知，何非倫而引喻？

夫空有略談，則率由心業，前且詠其生常，今則示其正法。小乘以依報爲業有，大乘以萬境爲識造，隨幻業而施之天地，逐妄心而現之識草。若翳目覩乎空華，比睡夢現其生老；若悟之於心業，則唯聞乎佛道。

原夫小乘之與大乘，如小學之與大學；幼唯教之以書計，長乃博之以禮樂；始蒙然而類牛毛，終卓爾而同麟角；此乃爲訓之次序，何有異同而可剝？良以衆生之根，有利有鈍，是故聖人之教，或漸或頓；或致之於深遠，或進之以分寸，雖百慮而一致，非異道而乖論。乃有執空門以反教，論大乘而謗小，佛不闕衆生，衆生自不了。譬闇室之無燭，如夜遊而未曉，故相剝奪而誼誼，競是非而擾擾，何以採芙蓉於木末，尋吳楚于燕趙，不亦謬乎！夫一味無以和羹，一木無以構室，一衣不稱衆體，一藥不療殊疾，一彩無以爲文繡，一聲無以諧琴瑟，一言無以勸衆善，一戒無以防多失，何得怪漸頓之殊異，令法門之專一？夫法門之多品，如藥石之殊功，救冷以溫物爲用，去熱則寒藥宜豐；或特宜於禦濕，或偏須於止風，不可同病而殊藥，不可病殊而藥同；若守株而必礙，能達變而後通，何得拘一途而相剝，起戰爭於其中乎！

三世因果，佛不誑欺；十力勸戒，聞當不疑。勸之者應修，戒之者宜遠，抑凡情之所耽，行聖智之所願，何得違經論之所明，以胸臆而爲斷，而謂善惡都空，無損益乎！夫法眼明了，無法不悉；舌相廣長，言無不實。其析有也，則一毫爲萬；其等空也，則萬象皆一。防斷常之生尤，兼空有以除疾，彼菩提之妙理，實甚深而微密。厭塵勞而求解慧，當謹慎而無放佚，非聖者必凶，順道者終吉。勿謂不信，有如皎日。

（選自四部叢刊影印本廣弘明集卷一四）

道　宣

　　【簡介】　道宣，俗姓錢，生於公元五九六年（隋文帝開皇十六年），死於公元六六七年（唐高宗乾封二年），丹徒人（一説長城人）。十五歲出家，依智頵律師受業。十六歲落髮。隋煬帝大業年中，從智首律師受具戒；唐高祖武德年中，依智首習律。從隋末以來，他就居終南山白泉寺，後又遷豐德寺及淨業寺，與處士孫思邈至契。唐初，西明寺初就，詔道宣充上座，直到玄奘法師從西域回國爲止。後又奉詔參加玄奘爲首的譯經工作。

　　律宗是中國佛教中以研習及傳持戒律爲主的一個宗派，道宣就是這一宗派的重要代表人物之一。他從智首受具足戒以後，就開始鑽研律部，後入終南山潛心述作，共著有四分律比丘含注戒本注三卷，四分律刪補隨機羯磨疏二卷，四分律刪繁補缺行事鈔十二卷，四分律拾毗尼義鈔六卷，以及四分比丘尼鈔六卷，合稱五大部，成爲律宗的重要著作。唐朝以後講律學的人，莫不宗南山，故後人又稱道宣這一學系爲南山宗，他卽南山宗的祖師。

　　道宣的著作很多，除上述各書外，還撰有廣弘明集、續高僧傳、集古今佛道論衡、大唐内典録、釋迦方志、法門文記、三寶録等，共有二百二十餘卷。其中，廣弘明集三十卷，共分十篇，不僅選輯了魏晉至隋唐以來的許多珍貴的佛學論文、辯論文章及帝王的詔啟等，而且每篇都有編者的敍述及記述列代王臣對佛法興廢的辯論等事。它與梁釋僧佑編纂的弘明集一起，是研究魏晉至隋唐佛教思想的重要典籍。續高僧傳三十卷，上起梁天監年間，下訖唐貞觀十九年，此後二十年還略有增補。該書是繼梁釋慧皎高僧傳後研究佛教史的重要資料。集古今佛道論衡分甲、乙、丙、丁四卷，記載了從漢明帝到唐太宗年間佛道二家論争的許多史實，以及很多帝王對佛道二教的態度，也是研究佛教史與道教史的一部重要著作。

道宣的事蹟，見宋高僧傳卷十四道宣傳，以及隆興佛教編年通論卷十三，佛祖通載卷十二等。

一、續高僧傳序

原夫至道無言，非言何以範世；言惟引行，即行而乃極言。是以布五位以擢聖賢，表四依以承人法；龍圖成太易之漸，龜章啟彝倫之用。逮乎素王，繼轍前修，舉其四科，班生著詞後進，弘其九等，皆所謂化導之恆規，言行之權致者也。惟夫大覺之照臨也，化敷西壤，迹紹東川，踰中古而彌新，歷諸華而轉盛。雖復應移存没，法被澆淳，斯乃利見之康莊，缺有之弘略。故使體道欽風之士，激揚影響之賓，會正解而樹言，扣玄機而即號。並德充宇宙，神冠幽明，像設焕乎丹青，智則光乎緇素，固以詳諸經部，誠未續其科條。竊以慈河界於剡洲，風俗分於唐梵，華胥撰列，非聖不據，其篇則二十四依，付法之傳是也。神州所紀，賢愚雜其題引，則六代所詳羣錄是也。然則統斯大抵，精會所歸，莫不振發蒙心，網羅正理。俾夫駢足九達，遺蹤望而可尋；徇目四馳，高山委而仰止。

昔梁沙門金陵釋寶唱撰名僧傳，會稽釋慧皎撰高僧傳，創發異部，品藻恆流，詳覈可觀，華質有據。而緝袞吳越，敍略魏燕，良以博觀未周，故得隨聞成彩。加以有梁之盛，明德云繁，薄傳三五，數非通敏；斯則同世相侮，事積由來，中原隱括，未傳簡錄，時無雅瞻，誰爲補之？致使歷代高風，颯焉終古。

　　余青襟之歲，有顧斯文，祖習乃存，經綸攸闕。是用憑諸名器，竚對殺青，而情計栖遑，各師偏競，遞聽成簡，載紀相尋。而物忌先鳴，藏舟遽往，徒懸積抱，終擲光陰，敢以不才，輒陳筆記，引踈聞見，卽事編韋，諒得列代因之，更爲冠冕。自漢明夢日之後，梁武光有以前，代別釋門，咸流傳史。考酌資其故實，刪定節其先聞，遂得類續前驅，昌言大寶。季世情縶，量重聲華，至於鳩聚風猷，略無繼緒。惟隋初沙門魏郡釋靈裕，儀表綴述，有義弘方，撰十德記一卷，偏敍昭玄師保，未奧廣嗣通宗。餘則孤起支文，薄言行狀，終亦未馳高觀，可爲長太息矣。故霑預染毫之客，莫不望崖而庋止，固其然乎₁

　　今余所撰，恐墜接前緒，故不獲已而陳之，或博諮先達，或取訊行人，或卽目舒之，或討讎集傳。南北國史，附見徽音，郊郭碑碣，旌其懿德，皆撮其志行，舉其器略，言約繁簡，事通野素，足使紹胤前良，允師後聽。始距梁之初運，終唐貞觀十有九年，一百四十四載，包括岳瀆，歷訪華夷，正傳三百三十一人，附見一百六十人。

　　序而伸之，大爲十例：一曰譯經，二曰解義，三曰習禪，四曰明律，五曰護法，六曰感通，七曰遺身，八曰讀誦，九曰興福，十曰雜科。凡此十條，世罕兼美，今就其尤最者，隨篇擬倫。自前傳所敍，通例已頒，迴互抑揚，實遵弘撿。且夫經導兩術，掩映於嘉苗；護法一科，綱維於正網。必附諸傳述，知何續而非功，取其拔滯開元，固可標於等級。餘則隨善立目，不競時須。

　　布教攝於物情，爲要解紛靜節；總歸於未第，區別世務者也。至於韜光崇岳，朝宗百靈，秀氣逸於山河，貞槃銷於林薄，致有聲謚玄谷，神凝紫煙，高謝於松喬，俯眄於窮轍，斯皆具諸別紀，抑可言乎₁ 或復匿迹城闉，陸沈浮俗，盛業可列，而吹噓罕遇。故集見勳風素,且樹十科,結成三峽,號曰續高僧傳。若夫搜擢源派,剖析憲章,粗識詞令,琢磨行業,則備於後論。更議而引之, 必事接恆篇;終成詞費,則削同前傳。猶恨逮於末法,世挺知名之僧,未覿嘉猷,有淪典籍,庶將來同好,又塵斯意焉。

（選自金陵刻經處本唐道宣續高僧傳卷一）

二、集古今佛道論衡序

　　若夫無上佛覺,迥出樊籠,超三界而獨高, 截四流而稱聖。故使隄封所漸,區寓統於大千;聲教所覃, 沐道霑於八部。所以金剛御座,峙閻浮之地心; 至覺據焉, 布英聖之良術。遂有天人受道,龍鬼歸心,挹酌不相之方,散釋無明之患。然夫聖人所作,起必因時,時有邪倒之夫,故卽因而陶化。天竺盛於六諦,神州重於二篇,遂使儒道互先,真偽交正,自非入證登位, 何由分析殊途? 致令九十六道,競飾澆詞;六十二見,各陳名理。在緣或異, 大約斯歸,莫不謂無想爲泥洹,指梵主爲生本。故二十五諦,開計度之街衢;·六大論師,立神我之真宰。居然設教,億載斯年, 攝統塵蒙,九土崇敬。考其術也,輕生而會其源; 論其行也, 封固而登其信。故有四韋陀論,推理極於冥初;二有天根, 尋生窮於劫始。臆度玄遠, 冒罔生靈,致有赴水投巖,坐熱臥棘。吸風露而曰仙,祖形體而號聖,守死長迷, 莫知迴覺。如來哀彼黔黎,降靈赤澤,曜形丈六,金色駭於人天; 敷揚四辯, 慧解暢於幽顯。能使魔王列陣,十軍碎於一言; 梵主來儀,三輪摧於萬惑。於是鍱腹戴爐之輩,結舌伏於道場; 敬日重火之徒,洗心仰於覺路。舍衛城側,大偃邪鋒; 堅固林中, 傾倒枯穴。能事既顯,獎務弘通,玉關揚正道之秋,金陵表乘權之瑞。清涼臺上，圖以靈儀；顯節園中，陳茲聖景。度人立寺，創廣仁風，抑邪通正，於斯啟轍。于斯時也，喋喋黔首，無敢抗言；瑣瑣黃巾，時襄異議。然其化被不及於龍勒，名位無踐於槐庭王，何達其上賢，班馬隆其褒貶，安得與夫釋門相抗，雷同混迹者哉！斯何故耶？良以博識既寡，信保常迷，今則通觀具瞻，義必爽開前惑。且夫其流易曉，闞澤之對天分；其理難迴，孫盛之談海截。然猶學未經遠，情弊疎通，邪辯逼真，能無猜貳？孔丘之在東魯，尚啟虛盈；〔十〕〔卜〕商之據西河，猶參疑聖；自餘恆俗，無足討論。今以天竺胥徒，聲華久隔；震旦張葛，交論寔繁。故商〔確〕〔摧〕由來，銓衡敍列，筆削燕濫，披圖藻鏡，總會聚之，號曰佛道論衡，分爲甲乙下四卷。如有隱括，覽者詳焉。

（選自日本大正大藏經卷五二）

三、集古今佛道論衡集論

集論者云：夫邪正紅紛，在智猶惑；幽明路絕，顯驗斯形。自皇覺照臨，滿於空有之域；靈瑞感應，充於凡聖之心。自赤澤降神，青丘化及，威德之清昏識，神光之燭幽都，無不喪膽求師，款懷請道。所以掃六師于舍衞，梵王傾誠；偃十陣於伽耶，魔天稽首。安得與夫區區老叟，黃巾奉而抗衡；瑣瑣尹生，黔首則而齊化？故使周昭宅生已後，唐文教迹以前，未聞釋尊儀相，靈祇之所輕毀；至於李老形像，頻被欺陵。曲沃同座而別焚，彭門僧拜而道偃，斯徒衆矣，略舉知之。頑俗多迷，疑〔陽〕〔腸〕自結，終非果敢，故抱邅惟。余以近歲，通訪古蹤，行至鄠西，地名樓觀，古樹摧攢，院宇曾重。中有宗聖觀，觀南有尹先生別廟，周訪道士，云此是老君之本地也，尹喜聞道，故置廟以處之。其觀地逼南山，近坡有一土臺，叢樹森疎，云是老君之墓也。訪問周歷，暮宿觀西尹邨君長樂家，因問氏族。長樂年雖遲暮，惠解清明，言晤徵擊，諸道怯其過往，自云："是尹令之餘胤也。東邊樓觀，此乃先君尹令之故宅也。先君志重丘園，情敦稼穡，地廣苗厚，通觀莫因，遂結草爲樓，以用觀望，故云樓觀也，本非老君之宅。先君承老君西邁，將往流沙，道左邀攜，逆旅相待，老君遂之此宅，周眺久之。東南高崗，卽先君之古臺也，當時亦與李老共登此臺。祖宗相承，墳墓峙列，不聞先君與李老西邁，此乃出自道書，非關古史。"又云："昔聞李老，生陳郡苦縣，長亦東川，老方入秦，死於槐里，未聞正說，西化流沙。雖史遷浪言，非爲定指，莊蒙所及，斯途有歸，自餘云云，不可尋檢。"余又往始平之西二十餘里，渭水之北，槐里古城，基趾尚存。中有一冢，訊問耆舊，斯冢是誰？皆莫知其由。案縣圖經但述古城，亦不測其年代，冢跡今遠。訪問流沙，卽燉煌鳴沙之地是也。彼有流沙之地，而無伯陽之風。檢道化胡西昇經等，聘往化胡，胡人不受，乃令尹喜爲佛化胡，胡人方服。今窮其浮辯，較其宗匠，自天竺已北諸外國者，乃稱胡國，人皆奉佛，未承喜化，還祖天竺釋迦如來。若此搜求，聘行不遠槐里死矣，秦(矢)〔佚〕弔之，頗爲實錄，自餘虛引，未足稱之。故隋尚書令楚國公楊素，行經樓觀，見壁畫尹喜化胡之像，素告諸道士曰："承聞老君化胡，胡人不受，令喜變身作佛，胡人方受；是則佛能化胡，胡人奉佛，道不能化，云何言老子化胡？"深思此言也。故列時緣，露布惟遠，後進未廣，安能博詣？想有識者，願此懷諸。

（同上）

四、廣弘明集序

　　自大夏化行，布流東漸，懷信開道，代有澆淳。斯由情混三堅，智昏四照，故使澆薄之黨，輕舉邪風；淳正之徒，時遭佞辯。所以教遺震旦，六百餘年，獨夫震虐，三被殘屏，禍不旋踵，畢顧前良，殃咎己形，取笑天下。且夫信爲德母，智實聖因；肇祖道元，終期正果。據斯論理，則內傾八慢之惑；覈此求情，則外蕩六塵之蔽。蕭然累表，非小道之登臨；廓爾高昇，乃上仁之翔集。然以時經三代，弊五滓之沉淪；識蒙邪正，銓人天之法網。是以內教經緯，立法衣以攝機；外俗賢明，垂文論以弘範。

　　昔梁鍾山之上，定林寺僧祐律師，學統九流，義包十諦，情敦慈救，志存住法。詳括梁晉，列辟羣英，留心佛理，構敍篇什，撰弘明集一部，一十四卷。討顏謝之風規，總周張之門律，辨駁通議，極情理之幽求；窮較性靈，誠智者之高致，備于秘閣，廣露塵心。

　　然智者不迷，迷者非智，故智士興言舉旨，而心通標領；迷夫取悟繁詞，而方啟神襟。若夫信解之來，諒資神用，契必精爽，事襲玄模。故信有三焉：一知，二見，三謂愚也。知謂生知，佩三堅而入正聚；愚謂愚叟，滯四惑而溺欲塵；化不可遷，下愚之與上智，中庸見信，從善其若流哉1 是以法湮三代，並惟寡學所纏，故得師心獨斷，禍集其計。向若披圖八藏，綜文義之成明；尋繹九識，達情智之迷解者，則正信如皎日，五翳雖掩而逾光矣。

　　余博訪前敍，廣綜弘明，以爲江表五代，三寶載興，君臣士俗，情無異奉，是稱文國，智藉文開。中原周魏，政襲昏明，重老輕佛，信毀交貿，致使工言既申，佞倖斯及，時不乏賢，剖心特達，脫穎拔

萃,亦有人焉。然則昏明互顯,邪正相師,據像則雲泥兩分,論情則
倚伏交養;是以六術揚於佛代,三張冒於法流,皆大士之權謀,至人
之適化也。斯則滿願行三毒之邪見,淨名降六欲之魔王,咸開逼引
之殊途,各立向背之弘轍。今且據其行事,決滯胃陵,喻達蒙泉,疎
通性海。至如寇謙之拒崔浩,禍福皎然;鄭巖之抗周君,成敗俄頃;
姚安著論,抑道在於儒流;陳琳綴篇,揚釋越於朝典。此之諷議,湜
而不緇,墜在諸條,差難綜輯。又梁周二武,咸分顯晦之儀;宋魏兩
明,同乘弘誘之略;沈休文之慈濟,顏之推之歸心,詞彩卓然,迴張
物表。嘗以餘景誠爲舉之弊,於庸朽綜集牢落,有漢陰博觀沙門,
繫贊成紀,顧惟直筆,卽而述之,命峽題篇,披圖藻鏡。至若尋條攔
義,有悟賢明,孤文片記,撮而附列,名曰廣弘明集一部,三十卷。
有梁所撰,或未討尋,略隨條例,銓目歷舉。庶得呈諸未覩,廣信釋
紛,擬人以倫,固非虛託,如有隱括,覽者詳焉。

(選自四部叢刊影印本廣弘明集)

五、廣弘明集分篇序(選錄)

一　歸正篇序

　　夫邪正糺紛,愚智繁雜,自非極聖,焉能兩開。所以欲主天魔,
猶能變爲佛相,況餘色有,孰可言哉! 固知一洲萬國,一化千王,互
興廢立,不足論評。是以九十六部,宗上界之天根;二十五諦,討極
計之冥本;皆成正朔,號三寶於人中;咸稱大濟,敷四等於天下。又
有魯邦孔氏,遵禮樂於九州;楚國李公,開虛玄於五嶽;匪稱教主,
皆述作於先王;贊時體國,各臣吏於機務。斯並衢分限域,謂流沙以
東,孔老之化及;慈河以西,異部之所統也。辨御乖張;理路天殊,居然自別。

何以明其然邪？故西宇大夏，衆計立於我神；東華儒道，大略存於身國。執解妄想流愛，纏綿於九居；倒情徙滯，袪除於七識？致令惑網覆心，莫知投向，昏波漾目，寧辨歸依，不可效尤，務須反本。原夫小道大道，自古常談；大聖小聖，由來共述。至於親承面對，曾未覺知，雷同體附，相從奔競；故有尅念作聖，狂哲互稱，卽斯爲論，未契端極。昔皇覺之居舍衞，二十五年，九億編戶，逆從太半；素王之在赤縣，門學三虛，子夏懍而致疑，顏回獨言莫測，以斯論道，又可惑焉。夫以會正名聖，無所不通，根塵無礙於有空，陶冶莫滯於性欲。形不可以相得，挺金姿之四八；心不可以智求，垂不共之二九，斯止一人，名佛聖也。故能道濟諸有，幽顯咸所歸依；自餘鴻漸，天衢之所未陟。且自方域位殊，義非吅儔；若夫天無二日，國無二王，唯佛稱爲大聖，光有萬億天下。故令門學日盛，無國不仰其風；教義聿修，有識皆參其席。彼孔老者，名位同俗，不異常人，祖述先王，自無教訓，何得比佛，以相抗乎！且據陰陽八殺之略，山川望秩之祠，七衆委之若遺，五戒捐而不顧，觀此一途高尚，自足投誠，況有聖種賢蹤，則爲天人師表矣。是知天上天下，唯佛爲尊；六道四生，無非苦者。身心常苦，義畢驅馳，不思此懷，妄存高大；大而可大，則不陷於有爲，既履非常，固可歸於正覺。有斯事類，故敢序之云爾。

（同上卷一）

二　辯　惑　篇　序

俗之惑者，大略有二：初惑佛爲幻偽，善誘人心；二惑因果沉冥，保重身世。且佛名大覺，照極機初，審性欲之多方，練病藥之權道。故能俯現金姿，垂丈六之偉質；流光遍燭，通大千而闡化。致使受其道者，獲證塵沙，內傾十使之纏，外蕩八魔之弊，故能履水火而無礙，懾龍鬼而怡神。三明六通，暢靈襟之妙術；四辯八解，演被物之康衢。其道顯然，差難備敍。至於李叟稱道，纔闡二篇，名位周之史臣，門學周之一吏，生於厲鄉，死於槐里，莊生可爲實錄，秦佚誠非妄論。而史遷裦之，乃云西逾流沙，漢景信之，方開東夏道學，爾後宗緖漸布，終淪滯於神州。絶智守雌，全未聞於環海，蒙俗信受，飾詐揚真，乃造老子化胡等經，比擬佛法。四果十地，劫數周循，結土爲人，觀音侍老，黃書度命，赤章厭祝，斯言孟浪，無足可稱，方欲凌佛而跨法僧，矯俗而爲尊極。通鑒遠識者，自絶生常；瑣學迷津者，或同墜溺。且道德二篇，涓子所說，伯陽爲尹而傳，是則述而不作；至於四果以下，全非道流，斯乃後學門人，廣開衢術，言輒引類，翻累本宗。故神仙傳云："無識道士，妄傳老子代代爲國師者，濫也。"葛洪可謂生知之士，千載之一遇也，諸餘碌碌，等駕齊驅。佛經無敍於李耼，道書多涉於釋訓。人流慕上，古諺之常言；惡居下徒，今俗之行事，所以隨有相狀，無不擬議。道本氣也，無像可圖，今則擬佛，金姿峙列，天堂地獄，連寫施行，五戒十善，曾無異迹；終是才用薄弱，不能自立宗科，竊經盜義，倚傍稱道。至如揚雄太玄，迢然居異；抱朴論道，邈爾開權；道莊惠之流，可爲名作；南華近出，亦足命家。豈若上皇之元，密取漢徹之號；剖生左腋，用比能仁之儀？斯途衆矣，具如後顯。又俗惑三際之業，時輕四趣之報，人死極於此生，生亦莫知何至，由斯淪滯，出竟無緣，若不統敍，長迷逾遠，深嫌繁委，何得略之。

又

序曰：夫解惑之生，存乎博見義舉；傳聞闇記，信爲難辨舟師。故四不壞淨，位居（人）〔入〕流之始；一正定聚，方稱涉正之域。餘則初染輕毛，隨風揚扇，不退漆木，雖磨不磷。是以辨惑履正，開於悟達之機；宅形安道，必據稽明之德。自法流震旦，信毀相陵，多由臆斷，師心統決。三際必然之事，乃謂寓言；六道昭彰之形，言爲虛指。夫以輪迴生死，隨業往還，依念念而賦身，逐劫劫而傳識。所以濠上英華，著方生之論；柱下睿哲，稱其鬼不神，可謂長時有盡，生涯不窮。禹父既化黃能，漢王變爲蒼犬，彭生豕見，事顯齊公，元伯纓垂，名高漢史，斯途衆矣，難備書紳。無識之倫，妄生推託，便言三后在天，勸誘之高軌；陳祭鬼（饗）〔饗〕，孝道之權猷。是則乖人倫之典謨，越天常之行事，詭經亂俗，不足言之。若夫繫述遊魂之談，經敘故身之務，昭穆有序，尊祖重親。追遠慎終，由來之同仰；踐霜興感，列代之彝倫。安有捐擲所生，專存諸己，橫陳無鬼之論，自許有生之術？前集已論，今重昌顯，固須讐校名理，尋討經論，卷部五千，咸經目閱；義通八藏，妙識宗歸，若斯博詣，事絕迴惑。竊以六因四緣，乘善惡而成業；四生六道，紹升沈之果報。茲道坦然，非學不達，豈可信凡庸之臆度，排大聖之明略哉！況復列十度之仁舟，濟大心於苦海；分四諦之階級，導小智之邪山；三學以統兩乘，四輪而摧八難，梗概若此，無由惑之。又以寺塔崇華，糜費於財帛；僧徒供施，叨濫於福田，過犯滋彰，譏嫌時俗，通污佛法，咸被湮埋。故周魏二武，生本幽都；赫連兩君，胤唯獫狁。鄉非仁義之域，性絕陶甄之心，擅行殲殄，誠無足怪。今疏括列代，編而次之，庶或迷没，披而取悟，序之云爾。

（同上卷五）

三　佛德篇序

序曰：夫以蒙俗作梗，妙籍舟師；師之大者，所謂王也。故王者往也，若海之朝宗百川焉。王之取號，況於此也。然則統言王者，約緣乃多，事理兩分，舉要唯二：初謂詳事，二謂明理。故詳事之王，則人王天王是也；行化在事，事止於身，身存而化行，身滅而化息，此則外計其身，而莫思其內識，故目其化爲外教也。二謂明理，則法王佛覺是也；行化在理，理在於心，心存而化行，想滅而境絕，此則內檢其心，而不緣於外境，故目其化爲內教也。所以厚身而存生，生生而不窮；捐生而去情，情亡而照寂。致使存形之教，萬國同儀；練心之術，千聖齊一。是則道俗兩教，出入升沈，俗則入有而**沈**形，六道以之而綿亙；道則出空而升位，三聖自此而昌明焉。自正道東流，六百餘載，釋蒙從信，其徒不一。獨夫震虐，而坑僧擊像者二三；明后重道，寺塔崇樹者亦衆矣。至如吳王之詳佛聖，曉天人之所歸；宋君之敍佛德，明朝賢之宗奉。諸餘蒙昧，無足勝言。故序現迹之祥瑞。又述頌作之盛德，隨類覽歷，豈不昭彰心性乎！

（同上卷一五）

四　法義篇序

夫法者何邪？所謂憑准修行，清神洗惑而爲趣也。義者何邪？所謂深有所以，千聖不改其儀，萬邪莫迴其致者也。俗法五常，仁義禮智信也，百王不易其典，衆賢贊翼而不墜者也；道法兩諦，謂真俗也，諸佛之所出生，羣有因之而超悟者也。然則俗保五常，淪惑縣亙；道資兩諦，勝智增明，故真俗爲出道之階基，正法爲入空之軌躅者也。故論云："非俗無以通真，非真無以遣俗。"又云："諸佛説法，常依二諦。"斯則大略之成教也。至於大小半滿之流，三篋八藏之典，明心塵之顯晦，曉業報之殊途，通慧解以鏡蒙心，了世相以光神照也。若斯以敍，謂之法義也。至於如説修行，思擇靈府者，則

四依法正,創究識於倒情; 八直明道,策淨心於妄境。三學開其玄
府,一貫統其真源,漸染基搆,自當得其涯也。但以幽關難啟,匠石
易迷,匪藉言方,莫由升附; 所以自古道俗,同而問津; 疎瀹精靈,
陶練心術。或著論而導其解,或談述而寫其懷,因言而顯聖心,寄
迹而揚玄理者也。昔梁已敍其致,今唐更廣其塵,各有其志,明代
代斯言之不絕也。

(同上卷一八)

五　慈濟篇序

　　若夫慈濟之道,終古式瞻; 厚命之方,由來所重。故蠢蠢懷生,
喁喁噍類,莫不重形愛命,增生惡死,卽事可覩,豈待言乎! 然有性
涉昏明,情含嗜欲,明者恕己爲喻,不加惱於含靈; 昏者利己爲懷,
無存慮於物命。故能安忍苦楚,縱蕩貪癡,以多殘爲聲勢,以利欲
爲功德。是知坑趙六十餘萬,終伏劍於秦邦; 膳必方丈爲常,窮刑
戮於都市。至如禍作殃及,方悔咎原,徒思顧復,終無獲已。然則
釋氏化本,止殺爲先,由斯一道,取濟羣有。故慈爲佛心,慈爲佛
室,慈善根力,隨義而現,有心慈德通明,起慮而登色界。況復慈定
深勝,兵毒所不能侵; 慈德感徵,蛇虎爲之馴擾。末代門學,師心者
多,不思被忍辱之衣,示福田之相,縱恣饕餮,以酒肉爲身先。飲啖
異於流俗,踐陟同於賢聖,經誥明示,不得以佛爲師,譏醜塵點,滅
法在於斯矣。(沉)〔況〕復蠶衣肉食,聞沈侯之極誠; 醞釀屠宰,見
梁帝之嚴懲。觀其勸勗之文,統其懇懃之至, 足令心寒形(懷)
〔慄〕,豈臨履之可擬乎! 故上士聞之,足流涕而無已; 下愚詳此,等
長風之激空林。且夫生死推遷,匪旦伊夕; 隨業受報,淪歷無窮。
不思形神之疲勞,而重口腹之快利,終糜碎於大地,何所補於精靈

乎？所以至人流慟,常慘感於狂生; 大士興言,慨怨魂於煩惱。撫膺弔影,可不自憐,一旦苦臨,於何逃責？既未位於正聚,何以抵於三途,行未登於初地,終有懷於五怖。輒舒事類,識者思之。

(同上卷二六)

六 戒 功 篇 序

夫羣生所以久流轉生死海者,良由無戒德之舟檝者也。若乘戒舟,鼓以慈棹,而不能橫截風濤,遠登彼岸者,無此理也。故正教雖多,一戒而爲行本,其由出必由户,何莫由斯戒矣。是以創起道意,先識斯門,於諸心境籌度,懷行其狀如何。故論云:"夫受戒者,慈悲爲務。"於三千界内,萬億日月,上至非想,下及無間,所有生類,並起慈心,不行殺害。或盡形命,或至成佛,長時類通,統周法界。此一念善,功滿虚空,其德難量,惟佛知際。不殺既爾,餘業例然,由斯戒德,故能遠大。所以上天下地,幽顯聖賢,莫不憑祖此緣,用爲基趾。經不云乎:"戒如大地生成住持。"出有心發,是曰生也;聖道良資,是曰成也;法延六萬,是曰住也; 保住三業,是曰持也。諸餘善法,蓋關此功,有入此門,便稱聖種;乖斯安立,是謂凡流,長没苦海,出濟無日。自法移東夏,千齡過半,在魏嘉平,方聞戒法;自爾迄今,道俗流布。然大聖垂教,知幾厭先？故使俗士憲章,則有具有缺;道人律儀,有小有大。所以五戒八戒,隨量制開,對境無非戒科,約分任其力用。是謂接俗之化,不可定其時緣,出家據道,異於俗流,備足時緣,無開階級。雖復位分大小,兩學就行,齊均上下,五衆約過,品類乃殊,結正同存一戒。戒者警也,常御在心,清信所存,聞諸視聽。故撮舉數四,知奉法之有人焉。

(同上卷二七上)

七　啟　福　篇　序

福者何邪？所謂感樂受以安形，取歡娛以悅性也。然則法王立法，周統識心，三界牢獄，三科檢定，一罪二福，三曰道也。罪則三毒所結，繫業屬於鬼王，論其相狀，後篇備列；福則四弘所成，我固屬於天主；道則虛通無滯，據行不無明昧。昧則乘分小大，智涉信法；明則特達理性，高超有空；斯道昌明，如別所顯。今論福者，悲敬爲初，悲則哀苦趣之艱辛，思拔濟而出離；敬則識佛法之難遇，弘信仰而澄神。緣境乃涉，事情據理，惟心爲本，故虛懷不繫，則其福不回於自他；倒想未移，則作業有乖於事用，故綿古歷今，相從不息。王者識形有之非我，興住持於塔寺，餘則因於不足，多行施以周給。是知爲有造業，未曰超昇，多由起過，重增生死。故云：爲有造罪，一向須捨；爲有起福，雖行不著。由斯意致，位行兩分，滯則增生，捨則增道。道據逆流，出凡入聖；福則順生，興倒結業。故啟福本，擬歷賢明。

（同上卷二八上）

八　悔　罪　篇　序

夫福曰富饒，罪稱摧折。富則近生四趣厚報，榮祿滿於目前；遠則三聖勝相，資用豐於羣有。至於罪也，返此殊途，良由沈重貪瞋，能獲果登苦楚，所以罪業綿亘，勞歷聖凡。凡惟罪聚，不足討論，綸網正行，事該小學。至使須斯二果，尚弊於怒癡；羅漢漏盡，猶遭於碎體。是知無始故業，逐分段而追徵；有爲積障，望變易而迴首。自古正聖，開喻滋彰，時張四惑，乃三三九品。欲使隨念蹎樸，豈得

縱以燎原？然以煩惱增繁，難爲禁制，勃起忽忘，早樹根基，過結已
成，追悔無已。但以諸佛大慈，善權方便，啟疎往咎，導引精靈，因
立悔罪之儀，布以自新之道。既往難復，覆水之喻可知；來過易收，
捕浣之方須列。遂有普賢藥王之侶，分衢而廣斯塵；道安慧遠之
儔，命駕而行玆術。至於侯王宰伯，咸仰宗科；清信士女，無虧誡
約。昔南齊司徒竟陵王制〔布〕薩法淨行儀，其類備詳，如別所顯。
今以紙墨易繁，略列數四，開明悔過之宗轄焉。

（同上卷二八下）